心理學叢書 38

【第二版】

心理學概論

The Introduction of Psychology

郭靜晃 著

郭序

心理學是一門以科學為基礎的學科，又與其他行為科學，如哲學、精神醫學、社會學、生理學、文化人類學、管理學等息息相關，要使個人主修的領域能得心應手的運用，對於心理學基本知識的瞭解是非常重要的。研讀心理學更可以助人瞭解人性、領悟人生。

心理學的目標有五：(1)敘述；(2)詮釋；(3)預測；(4)控制；(5)提高人類生活的品質或素質；尤其是第五個目標更為重要。除了瞭解人類的問題，進而應用科學研究的結果來幫助人類解決問題。因此，心理學的目的乃在於瞭解自己，進而提升發揮人類潛能，使人更有自信、更具愛心來幫助個人生活的成長及提高生活的品質。

本書在內容上採取學術與實用並重的原則。共分為：緒論、心理學的生理基礎、人類發展、意識、學習與行為改變、記憶與遺忘、動機、情緒、智力、性格、社會心理學、心理治療方法等十四章。心理學有眾多學派，諸如發展、工商、臨床、社會、人格等。本書除了介紹心理學的理論外，也加諸了本土化的研究，針對心理學的領域再做一深入淺出的說明，期使對教學及參考者皆有所助益。

雖然本書為鑽研人類行為歷程的教科書，因顧及教學上的需要，盡量力求精簡，深入淺出，唯恐才疏學淺，恐有疏誤之處，尚祈專研心理學的先進不吝指正。最後，特別感謝揚智文化事業股份有限公司葉忠賢先生對出版此書的熱心支持。

郭靜晃 謹識

於中國文化大學華岡

目 錄

緒論

第一節　心理學的定義

心理學一詞，英文為psychology，由希臘文psyche與logos二字合併而成，合而言之，心理學意指「心之研究」或「研究精神的學科」（張春興，1989）。psyche一字係指生命（life）、靈魂（soul）或精神（spirit）而言。在17世紀以前，psyche被泛指為靈魂，直到17世紀之後，才有人把它解釋為心靈（mind），解釋上的差異乃是由於時代的變遷及哲人觀點所致，如現代哲學之父René Descartes便視心理學為人的心靈活動狀態，也是一種心理能力（mental ability），logos一字原為希臘文，新柏拉圖學派的哲學家（neo-Platonist philosophers）將之解釋為，以某種理性發展的道理或文字判斷之學科或研究。psyche與logos二字，前者表示心靈或精神，後者表示研究或學科（study）；合之即為心靈之研究（psychology），為心理學的最初界定，亦可直譯為「**研究人類心靈之本性、功能及現象的科學**」（The science of the nature, function, and phenomenon of the human soul or mind）。從17世紀到現在，雖然這個學科名稱未變，但因其研究的內涵與方法改變而賦予新的定義為，心理學是一研究行為及心理歷程的科學研究，兩者最大的不同在於：其一，舊的界定是將心理學視為一門哲學，而新的界定則指出心理學為一門科學；其二，舊的界定認為，心理學是研究心靈的一門學科，而新的界定指的是行為（behavior），行為又可以分為思考（thought）、情感（feeling）與行動（action）。因此，新的心理學界定著重在探究人類行為原因的歷程；然而，心理學家對於探索人類行為原因歷程的概念，也會因背景的不同，而有不同的看法。

心理學也可以被指為是一種思考的方式——廣泛地思考人類如何適應環境以及如何互動，以改進其生活品質。因此心理學可以說是一門根植於哲學、生物學、生理學、社會學以及文化人類學等所彙集而成的一門行為科學。就心理學而言，所謂的**行為**乃是指個體表現於外，而且能被直接觀察記錄或測量的活動。如打字、工作、走路、心跳、旅遊、閱讀等活動，這些活動不但可以藉由外顯行為直接觀察，還可以利用儀器，例如錄音機、錄影機、計時器、量尺等工具來記錄並加以分析處理。但是，行為不只侷限於直接觀察的外顯活動，更包括了以語文與非語文為線索的活動，進而間接推知內在的心理活動或心理

歷程。基於此對行為的廣義定義則為一個人的思考、恐懼、做夢、知覺、態度等，都符合行為的定義，此一定義有別於前者，皆不是直接的外顯活動。我們只能看見人在旅遊時閱讀、走路或購買物品，但我們卻看不出其活動背後的內在動機，也只能藉由他們所表現於外的活動來推測他們的內在。再者，個體所感受到的知覺、思考或感受，如果不能透過個體主動陳訴，他人就不得而知。心理學不僅研究人類的外顯活動，也兼顧個體的內在歷程，這種「內外兼顧」的探討，可能對個體行為所代表的意義有更深的瞭解。心理學家所觀察的行為，雖然是具體的例子，然而他們真正所期望、推論或發現的乃是一普遍化（generalized）的行為法則，並能放諸四海而皆準，且用以說明不同事件之間的關聯性。行為的法則乃是敘述個體在某些明確的情境下，可能會呈現某種行為的原則，當我們能在不同的角度或情境下，重複地加以測試，並能證實其相關性的存在，此可成為一種通則，不然便只是一種假說（assumption）或是假設（hypothesis）而已。

瞭解個體內在的心理歷程，常是心理學家想要推測的，他們常藉由當事者自身主觀的自我陳述（self-report）——包括以口頭及／或語言形式來陳述其個人的經驗及感受，並進而推論。此種方式等於是當事者自己體驗及觀察自己的內在世界，並不能由外人告知，只有個人自己才會瞭解此一獨特的內在世界。這種由個體將自己所知道的意識（consciousness）或意識過程（conscious process）陳述出來的方法，是謂**內省法**（introspection）。因此，內省法一直是十九世紀末期至二十世紀初期心理學家用來研究內在心理歷程的傳統方法。此種方法研究的結果，常會因研究者背景出身的不同，而對心理過程的觀念及定義略有差異，此外，個體在陳述事件及事實時，假使有隱瞞或誤導情形，也可能使研究的可信度令人存疑或存在若干爭議。因此，依循一定規則（即標準化程序——指在施行測驗、面談、調查和實驗時運用相同或一致性步驟的技術。研究者要事先計畫好以完全相同的方式，對待和觀察每一位受試者，然後記錄他們的行為，如此一來，整個實驗或收集資料的條件與情境，對每一位受試者來說，才是一致的。）來進行研究、收集資料，並針對所獲得的資料，以一系統性的方法加以分析，得到證據並推論其結果。此一有系統地尋找與自然事件間可信訊息的過程，即是科學方法，也是一收集和解釋證據的普遍程序。此一程序限制了錯誤的根源並產生可信的結論。心理學被認為是一門科學，就是因為它遵循科學的方法針對人類行為加以探索。

一、科學與科學的方法

心理學是一門科學，其最重要的特徵是客觀及可驗證性。科學（science）最基本的解釋是有組織及有系統的知識。「組織」與「系統」是成為科學的必要條件，但卻非充分條件，凡屬科學，必是有系統、有組織的知識，然而有系統、有組織的知識，卻未必就能稱為科學。例如，坐火車時所使用的精細時刻表或字典本身的內容，皆可視為有組織、有系統的知識，但其本身卻是非科學的。既然通俗的定義無法確切的說明「科學」，那麼我們便須另行尋找適當的解釋來加以說明。

廣義而言，科學乃是經由系統化的實徵性（empirical）研究方法所獲得的有組織、有系統的知識。其研究對象包羅萬象，可以研究天文或物理的、社會的或文化的現象、動植物或個人行為的現象；也可以研究群性行為。因此，不管其研究的對方或現象如何，只要其方法是有系統的實徵方法，那麼研究所獲得的有組織的知識，即可算是科學。

科學，並非專指有系統的實徵性研究方法所獲得的最後知識（final or finished knowledge）或完備科學（finished science）的觀念。其實，任何領域的科學，是沒有所謂的完備知識。例如，即使是可信度很高的「牛頓定理」或「J 粒子是物理學的最小單位」皆有可能（事實亦然）被推翻。對於任何一門學科，其知識都是漸進的、蛻變的，而且也不是靜態的（static）、靜止的或終止的（finished）；相對的，一切的知識都只是暫時性的（tentative）或是相對性的。

換言之，**科學**乃是一運用系統方法來處理問題，發現事實真相並進而探索其原理原則的學問與知識，而這種知識並不是一成不變的永久知識。科學在此定義下，包括了三**項要素：問題、方法、目的**。科學的產生是始於等待解決問題，解決問題需要適當的方法。當我們面臨一些未能澄清或解答的事件，心中可能會有一些疑問，而我們要去尋找這些問題的答案，並利用結果來幫助我們回答問題。在這裡，我們強調系統的實徵方法，就是適當的方法，也就是科學的方法。在心理學中，我們希望所獲得的答案，是來自利用特定搜集證據的方式，在心理學中的科學研究，乃是要知道行為與心智的科學，而這種特定搜集證據的方式乃是一動態的過程，其步驟包括：建立假設、搜集資料、資料分析及邏輯的結論。

二、科學的目的

科學的目的在於「發現事實的真相並探究其原理原則」，而這個目的可以分為兩個層次來加以說明：其一，發現問題中事實的真相；其二，探究同類事項中的普遍性原則，以求建立精良及系統性的理論；此外，基於下列假說：「所有行為和事件都是井然有序的，而且行為與事件的背後必有其可以發現的原因」得知，科學目的之進展是獲得知識和理論的發展，一種可變理論的存在可以幫助科學的進展，同時可以解釋許多現象，進而加以預測，甚至於可以進一步企圖加以控制。綜上所述，**對自然事件的解釋、預測、控制成為科學的主要目的。**

(一)解釋

解釋（explanation）是科學的最基本目的，解釋事項要有事項的實徵知識，而科學即可提供這種知識。事實上，唯有經過科學所處理的事件才是事實（fact），所解釋的才是真相（truth）；事實是不能任意增減的，真相是不容任意曲解的。因此，凡屬同類事項且遵循同一原理（原則）表，科學家們皆可作同樣的解釋（亦稱推論的事實）。一般而言，科學家們對於事項進行解釋時，可以因問題的性質與需要而有「什麼」（what）、「如何」（how）、「為什麼」（why）三種解釋方式。這三種方式也可視為三個層次，代表科學家們解釋事件現象的程度。

(二)預測

預測（prediction）是科學的第二目的。解釋是對已發生的事實所作的說明，是一種比較消極的活動；預測則是針對尚未發生（未來的行為現象）而言，是一種比較積極的行為，預測是科學知識的邏輯意涵（logical implication）。因為根據科學知識或理論，經由邏輯的推論或數學的演算（統計分析），便可導出預測。預測可分為兩種，一為實用性，是以實際行動為依據，且有實際的結果；另一是研究性，是以理論的假說為依據，採用科學研究歸納（inductive）及演繹（deductive）的邏輯方法所衍生的科學研究假設，對未來現象加以預測。這種由已知原理和條件去預測未來情況的事例，在社會科學如社會工作、醫學、氣象學等各方面是尋常可見的。但值得注意的是，不論預測關係是如何高（最大值＋1.00，最小值－1.00），也不能代表這兩者變項之間存在任何因果性（causality）的關係。

(三)控制

超越解釋的層次是預測，而超越預測的層次則是控制。**控制**（control）是科學的最高層次目的，係指科學家們根據事項變化的原理設置情況，使某種事項發生或不發生。在心理學的應用，常以實驗法（experimental method）來證明受試者行為的改變，僅僅是因為某些實驗情境的改變，以找出此行為改變原因的結論。實驗方法可以幫助我們找出因果關係結論的優點，以達成控制的目的。控制有其實用上的目的，也有其理論上的目的；前者例如應用於人類日常生活之中，後者可以使科學家們對知識有更深一層的瞭解。

三、科學的觀察

科學觀察與個人觀察有些不同。心理學的**科學觀察**有三個基本的特性：必須是客觀的、可重複的和系統的。這些特性可以是、也可以不是你用於檢驗自己個人理論的觀察方法之特點。

(一)客觀性

客觀性的含義是觀察的結果能準確的反映發生的事件，且不受觀察者預期或渴望看到的內容所影響，例如你想得到一個關於你的外貌是否具有吸引力的客觀評價，你便不能單單只詢問你的親朋好友是否認為你具有吸引力，因為他們瞭解你，為了不想傷害你，他們有可能會扭曲他們的回答。一種較為客觀的方法是，將你的照片與其他隨機抽選出來的一百個人的照片混在一起。然後請其他學生把這些照片給十個不認識你的人看，請他們每個人依吸引力的大小將

照片排序。或許最後的結果你不一定喜歡，但至少你的方法是客觀的，他揭示出其他人對你是否具有吸引力的評價，且不因對你有任何感情而歪曲結果。

(二)可重複性

可重複性意指其他人可以重複作該研究工作，並能像最初的研究者一樣，觀察到同樣的現象。為滿足這個需求，研究者必須仔細地確定用於實驗研究的全部程序，描述受試者的全部本質的特徵（如年齡、性別和社會階層），並描述進行觀察的環境或情景。

(三)系統性

系統性（systematic）是指研究是在全面的、有條理的方式下進行的，系統的觀察注重那些與變項具有基本關係相關的行為。科學研究不能在沒有聯繫的事物上等待，科學家們有一個關於基本問題的體系，對此，他們努力地依據邏輯層次予以有見地的回答。

理論和科學觀察在科學的過程中是緊密聯繫的。理論不只可以在重要研究領域中指導研究，也可產生種種可被系統觀察的方式所檢驗或評估的假設。研究可以支持理論和產生對理論提出質疑的觀察結果。下一節我們仍會再提及：研究的結果有時會導致一個理論的修改，或形成一個新的理論。（詳見**圖1-1**）

四、科學的方法

科學方法（scientific process）使我們能創立一個知識體系。事實上，它是一種發展蘊含訊息的方法，這方法有保證訊息正確的程序，整個過程可分為幾個不同的步驟。

科學的思想通常始於個人有計畫的對於一個複雜的思想或觀察，進行有系統的推理。觀察者試圖弄清楚該如何解釋所觀察的現象，思考什麼原因導致這種結果，哪一事件是其他事件發生的原因。其結果是，人們發展出一套相互連結的觀念，以說明所觀察的事實。這些觀念往往涉及假定、假設和預測等，最後形成理論（theory），而理論並沒有就此終止，而是不斷的發展。

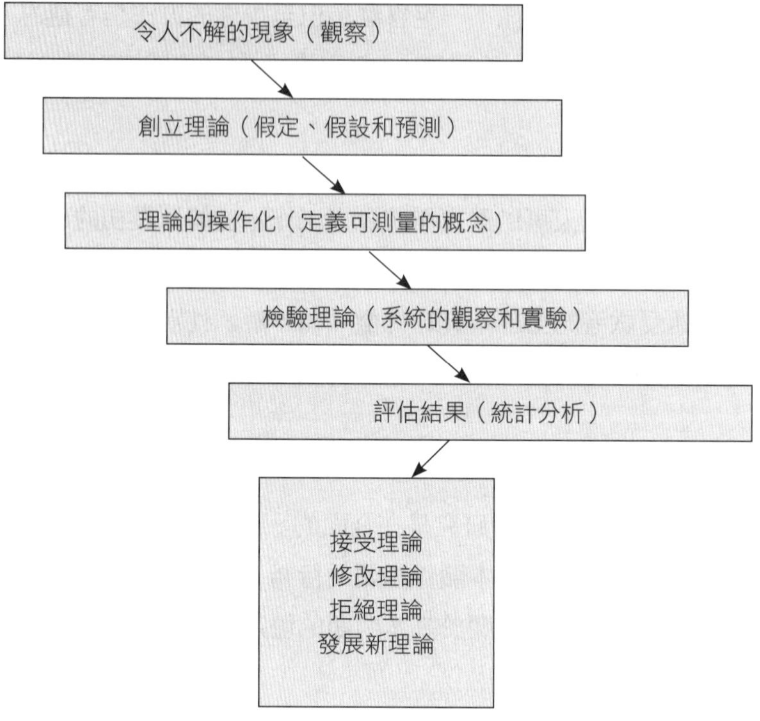

圖1-1　科學研究的過程

科學研究進程的第二個步驟是檢驗理論。檢驗是透過實驗和觀察進行的，如果一個理論是可靠的，它將包含對於原因和結果的有效預見，在闡明理論之後，必須弄清如何檢驗它的預見是否正確。

一個理論的概念必須透過操作化（operationalize）的過程予以檢驗。換句話說，必須把一個抽象的概念轉換成為可以觀察和測量的內容。例如，如果決定測量人際吸引力，就要設想出種種人們之間表示互相吸引的方式，如我們應能觀察到彼此吸引的人們往往目光相向而不是相背。目光接觸的次數是說明人際吸引這一概念的一種方法，這樣它就可以被觀察和測量了。因此，目光接觸就成為人際吸引的一種操作型定義（operational definition）。

往往一個理論的建立者和檢驗者並不是同一個人，原因之一是理論家在論證其理論為正確時，可能帶有個人的侷限。科學研究的過程通常包括更多人的思想，有時人們各持不同的觀點進行爭論，力圖駁倒那些他們證實為錯誤的觀點，然而更多時候是因為兩個或更多的人同時在理論的創建、檢驗或評估的不同階段上，進行他們的工作。為確保理論家不是簡單地站在個人偏見的基礎上為一個理論作背書，學者們構成一個團體，例如Erik Erikson並不是唯一一個檢驗他的心理社會學理論的人，研究的人有James Marcia、Ruthellen Josselson、Alan Waterman和Jacob Orlofsky等學者，他們繼續研究Erikson有關認同發展的假設，也提出了多種策略，以使Erikson的概念更具操作化，尤其是「個人認同VS.認同混淆的心理社會危機」這一概念。他們的研究闡明了Erikson的概念，而且支持許多他有關於個體認同與後來發展間之關係的觀念。

科學研究過程的最後階段涉及到實驗和理論的評估，統計學的技術幫助我們判斷一系列觀察的結果是否為偶然發生的，如果我們觀察的結果是由於偶然因素，我們就沒有理由認為有任何系統原因在運作，這種結果就不能證實理論。我們可以決定作進一步的檢驗或修正，如果觀察結果偶然產生的可能性很低，我們就可以認為，由於某些非偶然性的因素在運作，從而導致我們所觀察到的結果。如果理論預見的結果確定發生，我們大致可以認為我們的觀察支持了理論的解釋。雖然如此，我們仍可能有疑問，但可以透過進一步的實驗，繼續檢驗這一理論。

簡言之，科學研究的過程包括：創造理論，透過實驗檢驗他、修改他、拒絕或接受他。在理論被科學過程證實為正確的範圍時，他幫助我們說明許多觀察材料的真實性（見**圖1-1**）。

以上提出了一個適用於探索心理學研究過程的基本原理概觀，瞭解這些原理之後，你可以開始著手此一難題：試圖獲得有關生活歷程的連續性與變化模式系統的知識體系；同時，你將會遇到一些概念，他們有助於改善你在解決後續章節及在其他地方中所討論研究的重要分析性問題的能力。

五、科學研究的最終目的

科學研究的最終目的在於明確地說明問題，並為這些問題找尋答案。人無法問答於所有的問題，甚至於最簡單的問題也無法找到答案，所以，每一科學研究皆有其限制，因此科學研究乃是基於研究者的目的來回答問題，而立即的研究目的有後續五種：

(一)探索

探索的研究目的在於企圖決定某一事項是否存在。例如上心理學課程時，坐在前面三排的學生是男生多還是女生多？而如果真的常常是某一性別居多，那便值得探索（exploration）其原因。

(二)描述

描述的研究目的不僅探索某一現象是否存在，更進一步清楚定義此一現象，或加以區別受試者在任一層次中，是否會造成此一現象產生差異性。例如社會學家調查就業率常因受試者之性別、年齡層、教育水準或子女數目不同，而產生差異性，此時社會學家會加以描述此一現象（就業率）的不同。這種研究會隨時間之推移而產生改變，雖然很花費人力、物力，但在不同時間中，是需要加以研究的，例如行政院主計處、內政部統計處等，常需針對各種不同的社會現象進行大型的調查研究，其目的在於能掌握資料的最新動態，以能對各個社會現象加以精確的描述（description），而心理學的研究亦是如此，如調查身高、體重、智力或青春期時刻時，也會對不同性別、年齡或城鄉區域作進一步、更細部的描述。

(三)預測

預測的研究目的主要在分辨兩變項之間的關係。例如藉由學生的體重（x）是否可以預測其身高（y），兩變項之間的關係可以為正值（最大值＋1.00），可以為負值（最小值－1.00），其值的大小乃指已知的一個變項（如年齡）的值，使人可以去預測另一變項（如記憶力多寡）的程度。相關係數值的範圍是從＋1.00到－1.00之間。

另舉攻擊行為和學校學習成績的相關性為例。如果較高的攻擊與較好的學習成績相關存在，兩個建構之間是正相關（趨向＋1.00），也就是說，當一個增加，另一個也會增加；如果較高的攻擊行為與較差的學習成績相關存在，相關是負的（趨向－1.00），那麼，當一個增加，另一個會降低；如果在攻擊行為和學習成績之間沒有有規律的關聯性，則相關係數接近於零。總結來說，變項之間關聯的強度反映為相關是否接近零、或趨向＋1.00或－1.00。**圖1-2**表示

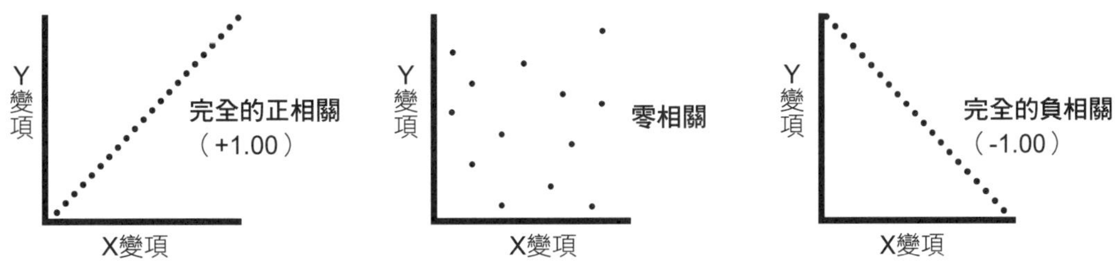

圖1-2　X變項Y變項之間的完全正相關、零相關和完全的負相關

出一個完全的正相關、一個零相關和一個完全的負相關。

兩變項之間高的正相關或負相關僅僅表示他們之間有關聯性存在，不表示有任何因果關係存在。或許學習差是兒童攻擊的原因，但也或者有某些其他因素可以解釋攻擊和低學習成績之變異，如注意力差或對學習成就低動機等因素，讓攻擊和低學習成績雙方起了作用。

(四)解釋

解釋的研究目的乃在於檢視兩個或兩個以上現象中的因果關係，通常是用實驗方法來測定單項的、因果性的關係。在實驗中，對有些變項或變項組予以有系統的控制，其他變項則保持恆定或加以控制干擾變項（extraneous variable）。實驗者控制的變項稱為**自變項**（independent variable），由受試者的回答或反應確定的變項則謂之**依變項**（dependent variable）。在某些實驗中，一組受試者接受一種與其他組不同的經驗或訊息（通常稱為一個處理），接受實驗操縱的這一組叫**實驗組**（experimental group），不接受這種處理或操縱的受試組叫**控制組**（control group），這樣兩個受試組在行為上的差異，就歸因於處理的不同（是為組間控制，為獨立樣本）。在另一些實驗中，對單一組受試者是在其接受處理之前與之後、或在各處理之間比較其行為；同樣地，處理前和處理後行為的系統性差異導因於實驗的安排。在這種情況中，每一個受試者都要控制自己（是為組內控制，為相依樣本）。

控制是實驗成功的關鍵。實驗者必須學會選擇參加實驗的受試者或受試組，參加者必須對於實驗情境具有相同的能力，如果這個條件不具備，就不能假定組間受試者在行為上的差異是來自不同的處理。實驗者必須控制受試者呈現任務的方式，以便使下列因素不干擾受試者的行為，例如受試者理解指示語和實驗安排的能力，對環境的適宜與熟悉程度等。控制保證了受試者行為的改變確實是由於實驗操弄所造成的。

假定我們有興趣研究失業對兒童和不同年齡的成人的影響，我們可以比較在同樣年齡層與社會階層中，父母失業與父母沒失業的孩子，也可以比較失業的和有工作的青年和成人，對一種「處理」（treatment）的歸因是以實際事實的結果作為依據的，至於科學家的任務則是在於：比較這一處理——失業的經歷——的結果，並說明由受試者進入此一處理組或其他組的方式對結果所帶來的限制。研究者可以比較父母有失業體驗和父母沒有失業的兒童、青少年和成人，但不能說失業是唯一可以說明在所觀察到的結果中，呈現差異的原因。舉實用研究方面的例子，如石油上漲是否影響民生消費指數的上揚，而致使其購買意願的降低。

(五)行動研究

行動研究的研究目的在於解決社會問題，以改進人民生活的品質，可能兼顧上列四個目的，並提供可以解決問題的辦法。行動研究之目的較屬於應用研究，目標在於尋求問題解決的答案。心理學家一直都是以提高生活素質為其重要目標，行動研究目的不同於基礎研究，基礎研究的目的在於獲得客觀的事實，再根據事實提出精確的解釋與結論，其方法則是應用上述的科學方法，因此，基礎研究的研究者在於知道答案就足夠了。心理學家所作的研究中，基礎研究多於應用研究，然而此兩種研究同樣都發現了許多行為原則，對社會的貢獻深遠。

Becker及Seligman（1978）有一著名的行動研究，他們注意到在秋天的晚上，即使是外面比室內還涼爽，由於人們基於白天的酷熱，並習慣一回到家就打開冷氣，也就是說人們還是在涼爽的秋夜裡讓冷氣開著。Becker及Seligman（1978）設計了一個實驗。首先，他們先隨機的從習慣性開冷氣的人（作為母群）抽取一群人為樣本，並利用隨機分配（random assignment）原則將這一群人分為四組：

A組：提供一溫度計可同時顯示室內、外溫度，讓受試者知道室內、外的

溫度及指出他們所耗費電力的度數。

B組：當室外溫度比室內溫度涼爽三度以上，有紅燈顯示，讓受試者瞭解室外比室內涼爽，提醒受試者可以打開窗戶，讓空氣對流，即可使室內涼爽。

C組：同時用溫度計及紅燈顯示（A＋B）。

D組：當作控制組，不給予任何措施。

這個研究經過一個月連續實施測量受試者用電度數，結果發現：受試者A及D組的用電量如同平常使用般，並沒有改變；但B及C組受試者在用電度數方面明顯降低約16%，但是B組及C組以及A組及D組本身，在兩組之比較上卻沒有明顯的不同，試問你如何解釋這結果？

Becker及Seligman（1978）在作完此研究後，立即應用至那些習慣於浪費用電的消費者身上，希望以實驗研究的結果來改變人們的生活習慣。這種研究結果並不只是為了驗證理論或追求知識的答案，其主要目的還是應用到人們的日常生活，以改善人們的生活品質。

第二節　心理學的緣起與發展

一、心理學的起源

心理學起源於研究人的心智活動，也就是探索人類心智到底發生了什麼，心理學的根源是「哲學」與「生理學」，因此心理學成為一門獨立科學的歷史很短，不過一百三十多年而已，是由Wilhelm Wundt（1832-1920）於一八七九年在德國萊比錫大學（University of Leipzig）所創立的。心理學是西方的產物，考其淵源可追溯至兩千多年前的希臘時代，在這期間，隨著隸屬的範疇與研究方法的不同而有所差別。自古希臘時期至十九世紀之間，心理學隸屬於哲學的範圍，採取哲學研究方法，所以就哲學心理學的研究角度而言，心理學的意義係指研究人類心靈之學。

哲學心理學始自於Socrates（469-369 B.C.）、Plato（427-347 B.C.）、Aristotle（384-322 B.C.）等哲學家，歷經中世紀宗教哲學家St. Augustine（354-

430）及經院哲學家Thomas Aquinas（1205-1274），至文藝復興時期與之後法國哲學家René Descartes（1596-1650）。Descartes之後的哲學，稱為現代哲學，Descartes本身被封為現代哲學之父（此時已有現代生理心理學之知識背景）。從Descartes以後，哲學心理學因見解之不同，儼然可分為兩大派系的勢力：一派為「**官能心理學**」（faculty psychology）；另一派則稱為「**聯想心理學**」（association psychology）。由於兩派對哲學的觀點見解不同，因而對於心理學的解釋也存在很大差異：

1.官能心理學：代表人物有J. Payne、J. Haven、C. ron Wolf等人。官能心理學派學者認為，心理學係研究人類心靈的活動，而所謂的心靈是單一且不可分割的，是由許多官能所組成；這些官能諸如記憶、感情、推理等活動，皆可代表個體心靈的活動。個體如要知道其心靈的活動，只有從他的記憶、感情、推理等官能的表現來推知。因此，整個心理學是由人類官能的活動來瞭解官能的性質及推知個體心靈的活動。
2.聯想心理學：代表人物有T. Hobbes（1588-1679）、G. Berkeley（1685-1753）、J. Locke（1632-1704）、D. Hume（1711-1776）等人。聯想心理學派學者認為，心靈係由感官接受外界的刺激（stimulus）所獲得的概念（idea），在類似（similarity）、對比（contrast）或接近（contiguity）的條件下，互相聯結。換言之，所有的心靈活動無非是由觀念聯合或聯想而成的結果。

綜合兩派哲學的心理學，均曾將人類的本性、本能、身體、心靈、感覺、意識等問題，作為哲學上的主要觀念並加以討論，然而他們在討論這些問題時，都只憑主觀的設想，一直不曾建立客觀的研究方法與系統的理論，並未有科學心理學之概念。此兩派哲學的心理學，皆將心理學乃「研究心靈活動之學」作為其共同的觀點，對於心靈活動產生的方式和其活動狀態的解釋，則因各派的哲學觀點不同而有所差異：(1)官能心理學著重理性主義（rationalism）的哲學觀點，而聯想心理學著重經驗主義（empiricism）的觀點；(2)官能心理學注重官能的功能，以提高心靈活動與能力，而聯想心理學則強調來自外界經驗或觀念的結合，以提高個體的心靈能力。

在哲學心理學的發展過程中，可以看出許多學者的投入以及力求研究科學化的努力。如Aristotle根據觀念和經驗（empirical）來研究人類精神生活；十七世紀聯想心理學代表如Locke、Berkeley等人則力主以科學方法研究心理學，其觀念更為現代行為學派所強調的「刺激—反應」間的聯結之源始。又如Descartes、Leibnitz也曾提出機械論（mechanism）的模式，來研究世界之現象及人類之行為，此乃現代心理學派結構論者之濫觴。

繼哲學心理學之後（約在十九世紀初），生物學的基礎開始蓬勃發展，如Johannes Müller（1801-1858）、Pierre Flourens（1794-1867）、Paul Broca（1824-1890）、Gustav Fritsch、Eduard Hitzig、Hermann von Helmholtz（1821-1894）和Ernst Heinrich Weber等，利用解剖學、實驗方法及物理學等基礎，來解釋人類行為如何受神經系統所影響。這些學者如法國神經解剖學家Broca在對一位中風很久的失語症患者進行解剖時，發現他的大腦皮質（cerebral cortex）在左大腦部分受損（因而大腦語言區又被稱為Broca氏區）；又如德國的Fritsch和Hitzig二位醫師在一八七〇年發表了他們在動物實驗的發現，他們在狗的不同的大腦皮質部位通上電流，用電刺激來做大腦功能的描繪，觀察是否影響個體身體器官的行動，結果發現可以造成不同相應的動作，因此，他們認為行為的表現是源自於腦細胞的層次的運作；德國的物理學家Helmholtz提倡科學研究是需要客觀的調查及精確的測量，他用物理學方法來測量神經，結果發現，神經速度大約每秒為九十英呎（比電的速度慢）；Weber則從有關感覺的研究上認為，人的感覺是相對的、可以加以測量的。

科學心理學的起源可以溯及英國生物學家Charles Darwin（1809-1882）創立進化論（theory of evolution）之際。Darwin確信，不變的自然法則自始至終普遍使用，並於一八五九年發現，此一機制即是物競天擇（natural selection）。同年他發表的名著《物種源始》（*The Origin of Species*），一方面啟動了個體適應環境生存發展的心理學觀念，另一方面開啟了心理學上，遺傳與環境對個體行為影響的探討。之後英國另一著名學者Francis Galton（1822-1911）的有關人類行為之個別差異的研究，對日後科學心理學的催生與發展，產生極大貢獻。

專欄1-1
【人物特寫】

查爾斯·羅伯特·達爾文

查爾斯·羅伯特·達爾文（Charles Robert Darwin, 1809-1882），英國已故博物學家、生物學家，早期因地質學研究而聞名，後又提出科學證據，證明所有生物物種是由少數共同祖先，經過長時間自然選擇過程後演化而成，最後成為現代演化思想的基礎。他出生於一個對演化論思想有著傳統信仰的知識世家，祖父Erasmus Darwin是英國醫學界權威，曾著有《生命學》、《植物學》等，更是創立演化論的先驅之一。

達爾文還在學生時代時就很厭惡機械式的傳統學習模式，他喜歡長時間待在戶外，探索自然並苦思其奧秘，青年時期他被送去學醫，發覺聽課令他厭煩，工作也同樣乏味。於是，他離開了醫學院，這使他父親極為失望。此後達爾文又被送到劍橋學神學，準備將來當牧師，但他發現，學神學比學醫學更加乏味，因此他花了更大量時間到戶外去探索自然。

一八三一年，達爾文的機會來了，他成為英國鑑船的小獵犬號（H. M. S. Beagle）上的隨船博物學家，這讓他以一種個人和職業角度均可被接受的方式縱情沉迷於自己的愛好。船員們的任務是航行到南美洲，勘查南美洲海岸及太平洋島嶼，除繪製該地區的地圖外，同時還要收集並記錄該地區植物和動物的生活資料。這段小獵犬號之旅從一八三一年持續到一八三六年。在這五年的時間裡，達爾文以無限的活力探索大自然裡的各種自然現象。

回到英國以後，達爾文著手研究所收集的標本，並思考其觀察資料，費盡心力地留心每一個細節。二十年過去了，他漸漸形成了自己關於物種如何變化並發展成新的植物或動物形式的理論。然而，他一再延遲發表自己的觀點，並不斷去搜集支持其論點的實例。直到一八五九年，當他得知另一個博物學家Alfred Russel Wallace（1823-1913）將要提出一個非常相似的觀點時，達爾文才不得不出版他的《物種源始》，成為對自然界多樣性的一項重要科學解釋。英國為了表彰他的傑出成就，在達爾文死後，將他安葬於倫敦的西敏寺。

二、心理學的蓬勃發展

德國心理學家Wundt崛起於萊比錫大學，於一八七九年設立最早的心理實驗室。利用科學的方法從事研究心理學，如同生理學、物理學、天文學、化學一樣地自哲學的領域跳脫出來，建立一門科學體系的心理學。從此，哲學心理學消失，成為一歷史名詞，Wundt因而被尊稱為「科學心理學之父」。科學心理學朝著科學方法的研究方向，在這一百三十多年的期間，洶湧澎湃地向前推進並發揚光大。心理學正如其他科學一樣，只有在分工之後才有了專精的研究。因此，在整個心理學的領域，漸漸形成了諸多門類，更形成許多派別，統稱為「現代心理學」。當然心理學的定義也隨著各學派所強調的論點不同及其創立緣起而稍有差異，以下僅就較有發展、較具代表性者等各學派的論點作一闡述。

(一)結構學派

結構主義源自於Kant（1724-1804）的理性主義。理性主義主張人生而具有理性，依此理性獲取知識，理性是與生俱來的。而結構主義則是由Wundt的弟子E. B. Tichner（1867-1972）等人所創。結構主義學者以化學研究的方法，對物性加以研究與合成，並推及研究人類的心靈狀態（state of mind）。例如，一杯牛奶我們可以用化學方法加以分析為：水分、醣類、蛋白質、脂肪、礦物質和鈣質、鐵質等成分，再利用物理結構方式加以合成另一物質。Wundt的實驗心理學主要採用內省法，由受試者自陳其經驗，研究的題材主要為「意識歷程」，對於意識內容加以解釋與分析，認為意識是由三種因素所構成，即感覺（sensation）、意象（image）、情感（affection），此三種元素形成意識結構（the structure of consciousness），其中又以感覺最為重要，意象和情感則是由感覺所推衍而生。例如，當一瓶法國香水呈現在你眼前，你可以藉由視覺欣賞瓶子的造型，藉由嗅覺品味香水的香郁，還可以藉由意象呈現男友送你此一香水的情境，並喚起你的男友愛的情感，再根據你個人過去的意識經驗，進而聯想起你那浪漫多情的男友。這就是由意識經驗所產生和構成的心靈狀態，所用的方法則是「內省法」。Wundt的心理元素觀，經其弟子Tichner在美國發揚光大，終於形成了所謂的「**結構心理學**」（structural psychology）或稱「結構論」（structuralism）。此派學者曾利用內省方法研究有關學習、動機、人格、情緒、變態行為、社會行為等，以建立心理學的原理與原則。唯結構論發展至二十世紀之初，其心之結構（the structure of mind）的概念，並不為美國新一代學者們所滿意，然而，反對結構論者卻又眾說紛紜，莫衷一是。結構論著重人類心理狀態的研究，曾一度盛行達數十年之久，但因其內省法的研究方法不夠客觀且支離破碎未成系統，造成很多反對與討伐的聲浪，其中功能學派的學者率先發難，使爭論更加白熱化。

(二)功能學派

功能學派或稱**功能論**（functionalism），係由美國心理學之父W. James（1842-1910）及J. Dewey（1859-1952）二人所創立。功能主義源自經驗主義及進化論，反對結構主義。他們認為，心理學研究應該是人類適應環境時的心理功能，而非心理結構。此學派淵源久遠，可溯及Darwin及H. Spencer（1820-1903）等人之生物進化論。他們如James、Dewey、Hoffding、Angell等一方面受Darwin適者生存觀念影響，另一方面受當時美國實用主義哲學的影響，主張心之功能遠比心之結構來得重要。因為，個體要在環境中適應、生存，必須依靠其心理活動所產生的功能；所以，心理學家不應採用獨立分析的方法來研究心之結構。此派學者重視意識歷程之運用，而不重視歷程本身的目的。他們反對結構論者所採取的意識狀態分析，甚至認為，這種分析是一種靜態的研究。功能學派採取生物學觀點，認為心理活動是一變態（changing）及動態（dynamic）的過程，必須從功能的觀點加以分析。因此，功能學派認為，研究心理學的方法不能僅限於意識經驗的內省分析，還要應用觀察與實驗，來瞭解有機體與外界環境間行為的統整關係，也唯有瞭解適應環境的變遷，個體方能適應生存。

因此，功能論者擴大心理學的研究領域，他們除了研究意識之外，也顧及個體外顯的活動，因為二者都對環境適應有重要功能。由於功能論者注重個體對環境的適應情況，所以也重視有關個體能力與學習的研究。此外，功能論者因著重意識經驗的功能，於是對於個體學習的整體活動，給予鼓勵以擴大發展，激起個體活動的動機，達成其目標。加上重視適應環境的能力，所以發展出個體解決問題的心理能力，並對統計方法、測驗方法與學習實驗方法等更加

注意，而對日後的教育心理、兒童心理及心理測驗的發展等產生較大影響。

功能論者雖然反對結構論者的靜態分析方法，採取動態的統整觀點，但其學說並未脫離意識經驗狀態之假說。從心理學的發展史實來看，功能論者只做了舖路工作，並沒有留下多大成就，行為論興起之後，極力反對功能論，功能論學派逐漸式微。

(三)行為學派

行為學派又稱**行為論**（behaviorism），係由美國心理學家J. B. Watson（1878-1958），於一九一三年所創立，在二十世紀的二〇年代至五〇年代，是行為學派的巔峰時期。其立論根源於經驗主義，反對結構論的內省方法，認為科學心理學所研究的方法，只限於以客觀的方法處理客觀的資料，研究的主旨是「客觀中的客觀」。Watson的行為論深受當時俄國生理學家I. Pavlov制約反應的原理及物理科學嚴密的實驗方法所影響，極力要把心理學變成自然科學之一（參見第五章）。行為學派的學習論提出個體由於經驗而引起相對持久之行為改變的解釋。個體之所以具有巨大的適應環境變化的能力，原因乃是個體已做好了學習的充分準備；更進一步的說，行為論者認為個體行為的種種活動，皆可加以觀察，前人將意識狀態用內省法來加以研究，是不合乎科學的；任何個體的意識活動，皆是可被觀察的行為，且由「刺激—反應」（stimulus-response）模式所建立；所以行為的發生是可以被預測，同時也可加以控制的。因此行為論者認為，心理學應是研究行為之學科，而非研究意識之學科。

Watson認為，行為的科學研究可分為：外顯行為（explicit behavior）和內隱行為（implicit behavior）兩種。**外顯行為**如走路、說話、進食、閱讀等種種活動；**內隱行為**如腺體分泌、神經活動、思考、動機等種種活動；二者的行為皆可由他人的觀察或藉由科學儀器加以測試得知。在一九二〇年代，行為學派仍為大多數學者所支持，可見行為學派對於心理學的貢獻。行為學派的心理學有三個主要特徵：

1.強調只有由別人客觀觀察和測量記錄的行為，才是心理學所要研究的題材。意識是不能經由客觀觀察和測量加以記錄的，所以，結構論者所指的意識是不屬於心理學研究的範疇。

2.構成行為的基礎是個體的反應，而某種反應的形成則是由制約學習過程而來。

3.個體的行為不是與生俱來的，不是遺傳的，而是個體在生活周遭環境中所習得的。

結構學派從靜態進行意識分析，重視意識結構的研究；功能學派從動態整合分析意識經驗和適應活動，兼重意識和行為；而行為學派則一反過去兩派所謂的意識經驗，視行為的研究為研究心理學的唯一途徑。任何個體的活動皆稱為行為，所以動物與人類相同，其行為一樣建立在「刺激—反應」的模式下，皆是可以被觀察和預測的；由於行為具有可預知性與可控制性，所以，行為學派強調學習的制約反應理論，重視後天環境的經驗與操控。

單從Watson的行為論（如排除意識研究）觀點來看心理學未免有所侷限。不過，就現代心理學的觀點而言，Watson在三〇年代將研究方向加以改變，不再侷限於將行為定義在可觀察及可測量的反應，也不再堅持以「刺激與反應」之間的關係建立作為唯一論點。三〇年代之後如E. L. Thorndike、B. F. Skinner、A. Bandura等學者發展了聯結行為論（刺激反應聯結），使得工具制約論及社會學習論對於行為的定義有了更新的闡述與解釋（參見第五章），這些新行為論自成一派，被稱為「新行為主義」（neo-behaviorism）或稱「新行為學派」。

行為學派對於近代心理學的科學化有著極大的貢獻，對於實驗心理學、心理測驗、教育心理學的發展，有其不可磨滅的功能，同時也受後起的完形心理學所影響。完形心理學主要是反對行為論將個體行為劃分為支離破碎的元素。接下來，我們來看看完形心理學的發展。

(四)完形心理學派

完形心理學派（gestalt school of psychology）發源於德國，代表人物如M. Wertheimer（1880-1943）、K. Koffka（1886-1941）、W. Köhler（1887-1967）、K. Goldstein（1878-1965）、K. Lewin（1890-1947）等人於一九一二年時所創導和發展出來的。完形（gestalt）與英文的形式（form）、組織（organization）或圖形（configuration）的意義較為相近，比較重視知覺行為，此為結構論者所忽視的要素。完形學派旨在研究知覺與意識，目的在探究知

專欄1-2
人物特寫】

伯爾赫斯・弗雷德里克・史基納

史基納（Burrhus Frederic Skinner, 1904）生於美國賓夕凡尼亞州的薩斯奎漢納。孩提時喜歡從事腳踏滑板、可駕駛的牽引車與木筏一類的機械製作，他熱愛探險，並與他的朋友沿著薩斯奎漢納河（Susquehanna river）盡情享受騎車與泛舟的樂趣。史基納本想成為作家，但他在學校投稿時因為是無神論者而與所在的宗教學校理念背道而馳，僅僅在報紙發表了約十多篇文章。一九二六年史基納進入了哈佛大學，畢業後，他在父母家裡待了一年試圖成為一名小說家，但他發現自己沒有什麼文字功底，也不知道要寫些什麼，卻在偶然的機會裡拜讀了Watson的行為學，這讓他接觸到了心理學。

一九二八年，史基納進入哈佛大學學習心理學的研究生課程。在那兒，他研究了動物的行為。他描述自己的研究生生活是高度緊張的：「我六點起床，在吃早飯之前一直都在唸書，然後去上課、去實驗室和圖書館，白天自由時間不超過十五分鐘，晚上一直學到九點才睡覺。我既不看電影也不看戲劇，很少去聽音樂會，幾乎沒有任何約會，讀的書則不外是心理學和生理學。」（1967, p.398）

一九三一年，史基納獲得了哲學博士學位，並留在哈佛做了五年的研究人員。他的教學生涯始於明尼蘇達大學，在那兒他撰寫了《有機體的行為》（*The Behavior of Organisms*）一書。在二次大戰期間，他是一個從事研究的科學家，為一項訓練鴿子為魚雷和炸彈導航的計畫而工作。雖然這個計畫從未應用，但史基納卻繼續用鴿子進行了大量研究。他製作了允許鴿子做出複雜反應的獨特的實驗裝置。他甚至教鴿子打乒乓球！在為古根海姆工作兩年後，史基納當上了印第安納大學的心理系系主任。一九四七年，他重返哈佛，一直在那兒工作直到退休。

史基納的工作主要強調從經驗的角度來探討並理解行為。他為觀察到的行為及其結果之間的關係尋找有關解釋。在此一過程中，他創造了許多著名的發明，包括史基納箱（Skinner Box——一種用來改變、監視和記錄動物行為的儀器）、可以為嬰兒提供理想環境的溫控機械兒童床，以及用來進行逐步教學與及時強化的教學機器。除了對學習實驗做出貢獻以外，他的烏托邦小說《沃爾登第二》（*Walden Two*, 1948）以及在《超越自由與尊嚴》（*Beyond Freedom and Dignity*）一書中應用行為主義原則對社會所進行的批評，強有力地支持了環境在決定和控制行為中的重要作用。

覺意識的心理組織歷程，認為**整體大於部分的總和**（The whole is greater than summation of the parts）。

完形心理學者的主張不僅反對結構論者的心理元素觀，而且也不同意行為論者所持的「刺激—反應」的分析觀；他們認為，任何經驗或行為本身是不可分解的，應從整體的觀點來看。換言之，心理活動並非加以分割或細分幾個元素所構成，個體行為也不是單純由一些反應所累積而成。例如，$12\ \begin{matrix}\text{A}\\13\\\text{C}\end{matrix}\ 14$，中間13的符號是英文字母的B還是阿拉伯數字13，個體應從整體的完形特徵來看，才能感受其所代表的意義；又例如，你若將一個人的五官分開來看，從個別的部分觀之皆完美無缺，一旦拼合在一起又會形成另外不同的意象。這種經驗是有組織的、顧及整體面的。如13，又似B，又似13，五官的分開並不能形成一個人的形象，就如同音樂的樂曲分開，只能聽到許多單獨聲音的組合，但聲音合成而成為旋律之後，便會帶給人一種和原來單獨的聲音全然不同的感受與經驗。在完形論者Köhler的「雞啄米粒實驗」中，將米粒擺放在深、淺不同的兩種灰色的色紙下面，藉由條件反射學習觀察小雞吃米粒的反應，此實驗不是針對固定而特殊的刺激情境，而是注意整個情境的相互關係予以反應。對於小雞吃米粒的行為完形心理學派的解釋是：經驗乃集合整個過去至現在的元素，以知覺為依據，加上記憶的喚起，形成完形的認識和組織的情境。

Lewin的**形勢場地論**（typology and field theory）觀點，反對行為學派把人類行為視為機械論的說法，提出**行為的公式**為「人乘以環境的函數」：

$$B=f(P\times E)$$

B指的是個體行為（behavior）；P指的是個人（person）；E指的是環境（environment）；而f指的是函數（function）。所謂**人乘以環境的函數**即指人與環境為兩個獨立變項或組織；而環境的變項或組織與人的變項或組織是有所不同的；此外，人亦有其個別差異的特性，也有數量上的多寡；而環境更包括個體周遭的人、事、地、物，隨時間不同而有所差異。Lewin又提出心理的生活空間論，其採取拓撲學（又稱形勢幾何學）的原理闡述部分與整體的關係。

完形心理學採取動力學的觀點，雖然有物理動力學的概念，但與其本身構念（construct）卻不盡相同。如壓力系統，從動力學系統來看，乃是個體在不同疆域區域中，所呈現的不平衡狀態所引起的；但物理學在空間的距離和方向，卻可以用數學方式或以乘積等精密公式加以測量，然而在心理學的心理空間，則深受個體經驗的影響。心理生活空間內在疆域的存在與位置，如同物理的疆域般，疆域的移動可由精神之想像，如同一個人穿越其空間而走進另一個區域。如軍人在軍中受其生活空間的限制，但軍人可以藉著書信、電話或其他工具與外界朋友、家人保持著與社會的互動或溝通，使其限制的生活空間也具有實際的社會互動意義。Goldstein認為，有機體的行為，不僅是依其品質（quality）和空間（spatial）條件，而且也需看個體當時所處的關係來做決定。個體對於情境和特殊的完形，端賴個體所形成的觀念（conception）決定。

完形心理學者最初的興趣乃是以研究知覺為主，而後擴及學習、思考等複雜行為。完形學派的興起，不但使行為學派受到衝擊並促使其研究方向有所轉變，最重要的乃是因而發展出現代心理學的認知論（cognitive theory）。完形心理學對於日後的社會心理學、生態學理論、組織心理學、學習心理學、組織訓練、教育與發展、工業心理學、團體動力學、心理測驗等皆有極大的影響。

(五)精神分析學派

精神分析學派（school of psychoanalysis）源自於歐洲，主要受歐洲哲學理性主義所影響。由奧地利維也納精神科醫生Sigmund Freud（1856-1939）於一九〇〇年前後所創立。其立論本質在於反對結構主義和行為主義所持的元素論（elementarism），其根據雖非來自一般心理學的研究，但對日後心理學發展的影響，卻遠遠超過了其他各個學派。Freud提出潛意識（unconsciousness）、原慾、心理動力利比多（libido，即慾力）等概念，也提出了人格結構與人格發展等理論。

Freud主要以精神病患為研究對象，其根據病患的**自由聯想**（free association）或釋夢——又稱**夢的解析**（dream analysis）——來加以分析，並自成一個體系，Freud的研究方法較屬內省法，是來自臨床觀察精神病患所獲得的結論。他將心靈生活分為三部分，即意識、前意識（precociousness）、潛意識（unconsciousness）。**意識**為僅伴隨知覺而生的觀念、知覺和記憶；**前意識**是暫時不在意識中，但可能隨時復現於意識層面，如個人敲一敲腦袋而突然記起的知覺；唯有**潛意識**是心靈中的最大部分，如個人未開發的部分潛能，為人格的結構模型（見**圖1-3**）。

專欄1-3
【人物特寫】

西格蒙德・佛洛伊德

佛洛伊德（Sigmund Freud, 1856-1939）出生於奧地利弗萊堡，今捷克的弗萊堡（Pribor）。他的祖父和曾祖父都是猶太法學博士。佛洛伊德的一個早期記憶是，在他十九個月時，他的弟弟出生了。他對他的嬰兒弟弟充滿了強烈的怨恨。當他弟弟在八個月大夭折時，佛洛伊德對自己的憤怒感充滿了內疚。佛洛伊德的早年生活鮮為人知，他至少兩次銷毀個人紀錄。德奧合併後，佛洛伊德在他的病人和朋友瑪麗・波拿巴公主的幫助下，全家逃出了奧地利。

佛洛伊德在十七歲時進入維也納大學，並在一八八一年取得維也納大學醫學博士學位。他的早期研究集中在脊椎的功能與神經衝動在腦和脊髓中的傳導，以及可卡因（cocaine，即古柯鹼，一種中樞神經興奮劑）的麻醉特性（Freud, 1963）。一八八二年，在與Josef Breuer的合作下，佛洛伊德的興趣由生理學轉到了心理學，他們把某些因歇斯底里（hysteria）導致幻想身體某部位不舒服的疾病（即癔病）歸因於心理衝突，而不歸因於生理損傷（Breuer & Freud, 1895/1955）。

身為一個醫生，佛洛伊德堅持對其病人進行仔細記錄，從而繼續發展他對心理學的科學研究。在他的許多著作中，他描述了從中衍生出的心理機能作用理論的許多案例。

一九〇五年，佛洛伊德發表了嬰兒性慾及其與成人生活關係的理論。他的這一論題的觀點招來了人們的猛烈攻擊和非難，他的醫學同事們不能接受兒童期性慾的觀點，佛洛伊德沒能得到維也納大學教授的職位主要是因為這些演講和著作，甚至連Breuer，這位佛洛伊德長期的同事與合作者也認為，他對性慾動機的偏見令人厭惡，並因此停止了他們的交往。

佛洛伊德被排擠出醫學界，但卻發展出了自己的性心理理論，並向他的追隨者傳授心理精神分析學原理。佛洛伊德非常不能容忍任何人對他的觀點的質疑或背離。Alfred Adler和Carl Jung在反覆試圖說服佛洛伊德按照他們的想法修正其理論失敗之後，便脫離了心理分析協會，建立屬於他們自己的學派。

臨近晚年，德奧合併，佛洛伊德被迫離開了奧地利，最後在一九三九年於英格蘭死於癌症。他將生命的最後幾年致力於大量的寫作，這促進了其他分析學家和學者對其理論的研究。

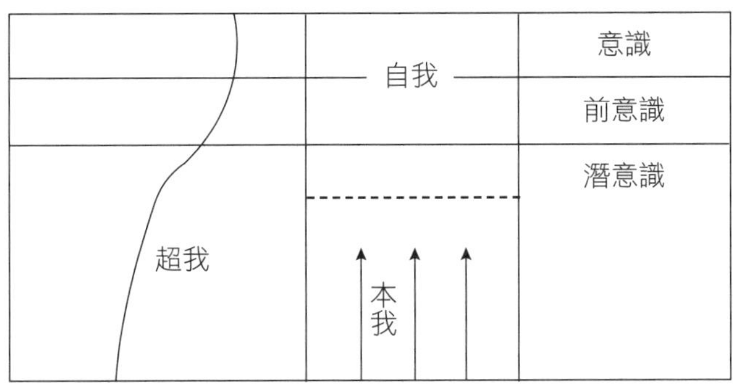

圖1-3　Freud的人格結構模型

Freud的不朽貢獻之一是他對心理活動分布狀態的分析。Freud認為，人的心理猶如一座冰山。意識過程就像露出水面的尖端，他們僅構成心理的一小部分。Freud認為，有一個區域類似於冰山上接近水面的那部分，在這一區域裡被注意，而所指向的內容可以被人所意識到。他稱這一區域為前意識。前意識思想透過集中注意，很容易就能進入到意識中去。例如，你現在也許並沒有想起你的家鄉或你喜歡的甜點，一旦有人問起，你會很容易地回憶並談論起來。

潛意識則像冰山的其餘部分，深藏在我們看不到的水面下。它是一個巨大的、被主動排斥於意識之外的內容和過程的網絡。Freud假設，潛意識就如同願望、恐懼、衝動與被壓抑的記憶儲藏庫，在指導行為中發揮主要作用，雖然我們並不能有意識地說明它。人們不尋常的或非常強烈的行為，如果只根據有意識的動機來解釋，往往不足以完善的解釋它。

Freud有一個剛剛結婚不久的年輕病人，他時常會忘記他妻子的名字。Freud的假設是，該名病人在「意識」裡覺得愛自己的妻子，並認為他們在一起很幸福，而用忘記名字這一事實作為該名病人「潛意識」內容的線索。Freud認為，病人在潛意識中對他的妻子有一種難以接受的、否定的情感，並推論由於年輕人不能直接表達這種情感，因此以阻止妻子的名字進入其意識的方式作為表現。

從五〇年代以來，對認知過程的學術興趣導致對認知潛意識（cognitive unconsciousness）學說的重新關注，這種**認知潛意識**是在意識之外活動，但卻對有意識的思想和行動起重要作用的心理結構和過程領域（Kihlstrom, 1987）。研究結果愈來愈明白顯示，有意識的思想正如Freud所主張的，僅能說明我們識別、分析、回憶和綜合訊息的能力的一小部分。

人類處理訊息方式的一個模型認為，人腦中有大量的處理訊息的單位或分子，他們各自致力於一個特定的任務或門類（Gazzaniga, 1989; Rumelhart & McClelland, 1986）。一個單元的刺激可以激起某些單元並抑制其他單元。我們可以在許多單元中找到某一物體的訊息。如蘋果的概念可以表徵在與紅色的東西、水果、教師、健康（每日一顆蘋果，不用看醫生）有關的單元和其他更具特色的單元（如對爛蘋果周圍擠滿蜜蜂的恐懼，或者對全家外出摘蘋果或母親在廚房裡做的蘋果醬氣味的愉快記憶）之中。雖然他們大都是在潛意識裡出現的，但許多心理機能，包括語言、記憶和計畫，都可以作為對呈現蘋果這一刺激的反應來發揮作用。這種腦的組織方式的觀點認為，潛意識加工起著主要作用，它伴隨著所有類型的意識活動。而Freud（1933/1964）描述了人格的三種成分：本我、自我和超我（見**圖1-3**）。以下分述之。

■ 本我

本我（id）是本能和衝動的源泉；他是心理能量的主要來源，而且與生俱來。本我根據唯樂原則（pleasure principle）表現其需要，激發我們去尋求快樂並逃避痛苦。唯樂原則並不考慮別人的情感、社會的規範或人們之間的契約。它的法則是使衝動得到即時釋放。當你為保護自己的形象而對朋友說謊，或當你不願排隊等候而插隊時，你就是在依據唯樂原則行事。

本我的邏輯也是夢的邏輯。這種思維稱作**原始過程思維**（primary process thought）。它的特點是不關心現實的制約。在原始過程思維中不存在否定，一切都是肯定的，也無所謂時間，過去或將來都是虛無，現在就是一切。符號表徵變得更靈活。一個物體可以代表許多事物，而許多不同的物體又可以表示同樣的事物。許多男性的面孔都可以代表父親。房子既可以指房子，也可以代表一個人的母親、情人或女性的生殖器。

■ 自我

自我（ego）是針對與個人環境關係有關的所有心理機能的術語。Freud認為，自我在生命最初的六或八個月便開始形成，到二或三歲時便已建立得很好。當然，大部分的變化與成長在這以後也都出現了。自我的機能包括知覺、學習、記憶、判斷、自我察覺和語言技能。自我對來自環境的要求做出反應，並幫助個人在環境中有效地發揮作用。自我也對本我和超我的要求做出反應，並幫助個人滿足需要、達到理想和規範的標準，並建立健康的情緒平衡。

自我根據**現實原則**（reality principle）來運轉。在這一原則下，自我一直等到能夠發現一個可以為社會所接受的表達或滿足形式時，才去滿足本我衝動，並以此來保護個人。在自我中，原始過程思維變得服從於一個更以現實為取向的過程，此過程稱之為次級過程思維（secondary process thought）。當自我成熟時，這一過程便開始發揮支配作用。

次級過程思維是當我們談論思維時通常所指的一類邏輯、序列思維。他允許人們做出計畫和行動以便與環境打交道，並允許人們以個人和社會可接受的方式獲得滿足。他能使人們延遲滿足，並透過計畫審查能否真正用來幫助人們檢驗計畫。後面的這種過程叫現實檢驗（reality testing）。

■超我

超我（superego）包括一個人心中的道德格言——良心（conscience），以及個人成為道德高尚者的潛在理想——自我理想（ego ideal）。Freud的工作使他斷言：「超我直到五歲或六歲時才開始形成，而且在過幾年以後才有可能牢固建立。」超我為一個人的觀念，如哪些行為是適當的、可接受的、需要追求的，以及哪些行為是不適當的、不被接受的，提供了一個很好的度量。他也規定著一個人做一個「好」人的志向和目標。

一個人會因不被接受的行為而在心理上受到超我的懲罰，也會因可接受的行為而受到超我的獎賞。超我在其要求上是苛刻而不現實的。超我尋求適當的行為就像本我尋求快樂一樣，都是不合邏輯且鐵面無私的。當一個兒童想要以道德上不被接受的方式去行事時，超我便透過產生焦慮和內疚感來發出警告。

超我是透過一種叫做**認同作用**（identification）的過程發展起來的。在愛、恐懼和敬慕的驅使下，兒童會積極地模仿他們父母的特徵，並將其父母的價值觀內化。透過認同作用，父母的價值觀變成了他們子女的理想和志向。父母和環境中的其他人可能會提出一些孩子尚未內化為超我的要求。自我既要應付本我的要求，又要應付超我的已內化的要求。

自我所處的位置在於既要試圖在環境中滿足本我衝動，又不會在超我中產生強烈的內疚感。就某種意義上來說，自我既服務於本我又服務於超我：自我努力提供滿足，提供的方式是個人可接受的。從另一種意義來說，自我又是人格的執行者。自我的力量決定著個人滿足他或她的需要、處理超我的要求，以及應付現實的要求的有效性。假如自我很強大，能夠在本我、超我和環境要求之間建立良好的平衡，那麼，個人就會得到滿足，並從固著的內疚與無用感中解脫出來。

當本我和超我比自我強大時，個人就會被尋求快樂的強烈願望與阻止達到願望的強烈限制擾亂內心；當環境要求強烈而自我卻很弱小時，個人也許會被壓垮。在Freud的心理分析理論中，正是自我的崩潰導致了心理失常。

本我、自我和超我的大部分關係是在潛意識水平上表現出來的。在最初的幾年裡，基本驅力和原始過程思維方面在兒童的意識中是引人注目的。這是本我在意識中出現的跡象。隨著自我的漸漸強大，自我便能把本我的願望和幻想壓至潛意識，這樣個人就能照顧到外部世界的探究和要求。Freud認為，超我多半也能在潛意識水平上作用。而他認為，自我是既在意識水平上也在潛意識水平上作用。

自我的大部分工作是調解本我尋求滿足的要求和超我尋求良好行為的要求之間的衝突，而這種工作是在個人意識之外進行的。當潛意識衝突快要突破意識防線時，個人便會體驗到焦慮。如果自我能有效地發揮作用，它就會把這些衝突壓入潛意識，這樣就能保護個人擺脫不愉快的情緒。自我透過指導行為和社會交互作用，以可接受的障礙去滿足願望。

強烈的、未解決的衝突會使人處於持續的焦慮狀態並出現衝突的症狀。覺得自己的願望很「壞」，如欲傷害父母或與同胞兄弟姊妹發生性關係的潛意識願望，會使一個人體驗到焦慮而不知道其原因。未滿足的衝動會繼續尋求滿足。超我會繼續發現不被接受的衝動，於是衝突繼續在個人的意識經驗中產生焦慮。個人就會被不愉快的情緒狀態所占據，從而難於處理日常生活的正常要求。如果衝突持續產生焦慮，自我就會努力設法減少焦慮。防禦機轉是用來保護個人擺脫焦慮以維持有效的機能運作的，他們會歪曲、替代或完全阻塞衝突的來源，且通常是由潛意識開始行為。

人們運用的防禦機轉通常依賴於個人的年齡和他們知覺到的威脅的程度。小孩傾向於運用否定和**潛抑作用**（指把思想由意識中擠出）。更多樣的防禦機轉需要更複雜的認知，他們會在以後的發展過程中漸漸出現。在最危險的情境中否定通常是人們最先使用的防禦方式，而無論人們的年齡有多大。

對Frcud來說，基本的防禦機轉是潛抑：不被接受的衝動被壓入潛意識。這就好像是在潛意識和意識之間建造了一堵牆。這樣，激起焦慮的思想和情感便不能進入意識。隨著不被接受的思想和衝動愈來愈遠離意識，個人就會擺脫不舒服的焦慮感，並可以把剩餘的心理能量用於與人際環境和自然環境的互動裡。以下是一些防禦機轉的介紹：

1.潛抑（repression）：不被接受的願望被隔離在意識思想之外。
2.投射（projection）：把不被接受的願望判歸於他人。
3.反向作用（reaction formation）：將不被接受的情感以相反的情感表現出來。
4.退化（regression）：人們透過恢復生活早期的有效而且愉快的行為來避免面對衝突和壓力。
5.轉移作用（displacement）：將不被接受的衝動轉向可接受的替代性目標加以發洩。
6.合理化（rationalization）：將不被接受的情感與行動借助於邏輯的或偽邏輯的解釋而得到辯解。
7.隔離（isolation）：情感與思惟分離。
8.否定（denial）：否定一部分外部現實。
9.昇華（sublimation）：不被接受的願望轉變為社會可接受的行為。

根據Freud的觀點，所有的正常人在生活中的各個時候都會求助於防禦機轉。這些機轉不但會減少焦慮，而且還會產生積極的社會效果。運用隔離法的醫生也許能更有效地發揮作用，因為他們在應用其知識時能夠不受情感的妨礙。將失敗合理化的兒童會認為自己是有希望的，這樣做能保護他們的自尊；而把憤怒的感情投射到別人身上的兒童會發現，這種技術能刺激增強行為的競爭意向。

有些人會傾向於更多地依賴某一種或兩種防禦技術。結果，防禦風格（defensive style）便成了整個人格模式的一部分，他允許人們控制環境的影響，並允許人們以與其需要相調節的方式去感受種種經歷。然而，當防禦機轉使用過度時，便會出現更深層的心理問題。運用防禦機轉要從自我中提取能量，而用於阻止某些願望進入意識思想中的能量則並不適用於其他的生命活動。換言之，把能量用到防禦策略中的人，也許就不能發展其他的自我機能，也不能充分的使用機能。

Freud假定，最重要的人格發展發生在從嬰兒期到青春期的五個生命階段中。按照Freud的觀點，經過這段時期以後，表達與控制衝動的主要模式便建立起來了。以後的生活僅用來發現新的滿足方式和新的挫折來源。Freud所描述的階段反映了他以性慾作為驅力的重視。Freud所用的性慾（sexuality）一詞涵義很廣，它指的是身體快樂的整個範圍，從吸吮到性交。他也替性慾的概念附加上了積極的、有生命力的符號，暗示著性慾衝動給成長和更新提供了推力。Freud指出：「在每一階段都有一個特定的身體區域有突出的性慾重要性。」這五個階段是：口腔期、肛門期、性慾期、潛伏期和生殖期。綜觀Freud精神分析論的最主要特徵有四：

1.Freud的理論根據並非來自一般人行為的觀察與實驗，而是根據對精神病患診斷治療的臨床經驗。
2.Freud不但研究個人的意識行為，更進一步研究個人的潛意識行為。
3.Freud不但研究個人現在的行為，而且追溯他過去的歷史。
4.特別強調人類本能對以後行為發展的重要性，又將性的衝動與攻擊行為視為人類主要的本能。精神分析論側重於解釋個體的動機、情緒與態度等行為。

Freud的精神分析理論與方法，不但建立了精神病學的基礎，而且對科學心理學之後的影響甚大。自此以後所形成的應用科學，受其影響者有變態心理學、心理衛生、心理諮商、人格心理學、發展心理學、社會心理學、精神醫學；此外，於非學術學科如文學、戲劇、藝術、親職教育及行銷廣告等亦可發現其影響力。

Freud自創立精神分析學派之後，其弟子亦陸續獨立門戶，如C. G. Jung（1875-1961）的分析心理學（analytical psychology）、A. Adler（1870-1937）的個人心理學（individual psychology）；爾後又有K. Horney（1885-1952）、E. Fromm、E. Erikson、H. S. Sullivan（1892-1949）及其女兒A. Freud等創立新佛洛伊德學派（Neo-Freudian theory）。

(六)認知心理學派

廣義的認知心理學（cognitive psychology）是對於人類知的歷程的科學研究，以瑞士心理學家Jean Piaget（1896-1980）為代表；而**狹義的認知心理學**則是**訊息處理理論**（information processing），主要在探討個體對刺激情境認知的過程，側重於學習過程中的記憶與遺忘。認知心理學派主要的代表人物有Piaget、Köhler、Leon Festinger。現代認知心理學的研究取向有二：(1)人是一個主動的（active）個體，其詮釋外來訊息的系統過程是由上而下（top-down processing）的訊息處理方式；(2)個體的心智活動能力與新知識的吸收受制於既存的觀念與知識。認知心理學主要在解釋人的學習過程，但有別於行為主義對學習的定義所主張的「刺激—反應」的聯結過程。

認知（cognition）是經驗的組織與解釋意義的過程。解釋一個聲明、解決一個問題、綜合訊息、批判性地分析一個複雜的課題——所有這些都是認知活動。Piaget的工作促進了理解認知發展的現代研究。根據Piaget的觀點，每個有機體都在努力獲得平衡。平衡（equilibrium）是一種組織結構的平衡，無論他們是運動的、感覺的還是認知的。當這些結構處於平衡狀態時，他們便提供了與環境互動的有效方式。每當有機體或環境中發生變化，要求對基本結構進行修正時，他們會陷入不平衡狀（Piaget, 1978/1985）。Piaget集中研究了有機體與環境的平衡，這種平衡是透過基模和運算的形成而獲得的，而基模和運算構成了理解與分析經驗系統的邏輯結構；Piaget也著重研究了這些基模和運算本身中的平衡。

在Piaget的這一理論中，認識是獲得與再獲得平衡的一個積極過程，而不是一種恆定的狀態（Miller, 1989）。認識是個人與環境不斷地相互作用的結果。我們帶著過去形成的期望去探索新的情境。每一新的經驗都在某種程度上改變了原來的期望。我們理解和解釋經驗的能力隨著我們所生活的環境的多樣性和新穎性而不斷地變化。Piaget假定，認知根植於嬰兒的生物能力。只要所在的環境提供充分的多樣性和對探索的支持，智力會系統地逐步發展。在闡明Piaget理論的概念中，有三個特殊關係概念：基模、適應和發展階段，以下分述之。

■ 基模

Piaget和Inhelder（1969）把基模（scheme）定義為「在相同或類似情況下透過重複而遷移或概括化行動之結構或組織」（p. 4）。**基模**是對事件、情感，以及有關的表象、行動或思想的任何有組織、有意義的分類。Piaget喜歡用基模而不喜歡用概念（concept）這個詞，因為基模一詞在字面上更容易與行動連在一起。

Piaget用基模一詞來討論在語言和其他符號系統尚未形成以前的嬰兒期與概念和概念網絡相對應的內容。基模是在嬰兒期透過重複有規則的動作序列而開始形成的。嬰兒期出現兩種基模：第一種基模支配某一特定的動作，如抓握一個撥浪鼓或吮吸一個奶瓶；第二種基模連接動作序列，如爬上很高的椅子吃早餐，或者當父親回家時爬向門口迎接父親（Uzgiris, 1976）。嬰兒已能區辨他們熟悉的人和不熟悉的人。他們也能區辨嬉戲的聲音（如低聲細語和呀呀學語），與能夠引來照顧者的聲音（如哭喊和尖叫）。他們還能區辨他們願意吃的食物與拒絕吃的食物。這些區分表明，基模是透過心理調節過程而形成的，它隨著嬰兒與環境的各個方面反覆相互作用而發展，而人的一生在不斷地產生並改變基模。

Piaget（1936/1952）認為，認知是一個連續發展的過程，在這一過程中，經驗的內容與變化刺激了新基模的形成。人們不斷努力以達到與環境的平衡，以及自身心理結構認知成分的平衡。根據Piaget的觀點，認知是適應（adaptation）的結果，或者是已有基模為容納每一經驗的新穎性和獨特性而逐漸改變的結果。我們可以看到，這裡所用的適應一詞與演化理論所用的適應具有相似性。Piaget擴展了適應的概念，他提出適應導致邏輯思維能力的改變。「正是透過對事物的適應，思維構造了其自身，」他說道：「而正是透過構造自身，思維組織起種種事物。」（1936/1952, pp. 7-8）

■ 適應

適應是一個兩方面的過程，在這個過程中，已有基模的連續性與改變基模的可能性互動。適應過程一方面是**同化**（assimilation）——趨於依據已有基模解釋新經驗。同化有助於認識的連續性。如Mary認為，在她所在的城市裡，上私立中學的人都是勢利小人。當她遇到John時，John正好就讀私立中學，她預

專欄1-4 人物特寫】 讓・威廉・弗里茲・皮亞傑

皮亞傑（Jean William Fritz Piaget, 1896-1980）出生於瑞士，為兒童心理學家。像Darwin一樣，皮亞傑早在童年時期就顯示出了自然博物學家的天分。他觀察並研究鳥、化石和貝殼，並在十歲向一家科學雜誌投了一篇關於白化病麻雀的短文。上高中時，他開始發表文章，描述軟體動物的特徵。他在這一領域的工作讓人們留下了深刻的印象，為此他被邀請到日內瓦博物館作軟體動物收藏品的保管員。一九一八年，他獲得了瑞士納沙泰爾（Neuchatel）大學的博士學位。

皮亞傑所受的自然博物學家的訓練對認知心理學的最直接的結果，是他感覺到生物學原理能夠用於解釋認知的形成。而他掌握的觀察技能對他創立的理論則很適用。在經過了幾年的研究以後，皮亞傑已能夠對指導他的研究程序和理論建設的一套問題和方法做出定義。一九一八至一九二一年間，他在一間精神病診所工作，學會了治療精神病的談話技術。他曾去過巴黎大學，從而有機會在Alfred Binet的實驗室工作。Binet實驗室實際上是一所進行智力性質研究的小學。在那兒，皮亞傑研究了兒童對推理測驗的反應。他發明了一種臨床訪談技術，以確定兒童怎樣獲得推理問題的答案。漸漸地，他對兒童的錯誤答案所顯露出的思維模式發生了興趣。事實上，皮亞傑集中研究的正是兒童是如何思維的，而不是他們知道多少。

皮亞傑在Binet實驗室的觀察是他早期文章的基礎。其中一篇關於兒童思維特點的文章使他受到了「心理檔案」（Psychological Archives）其中一名編輯的注意，這位編輯為他提供了日內瓦大學的Rousseau研究中心的研究室主任的職位，在那兒，皮亞傑開始研究兒童的道德判斷、關於日常事件的理論以及語言。直到一九二三至一九二九年間，當皮亞傑對前言語期嬰兒進行實驗和系統觀察時，他才開始揭開邏輯思維發展的根本奧秘。他對自己孩子的觀察更是豐富了這項工作。

皮亞傑提出了許多關於認知發展、邏輯、思維史、教育，以及知識理論（認識論）的研究和理論。由於皮亞傑的工作徹底改變了我們對人類和知識的本性與智力發展的理解，因而一九六九年美國心理學會授予他卓越科學貢獻獎，讓他持續對兒童的認知發展本性進行研究，直到一九八〇年去世，享年八十三歲。

料John一定也是個勢利小人。在與John進行了五分鐘的談話後，她斷定John確實是一個勢利小人。從這裡我們可以看到同化：Mary根據她對讀私立中學學生已有的基模來解釋她與John的交往。

適應過程第二個方面是**順應**（accommodation）——趨於為說明物體或事件顯露出新的方面而改變原有基模。如Mary與John在一起的時間更多些的話，Mary可能就會發現，John並不富裕，他是靠獎學金讀私立中學。他和Mary事實上有許多共同的愛好。John相當友善並希望再次見到Mary。Mary斷定，並非每個上私立中學的人都是勢利小人。她意識到她應該更深入地瞭解一個人以後再做出判斷。從這裡我們可以看到順應：Mary為了整合她得到的新的訊息，改變了她看待私立中學學生的基模。

在一生中，我們透過相互關聯的同化和順應過程逐漸獲得知識。為了得到一個新觀點，我們必須能夠把一個新的經驗、思想或事件與一些原有基模聯繫起來。我們也必須能夠改變我們的基模，以便區分新奇的和熟悉的事物。一方面，我們歪曲現實以使它適合已有的認知結構。另一方面，當目前的認知結構不足以說明新的經驗時，我們就必須根據現實的需要來調整當前的認知結構。根據Piaget的觀點，具有適當差異的經驗能被順應，但是如果新經驗與我們當前的理解水平差異太大，那麼我們將不會獲得新的理解。

■認知發展階段

Piaget認為，智力遵循著有規則的、可預言的變化模式。他假定認知發展有四個階段。在每一個新的階段，先前階段的能力並沒有喪失，而是被整合到了新品質的思維與認識方法中去：

1. 第一階段，**感覺運動智力**（sensorimotor intelligence）：始於出生，持續到大約十八個月時。這一階段的特徵是形成了愈來愈多的複雜的感覺和運動基模，這些基模允許嬰兒組織並練習控制他們的環境。
2. 第二階段，**前運思思維**（preoperational thought）：在兒童學習語言時開始，大約五或六歲時結束。在這一階段，兒童透過語言、模仿、意象、象徵遊戲和象徵繪畫，形成了象徵性地表徵基模的工具。他們的認識仍與他們自己的知覺緊密聯繫在一起。
3. 第三階段，**具體運思思維**（concrete operational thought）：自六或七歲開

始，至青少年早期約十一或十二歲左右時結束。在這一階段，兒童開始瞭解某些因果關係的邏輯必然性。他們能夠大量使用範疇、分類系統和等級。他們解決與外界現實明顯相關聯的問題比形成有關純哲學或抽象概念的假設更為成功。

4.第四階段，形式運思思維（formal operational thought）：於青少年期開始並一直橫貫成年期。這種思維的層次使個人能把許多同時相互作用的變項概念化。它使人能創造出用於問題解決的規律或規則系統。形式運思思維反映了智力的本質，科學和哲學即建立在此基礎之上。

認知論中有兩個著名的實驗，其中之一是由Köhler發表的對猩猩的研究。他將猩猩關在籠子內，籠子外放了一串香蕉，猩猩用手搆不著香蕉，實驗人員在關猩猩的籠子內放了一支短竹竿，籠子外放了一支長竹竿。猩猩並未經過制約學習的訓練，但實驗結果卻發現，籠中的猩猩會觀察整個情境，牠以短的竹竿勾取籠外的長竹竿，再以勾取到的長竹竿來搆得香蕉，即所謂的頓悟學習。換言之，猩猩察覺並領悟竹竿與香蕉的關係，藉以達到解決問題的目的。

另一實驗是，Edward C. Tolman讓白老鼠走迷津的實驗。實驗前，未擺放任何障礙物，讓小白鼠自由的在已知的空間活動，以獲得食物（見**圖1-4**）。實驗的過程是逐漸擺設障礙物（A及B），結果小白鼠會依照其已知的空間關係，採取其他途徑（如擺放A障礙物時，小白鼠走No.2通道；而擺A、B障礙物時，小白鼠即走No.3通道）以取得食物。

符號完形論者認為，學習個體在整個學習情境中，所學到的乃是某些符號之意義，是一種**認知圖**（cognitive map），而不是反應。這種潛在學習（latent learning）的模式日後被應用到組織心理學，如企業管理的豐田式看板，生產者藉由生產線上的看板，顯示各種數字、符號、警示，使員工瞭解目前生產線上的狀況以改變行為。

另外，Festinger在一九五〇年代末，提出**認知失調理論**（cognitive dissonance theory）用以說明態度與行為之關係。**認知失調**是指個體擁有兩個彼此相互矛盾的認知，而產生不愉快感覺的情境（認知包括思想、態度、信念以及對行為的知覺）。個體欲解決這種失調的方式有三：(1)改變行為；(2)尋求新

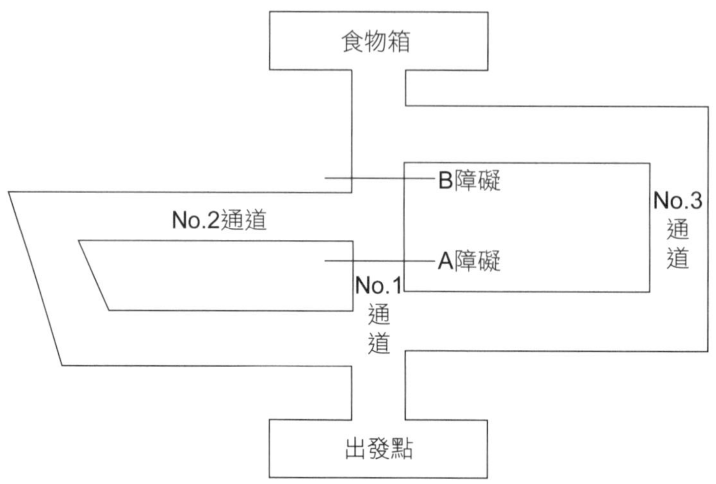

圖1-4　E. Tolman的符號完形論（sign-gestalt theory）：小白鼠走迷津實驗

的認知以合理化解決原先的態度與行為不一致的情形；(3)貶低失調認知的重要性。如個體知道在所得稅申報書上作手腳是不對的，應該誠實申報，但是個體仍然在申報的數目上作假，並且希望財政單位不會起疑心。

訊息處理主要在闡述人類的記憶與遺忘，如個體經由感官的外在刺激，如何形成感官記憶、短期記憶及長期記憶的過程，如果在記憶過程中未加以注意或加以復習，便可能產生遺忘的行為參考（見**圖1-5**）。有關記憶與遺忘將於第六章中作詳細的介紹。

認知學習的效果決定於兩因素：(1)刺激的因素：即刺激本身具備的特性，一般而言，刺激價值高，容易被認知，而刺激的價值則由稀少性、新奇性、次數、數量及變化等因素而定；(2)個體的因素：即個體生理、心理和社會的各種特質。

認知論在現代心理學對於個體的學習效果、動機、情緒及在組織心理學中的工作滿意感、工作動機、教育訓練、諮商心理學及學習心理學、教育心理學等的應用，影響很大。認知理論研究的一個重要新傾向，是提出了後設認知（metacognition）或是關於思維的思維發展問題（Cole & Means, 1986; Flavell, Green, & Flavell, 1989; Moore, Bryant, & Furrow, 1989; Neisser, 1987; Ruffman & Olson, 1989; Sternberg & Smith, 1988），如個體對他們自己的推理能力的操作方式，以及訊息是如何被組織認識的？這種認識是怎樣產生的？我們如何獲得概

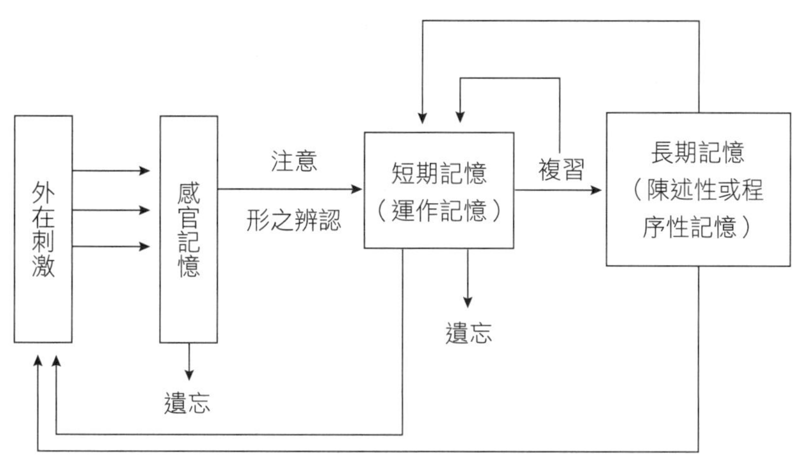

圖1-5 訊息處理中的記憶與遺忘

念的意義？我們是怎樣將現實與信仰和觀念相區分的？我們如何評價我們對某一事物的認識的好壞，或什麼樣的策略會幫助我們更好地認識它？

(七)人本學派（人本論）

人本論（humanistic psychology）實為精神分析學派與行為主義的反動，可稱為心理學的第三勢力。主要的人物是由美國C. Rogers（1902-1987）及A. Maslow（1908-1970）。人本論者常以正常人為研究對象，研究人類異於動物的複雜經驗。他們採用人性本善說，相信人的潛能得以自我趨向成熟與自我實現。其主張提供或改善生存環境以利人性之充分發展，而達到自我實驗的目標；為達自我實現的目標，根本之道是滿足人類的需求。

人本論主要在瞭解人格的統整、意識的經驗與個人潛能的成長。Rogers和Maslow二人皆強調人類有自我實現（self-actualization）的基本傾向，這種內在的朝向自我實踐並促使自我潛能得以實現的傾向，是指引及建構個體朝向正向行為及增進自我的原動力。人本論重視整體的（holistic），強調人格的全部，而非分開或就片斷來加以探討；注重內在傾向（disposition）及個體內天生的本質，而此本質指引了行為的方向；重視現象學（phenomenology）所強調個人的參考架構及主觀的觀點；強調此時此地以及重視存在觀點（existential perspective），假定人是自由的，具有自我覺察的能力、自由與責任、承諾，可面對不確定情境的抉擇，個體具有統整性與獨特性等個人意識。

Rogers認為，個人是以獨特的方式去知覺外在世界，而這個知覺便形成其個人的現象場（phenomenal field）。因此，要瞭解一個人，必先瞭解個體主觀的世界，唯有如此，才能掌握個體之心理意識與行為。Rogers的理論被應用於諮商與輔導，尤其主張來談者中心（client-centered）的人格理論。Rogers的理論使得後來的心理學者重新重視自我（self）的概念。Rogers的**自我**或**自我概念**（self-concept）是指個體自兒童時期區分自己內在世界與外在世界的事物時，所經驗到自己逐漸產生的一套有組織的知覺型態。這一套知覺型態是具有一致性的。而自我概念包括真實我（actual self）及理想我（ideal self）。**真實我**是自己對自己目前的知覺或看法；**理想我**是自己希望成為如何的個體；人格是否一致，則取決於真實我與理想我之間的差距。Rogers的自我與James（美國心理學之父）所認為的自我經驗略有差異。James的自我經驗可分為三部分：

1.物質我（material me）：亦即自己的身體及周遭的物品。
2.社會我（social me）：即自己對自己知覺到他人對自己的看法。
3.精神我（spiritual me）：即監視自己內在思想及感覺的自我。

Maslow乃是對自我實現更加以深入研究以及闡述的另一人文心理學家，他選擇一些歷史偉人作為研究對象，例如Thomas Jefferson、Abraham Lincoln、William James、Albert Einstein及Eleanor Roosevelt等。Maslow研究這些人的生活，得到一個自我實現的共同特點。Maslow將人的自我需求分為五個層次：生理需求、安全感需求、歸屬感需求、自我尊重需求及自我實現需求。（見**圖1-6**）

人本論與Freud的立論大不相同，人本論強調存在人心中的一種建設性力量，朝向自我成長；而心理分析論強調內在的破壞性力量。心理分析論強調隱藏的潛意識，而人本論強調意識部分。除此之外，在理論、測量方法及研究上亦大異其趣。人本論也受到了各方面的批評：(1)人本論的概念是含糊且定義不清，而且測量困難的，如何謂自我實現；(2)行為主義論認為，人本論以自我為經驗及行為的來源，忽視了外在環境對行為之影響；(3)心理分析論批評人本論只強調意識經驗，忽略了潛意識的影響；(4)人本論對人格的成長與發展的過程甚少解釋與討論，對於影響個人行為的特殊因素也未能重視；(5)人本論未能預測個人在特定環境下的特殊反應；(6)人本論過於簡化人格的複雜性，

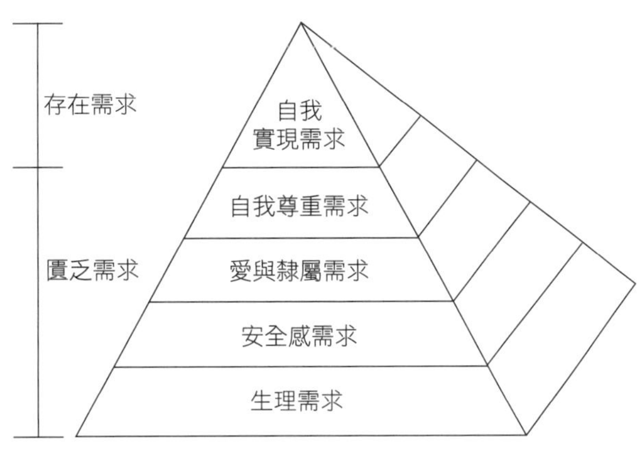

圖1-6　Maslow的需求層次

資料來源：改編自Maslow（1968）。

而將人格的動力簡化成自我實現的傾向，而這個論點只是一種假設性的建構（hypothetical construct）。

人本論時至今日已深深地影響變態心理學、人格心理學、發展心理學、社會心理學、心理衛生及組織工業心理學等學科。除此之外，人本心理學又將其範疇擴展到科學之外，而含蓋文學、歷史及藝術等知識。由此，心理學這門學問顯得更完備、更嚴謹，兼顧實際與想像兩方面，並希望藉此特性，將科學與人文這兩種知識領域結合在一起。

(八)生理心理學派

生理心理學係以生理科學與神經心理學的知識為基礎，加上應用臨床心理學之經驗，應用個體行為與心理歷程的關聯來解釋行為，例如人體之腦、神經系統等生理器官及其機制如何與心理之間的系統性有所關聯。也就是說，人體如何透過生理變化來預測人體的內隱和外顯行為之變化。生理心理學研究的主題主要偏重於學習、身心發展、感覺、動機、情緒、行為異常等各方面的研究與應用（張春興，1991）。

吳靜吉等（1986）指出，生理心理學乃根據下列論點為前提：

1.可以根據生化歷程來探討心理行為與各種社會現象。

2.可以利用較小的分析單位來探討複雜多相的社會現象。

3.行為或行為的潛能乃是由心理的結構與遺傳歷程所決定的。

4.透過對身體結構與遺傳歷程的影響，可進一步影響行為的形成與發展。

基於上列前提為研究立論也吸引相關領域的學者，如醫生、化學家、生物學家、生理學者、藥學學者等來進行研究。最著名的諾貝爾生理學獎得主Roger Wolcott Sperry（1913-1994，美國神經生理學家）就是研究左右大腦之功能獲獎，也讓世人瞭解許多腦傷病人為何在特定空間概念功能會受到影響。生理心理學的研究是一種全然客觀、科學之微量分析，對科學心理學的貢獻是巨大的。

第三節　心理學的內容

科學心理學從一八七九年發展至今為時一百三十多年，但發展領域、範圍之廣，恐怕在行為及社會科學之學科中無所項背。心理學發展的淵源，因學派、立論及主張之不同，使得心理學可以細分出許多門類，以及涉及許多不同的研究內容。至於心理學的內容為何會有如此多？可能有兩個原因：一方面，心理學採用科學方法研究人（或動物）的行為而成為一門行為科學，而因行為的複雜，致不同心理學者採用不同的層面與觀點、不同的方法，對不同的對象蒐集資料，長期積累下來，資料既廣泛又複雜，使得後繼研究者難以全部接受及發揚光大，唯有分工之後再求專精研究，才能逐漸形成許多不同的門派及分類；另一方面，心理學的最大主旨是用於解決問題，並將人類行為原則應用到人類生活以求解決實際問題，並進而謀求改善人類生活的福祉。而人的生活又涉及不同層次、文化等多方面的領域，所以應用心理學也可分為許多門類。另外，從**表1-1**有系統整理出心理學家專長的領域及其接受實務界聘用的情形。從其中的百分率分布可以明顯看出應用心理學家多於學術（基礎）心理學家，而且心理學的工作僱用場所也以學術場所居多。

不同的心理學家的分類及其研究內容

心理學家由於分類的不同，對其研究的性質也略有不同，以下介紹不同的心理學家分類及其研究的內容。

表1-1　美國80年代學術心理學與應用心理學的僱用情形一覽表

組	專科及大學	私人單位學校體系政府及工業界	總計
學術心理學			
認知心理學	89.3%	10.6%	216
比較心理學	66.4%	33.6%	77
發展心理學	84.8%	14.9%	854
教育心理學	78%	21.2%	1,187
實驗心理學	75%	24.6%	1,490
人格心理學	81.1%	18.9%	347
生理心理學	75.6%	24.2%	356
社會心理學	79.6%	20%	1,052
應用心理學			
臨床心理學	23.3%	75.6%	9,757
諮商心理學	43.5%	56%	2,377
工程心理學	4.3%	95.1%	188
工業／組織心理學	39.3%	65%	1,200
心理測量學	47.3%	52.8%	152
學校心理學	35.9%	63.9%	975

資料來源：Stapp, Fulcher, Nelson, Pallak, & Wicherski (1981).

註：a.本表為心理學家專長領域及其接受實際僱用情形百分率。

b.百分率或許非達100%，因為某些填答者並未暗示其僱用領域；而百分率或已超過100%者，表示填答者可能有多重選擇。

c.總數僅包括於相關心理工作部門的全職工作人員。

(一)生理心理學家

生理心理學家（physiological psychologists）主要研究個體（包括動物）的感覺器官、神經系統（大腦）、腺體（內分泌系統）等三方面的生理功能。研究主題包括：學習、記憶、感覺過程、情緒行為、動機、性行為與睡眠。特別適用於動物實驗，因為基於研究的道德不能以人類來做實驗。

(二)心理生理學家

心理生理學家（psych physiologists）主要以人類為研究對象。測量人類的生理反應，如心跳、血壓、膚電反應（skin conductance）、肌肉拉力及電應的電流活動等。這些測量可以測出人類喚起或休閒的指數。大部分的心理生理學家研究壓力與情緒現象，也可用於刑事辦案所用的測謊器（lie detector）。

(三)比較心理學家

比較心理學家（comparative psychologists）就如同生理心理學家一樣，也是研究動物的行為。其研究目的，一方面企圖瞭解動物本身的行為，另一方面也藉由動物行為進而類推到人類行為，以藉此對人類行為有所瞭解。如對動物的本能行為、對環境的適應與學習、添加藥物的實驗反應、親子哺育行為、交配或防禦行為等皆是其研究的主題。

(四)實驗心理學家

實驗心理學家（experimental psychologists）利用科學實驗方法來研究人類行為，如學習、知覺、動機及記憶的普遍性原則（general principles）。

(五)認知心理學家

認知心理學家（cognitive psychologists）研究人類與動物個體的認知行為，如知覺、記憶、注意及概念形成等複雜過程。主要是想瞭解人的大腦對環境事件的功能。對個體心智，如想像、注意過程及語言機轉等特徵的解釋尤需注意。

(六)實驗神經心理學家

實驗神經心理學家（experimental neuropsychologists）是認知心理學家與生理心理學家範圍的合併。其領域和認知心理學家相同，但側重與認知過程聯結的大腦反應。如研究大腦神經受損的個體其認知功能是如何產生及是如何受到影響的。

(七)發展心理學家

發展心理學家（developmental psychologists）是以全人發展（life-span）觀來探討個體一生的行為變化與年齡之間關係的一門心理學。研究個體始自受孕而至死亡的發展，探討遺傳、環境、成熟、學習、個別差異、關鍵期等變項與行為變化的關係，並進而預測或控制以瞭解人類發展的通則。依對象的不同，可以分為嬰兒、幼兒、兒童、青少年、青年、中年及老年心理學。

(八)社會心理學家

社會心理學家（social psychologists）研究個人在社會環境中與人交往時，其行為如何產生影響。探討的現象包括人際互動、態度和意見、人際關係和情緒行為等的知覺與因果關係，如攻擊行為或利他行為。社會心理學家研究主題有：團體與個人、群眾行為、領袖與領導、態度、角色行為及性行為等。

(九)人格心理學家

人格心理學家（personality psychologists）主要研究人格的組成和人格的發展，並從而探求影響其組成與影響的因素。人格心理學家主要興趣在瞭解個人在適應其環境時，其行為表現的特徵。個體的行為特徵又與其能力、動機、情緒、態度、興趣、自我觀念等有關。

(十)心理計量學家

心理計量學家（psychometricians）發展測量人類人格、智力、能力及態度的方法。心理計量學家發展了諸多的心理測驗，這些測量可用於個人或團體，如學校的測驗。如留學美國要參加托福及GRE考試，這些皆是由美國教育測驗學會（ETS）的心理計量學家所發展出來的。

(十一)臨床心理學家

臨床心理學家（clinic psychologists）主要在幫助心理失常（或心理疾病）的人。因此，臨床心理學家常在醫院、收容所、監獄等機構內工作，運用心理學知識與方法去幫助心理失常者的自我瞭解，以改善其生活適應。多以醫師的身分，用醫藥程序來對心理失常者進行診斷與治療，其效果良好。

(十二)諮商心理學家

諮商心理學家（counseling psychologists）的主要目的在於，運用人際關係協助適應困難者，使其能夠藉由瞭解自己進而自行解決問題。諮商心理學者會將心理學有關的方法與技術加以配合運用，對適應困難者提供客觀資料，給予適當的解釋及建議，並鼓勵來談者自己思考、分析，進而解決問題。

(十三)心理衛生學家

心理衛生學家（mental-hygiene psychologists）乃是運用心理學的知識，積極地經由教育性的措施以維護人的心理健康。對心理衛生學家來講，心理健康是目的，心理衛生是手段。目前，心理衛生已成為社會及學校教育的一環，其目的在於促進全民的心理健康。

(十四)學習心理學家

學習心理學家（learning psychologists）在方法上多採用實驗方法，以瞭解個體在生活環境中隨情境的改變，觀察其行為是否產生改變，主要的興趣是從學習的歷程中探求不同行為，如語文、記憶、技能等的獲得與增進。

(十五)教育心理學家

教育心理學家（educational psychologists）吸取了理論心理學上的行為理論及研究方法，在教育情境上以學生為對象，務求建立一套教學上的原理原則，進而改善教材教法，以達到促進學習的效果。

(十六)工業組織心理學家

工業組織心理學家（industrial/organizational psychologists），又稱工商心理學家，主要是運用心理學上的知識與技術去解決公司或工廠由生產到消費整個過程中有關行為上的問題。主要內容可包括：工作分析、甄選與訓練、教育與發展、工業安全、工作動機、工作壓力、市場調查、廣告宣傳等問題。其內容又可細分為：廣告心理學、人事心理學、管理心理學、消費心理學等更小的分類。

(十七)工程心理學家

工程心理學家（engineering psychologists）是由工業心理學分化出來的學科。工程心理學家所研究的問題，主要探索如何改善人與機器間的交互關係，如技能訓練心理歷程的瞭解、情緒緊張及疲勞因素的影響、意外事件人為因素的分析，以及機械設計時如何涉及人的因素等，均是工程心理學的範疇。

(十八)運動心理學家

運動心理學家是運用心理學知識，作為提高運動員成績的工具，例如自我肯定、心像技術的運用，以掌握比賽情境及壓力調適及身心技能的協調。

(十九)法律心理學家

法律心理學家為新興領域，突破過去僅侷限於測謊、證物研判、心神狀態研判及審判技術等方面，而開始探討犯罪心理與犯罪的預防；受刑人的觀護、輔導與管理；司法過程中的心理因素之考量；以及犯罪責任之判定等領域等均是。

第四節　心理學常用的研究方法

研究心理學的方法有很多種，每一種都有他的優點與缺點，且都能使研究者集中注意於某些行為，有時尚須以放棄對另一些行為的研究作為代價。所選擇的任何研究方法或設計必須適合研究者所要研究的問題。這裡介紹五種常用的研究心理學的方法：

一、觀察法

觀察法是研究者基於研究的目的，客觀地記錄個體在家庭或學校中的行為，是研究發展心理學最古老的方法之一（Kessen, 1965）。研究者利用母親的日記和觀察紀錄來蒐集無法由其他方式瞭解的關於親密情境的訊息。Piaget在其認知理論的形成中，就是運用他對自己孩子進行的自然觀察。現今有些觀察者也將此種方法應用到家庭、學校、托育中心或托兒所進行觀察；也有的觀察者請受試者（有時也包括他們的親人或朋友）在人為的實驗情境中進行觀察，以便能在更為恆定和可控制的物理條件下觀察行為（Kochanska, Kuczynski, & Radke-Yarrow, 1989）。

自然觀察（natural observation）或不用任何其他的控制，對行為作詳細的觀察，提供了對在真實環境中事物發生方式的認識。有時，觀察者進入到一種情境中去觀察各種形式的相互作用和行為模式，以他們的現場紀錄為基礎，他們開始提出關於重要關係的假設，然後他們可以透過更專門的觀察，或透過控制更為嚴格的實驗去檢驗這些假設。至於在其他情況中，研究者用自然觀察去考察一個特殊的行為或關係。他們可以尋找各種同伴攻擊行為的形式或社會合作的模式，或促進兩性交往的條件。在這些情況中，研究者事先確定了那些與他們的主題有關的行為的觀察重點和觀察範圍。

自然觀察的優點是：(1)能夠隨時獲得自然發生的反應；(2)能夠讓正在發生的實際行為啟發研究者瞭解為何如此產生。在這裡，觀察者不是設定一項特殊任務或一組問題讓受試者回答，而是檢查各種有關的行為。

作為一種研究方法，自然觀察法也存有一些限制。第一，在究竟發生了什麼這一點上，觀察者之間常常很難取得一致意見。常常兩個或兩個以上的觀察者對於同一情境的紀錄要相互比較，以確定是否他們對該情境的評價是可靠的，以及他們是否具有一致性，進行一致性程度（degree of agreement）的評估。當這種評分者信度（integrator reliability）很高時，幾個人可同時進行觀察，當評分者信度低時，研究者必須確知為什麼，並透過訓練或一致性考驗來糾正存在於觀察技術中的差異。

使用觀察法第二個困難是，有些環境中，由於活動過於頻繁而很難全部予以精確觀察。最後，如果你有興趣觀察一種特殊的行為或序列，你不能保證在實際觀察的時間範圍裡，這個目標行為一定會發生。

錄影技術提供我們一個有效觀察的工具，它既適合實驗情境，也適合自然觀察情境。錄影帶可以多次重複觀看，可以幾個觀察者一起看錄影帶，並可隨時停止，討論他們看到了什麼。同一事件可以從不同角度去觀察。例如，觀察者對兒童們的遊戲有興趣，可以錄下一個孩子在三、四個環境中的自由活動——可以在幼稚園、在公園、在家，和在朋友家。好幾個觀察者重複看錄影帶，每個人注意行為的一個不同方面，如創造力、同伴交往、複雜的運動技能或語言的應用。錄影帶不干擾兒童的行為，卻為我們提供了考察細節和重複分析的工具。

二、實驗法

實驗法是最適合於測定單向的、因果性的關係的方法。在實驗中，對有些變項或變項組有系統的予以控制，而其他變項則保持恆定。實驗者控制的變項叫自變項，由受試者的回答或反應確定的變項叫依變項。

實驗法的優點是能解釋變項之間的因果關係。如果我們能證明受試者行為的改變僅僅是因為某些實驗情境的改變，我們就可以做出實驗處理的安排是受試者行為改變的原因的結論。但實驗法也有其限制，其限制在於控制的應用。我們不能確定一個受控制的實驗情境如何應用到真實世界的自然情境。例如，在實驗室裡觀察到的行為也能在家中、在學校、在工作場合中觀察到嗎？透過對依戀的研究，我們知道嬰兒和幼兒在他們母親在場和不在場時的行為表現是不一樣的。這個研究使我們意識到，對幼兒進行實驗研究，不讓母親在場所產生的幼兒行為，與在一般情境的條件下，母親在場時所能觀察到的行為，在數量、質量、結果上都存有差異。

實驗研究傾向認為事件A引起反應B，可是在發展的許多領域中，是一個多方面的、相互作用的過程引起改變。試想大學生之間羅曼蒂克關係的發展。產生愛情仰賴於很多條件，羅曼蒂克的依戀受到如身體外貌、共同利益、表達感情的能力、才華、氣質、智慧，以及父母和朋友們的反應的影響，這裡僅僅列出一小部分因素。每一個人都對另一個人做出反應，或建立進一步的愛情和更親近的關係，或分道揚鑣。愛情關係的發展是一個複雜的過程，戀愛關係是一個系統，它的維繫和增進必須靠雙方之間不斷的交往和相互作用，以及許多其他因素，而不僅僅在於一、二個所謂的增進或防礙浪漫式依戀的外部因素。

三、調查與測驗法

調查研究是從大量樣本蒐集特定訊息的方法，調查的方法普遍用於中學生、青少年及成人。對於嬰兒和幼兒的調查訊息，常常來自父母、保母、內科醫師、護士和其他負責滿足這些孩子們需求的人。因此調查研究為我們提供了關於成人看待幼兒的行為和需求方式的大量知識。

調查的方法可以用來蒐集有關態度的訊息，如你認為老師可以對學生進行體罰嗎？或是關於現有生活行為和習慣的訊息，如你每天花多少時間看電視、上網、玩電玩等，而你可以自由運用的時間是多少？或是關於知覺的訊息，如你的父母如何與你溝通？或是你的孩子如何理解你的觀點？或是關於抱負的訊息，如大學畢業後你想就業或升學等。

調查的問題是按標準形式準備好，對回答通常也按事先設定好的一系列類別進行記錄。一份設計完善的調查問卷，問題陳述清楚，備有可選擇的答案，而且答案不是模稜兩可或內容重複。在大部分有影響的調查中，受試樣本是經過仔細篩選出來以代表所研究的母群體的。調查可以採用電話、通信或直接面談，在教室、工作崗位或參與者的家中進行。

測驗在形式上與調查法相似，通常是被設計來測量受試者某一種特殊的能力或行為特質，如智力、成就能力。如果你是在校學生，相信你一定很熟悉在學校中普遍進行的測驗。給你一組問題，請你做出回答，或是從幾個答案中選出正確答案，智力測驗和成就測驗就屬於這一類。研究者可以在進行這些測驗的同時進行其他測驗，以便瞭解智力和社會生活、情緒與自我認識的關係。

另一些測驗是被設計用來測量各種心理建構的，例如創造力、從眾行為、憂鬱症和外向行為。有些心理測量是用來判斷一個人是否患有某種類型的精神疾病、學習障礙、發展能力喪失或缺陷等。

為了能被使用，心理測驗必須是可信的和有效的。當對同一受試者的每次測量都能得出幾乎同樣的分數或診斷時，測驗就是可信的（reliable）。當然這不是說在變化發生時，測量不能測出變化，但一個人在連續兩天中做了同一個可信的測驗，應得到兩個幾乎同樣的分數，除非這之間引入了有意的訓練或干預，否則這二個分數之間應有正相關（接近＋1.0）。

當測量測得的是他們所要測量的內容時，測驗是有效的（valid）。設計測驗的人們必須規定什麼是他們想測量的，他們也必須提供證據，證明測驗確實測量了這一建構（Messick, 1989）。而嬰兒和幼兒設計的各種測量智力的測驗，他們的測驗結果與對青年和成年人進行的智力測驗結果的關係則不大密切（Bayley, 1970）。換句話說，對同一個受試者在嬰兒期和長大後，進行的兩次智力測驗的相關係數往往很低（不接近－1.0或＋1.0，而更接近於0）。或許，潛在的智力之組成在嬰兒、青少年和成人時不同；或者可能智力有相當多的發展途徑，因而成人的智力與他們嬰兒時的智力沒什麼關係；或者，也許是這些嬰兒所接受的測驗不是廣義的、有適應性的真正的智力測驗，而是關於感覺過程和中樞神經系統協調的測量。

調查和測驗有明顯的優點，因此廣泛地應用於對發展的研究。他們使我們可以比較較大的受試群體的反應。調查和測驗被設計用來探討相當廣泛的課題。用準備好的編碼或記分系統，許多測驗均可不費力地進行實施與評估。這些方法也有其限制，有些測驗引起人們以前所沒有的態度，例如你可以調查九年級學生對自己學校課程的滿意程度。在這個題目上學生們可以回答很多問題，但是他們以前可能對這些問題想都沒想過。另一個問題是，對調查問題的回答或測驗的分數，與實際行為之間有差距，因為，孩子們可以說他們寧願讀書而不願看電視，但在實際生活中，他們大部分時間都在看電視、滑手機或玩電玩，而難得讀書。同樣，父母可以說在家裡他們允許孩子參與家庭決策，一旦要作某些決策時，父母並不給予孩子們發言權。

用測驗決定學校的錄取與安置則受到了嚴厲的批評（Weinberg, 1989）。某些測驗被批評為不公平地側重於以特定種族、中等階層、特定文化觀點產生的知識，而更有一些測驗被批評為不利於第一語言不是母語的兒童，還有一些測驗被批評為對不同的學習類型和綜合訊息的方式不敏感。智力測驗更是特別受到批評，因為他們被用來決定兒童的教育安排，但是他們沒有概括全部的與社會能力和適應行為相聯繫的心理因素。心理測驗仍被持續用來研究探索各發展領域中的關係的研究，他們在學校和治療機構等環境中的應用，引起了日益增多的爭論。

四、個案研究法

個案研究是對個人、家庭或社會群體做更深入的描述，研究目的僅僅是在描述特定的個人或群體的行為，通常用於描述個體經歷或考察一種與理論預見不一致的現象。**個案研究**被用於考察引起某種危機或重大決策的生活事件的後果，被用於記載精神障礙和治療的過程，並在某些情況下被用來作為闡明一個理論的解構（Runyan, 1982）。目前日漸趨之若鶩的質化研究也常應用此種研究設計。

個案研究可以各式各樣的訊息來源作為依據，包括訪談、治療期間的對話、長期觀察、工作紀錄、信件、日記、回憶錄、歷史文獻等，此外，尚包括瞭解受試者與人的談話，或瞭解參與實驗的受試小組成員間的談話。

有些個案研究記載了一些偉人的生活。如Erikson（1993）在《甘地的真理》（*Gandhi's Truth: On the Origins of Militant Nonviolence*）中分析了莫罕達斯·甘地（Mohandas Karamchand Gandhi）的生活。Erikson考察了甘地的兒童時期、少年時期和青年期，因為這些時期形成了甘地的個性、他的倫理學和他那富有威望的社會領袖的行為。

另一些個案研究描述了臨床問題。Freud曾用個案澄清某些精神障礙病的起因，他透過他的個案說明如何用精神分析的方法，識別構成個人症狀根源的衝突。在他的一個經典案例中，Freud分析了一個他稱之為小漢斯的五歲男孩對馬有嚴重無名恐懼症（Freud, 1909/1955）。這名男孩的恐懼極為強烈，甚至拒絕走出大門，他總想著有匹馬在街上要踢他。Freud推斷漢斯的恐懼症實際上是一種間接地表達關於性和侵犯行為的強烈心理衝突的方式，因為這些內容在孩子有意識的思想中是不允許存在的。Freud整理了孩子的父親（一名物理學家）所保存的詳細紀錄。這些紀錄的許多部分被這個個案研究所引用。最後，在Freud的指導下，小漢斯由他的父親為他治療。

個案研究也能適用於社會群體、家庭和組織。Anna Freud最著名的案例之一，是描述一群孤兒的依附發展，這群孤兒在二次大戰期間一起生活在集中營裡（Freud & Dann, 1951）。該研究集中於孩子們彼此的依附和日後重返正常社會環境中，相互維持情感的策略。

個案研究具有描述個性生活的複雜性和獨特性的優勢。進行大樣本研究常用來驗證普遍的關係。個案研究則提供特定的個體是怎樣經歷這些關係的具體例證。有些個案描述了一個少有的不平常經歷的細節，而這種經歷並不適合進行大規模的研究。有時個案研究引起研究者對某一問題的注意，於是研究者可以透過其他方法繼續研究他。

個案研究被批評為不太科學。因為個體無法代表大規模群體，而從一個個案要去推論其他個體或群體時，必須更加小心謹慎。另外，個案研究也被批評缺乏可靠性，因為不同的研究者對同一受試者進行研究，也可能因事件本身或對事件的詮釋不同而造成相異的觀點；或是為個案提供依據的訊息，是以有偏差的或主觀的方式蒐集的，那麼這個研究的結果或結論將會沒有價值。而符合科學觀察標準的個案研究必須有明確的研究目的和蒐集資料的系統方法，且同時有真實的紀錄及令人信服的個案資料。

這些限制表明了，為了進行符合科學觀察標準的個案研究，必須有明確的

目的和蒐集訊息的系統方法。同時，真實的紀錄、令人信服的個案材料，始終刺激著心理學領域的理論與研究。

五、訪談法

許多個案研究大部分是以面對面的談話為依據，這個方法也可以用於大量的個體，如從臨床治療的病人中蒐集資料。

訪談法可以是具高結構化的，幾乎像是一個口頭調查，或者可以是開放性的，讓受試者自由地回答一系列一般性問題。訪談法的成功極大部分要依賴訪談者的技巧。在聆聽受訪者的回答時，會要求訪談者不要作任何的評論，試圖藉由表現出信任和理解的感情，來建立之間的融洽關係。在非結構的訪談對話中，訪談者可以利用這種關係去鼓勵人們對某個問題暢所欲言，和訪談者們分享他們的隱私或私人的想法。

訪談法與臨床研究有著傳統上的聯繫，成為認知和語言研究運用的方法之一。Piaget的結構化訪談技巧（Piaget, 1929）對概念發展的考察提供了一個模型（見**專欄1-5**）。研究者試著以這個技巧問孩子問題，然後緊跟著問題的回答，問孩子是怎麼得出結論的。在其他研究中，Piaget要求兒童解決一個問題，然後請他們解釋他們是如何得到答案的。兒童成了自己概念能力的資料提供者。這個方法適合於道德發展、人際關係的發展和利社會行為的研究。訪談法讓人們在研究的題目上發揮他們自己觀點的優點，他們可以告訴訪談者什麼對他們很重要，為什麼他們作這種而不是另一種的選擇，或他們認為訪談者對問題的看法有何不妥。當然，人們也可以用他們希望訪談者看待他們的方式去表現自己。當他們這樣作時，被稱之為表現出自利偏誤（self-presentation bias）。

一個人的回答極易受訪談者所影響。訪談者可利用微笑、點頭、皺眉或看別處，故意或無意地表示贊成或不贊成，以與受訪者在建立親密關係和影響回答之間保持一微妙的界限。

這五種研究方法的優點及其缺點概要地列如**表1-2**。

表1-2　心理學常用的五種研究方法優缺點一覽表

方法	定義	優點	缺點
觀察法	行為的系統描述	1.記載不斷發展中的行為 2.獲得自然發生，沒有實驗干預的材料	1.耗費時間 2.需仔細訓練觀察者 3.觀察者會干擾正常發生的事物
實驗法	將其他因素保持恆定，藉由改變一些條件控制其他條件，以分析其中的因果關係	1.可檢驗因果關係假設 2.可控制各分離特殊變量	1.實驗室的結果不一定適合其他環境 2.通常只注重單向因果關係模型
調查與測驗法	對大群體問一些標準化問題	1.可從大樣本中蒐集資料 2.不大要求訓練 3.非常靈活方便	1.修辭和呈現問題的方式會影響回答 2.回答可能與行為無密切關係 3.測驗可能不適於學校或臨床環境
個案研究法	對個人家庭或群體的深入描述	注重個人經驗的複雜性和獨特性	1.缺乏普遍性 2.結果可能帶有調查者的偏見 3.難以重複
訪談法	面對面交談，每個人都可充分闡明自己的觀點	提供複雜的第一手資料	易受調查者成見的影響

專欄1-5【訪談技巧】Piaget的訪談方法

以下摘錄二段Piaget著作中有關訪談方法的描述，文中可以看到Piaget如何應用臨床談話法追蹤一個幼兒的認知推理。第一段是Piaget如何探究一個五歲兒童（在這裡我們以Tom稱之）對夢的理解：

Piaget：「夢是從哪兒來的？」

Tom：「因為睡得很香所以做夢。」

Piaget：「它們是來自我們自己還是來自外面？」

Tom：「從外面。」

Piaget：「我們用什麼作夢？」

Tom：「我不知道。」

Piaget：「用手嗎？……還是什麼都不用？」

Tom：「什麼都不用。」

Piaget：「你在床上作夢時，夢在什麼地方？」

Tom：「在我床上，在毯子底下。我真的不知道。說不定在我肚子裡

（!），那麼骨頭一定在那裡，所以我才看不見它。」

Piaget：「夢在你頭裡嗎？」

Tom：「是我在夢裡，而不是在我頭裡（!），你做夢時，你不知道你是在床上。你知道你在走。你是在夢裡。你是在床上，但你不知道你是…你是…在那裡。」（1929：97-98）

下面一段是Piaget描述一個七歲兒童對種類（包含問題）的理解：

你呈現給孩子一個打開的盒子，裡面裝有木製的珠子。這個孩子知道他們都是木製的，因為他抓起他們，觸摸每一個，發現是用木頭做的。大部分珠子是棕色的，一小部分是白色的。我們提的問題很簡單：是棕色珠子多還是木頭珠子多？讓我們設定A為棕色珠子，B為木珠子，於是問題簡化為B包含A。

對於年齡七歲以下的兒童，這是一個非常困難的問題。孩子說所有的珠子都是木頭的，說大部分是棕色的，少部分是白的。但如果你問他是棕色珠子多還是木珠子多，他立刻回答：「棕色珠子多，因為只有兩、三個白珠子。」於是你說：「聽著，這不是我要問的。我不想知道是棕色珠子多還是白色珠子多，我想知道是棕色珠子多還是木珠子多？」同時，為了使問題更簡單，我拿了一個空盒子放在裝珠子的盒子邊，問孩子：「如果我把木珠子放到旁邊的那個盒子裡，這個盒子裡還剩幾個？」孩子回答：「沒有。沒有一個剩下，因為它們都是木頭的。」於是我說：「如果我拿棕色珠子放在那個盒子裡，這個盒子裡還剩幾個？」孩子回答：「當然剩兩、三個白珠子了。」顯然，現在他理解這個問題了，事實是所有的珠子都是木頭的，其中有些珠子不是棕色的。於是我再一次問他：「是棕色珠子多還是木珠子多？」現在，很明顯地孩子開始理解這個問題，知道確實有問題。這個問題不像他開始想的那麼簡單。我看著他，看到他正努力地思索著。終於他斷定：「但還是棕色珠子多；如果你拿走棕色珠子，就只剩下兩、三個白珠子了。」（1963: 283-299）

資料來源：Piaget (1963). Reprinted by permission.

第五節　結語

心理學係研究個體行為之科學。個體是一有機體，具有生命與心理能力之獨立個體，如人類、動物皆是。因為個體具有生命現象，所以行為有其發展的連續性和一致性。行為乃是具有自由意志之有機行動，如語言行為、肢體行為、器官活動等屬之；據此以觀，心理學乃研究人類或動作行為之科學。

從現代心理學對心理學的看法：結構論者認為心理學為研究意識經驗；行為學派認為心理學為研究行為之科學，而功能論及完形學派則認為意識與行為兩者兼俱；人本論則著重於意識及自我概念。然而對於個體行為的闡釋除上述五派觀點之外，尚需納入精神分析學派所強調的潛意識歷程，才能構成個體行為之範疇。

綜合現代心理學，可將心理學派分為五大學派（見**表1-3**）：

1.行為主義：行為主義主要偏重於學習、動機、社會行為及行為異常。代表人物為：Pavlov、Watson、Skinner。
2.精神分析論：精神分析論主要偏重於身心發展、情緒、動機與遺忘、人格發展、行為異常及心理治療。主要人物有：Freud、A. Freud、Erikson、Fromm、Adler、Carl Jung等。
3.人本論：人本論主要偏重學習、動機、人格發展、諮商與輔導、心理治

表1-3　五種心理學模式的比較

項目＼模式	心理生理的模式	心理動力的模式	行為主義的模式	認知的模式	人本主義的模式
研究的重點	腦與神經系統的歷程	潛意識的趨力與衝突	明確的外顯行為	心理歷程，語言	人類的潛能
分析的層次	微量到分子量	總量	分子量	分子量到總量	總量
主要的研究方法	研究生理與心理歷程之間的關係	把行為視為是隱藏的動機來研究	研究行為與刺激條件之間的關係	透過行為指標來研究心智歷程	研究生活型態、價值和目標
對人性的觀點	被動的與機械性的	本能所驅策的	被動反應的、可以修正的	主動性的和被動反應的	主動積極的、有無限的潛能
行為的主要決定因素	遺傳和生化歷程	遺傳和早期經驗	環境與刺激情境	刺激情境與心智歷程	潛在的自我導向

療。代表人物有：Rogers、Maslow。

4.認知論：認知論主要偏重學習、智力發展、情緒與心理治療。代表人物有：Piaget、Kohlberg、Bruner等。

5.生理心理學派：生理心理學派主要偏重身心發展、學習、動機與行為異常。代表人物有：Gall、Broca等。

心理學研究自行為科學盛行之後，破除了門戶之限，採取綜合的科際整合研究。然而，心理學的研究範疇仍有分類，如從研究人類行為與動物行為，而分為人類心理學及動物心理學；就研究人與人彼此之間共同相似與相異之處而言，便有普通心理學及差異心理學之別；從研究一般人類行為與少數異常人之行為，可分為常態心理學及變態心理學；若從個體年齡來分，又可分為嬰兒、兒童、青少年、成年及老年心理學；若偏重知識的追求及實際應用的研究，則可分為理論心理學及應用心理學。

心理學從研究個人的行為方面作為對象，研究主題諸如行為的生理基礎、感覺與知覺、動機、情緒、學習、記憶、思考、推理等，然而現代心理學則增加了行為的發展、個別差異與測量、人格、行為異常與心理治療、社會行為等方面，這些主題將個人的片面行為衍生至個人的全部行為。尤其近年來受到社會學與文化人類學發展的影響，也逐漸對群體行為產生重視。

參考書目

一、中文部分

吳靜吉（1986）。《心理學》。臺北：空大

張春興（1989）。《張氏心理學辭典》。臺北：東華書局。

張春興（1991）。《現代心理學》。臺北：東華書局

二、英文部分

Bayley, N. (1970). Development of mental abilities. In P. H. Mussen (ed.), *Carmichael's Manual of Child Psychology* (3rd ed. vol.1). New York: Wiley.

Becker, L. J. & Seligman, C. (1978). Reducing air conditioning waste by signaling it is cool outside. *Personality and Social Psychology Bulletin, 4*, 412-415.

Breuer, J. & Freud, S. (1895/1955). Studies on hysteria. In. J. Strachey (ed.), *The Standard Edition of The Complete Psychological Works of Sigmund Freud (Vol.2)*. London: Hogarth Press.

Cole, M., & Means, B. (1986). *Comparative Studies of How People Think*. Cambridge, Mass: Harvard University Press.

Einstein, A. & Freud, S. (1933/1964). Why war? In J. Strachey (ed.), *The Standard Edition of The Complete Psychological Works of Sigmund Freud (Vol.2)*. London: Hogarth Press.

Erik H. Erikson (1993). *Gandhi's Truth: On the Origins of Militant Nonviolence*. New York: W.W. Norton & Company.

Flavell, J. H., Green, F. L., & Flavell, E. R. (1989). Young children ability to differentiate appearance-realty and level 2 perspectives in the tactile modality. *Child Development, 60,* 201-213.

Freud, S. (1909/1955). An analysis of a phobia in a five-year-old boy. In J. Strachey (ed.), *The Standard Edition of the Complete Psychological Works of Sigmund Freud (Vol. 10)*. London: Hogarth Press.

Freud, S. (1933/1964). New introductory lectures on psychoanalysis. In J. Starchey (ed.). *The Standard Edition of the Complete Psychological Works of Sigmund Freud (Vol. 22)*, London: Hogarth Press.

Freud, S. (1963). *The Cocaine Papers*. Vienna and Zuricn: Dunquin Press.

Freud, S., & Dann, S. (1951). An experiment in group upbringing. In R. Eissler, A. Freud, H. Hartmann & E. Kris (eds.). *The Psychoanalytic Study of the Child. (Vol.6)*. New York: International University Press.

Gazzaniga, M. S. (1989). Organization of the human brain. *Science, 245*, 947-952.

Kessen, W. (1965). *The Child*. New York: Wiley.

Kihlstrom, J. F. (1987). The cognitive unconscious. *Science, 237*, 1445-1452.

Kochanska, G., Kuczynski, L. & Radke-Yarrow, M. (1989). Correspondence between mothers' self-reported and observed child-rearing practices. *Child Development, 60*, 56-63.

Maslow, A. H. (1968). *Toward a Psychology of Being* (2nd ed.). New York: Van Nostrand.

Messick, S. (1989). Meaning and values in test validation: The science and ethics of assessment. *Educational Researcher, 18*, 5-11.

Miller, P. H. (1989). *Theories of Developmental Psychology* (2nd ed.). New York: W. H. Freeman.

Moore, C., Bryant, D., & Furrow, D. (1989). Mental terms and the development of certainty. *Child Development, 60*, 167-171.

Neisser, U. (1987). *Concepts and Conceptual Development: Ecological and Intellectual Factors in Categorization*. New York: Cambridge University Press.

Piaget, J. (1929). *The Child Conception of Physical Causality*. New York: Harcourt, Brace.

Piaget, J. (1936). *The Origins of Intelligence in Children*. New York: Humanities Press.

Piaget, J. (1936/1952). *The Origins of Intelligence in Children*. New York: Humanities Press.

Piaget, J. (1963). The attainment of invariants and reversible operations in the development of thinking. *Social Research, 30,* 283-299.

Piaget, J. (1978/1985). *The Equilibration of Cognitive Structures*. Chicago: University of Chicago Press.

Piaget, J. & Inhelder, B. (1969). *The Psychology of the Child*. New York: Basic Books.

Ruffman, R. K., & Olson, D. R. (1989). Children's ascriptions of knowledge to others. *Developmental Psychology, 25*, 601-606.

Rumelhart, D. E., & McClelland, J. C. (1986). *Parallel Distributed Processing (Vol.1)*. Cambridge, Mass: MIT Press.

Runyan, W. M. (1982). *Life Histories and Psychobiography: Explanations in Theory and Method*. New York: Oxford.

Skinner, B. F. (1948). *Walden Two*. New York: Macmillan.

Skinner, B. F. (1967). Autobiography of B. F. Skinner. In E. Borning & G. Lindzey (eds.), *History of Psychology in Autobiography* (*Vol.5*, pp. 387-413). New York: Appleton-Century Crofts.

Stapp, J., Fulcher, R., Nelson, S. D., Pallak, M. S., & Wicheerski, M. (1981). The employment of recent doctorate recipients in psychology: 1975 through 1978. *American Psychologist 36*, 1211-1254.

Stapp, J., Fulcher, R., Nelson, S. D., Pallak, M. S., & Wicherski, M. (1981). The employment of recent doctorate recipients in psychology: 1975 through 1978. *American Psychologist, 36*,

1211-1254.

Sternberg, R. J., & Smith, E. E. (1988). *The Psychology of Human Thought*
Cambridge University Press.

Uzgiris, I. C. (1976). The organization of sensorimotor intelligence. In M. Lewis
of Intelligence: Infancy and Early Childhood. (pp. 123-164). New York: Plenu

Weinberg, R. A. (1989). Intelligence and IQ: Landmark issues and great debat
Psychologise (*Special Issues: Children and Their Development: Konwledge B
Agenda, and Social Policy Application*), *44*, 98-104.

心理學的生理基礎

■神經元

■神經系統

■大腦半球的構造與功能

■內分泌系統

■結語

心理學為研究行為與心理歷程的科學研究，而探討人類心理歷程的影響係來自於生物性及後天環境之交互作用，至於行為的生理基礎，主要受到大腦的心理歷程，尤其是大腦如何控制感覺的生理過程，進而影響人類的知覺與意識等行為，例如思考、推理及情感等各種行為。人類行為主要受生物與環境之交互作用影響，也就是生物、心理、社會等三大因素之交互影響。因此，在瞭解人的心理行為等現象時，實有必要瞭解生理研究之基礎；同時，生理基礎也是生理心理學及心理物理學等的知識領域。

生理研究在探討人類行為與生理結構、活動、神經系統、大腦、內分泌系統以及遺傳之關係。本章將討論神經系統、大腦、內分泌系統及遺傳與心理行為之關係。人類行為諸凡反射動作、說話、大小便排泄行為、情緒，甚至同性戀等行為皆是受到感覺細胞、中樞神經、腺體、肌肉、基因等因素聯合形成複雜之行為，此類活動皆為心理行為之生理基礎。

第一節　神經元

一、神經元的構造與性質

人類的腦，大約由一百二十億以上的神經細胞所構成，而神經元（neuron）是構成神經細胞的基本單位。

神經元的主要構造，包括細胞體（cell body）、樹狀突（dendrites）與軸突（axon）三部分（見**圖2-1**）。**樹狀突**是從細胞體周圍發出的分支，多而短，因呈樹枝狀而稱之。**軸突**是從細胞體發出的一根較長的分支。從細胞體發出的這兩種分支，通常稱為**神經纖維**（nerve fiber）。細胞體與軸突兩者的主要功能，是與其他神經元合作，接受並傳導神經衝動（neural impulse）。**神經衝動**是指由刺激引起而沿神經系統傳導的電位活動，訊息傳導即是經由此一活動達成。軸突的周圍包以髓鞘（myelin sheath），具絕緣作用，以防止神經衝動向周圍擴散。軸突的末端有分支狀的小突起，稱為終紐（terminal button）；**終紐**的功能是將神經衝動傳至另一神經元。兩者之間隔著小細縫，稱為**突觸**（synapse），掌握人類神經衝動的訊息。

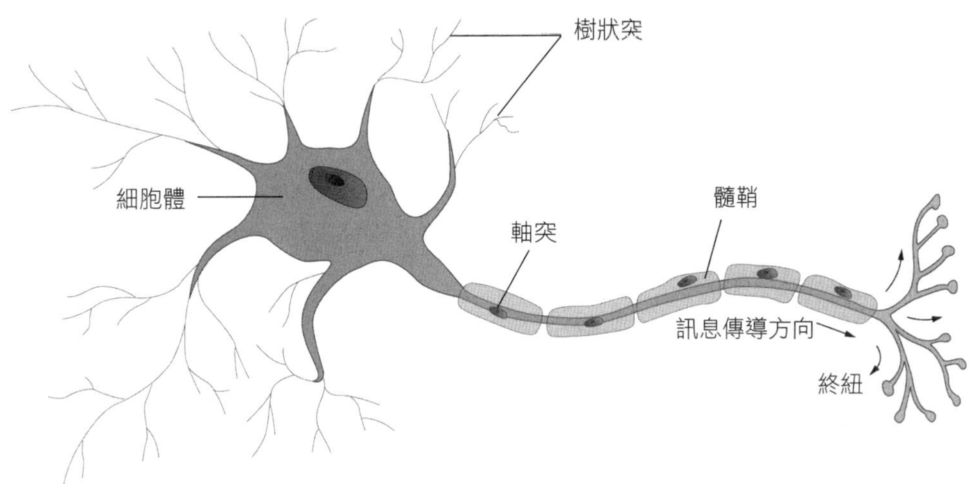

圖2-1　神經元略圖

資料來源：黃建中繪製。

神經元按性質不同分為三類：（張春興，1991）

1.感覺神經元（sensory neuron）：其功能是將感受器（receptor）收受刺激後所引起之神經衝動，傳入中樞神經系統。感受器是指各種感覺器官，如視、嗅、聽、溫、體覺等。

2.運動神經元（motor neuron）：運動神經元的功能是將中樞神經系統發出的神經衝動，傳輸至反應器（effector）。反應器是指肌肉與腺體，是負責動作反應的器官。

3.中間神經元（interneuron）：為介於感覺神經元與運動神經元之間的一種神經元，其功能是傳導神經衝動。中間神經元只存在於腦與脊髓中，又稱聯結神經元（connect neuron）。

二、神經元的功能

神經元具有兩個最主要的特性——**興奮性與傳導性**。前者係指感受器或另一神經元傳來神經衝動之後，立即會引起神經元的興奮；後者係指神經元將神經衝動迅速傳至相鄰的神經元，以完成其神經傳導功能。神經傳導主要仰賴突觸。突觸是介於終紐與另一神經元細胞體之間的一個小小空隙，傳導時神經元透過終紐傳遞複雜的化學物質，並經類脈衝的神經傳導，引起放電作用，而完成傳導功能。

神經元的興奮性是一種很特殊現象，神經衝動是採**全有或全無之定律**（all-or-none law），也就是說，其刺激強度是有範圍的，當刺激弱則無神經衝動；而當刺激強度達到某些程度即可引起神經衝動。神經元的傳遞是靠中位傳導，當神經元處於休止狀態之下，細胞體外的正中離子多於細胞體內，也就是說，細胞體內的負電離子多於細胞體外（大約為七十毫伏特，一毫伏特相當於千分之一伏特），此種狀態稱為靜電位（resting potential）。一旦神經元受到刺激，細胞膜會產生變化，使正電離子迅速滲入細胞體內，於是細胞體內的正電荷高於細胞體外。而電子有滲入作用，細胞膜會排斥著正電子，當正電子被排出，便又恢復靜電位。現代的醫學研究，尤其是藥物的服用改變了神經傳導物質，進而影響個人的感覺與行為。例如，香煙中的尼古丁就具有增強作用；安非他命會阻礙終紐對傳導物質的回收，使其滯留在突觸，因而不斷刺激神經元，造成服用安非他命的人會感覺舒服及精神百倍；相對的，安眠藥、鎮靜劑和酒精，則具有抑制神經元活動的作用。

第二節　神經系統

人體的神經系統（nervous system）中，依其組成及功能，可以分為中樞神經系統（central nervous system）及周圍神經系統（peripheral nervous system）（張春興，1991；葉重新，1998）。中樞神經主要包括腦與脊髓；周圍神經系統則包括軀體神經系統和自主神經系統（見**圖2-2**）。

一、中樞神經系統

中樞神經系統是由腦和脊髓所組成，是由神經元的細胞體聚集而成的神經組織，呈灰色，稱為**灰質**；而神經元的神經纖維（軸突）聚集而成的神經組織呈白色，稱為**白質**。

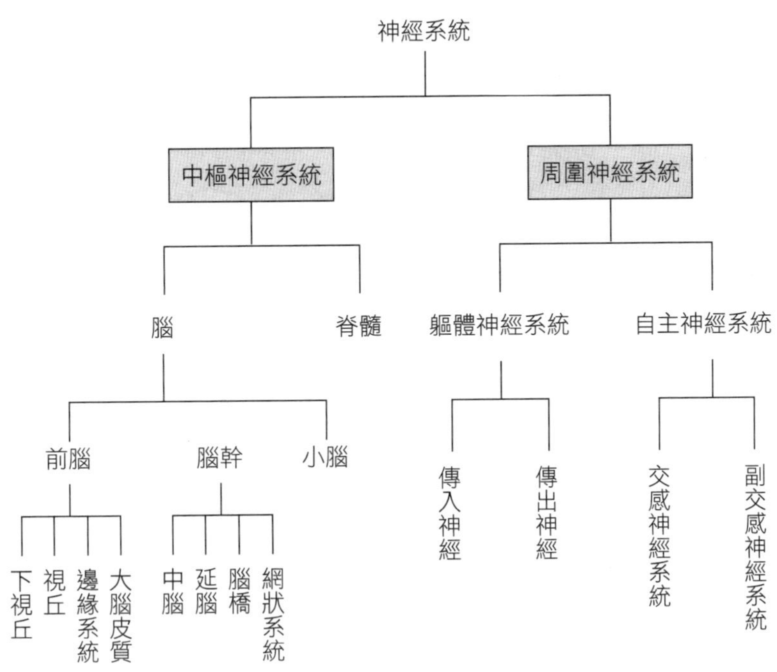

圖2-2　人體神經系統組織

資料來源：張春興（1991）；葉重新（1998）。

(一)腦的構造與功能

人腦的構造包括腦幹、小腦和前腦三部分，而每一部分又各自有不同的構造（見**圖2-3**）。

1.腦幹（brainstem）：腦幹位於大腦半球與脊髓之間，為不規則的柱狀形。神經衝動由脊髓傳至大腦呈交叉方式進行，脊髓右邊進入腦幹左邊，再傳至大腦；而經脊髓左邊進入腦幹右邊，再傳至大腦。腦幹的功能是維持個體生命，例如呼吸、消化、體溫、睡眠等重要的生理運作。腦幹包括四個重要構造：

(1)延腦（medulla）：位於腦部的最下部位，與脊髓相連；其主要功能為控制呼吸、心跳、消化等。

(2)腦橋（pons）：位於中腦與延腦之間。腦橋的白質神經纖維，通到小腦皮質，可將神經衝動自小腦的一半球傳至另一半球，使之發揮協調

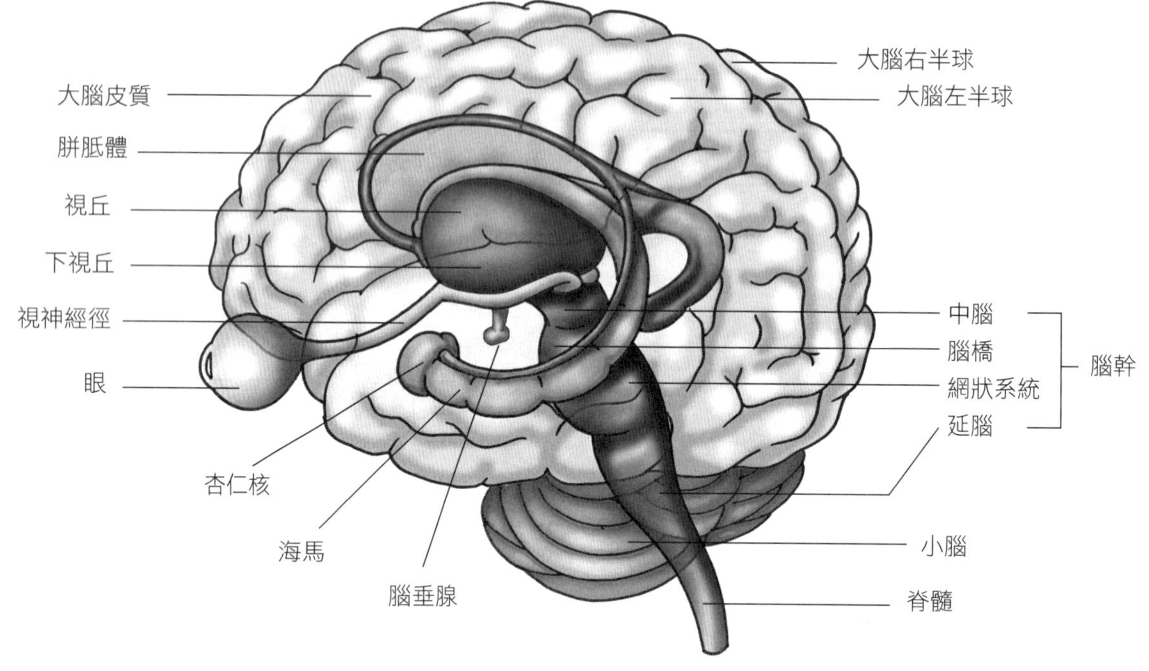

圖2-3　腦部透視略圖

資料來源：黃建中繪製。

身體兩側肌肉活動之功能。此為腦橋稱謂的由來。

(3)中腦（midbrain）：位於腦橋之上，恰好是整個腦的中點，故名。中腦是視覺與聽覺的反射中樞，舉凡瞳孔、眼球、肌肉、虹彩以及毛狀肌等活動，均受中腦的控制。

(4)網狀系統（reticular system）：位於腦幹中央，由許多錯綜複雜的神經元集合而成的網狀結構，故名。網狀系統的主要功能為控制覺醒、注意、睡眠等不同層次的意識狀態。

2.小腦（cerebellum）：小腦為腦的第二大部分，位於大腦及枕葉的下方，恰在腦幹之後。小腦由左右兩半球所構成，且灰質在外部，白質在內部。在功能方面，小腦和大腦皮質運動區共同控制肌肉的運動，藉以調節姿勢與身體的平衡。

3.前腦（forebrain）：前腦屬腦的最高層部分，也是人腦中最複雜最重要的神經中樞。前腦又分視丘、下視丘、邊緣系統、大腦皮質四部分。以下簡述除大腦皮質外的其他三部分的說明（見**圖2-3**）。

(1)視丘（thalamus）：呈卵圓形，由白質神經纖維構成，左右各一，位於胼胝體的下方（見**圖2-3**）。從脊髓、腦幹、小腦傳導來的神經衝動，都先終止於視丘，經視丘再傳送至大腦皮質的相關區域。視丘為感覺神經的重要傳遞站，而且**具有控制情緒的功能**。

(2)下視丘（hypothalamus）：位於視丘之下，體積雖小但功能極大。下視丘是自主神經系統的主要管制中樞，直接與大腦中各區相連接，又與腦垂體及延腦相連。下視丘的主要功能為管制內分泌系統、維持新陳代謝正常、調節體溫，並與生理活動中的饑餓、渴、性等**生理性動機**有密切的關係。

(3)邊緣系統（limbic system）：邊緣系統的位置並不十分確定，一般學者認為包括視丘、下視丘以及中腦等在內的部分，都可稱為邊緣系統。邊緣系統的主要功能有管制嗅覺、內臟、自主神經、內分泌、性、攝食、學習、記憶等。如**圖2-3**所示，邊緣系統有兩個神經組織，即**杏仁核與海馬，前者關係情緒的表現，後者則與記憶有關**。

(二)脊髓的構造與功能

脊髓位於人體背部中央部位的脊椎骨內。脊髓是大腦的延伸，它由許多神經元組合而成。在神經傳導上，脊髓具有下列兩個功能：(1)將感覺器官接受到外界刺激的訊息傳送到大腦，或將大腦的命令經由脊髓傳導到腺體與肌肉，進而做出反應；(2)作為反射中樞。就第二個功能來說，身體感覺器官將神經衝動傳到脊髓後，脊髓的中間神經元不將它傳入大腦，而直接傳導到反應器，形成反射弧（reflex arc）。例如手不小心碰觸到電時，會立刻縮回來；一陣風吹向眼睛時，會立刻眨眼睛；健康檢查時，醫師用物體輕擊病人膝蓋下方，小腿會出現不能自主的膝跳反射（knee-jerk reflex）；而脊髓的反射，可以使人對突發事件做出反應，以避開危險。

反射與行為反應的區別是，反應是經過大腦，而反射只經過脊髓後就直接回傳神經元，而至反應器，最後形成反射。反射只由感覺、中間、運動三個神經元所形成，又稱為三神經元反射弧，瞭解個體的反射動作，同時檢證個體的神經功能。

二、周圍神經系統

周圍神經系統是排除了頭顱及脊柱以內的神經系統，包括有軀體神經系統與自主神經系統兩大部分，分述如下：

(一)軀體神經系統

軀體神經系統（somatic nervous system）遍布於頭、臉、軀幹及四肢的肌肉。此類肌肉大都附著於骨骼之上，屬於骨骼肌，此種系統的最大特徵是由大腦及個體意志所控制，又稱為**隨意肌**。肌肉之所以能自由隨意支配，乃是因軀體神經作用而來。

軀體神經系統中有兩種神經元：一為感覺神經元，與感受器相連，其功能為將外界刺激所引起的神經衝動，傳至中樞；另一為運動神經元，與反應器相連，其功能是將中樞向外傳導的神經衝動，傳給肌肉，再展現行動。

(二)自主神經系統

自主神經系統（autonomic nervous system）是由分布於心肌、平滑肌和腺體等內臟器官的運動神經元所構成。此一神經系統的運作因不受個體意志所支配，故被稱為「自主」或「自律」神經系統，也就是此一神經系統係按自身之規律運行。自主神經系統的功能複雜，最主要是控制心跳、呼吸，管制所有平滑肌器官的擴張與收縮及調節腺體分泌，維持身體內一切生理變化的均衡。

自主神經系統本身在運作上雖然能夠「自主」，但整個神經系統仍受中樞神經系統所支配，而支配自主神經系統者，便是下視丘。自主神經系統又分交感神經系統（sympathetic system）與副交感神經系統（parasympathetic system）兩大部分，兩者之間，在功能上存在著拮抗作用；交感神經系統通常在個體緊張且有警覺時會發生作用，副交感神經系統則常使個體在鬆弛狀態時發生作用。（二者的相對關係請見**圖2-4**）。

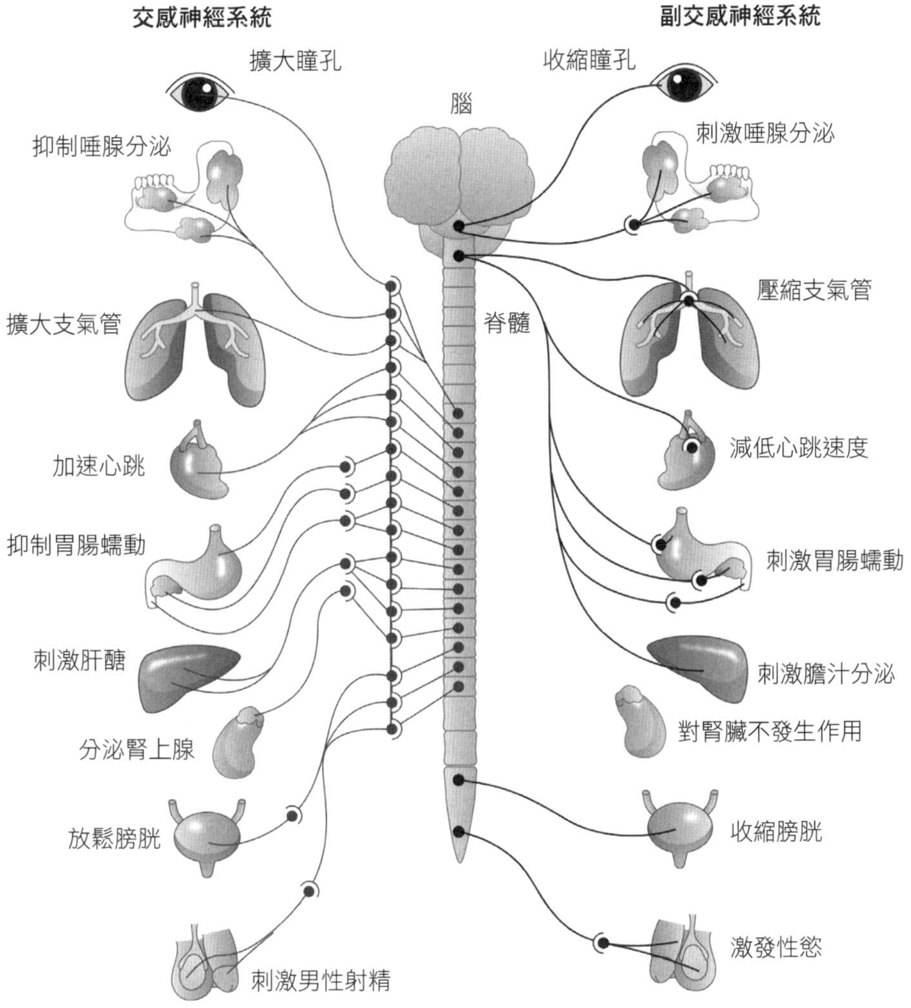

交感神經系統
副交感神經系統
擴大瞳孔
收縮瞳孔
腦
抑制唾腺分泌
刺激唾腺分泌
擴大支氣管
壓縮支氣管
脊髓
加速心跳
減低心跳速度
抑制胃腸蠕動
刺激胃腸蠕動
刺激肝醣
刺激膽汁分泌
分泌腎上腺
對腎臟不發生作用
放鬆膀胱
收縮膀胱
刺激男性射精
激發性慾

圖2-4　自主神經系統

資料來源：黃建中繪製。

第三節　大腦半球的構造與功能

大腦位於頭部的上端，大約重量為一・三六公斤，是人體的中樞神經系統的一部分，其具備人類成為地球生物的主宰皆仰賴它。大腦的表層為皮質（cerebral cortex），是由灰質所構成，大腦皮質下方則由白質所構成。大腦中間有一裂溝，由前至後將大腦分為左右兩個半球，稱為大腦半球（cerebral

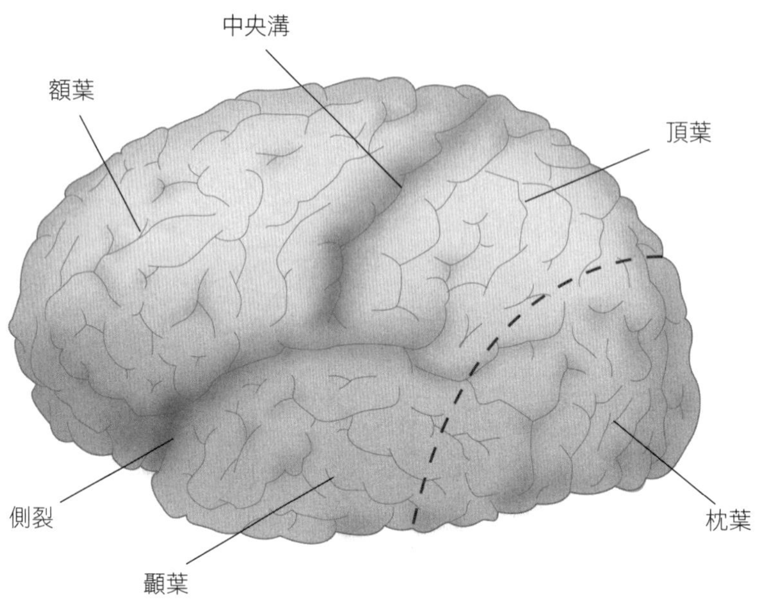

圖2-5　大腦半球簡圖

資料來源：黃建中繪製。

hemisphere）。大腦中間有一裂溝，叫做大腦縱裂（longitudinal fissure）。大腦兩個半球之間透過胼胝體（corpus callosum）連接在一起，胼胝體使兩個半球的神經傳導得以互通。大腦半球的背側面各有一條斜向的溝，稱為側裂（lateral fissure）（見**圖2-5**）。側裂的上方，約當半球的中央處，有一由上走向前下方的腦溝，稱為中央溝（central fissure）。二個半球將大腦分有四個葉（lobe），在中央溝之前與側裂之上的部分，稱為額葉（frontal lobe），為四個腦葉中最大者，約占大腦半球的三分之一；側裂以下的部分，稱為顳葉（temporal lobe）；中央溝之後與側裂之上的部分，稱為頂葉（parietal lobe）；頂葉與顳葉之後，在小腦之上的大腦後端的部分，稱為枕葉（occipital lobe）。以上各種腦葉，均向半球的內側面和底面延伸，而在各腦葉區域內，各有許多小的腦溝，之中蘊藏著各種不同的神經中樞，分擔不同的任務，形成了大腦皮質的分區專司功能。

一、大腦半球的分區及功能

人類大腦位於腦部最上端的最膨大部分，重量約占人腦的80%，分成左右二

個大腦半球，兩半球在功能大體的劃分上是左半球管制右半身，右半球管制左半身。每一個半球之縱面，在功能上也有層次之分，原則上是上層管制下肢，中層管制軀幹，下層管制頭部，形成上下倒置、左右交叉的微妙構造。在每一半球上，各自區分為數個神經中樞，每一中樞各有其固定的區域，形成大腦分化而又統合的複雜功能。在區域的分布上，兩半球並不完全相等；其中布氏語言區與威氏語言區，只分布在左腦半球，其他各區則兩半球都有。（見**圖2-6**）

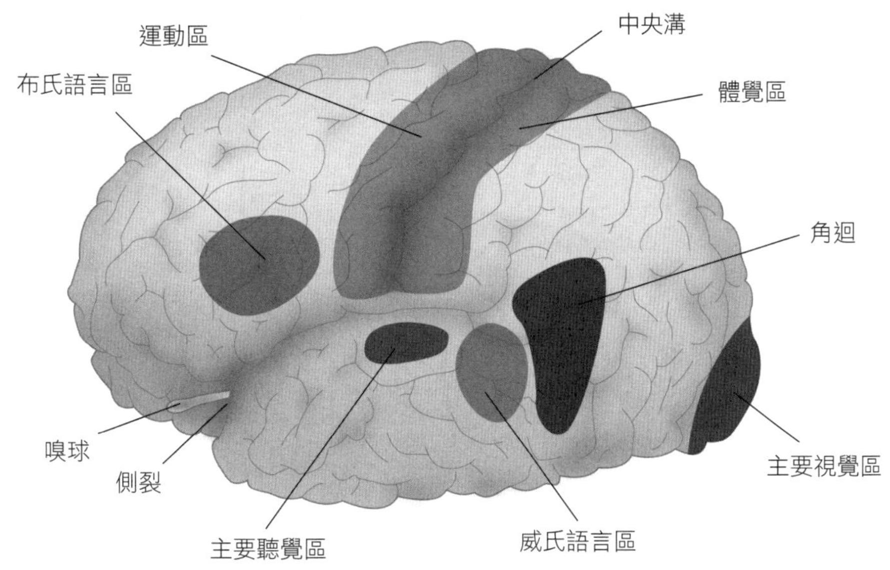

圖2-6　大腦左半球的分區功能

資料來源：黃建中繪製。

(一)運動區

運動區（motor area）是管制身體運動的神經中樞，其部位在中央溝之前的皮質內，身體內外所有隨意肌的運動，均受此一中樞之支配。運動中樞發出的神經衝動，呈左右交叉、上下倒置的方式進行。如以電流刺激某一相關部位，可激起身體上某部分肌肉的活動。如運動區內某一部分受到傷害或病變，其所管制的身體部位，即喪失隨意運動的能力。運動區的上下顛倒現象，可由**圖2-7**的左半部看出；管制足踝、膝蓋、肩、臂、肘的部位，居於最上方，管制舌、口部咀嚼動作的部位，居於最下方。

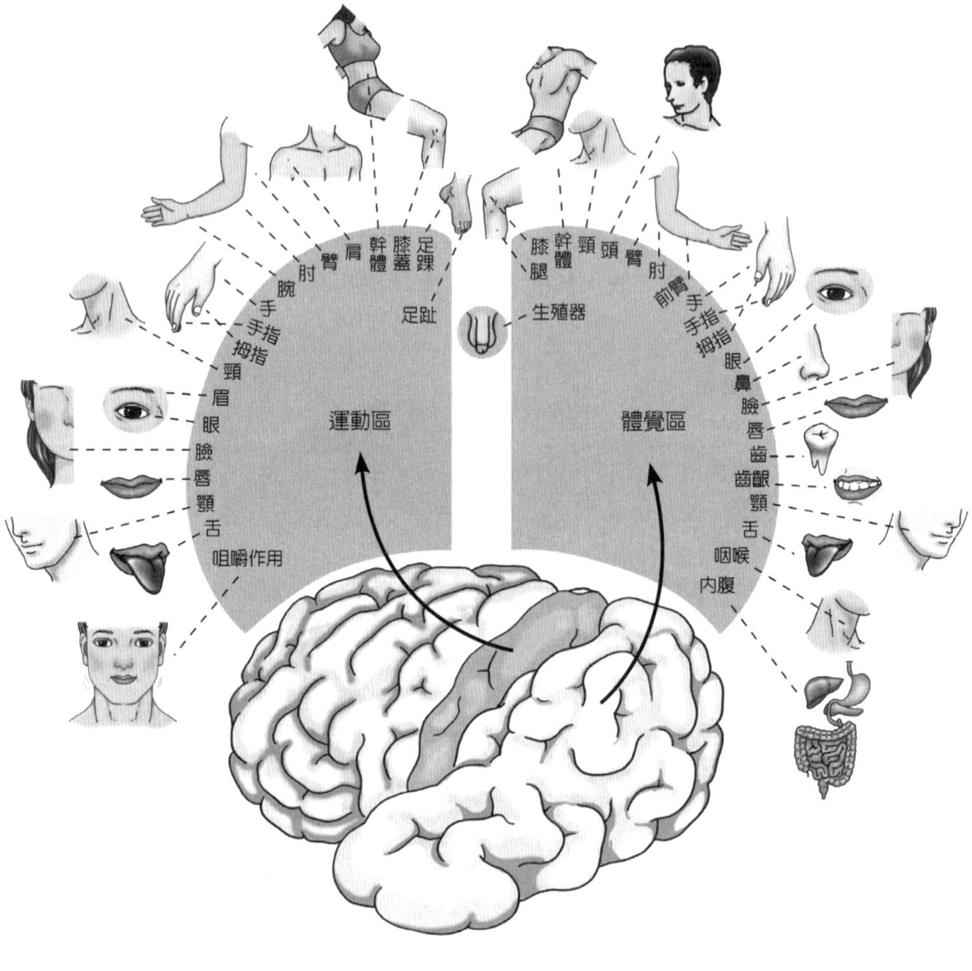

圖2-7　運動區與體覺區所管制的相關部位

資料來源：黃建中繪製。

(二)體覺區

體覺區（somatosensory area）為管制身體各種感覺的神經中樞。舉凡身體上所有的冷、熱、觸、壓、痛覺等，均受此一中樞神經所管制。體覺區位於頂葉的皮質內，隔中央溝與運動區相對。如以電流刺激該區的某一部位，在相對邊身體的某個部位會產生某種感覺。因此，感覺區的功能與身體各部位的關係，也是上下顛倒、左右交叉的。由**圖2-7**右半部可以看出，管制生殖器以及腿部感覺的中樞部位，居於最上方；管制口腔部位感覺的中樞，則居最下方。如因疾病或傷害損及體覺區的神經組織，則可能喪失部分或全部的感覺功能。

(三)視覺區

視覺區（visual area）為管制視覺的神經中樞。視覺區位於兩個半球枕葉的皮質內，交叉控制左右眼，運作方式相當特殊。由**圖2-8**中深灰色區塊內的視神經通路（neural pathway）看，左右眼球內視網膜（retina）之左半邊，均經由視神經通路與左半球的視覺區連接。也就是說，左半球的視覺區同時管制了左右兩隻眼睛；同理，右半球的視覺區也同時管制了左右兩隻眼睛。一旦左半球視覺區受到傷害，兩眼的左半邊會變盲，如右半球視覺區受到傷害，兩眼的右半邊會變盲；如兩半球之視覺區均受到傷害，則會雙目失明。**圖2-8**中所標示的視野（visual field），是指頭不轉動直視正中的情形下目光所能及的廣度，也就是說，在視野之外出現的東西，是看不見的。

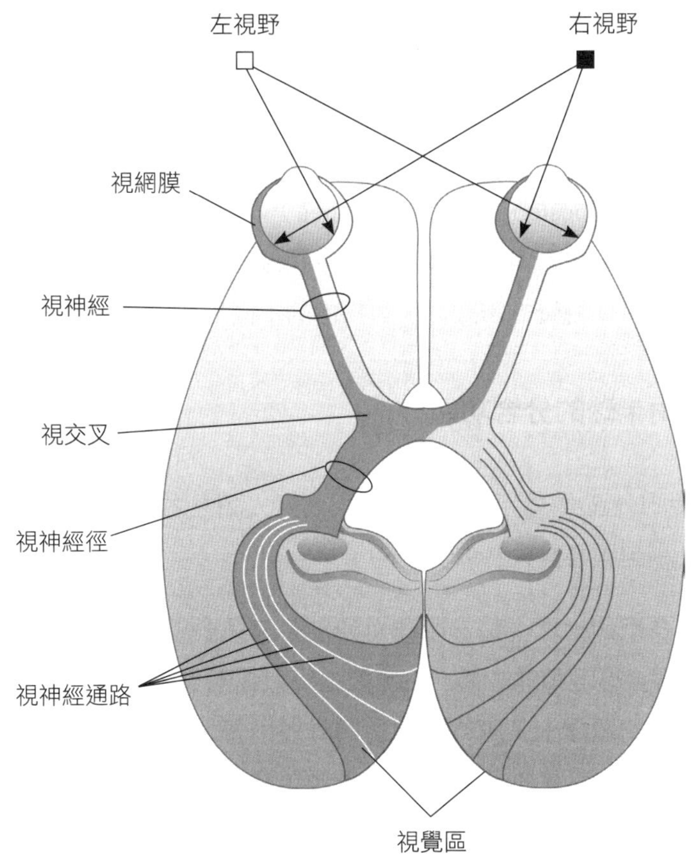

圖2-8　視覺區關係圖

資料來源：黃建中繪製。

在**圖2-8**中，視網膜是光線刺激的感受器；視神經（optic nerve）是傳導視覺神經衝動的神經元；視交叉（optic chiasma）位視丘之下，是視神經通路的交會點；視神經徑（optic tract）是兩眼視神經衝動會合後通往視覺中樞的通路。

(四)聽覺區

聽覺區（auditory area）為管制兩耳聽覺的神經中樞。聽覺區位在兩半球的外側，屬於顳葉的區域內。每一半球的聽覺區均與兩耳的聽覺神經連接，但兩耳與兩聽覺區的關係，卻與視覺區的特徵不同。每耳因聲波刺激所產生的神經衝動，同樣地傳入兩半球的聽覺中樞。換言之，每一半球的聽覺區均具有管制兩耳聽覺的功能。

(五)聯合區

聯合區（association area）為具有多功能的神經中樞。在左右兩半球上，均有兩個聯合區：一，從額葉一直延伸到運動區的一大片區域，稱為前聯合區（frontal association area），前聯合區的功能，主要是與解決問題時的記憶思考有關；二，後聯合區（posterior association area），分散在各主要感覺區附近，如在顳葉的下部分，功能就與視覺區有關，如果此一區域受傷，雖不致喪失視覺的敏銳度，卻會減低視覺的辨識力，對物體的不同形狀不易辨識。

二、大腦左右兩半球的分合功能

藉由對大腦的分區與聯合區的認識，我們對大腦左右兩半球的功能可以歸納如下幾點：（引自張春興，1991，頁63）

1. 大腦分左右兩個半球，每一半球上分別各有運動區、體覺區、視覺區、聽覺區、聯合區等神經中樞。由此觀之，大腦兩半球是對稱的。
2. 在神經傳導的運作上，兩半球相對的神經中樞，彼此配合，發生交互作用：兩半球的運動區對身體部位的管制，是左右交叉、上下倒置的；兩半球的視覺區與兩眼的關係是，左半球視覺區管兩眼網膜的左半，右半球視覺區管兩眼網膜的右半；兩半球的聽覺區共同分擔管制兩耳傳入的聽覺訊息。

3.兩半球的聯合區，分別發揮左右半球相關各區的聯合功能。
4.在整個大腦功能上，兩半球並非各自獨立，兩者之間仍具有交互作用，而交互作用之發揮，乃是靠胼胝體的連結得以達成。

從心理學的觀點來說，除了對大腦的功能有以上四點認識之外，另外尚有兩個問題：其一，語言是人類的重要行為，在大腦的神經中樞內，是否也有管制語言的中樞？其二，胼胝體是連結兩個腦半球的通道，如將胼胝體切斷，兩半球分裂為二之後，在行為上將產生什麼樣的變異？

(一)語言區

到目前為止，人類大腦皮質內已確定有專司語言活動的神經中樞，稱為**語言區**（speech area）或**語言中樞**（speech center）。生理學家所發現的語言區，不止一處，但均位於在大腦左半球。因為一般人在工作活動時多偏重使用右手，大腦兩半球運動區的功能又是左右交叉的，所以一般相信，大腦左半球的功能，較占優勢。語言區既然只在左半球，於是語言區的功能，自然也就與左半球優勢的看法連在一起。

大腦左半球的語言區，是由法國著名外科醫生Paul Broca（1824-1880）於一八六一年發現。當時Broca服務於巴黎近郊一所醫院，遇一精神失常病人，其主要症狀為發音器官正常，卻不能言語，但可用手勢作語意的表達。五天後該病患死亡，經解剖後發現，大腦左半球額葉靠近側裂之上方，有一塊神經組織業已損壞，後經確定該區就是構成病患喪失語言的原因，換言之，該區即是管制語言行為的神經中樞。後來該區即被定名為**布氏語言區**（Broca's area）（見**圖2-6**）。

布氏語言區的發現，讓生理學家們產生了研究的興趣，之後的學者繼續研究發現，管制語言行為的神經中樞，可能不只一處。一八七四年，德國神經學家Carl Wernicke（1848-1905）發現在左半腦顳葉部分另有一個管制語言的神經中樞，後被定名為**威氏語言區**（Wernicke's area）。後經研究發現，左半球的兩個語言中樞，在功能上稍有差異；**布氏語言區主要管制語言的表達，威氏語言區則主要管制語言的記憶與理解**。

習慣用右手操作的人，其語言區均在左腦半球，此一現象是肯定的。問題是慣用左手操作的人，其語言區是否就在右腦半球呢？根據研究發現，情形並不一致，有的語言區是在右半球，有的卻仍在左半球。據此推論，語言區在左半球而慣用左手者，其左手之所以占優勢者，乃學習所養成的習慣所致，不是生理作用使然。這種純屬習慣性的偏好，是可以矯治改變的。

(二)大腦左右兩半球分割後的影響

在正常情形之下，大腦兩半球的功能是「分工合作」的，在兩半球之間，由神經纖維構成的胼胝體，負責溝通兩半球的訊息。如將胼胝體切斷，將發生何種影響？這是因為在醫學上的確有此種病例的發現。例如癲癇症（epilepsy）的主要病因乃起源於大腦皮質功能的變異，而且通常是先由大腦的一個半球開始，然後擴展至另一半球。基於此種病理現象，在治療時為防止病情惡化，不得不對病人施行大腦切割手術，截斷連結兩半球的胼胝體。心理學家們曾以此種手術後的病患為對象，設計多種實驗，希望瞭解大腦分割後對行為表現或心理運作的影響。

最簡單的實驗之一是，讓病人蒙上眼罩，將一件最熟悉的物體（如一支鉛筆）置於他的手中，並要他說出是甚麼東西。如果將物體放在右手中，右手的感覺神經元會將神經衝動最後傳導至左半球的體覺區，病人很輕易即回答那是鉛筆，而如果將物體放在左手中，左手的感覺神經元將神經衝動最後傳導至右半球的體覺區，病人就不能回答提出的問題。原因是語言區只在左半球。兩半球在分割之前，右半球體覺區收到訊息後，經由胼胝體傳入左半球，兩半球合作，仍可表現語言反應；兩半球在分割之後，右半球的功能陷入孤立，缺少左半球語言區的合作，故而在行為上失卻了統合作用。

體覺如此，視覺也是如此。心理學家以胼胝體分割後的病人作為對象，從事視覺實驗，以下是其中的設計之一。實驗時，受試者坐於實驗桌前，下顎固定在一個支架上，兩眼注視正前方銀幕上的一點（見**圖2-9**）。如此設計，旨在固定受試者的視野範圍。然後在左視野出現一個籃子的圖形，在右視野出現一個熊娃娃的圖形。由籃子刺激所引起的視覺，經兩眼的右半邊，傳送至大腦右半球的視覺區；由熊娃娃刺激所引起的視覺，經兩眼的左半球，傳送至大腦左半球的視覺區。實驗結果發現，受試者只回答看見熊娃娃，而看不見籃子。原因也是由於語言區只在左半球的緣故。

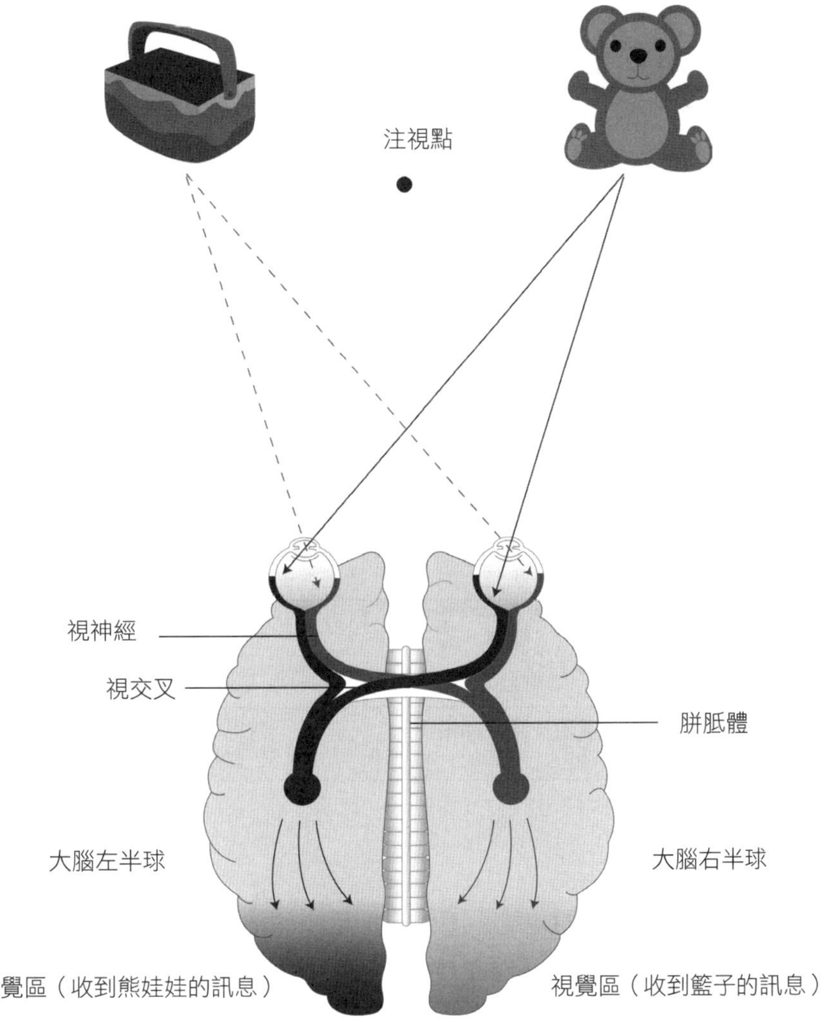

圖2-9　胼胝體分割後的視覺現象

資料來源：黃建中繪製。

在上述實驗之前，因為分割胼胝體防止癲癇症蔓延確實有效，因而在醫學上一般相信，人腦雖有兩個半球，但卻只有「一個心」；兩半球連結處的胼胝體被切割之後，仍然還是「一個心」。美國神經心理學家Sperry（1982）懷疑此種看法的真實性。自六〇年代末期開始，即從事腦分割後病人的行為研究；結果終於證實，大腦兩半球分割後，在統合性行為上變成了「兩個心」。Sperry的研究貢獻曾獲一九八一年諾貝爾醫學獎。

表2-1　大腦簡要說明表

結構	位置	功能	附註
腦幹	後腦與中腦	控制心跳、呼吸、腸胃、蠕動、睡眠、眨眼	涵蓋大部分網狀組織
網狀組織	腦幹與視丘	喚醒大腦對外來刺激的活動；過濾瑣碎的感覺訊息；協調隨意肌活動、呼吸與心臟血管，注意力的中心	受損腦傷會導致昏迷
小腦	後腦	平衡感與肌肉協調	
大腦（灰質）	前腦	控制語言、思考、推理、感覺與動作協調、人格	所有大腦功能的源頭
大腦（白質）	前腦	在大腦皮質與其他腦部及脊髓之間傳導神經衝動	
視丘	前腦	傳導各種感覺訊息（嗅覺除外）至大腦皮質；調節動作的神經衝動	包括部分網狀組織；大腦的中繼站
下視丘	前腦	維持生理平衡；調節體溫、血壓、心跳、飢餓、渴、性、攻擊的衝動	
邊緣系統	前腦	掌管情緒、記憶、動機、嗅覺、內分泌、學習	包括視丘、下視丘、杏仁核、海馬與大腦皮質的大部分
胼胝體	介於兩大腦半球之間	連接兩大腦半球	大腦半球訊息互通管道

資料來源：葉重新（1998）。

大腦掌控肌肉及神經的功能，不僅包括個體的維生功能，而且也控制人體的生活機能。**表2-1**提供大腦結構及位置與個體行為功能之關係（摘自葉重新，1998）。

第四節　內分泌系統

大腦下視丘管制內分泌系統（endocrine system）的功能。**內分泌系統**是由一些內分泌腺所組成，是一種無管腺分泌的化學物質，稱為激素，又稱荷爾蒙（hormone）。內分泌腺不經任何管道輸送，其分泌的激素直接透過血液，再由循環系統輸送到身體特定的部位，進而對器官產生調節作用。人體的活動和維持體內的均衡（hemostasis）是靠內分泌系統和神經系統；神經系統必須依賴人

體三十多種荷爾蒙激素，才能順利運作，然而有些內分泌系統是由神經系統所掌控。人體的內分泌激素有腦下垂體、甲狀腺、副甲狀腺、胰島腺、腎上腺、性腺、松果腺、胸腺等。（見**圖2-10**）。分述如下：

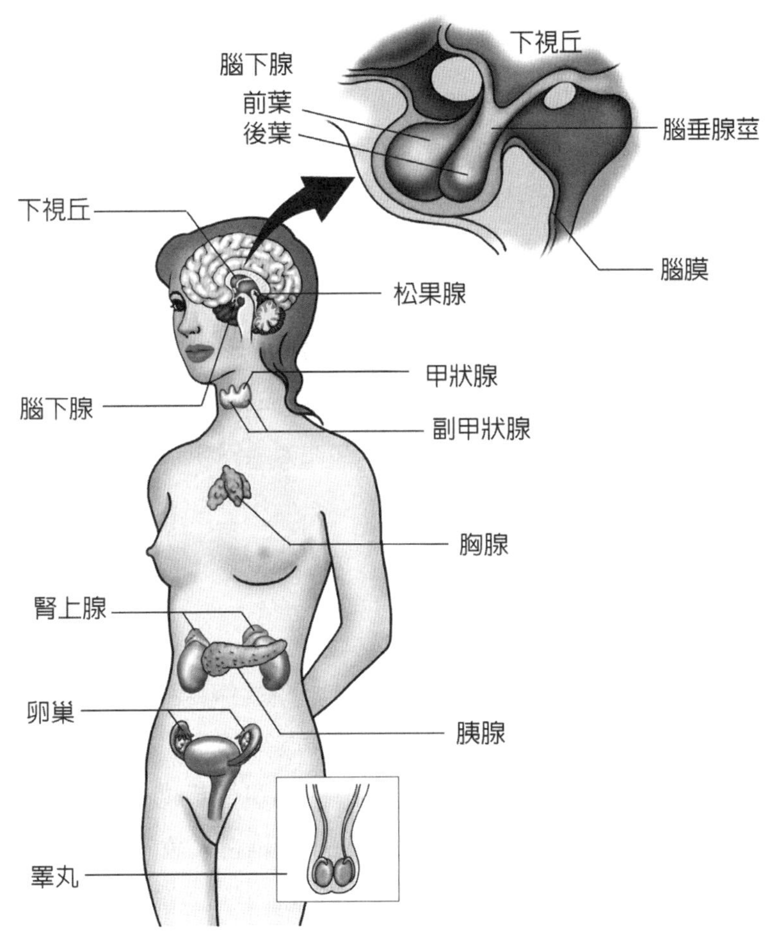

圖2-10　內分泌系統

資料來源：黃建中繪製。

一、腦下垂體

腦下垂體（pituitary gland）位於下視丘之下，因為腦下垂體分泌多種荷爾蒙流遍全身，而且有促進其他腺體分泌的功能，因而常被稱為主腺（master gland）。腦下垂體在機能上，分為前葉與後葉兩部分。下視丘所分泌的荷爾蒙，經由微血管輸送到腦下垂體前葉（anterior pituitary gland），刺激前葉分泌生長荷爾蒙（growth hormone），該荷爾蒙可以控制身體的生長，如分泌過多可能造成巨人症（gigantism）；反之，如分泌過少，則可能造成侏儒症（dwarfism）。腦下垂體前葉所分泌的性腺荷爾蒙，尚可控制甲狀腺、性腺以及腎上腺活動的功能。

腦下垂體後葉（posterior pituitary gland），分泌兩種性腺荷爾蒙：一，泌乳荷爾蒙（prolactin），具有促進孕婦生產後母乳分泌、子宮收縮，以及少女乳房發育等功能；二，性腺刺激荷爾蒙（sex gland stimulating hormone），功能在刺激男性睪丸內精子的成熟，或刺激女性卵巢內卵細胞的成熟，對於生育有很大的幫助。

二、甲狀腺

甲狀腺位於喉頭下方氣管的兩側，分左右兩葉及其中央之甲狀線峽，峽部橫越氣管上部的前方，連接左右兩葉。其分泌的激素稱為甲狀腺素（thyroxine），甲狀腺素係由一種胺基酸和碘化合物組合而成，其功能可促進全身細胞的氧化作用，增進新陳代謝速率。同時，可維持人體的生長以及骨骼的發育。當甲狀腺的機能高亢時，新陳代謝加速，體內熱量增多，患者常感悶熱；體內儲藏的脂肪和醣，因新陳代謝消耗較多，造成身體消瘦。此外，患者尚有神經緊張、雙手顫抖、容易疲勞、情緒敏感激動等現象。甲狀腺機能失調時，會引起甲狀腺腫大、新陳代謝降低。兒童甲狀腺分泌不足時，會使身體生長發育幾乎停止，導致呆小症（cretinism）。成人由於甲狀腺萎縮，產生甲狀腺分泌不足，會引起黏液性水腫，其症狀為體內能量不足、體溫降低、沒有力氣、脂肪及醣類堆積，導致身體肥胖、心智能力降低及性慾減退。

三、副甲狀腺

副甲狀腺（parathyroid gland）共有四顆，為小圓球體，大小似豌豆，位於甲狀腺背面的組織內。副甲狀腺分泌的荷爾蒙激素，稱為副甲狀腺素（parathyroid hormone，簡稱PTH），其功能可以調節血液中鈣離子與磷酸根的濃度，維持肌肉與神經系統的正常興奮性。副甲狀腺機能高亢時，會使血液中的鈣增多、磷減少，硬骨基質中的鈣大量移至血液中，使骨骼變得脆弱，容易折斷或變形，甚至使尿中的排泄量增加，在腎臟內形成結石的疾病。副甲狀腺機能分泌不足時，將使血液中鈣的濃度減少、磷增多，肌肉與神經的興奮性增高而引起痙攣，嚴重者甚至因喉頭肌肉痙攣而窒息死亡。

四、胰島腺

胰島腺（pancreas）位於胃與十二指腸之間的腸繫膜上，胰島腺分為內分泌與外分泌兩種腺體。胰島腺內分泌腺部分，可分泌胰島素（insulin）與抗胰島素（anti-insulin）。胰島素可促進體內醣類、蛋白質以及脂肪的儲存，因而使人發胖；抗胰島素可以促進肝醣分解為葡萄糖，使血糖升高。胰島腺的外分泌腺部分，可分泌消化酶輸入消化系統。

當胰島素分泌過少時，血液中的葡萄糖不容易進入細胞，導致血糖增高，糖分隨著尿液排出體外，產生糖尿病。患者常會感覺口渴、多尿、虛弱、飢餓、體重減輕、失明、白內障，甚至昏迷死亡。患者若注射過量胰島素時，會使血糖降得太低，腦細胞得不到適量的氧分，導致「胰島素休克」。假如胰島素分泌過高，血液中的葡萄糖含量降低，會引起肌餓、心悸、神經緊張以及痙攣等症狀。

五、腎上腺

腎上腺（adrenal gland）分左右兩個，因如帽狀蓋在腎臟上方而稱之。腎上腺的外層稱為腎上腺皮質（adrenal cortex），內層稱為腎上腺髓質（adrenal medulla）。腎上腺皮質分泌葡萄糖皮質素、礦物質皮質素及雄性激素。其中葡葡糖皮質素可以補充抗胰島素的不足，而且可抑制發炎；礦物質皮質素可以調節體內鉀、鈉離子以及水分的平衡；雄性激素分泌量通常很少，對性徵表現的影響不大。

腎上腺髓質平時儲存腎上腺素與正腎上腺素，在自主神經系統傳來神經衝動時，會大量釋放出來，使個體提高應付緊急事件的能力。髓質可以分泌腎上腺素與正腎上腺素，前者可以促進交感神經的作用，使心跳、呼吸加快，腸胃蠕動變慢；後者可以促進血管與肌肉收縮，進而使血壓升高。

六、性腺

性腺（sex gland）在男性稱為睪丸（testis），在女性稱為卵巢（ovary）。睪丸分泌雄性荷爾蒙激素，雄性激素不只一種，其中最重要者為睪固酮（testosterone）；青春期分泌量開始增多，促使男性表現出第二性徵，例如體毛增多、聲音低沉，並且促進男性附屬生殖器官的發育。卵巢分泌動情激素（estrogen）與黃體激素，在青春期分泌量增多，前者促使女性出現第二性徵，例如乳房擴大、皮下脂肪變厚、臀部變寬、月經來臨等。後者又稱為助孕激素，可以促進乳腺分泌細胞之發育，對於懷孕與生育均有很大的益處。

七、松果腺

松果腺位於大腦半球間視丘的上方，其分泌的激素可以抑制卵巢的發育。當光線射至視網膜時，外界刺激便由視神經傳導至松果腺，促使松果腺分泌激素。先天性目盲失明的女子，因為眼球缺乏光線的刺激，無法產生抑制卵巢發育的激素，因此其青春期比一般正常的女孩早。松果腺尚有影響日常生理規律，與季節性活動的功能。

八、胸腺

胸腺（thymus）位於胸腔內心臟之上前方，由左右兩葉所組成，胸腺可促進淋巴球的生成。在人類幼年時期，胸腺是產生免疫力的重要器官，到成年時

胸腺才逐漸萎縮。胸腺分泌的激素，具有排斥外來細胞的功能，隨著年齡增加，胸腺分泌激素逐漸減少，其生產的抗體也隨之下降。因此，年長者容易罹患糖尿病、癌症與貧血等疾病。

第五節　結語

人類心理歷程是心理科學所關注的議題，而人類心理歷程的影響來自於生物性及後天環境之交互影響而來。而行為之生物性的生理基礎，主要是受到大腦控制。除了大腦皮質控制神經中樞，對人體之語言、聽覺、體覺及運動的功能有所影響外，人體內可說是充滿密密麻麻的神經系統（可分為中樞神經系統、周圍神經系統）影響著人體的行為功能。構成神經系統的最基本單位是神經元，神經元的主要構造是細胞體、樹狀突以及軸突三部分。除此之外，人體的內分泌腺，受自主神經系統所管制，其分泌的化學激素又影響著人體之身心變化。

人體的生物功能是受遺傳而來，決定遺傳的基本物質——基因，而基因左右人體的染色體。人體有二十二對體染色體及一對性染色體，個體之遺傳特質，均不相同。凡此等等，都說明了人體之複雜與精密。

目前心理學研究遺傳因素及心理物質主要是用選擇育種法及孿生子的研究，而研究的新取向是依循Darwin的進化論的社會生物學，主要在研究人類的某些利社會行為，是受社會演化原則而來，並從生物的遺傳因子（基因）之作用過程而來。對於本章有了基本的認知，可以對接下來的章節的瞭解有很大的幫助。

參考書目

一、中文部分

張春興（1991）。《現代心理學》。臺北：東華書局。

葉重新（1998）。《心理學》。臺北：心理出版社。

二、英文部分

Sperry, R. W. (1982). Some effects of disconnecting the cerebral hemispheres. *Science, 217*, 1223-1226, 1250.

人類發展

- ■發展的基本認識
- ■出生至兒童期的生心理發展
- ■青少年期的生心理發展
- ■成年期的發展
- ■中年期的發展
- ■老年期的發展
- ■結語

本章談論「人類發展」，在對於發展有基本的認識前，必須先介紹心理學領域內的一個專業學門——發展心理學（developmental psychology）。**發展心理學**是一門瞭解個體由胚胎開始，直至老年的心智發展歷程及改變機制，並在全人發展的過程中，探索發展議題的各種研究方法及其背後的邏輯。人類的發展脫離不開「發展心理學」所涵蓋的議題，其中包含所有類型的心智行為，例如生理、感覺、知覺、動作、認知、語言、情緒、社會認知、親子、手足及同儕關係等等，都是本章所要探討的範圍，除了對研究方法有所介紹外，也略述各種心智活動的整合性發展，更在後面的章節中對這些人類心智活動發展有詳述的介紹。

發展心理學是一門探討個體一生中，人類身心變化與年齡的關係。主要是從生理的、心理的、社會的、教育的四大方向，研究成長中的改變，尤其是成長過程中「為什麼」會變化（變化的原因）、「如何」變化（變化的過程）及變化的「時間」。發展心理學正式成為一門學科至今已有一百多年的歷史。在這一百多年的歲月中，釐清了兩個重要觀點：第一，發展的研究範疇是擴展到個體的一生，亦即從產前受孕開始，一直到個體生命結束為止；第二，個體在成長的過程中，其身心兩方面均會隨年齡的增加而產生「質」與「量」雙方面的改變。

發展心理學所包括的範圍相當廣，它涉及到人的**知覺發展**（perceptual development）、**認知發展**（cognitive development）、**動作發展**（motor development）、**情緒發展**（emotional development）、**社會發展**（social development）、**語言發展**（language development）、**人格發展**（personality development）等。而這些領域也正是所有心理學的主要分類範圍。發展心理學研究行為發展的目的有三：

1.瞭解人類行為發展之歷程及模式，以作為預知人類行為之依據。
2.探求行為發展之相關影響因素，以作為解釋個別差異現象之參考。
3.尋求行為發展之原理原則，以建立系統理論，作為解釋、預測或改變成長環境以利個體發展的依據。

第一節　發展的基本認識

一、發展的特性

很多人將成長與發展兩字混用，但事實上這兩個字是不同的。**成長**通常是指量上的改變；而**發展**是指量與質雙方面的改變。Anderson（1960）指出：「發展，不僅是身體大小的改變或能力的增強，發展實際上是統合許多結構與功能的複雜過程。」試想，小毛毛蟲長大後為何不是大毛毛蟲，而轉變為美麗的蝴蝶？小蝌蚪長大後，不是大蝌蚪，而叫做青蛙？事實上，個體發展的歷程中，不單是大小（量）上的改變，更是整個結構功能（質）的改變。

J. J. Bigner（1983b）指出，發展具有下述六種特性：

1.發展是呈持續狀態的。
2.發展是有順序性的。
3.發展是具有不同層次的。
4.發展是具有不同品質的。
5.發展是與其他改變相累積而致的。
6.發展是呈現逐漸複雜化的。

以下對發展的特性綜合整理如後。

(一)發展具有可預測性

探究個體身心發展的心理學家發現，隨著年齡的增長，個體行為變化發展，因循一定模式發展進行，且具可預測之特質。例如以嬰兒的動作發展而言，從翻身、坐起、站立、到會走路，大致有一依循的模式；又如以語言發展而言，何時開始說話，會先說哪些字，語句如何從簡單發展到複雜等等，大致也有可依循的模式；再以兒童遊戲的社會行為而言，從單獨遊戲、平行遊戲、聯合遊戲、團體遊戲到合作遊戲，大致也有可尋模式。人們根據這些發展模式，分析、研究、歸納後，即可用來作為對個體的解釋與預測之根據。

(二)發展具有階段性

發展是連續且具有階段性的，而且每一階段均具有社會期許及潛在的發展危機。發展的階段性，並非以年齡來作為劃分，而是以個人行為的生理狀況與變化來區分的。C. S. Chilman（1989）曾描述說：「有些階段是較費力且富關鍵性的。就如同螺旋梯一樣，並非每一階段都一樣陡峻，有些地方必須努力攀登，有些地方則需要稍作休息。」因此，當階段適應較困難時，發展速度會減慢，而當階段適應容易時，發展速度便會增快。

社會團體對個體每一階段的適應都有一些期許，此稱之為**社會期許**（social expectation），社會期許又可稱為發展任務（development task）。一般而言，發展任務的出現主要是由下列這三種力量共同作用而形成：(1)內在身體的成熟；(2)外在社會中的文化壓力；(3)個人的價值觀與抱負。

Havighurst（1972）曾指出，當個體處於某一階段中，如能順利達成該階段的發展任務，不僅個體感到快樂，更有助於個體順利完成下一個階段的任務；同理，一旦個體發展受阻，除會感到不快樂外，既得不到社會讚許，也會阻礙日後的發展工作。

(三)發展具有個別差異性

個體在成長的過程中，因受遺傳與環境兩因素影響，致使不同個體間在身心特徵上各有不同的現象；事實上，無論是生理或心理，不同個體的發展，都會有相當大的差異。就同年齡的兒童而言，平均身高、體重、認字能力等等，雖可找出代表該年齡的一個模式，但就個別兒童而言，有些在發展上呈現出早熟，有些呈現晚熟現象，此即所謂**個別差異**。

所謂的**早熟**，即指**發展年齡**（development age，即身心發展程度的年齡）大於實足**生理年齡**（chronological age，即個體自出生日算起的年齡）；兩種年齡愈接近或愈相等者，代表個體發展正常。

(四)發展是一連續而呈階段性現象的發展歷程

在個體發展歷程中，身心的改變是呈連續性或是階段性？機械論（mechanistic theory）者認為，身心變化是由少變多、由簡變繁的連續性改變。

機體論（organismic theory）者認為，個體發展不只是量的增加，而且有質的改變，並且在其各階段中有其階段性特徵。事實上在發展的歷程中，每一階段的改變均是無數細小的練習與改變累積而來的。例如幼兒從爬行到站立行走，在行為本質上雖邁入發展的另一階段，且有很大特徵的改變，但基本上在沒變為站立行走前，幼兒乃經過好幾星期的練習與成長。因此，整個發展歷程是兼具階段性與連續性的。這裡的**連續性**（continuity）是指任何後期行為均與前期行為有關；換言之，後果均源於前因；而所謂的**階段**（stage）就是指某一時期中，個體在身體、心智、行為各方面的特質顯現，有異於其他時期特質的變化；另外，**發展階段**（developmental stage）概念，被認為是按一定次序出現，每一階段是下一階段發展的必要基石。

隨著科學研究證據的累積，再再顯示出早期發展的基礎，有連續性的傾向，且會影響個體一生的態度及行為。例如Freud發現，在人格不適應的個案中，有很多均可溯及不愉快的童年經驗。Erikson也提及幼兒期是一個基本信任的時期，個體若能學會並看待周遭為一安全的、可信賴的溫暖世界，則其日後必能以這樣的觀點去看世界。White（1974）對學前兒童作了幾年的研究後，提出出生後的前二年對個體人格發展模式及社會適應的建立十分重要。

(五)早期發展具有關鍵性的重要作用

與發展階段有重大關連的概念是關鍵期。所謂**關鍵期**是指在發展歷程中，個體身心狀態最適於獲得某種特定行為的最適當時期，而且該行為的獲得對個體一生的發展具有決定性的影響，因此稱為關鍵期。一九三七年，奧國生物學家Konrad Zacharias Lorenz（1903-1989）於《鳥類的情感世界》（1937）中首次提出並發表了雛鵝的銘印（imprinting）現象後，引起人們對此現象於何時出現的問題，即關鍵期的問題開始研究。一九二七年，Carmichael發現（2006），出生就會游泳的蝌蚪，若在他們出生後立即將它置於麻醉溶劑內不讓其游泳，在第八天釋放後，蝌蚪仍能正常游泳，但若置於溶劑的時間超過十天以上，則蝌蚪釋放後竟喪失了游泳的行為能力。英國動物心理學家Spalding（1954），以雛鵝做實驗發現，孵化四天後才見到活動對象的雛鵝，不但沒有銘印現象，反而對活動物的接近畏懼，掉頭逃走。也有心理學家發現，狗與人的親密關係，乃是因為狗出生後即與人相處而建立的。若把剛出生的狗或猴子隔離飼養數個月，即使稍後又讓他們與同類一起被飼養，但是這些狗或猴子的一生中均有怪異行為（Scott, 1963），不但無法在其族群中有社會性行為，甚至對異性、對自己親生的亦會產生排斥。同樣關鍵期的問題也發生在人類身上。出生前後的幾個月是大腦迅速發展的時期，在這段時間內，嬰兒若得不到充裕營養，將會使心智能力永久損傷，產生不良後果（Wurtman, 1982）。

由上述幾項的研究中，我們可以做出這樣的結論：其一，大部分生物的早期發展，均易受到關鍵期效果（critical-period effects）的侵害；其二，關鍵期的重要性不容忽視，因個體發現到某一關鍵期時，其成熟程度恰好適合某種行為的發展，若在此時期失去了學習機會，以後縱使有機會再學習，但該種行為卻已不易建立，甚至終其一生均無法彌補。

二、影響發展的因素

發展一詞，係指個體從受精卵開始到生命終了的一連串改變歷程。在此改變歷程中，個體由簡單到複雜、由粗略到精細、由分化到統整等多方面改變，事實上這些改變均受到遺傳（heredity）與環境（environment）、成熟（maturation）與學習（learning）四者共同決定或影響個體行為之發展。以下分別討論之。

(一)遺傳與環境的交互作用

所謂**遺傳**，是指生命之初起，父母的生、心理特徵，傳遞給子女的一種生理變化歷程。遺傳指定了下一代生理生長的規範。例如個體之身高、膚色、身體特徵等等。所謂**環境**，乃是指個體生命之初始，其生存空間中所有能對個體發生影響的一切因素。依此界說，個體一生中包括了兩個環境：其一，個體出生前的母體環境；其二，個體出生後周遭所提供生長的環境。環境對個體發展的影響亦是十分重要的。例如不同民族文化下有不同的生活習慣，甚至包括育嬰方法亦有不同；不同的家庭提供了不同行為的模式；個體進入社會與人接觸時，接受了不同的行為規範等等，均會影響個體行為的發展。

到底決定個體發展改變的二項密切因素：遺傳與環境，孰重孰輕？自哲學心理學時代起，就有所謂天性與教養之爭。亦即Jean-Jacgues Rousseau（1712-

1778）一派學者認為天賦遺傳或成熟決定發展；另一派John Locke（1632-1704）的學者採相反看法，主張後天環境或學習才是控制發展的因素。此類爭論相沿不休，到了本世紀初科學心理學興起後，結構主義論者傾向於重視先天，行為主義論者則傾向於重視後天。近年來大家已逐漸瞭解到孰重孰輕的問題已沒有太大意義。遺傳、環境及行為的關係就如同長方形的面積與長、寬之間的關係，說不上長與寬哪項因素對面積比較重要（賴保禎、張欣戍、幸曼玲，1989），且又由於受到遺傳學發展的影響，在現代心理學上，多半心理學家們已將傳統的先天與後天之爭議問題，轉變為決定個體身心發展是由於遺傳與環境交互作用的觀點，並開始關切二者是如何交互影響，企圖澄清這兩項因素對發展的影響機轉。

發展心理學家開始注意到，在傳統中我們常傾向於把某一因素或條件當作是決定的表示方法，似有不妥之處。因為這種表示方法不但忽視了另一因素的制約作用，同時又無法顧及到時間及性質的變化。而相互作用論卻能反映出個體發展中遺傳和環境間相互依存、相互滲透的事實。歸納起來，可以從下述四方面說明之。

■遺傳與環境是相互制約、相互依存的

即某一影響因素所起作用之大小、性質，端視另一因素而定。例如環境對某種特性或行為的發展是否會起作用，或是起多大作用，往往視這種特性或行為的遺傳因素而定。例如惡劣的環境壓力下，對有些人而言並不會造成太大影響，但對於具有精神分裂症這種遺傳潛勢的人而言，其對環境壓力的易感性大，就很容易發病。例如在一個高要求的學習環境中，對一個智力潛能較高的兒童而言，可使他的潛能得到充分發揮，但對一個中下智能的兒童而言，卻可能使其發展受到阻礙。也就是說，一般遺傳基因的潛能愈大者，環境因素對他的影響也愈大；而遺傳基因愈小者，環境因素所起的作用也愈小。

■遺傳與環境是相互滲透、相互轉化的

這包括了二層意義：一層意義是指環境可以影響遺傳，遺傳亦可以影響環境；一層意義是指環境中有遺傳、遺傳中有環境。從生物群體的演化發展觀之，遺傳本身就已包含著對環境適應的要求，否則無從生存。再說，遺傳與環境的影響是互相選擇的。例如一個新生兒帶著各種不同的氣質降臨人間，父母

或教養者必須適應他的氣質，順性教養，因此我們可以說環境（成人的教養方式）中反映著嬰幼兒本身的遺傳（氣質）要求。

■遺傳與環境是動態的而非固定不變的

遺傳與環境在不同的階段、不同性質的心理機能上是有所不同的。一般而言，較簡單的初級心理機能（如動作、初級語言等），遺傳、成熟的制約力較強；而較複雜的高級心理機能（如情感、抽象思維能力等）則受環境、學習的制約影響較強。例如早期幼童的動作發展，如坐、走、抓等，即使缺乏訓練機會，也不致影響這些動作的發展；印地安人的嬰兒從小被捆背在大人背上，少有練習腿部功能的機會，一歲左右過後讓其行走，並未影響其行走能力的發展；耳聾幼兒雖然聽不到自己或周遭的語言，但在嬰兒期仍會產生牙牙學語現象。上述現象也說明了早期動作或語言的發展，受到生物因素的強力制約。當然這並不表示在發展早期，環境不如遺傳重要。根據一些早期經驗的研究報告，我們發現早期，特別是發展的關鍵期（critical period），經驗的重要性往往帶有決定性的意義。換句話說，如果在環境中的豐富性或社交性被剝奪，就有可能造成不可彌補的缺憾。

■遺傳與環境間存在著作用力與反作用力的關係

這裡所提的相互作用論與會合論是不同的，因為個體會以積極主動方式作用於環境，從而創造一個適合自己的理想環境，進而再反作用於個體。亦即個體並非消極被動地等待環境的恩賜，而是採取積極主動地從環境中獲益。當然，環境也不是靜止不變的，而是發展為對個體產生作用的環境。

總而言之，遺傳與環境，可解釋為生物因素與社會因素對個體發展的可能性與現實性間的關係。個體的生物遺傳因素設定了個體發展潛能的可能範圍，而個體的社會環境條件是控制個體在發展可能的範圍內達成的程度。唯有個體處於有利環境中，潛在的可能才能得到充分實現。大體而言，遺傳設定了個體發展潛能的極限，環境則是控制個體發揮潛能的程度。例如遺傳決定個體的天生秉賦資質的多寡，但若個體缺乏文化環境的刺激，個體的聰明才智就無從彰顯出來。舉例來說就是遺傳可以決定個體能長多高，但個體實際顯現的高度卻取決於個體的營養——環境因素。

(二)成熟與學習的交互作用

所謂**成熟**，乃指個體在趨向成熟狀態的過程中，其身心所產生的變化過程。生理成熟包括個體的神經系統、肌肉組織、腺體分泌等生理功能之發展歷程；心理成熟包括個體的智力、情緒、語言、社會能力等之發展歷程。所謂**學習**，指個體經由練習或經驗後，致使其行為產生較為持久改變的歷程或結果。在個體發展歷程中，成熟與學習一直交互作用著，其兩者相互關係的影響如下：

1.成熟指一發展歷程，而成熟的極限很少被達成。
2.學習環境的差異使同物種個體的發展有所不同。
3.就算有很好的學習機會，一旦成熟限制了發展，發展便無法超越某一極限。
4.學習的刺激是讓個體發展完全的要件。
5.若學習機會受到限制或剝奪，個體將無法達成其遺傳潛能。
6.最有效的學習在於成熟的適當時機。

一般而言，個體愈幼小，成熟因素對個體行為的支配力愈大，而後隨年齡增長，成熟因素的支配力漸弱，而學習因素的支配力相對漸增。就個體行為性質而言，凡屬共同基本的行為，如行走、站立、發音等，多屬於成熟因素的支配。而屬於較複雜、較特殊的行為，如騎腳踏車、游泳、寫字、人類語言使用等，則多受學習因素的支配。

一九四一年，心理學家與Gesell與Thompson對一對年僅四十六週的同卵雙生女嬰作爬臺階的實驗。實驗前這兩名具備相同遺傳基因的女嬰，其爬階能力大致相同。此後實驗者每天對命名為T（training）的女嬰，作十分鐘的爬階訓練，又對另一名命名為C（control）的女嬰加以控制，不作爬階的練習，這樣連續施行六週之後，比較兩人的爬階能力，雖然T的成積（以二十六秒爬上四級臺階）遠勝於C（只能將左膝置於第一階）；此後對C再加以訓練，結果在第五十六週時發現，兩名女嬰的爬階能力已無太大差異。此一實驗結果顯示，人類的基本動作之發展，成熟因素占有較大的支配力量。個體在未達成熟前之練習或學習，其效果是事倍功半的。

三、發展階段的劃分

在發展心理學上。心理學家們依據個體表現出的身心特徵為標準，將人一生分為數個階段。因為採用的標準不同，其分段方式也不一致。一般而言，個體發展可分為：產前期、嬰兒期、嬰幼兒期、幼兒期、學齡兒童期、青少年前期、青少年後期、成年早期、成年中期、成年晚期、老年期等十一個階段（見**表3-1**）。個體行為發展是一脈貫通，活動是終其一生呈現持續成長狀態，如智力。發展階段每一時期的劃分僅是科學家為便於研究而作的；此外，有些心理學者基於其特殊論點，在某方面的行為上會劃分為特別的階段。如Freud以性心理發展作為依據，劃分為：（見**表3-2**）

1.口腔期：個體從出生至一歲的時期。

2.肛門期：一至三歲時期。

3.性器期：三至六歲時期。

4.潛伏期：六歲至青春期時期。

5.生殖期：青春期至成年時期。

表3-1　人生全程發展的分期及主要發展特徵

時期	期間	發展的主要特徵
產前期	受孕至出生	生理發展
嬰兒期	出生至2歲	感覺、知覺、運動機能的成熟，社會依附關係的建立，情緒發展，基本語言
嬰幼兒期	2至4歲	動作的精細化，幻想與遊戲，語言發展，自我控制
幼兒期	4至6歲	性別角色認同，群體遊戲，早期道德發展，入學預備
學齡兒童期	6至12歲	具體運思，社會技巧發展，技能學習，自我評價，團隊遊戲
青少年前期	12至18歲	身體成熟，形成運思，情緒發展，兩性親密關係
青少年後期	18至22歲	人格漸漸獨立，性別角色認同，內化的道德，職業選擇
成年早期	22至34歲	結婚，生育及養育子女，工作，生活方式
成年中期	34至60歲	夫妻關係培育，養育子女，職業上的經營管理
成年晚期	60至70歲	對自我重新評量，對新角色精力轉換，失去配偶接受個人生活，健康不足，退休，建立一種死亡觀
老年期	70歲至死亡	對老年身體變化的處置，心理歷史觀的發展，跨越未知的地帶

表3-2　Freud性心理發展階段理論

時期	年齡	行為特徵
口腔期（oral stage）	出生至1歲	由口腔吸吮、咀嚼等獲得快感與滿足
肛門期（anal stage）	1至3歲	由大小便排洩時所生的刺激、快感獲得滿足
性器期（phallic stage）	3至6歲	由玩弄性器官中得到滿足
潛伏期（latent stage）	6歲至青春期（12、13歲）	注意力由對自己身體和父母的感情，轉移到周圍事物
生殖期（genital stage）	青春期至成年	性需求轉向年齡相近的異性，並開始有兩性生活的理想，最後達生兒育女之目標

Piaget以智慧或認知結構的變化作為依據，將兒童智力發展分期為：（見**表3-3**）

1.感覺動作期：出生至二歲。

2.前運思期：二至七歲。

3.具體運思期：七至十一歲。

4.形式運思期：十一歲以上。

表3-3　Piaget智慧、認知結構發展理論

時期	期間	行為特徵
感覺動作期（sensorimotor stage）	出生至2歲	經由手抓、口嚐等動作與感覺，認識世界，2歲左右，物體恆存性認知能力已發展
前運思期（preoperational stage）	2至7歲	使用語言符號吸收知識，也可運用簡單符號從事思考活動
具體運思期（concrete operational stage）	7至11歲	能按具體事例，從事推理思考。7歲左右，已具有保留概念
形式運思期（formal operational stage）	11歲以上	能運用抽象的、合於形式的邏輯推理方式去思考解決問題

精神分析學派的後繼者Erikson結合了心理、社會因素，將人生分為八大階段：

1.對人信任vs.對人不信任：出生至一歲。

2.活潑主動vs.羞愧懷疑：二至三歲。

3.積極主動vs.退縮內疚：三至六歲。

4.勤奮進取vs.自貶自卑：六歲至青春期。

5.自我認同vs.角色混淆：青春期。

6.友愛親密vs.孤獨疏離：成年早期。

7.精力充沛vs.頹廢遲滯：成年中期。

8.自我統合vs.悲觀絕望：成年晚期（見**表3-4**）。

結合上述各理論劃分發展階段的標準，雖然年齡只是一個參考數據，但劃分的關鍵年齡似乎蠻相接近（見**表3-5**），這說明了這些研究在一定程度上個體心理發展某些方面的客觀規律。此外，從社會期待與教育目的觀點而言，一般認為個體發展到某一年齡階段時，其行為表現上也應符合某些標準。此種社會期待的行為標準，稱為**發展任務**，有關人生各期發展任務的說明，見**表3-6**。

表3-4　Erikson的心理社會發展階段論

階段年齡	心理危機（發展關鍵）	重要人際關係焦點	順利發展的結果	障礙發展的結果
出生至1歲	對人信任vs.對人不信任（trust vs. mistrust）	與母親或照顧者的相互關係	對人信賴，有安全感、有生命驅力	與人交往，焦慮不安，缺乏生命希望
1至3歲	活潑主動vs.羞愧懷疑（autonomy vs. shame and doubt）	父母	能自我控制，有意志力，行動有信心	行動畏首畏尾，自我懷疑
3至6歲	積極主動vs.退縮內疚（initiative vs. guilt）	家庭	能獨力進取，行為有目的、有方向	行為畏懼退縮，無自我價值觀
6歲至青春期	勤奮進取vs.自貶自卑（industry vs. inferiority）	鄰居，學校	具有求學、待人處事的基本能力與方法	缺乏生活基本能力，充滿失敗感
青年期	自我認同vs.角色混淆（identity vs. confusion）	同儕團體，領導的模仿對象	自我觀念明確，追尋方向肯定，奉獻與忠貞情操	生活缺乏目標時感到徬徨迷失
成年早期	友愛親密vs.孤獨疏離（intimacy vs. isolation）	友誼、性、競爭、合作等的伙伴	具有親和與愛，成功地奠定感情生活與事業基礎	孤獨寂寞，無法與人親密相處
成年中期	精力充沛vs.頹廢遲滯（generativity vs. stagnation）	家庭分工與家的溫暖	富創作、生產與照顧能力，熱愛家庭，栽培後進	自憐恣縱，不顧未來
成年晚期	自我統合vs.悲觀絕望（integrity vs. despair）	人類、氣味相投者	富智慧與自制力，對生命感到滿足，有一種統合感	悔恨舊事，徒呼枉過一生

表3-5　各理論的發展階段對照表

<table>
<tr><th colspan="2">生理年齡及分期</th><th>性心理階段
（Freud）</th><th>心理社會階段
（Erikson）</th><th>認知階段
（Piaget）</th></tr>
<tr><td>0歲</td><td>乳兒期</td><td rowspan="2">口腔期</td><td rowspan="2">信任vs.不信任</td><td rowspan="3">感覺動作期</td></tr>
<tr><td>1歲</td><td rowspan="2">嬰兒期</td></tr>
<tr><td>2歲</td><td rowspan="2">肛門期</td><td rowspan="2">活潑自動vs.羞愧懷疑</td></tr>
<tr><td>3歲</td><td rowspan="4">嬰幼兒期</td><td rowspan="5">前運思期</td></tr>
<tr><td>4歲</td><td>性器期</td><td rowspan="3">積極主動vs.退縮內疚</td></tr>
<tr><td>5歲</td><td rowspan="2">幼兒期</td></tr>
<tr><td>6歲</td></tr>
<tr><td>7歲</td><td rowspan="6">學齡兒童期</td><td rowspan="6">潛伏期</td><td rowspan="6">勤奮進取vs.自貶自卑</td></tr>
<tr><td>8歲</td><td rowspan="4">具體運思期</td></tr>
<tr><td>9歲</td></tr>
<tr><td>10歲</td></tr>
<tr><td>11歲</td></tr>
<tr><td>12歲</td><td rowspan="6">形式運思期</td></tr>
<tr><td>13歲</td><td rowspan="5">青少年前期</td><td rowspan="5">兩性期</td><td rowspan="6">自我認同vs.角色混淆</td></tr>
<tr><td>14歲</td></tr>
<tr><td>15歲</td></tr>
<tr><td>16歲</td></tr>
<tr><td>17歲</td></tr>
<tr><td>18至22歲</td><td>青少年後期</td><td>※</td><td>※</td></tr>
<tr><td>22至34歲</td><td>成年早期</td><td>※</td><td>友愛親密vs.孤獨疏離</td><td>※</td></tr>
<tr><td>34至60歲</td><td>成年中期</td><td>※</td><td rowspan="2">精力充沛vs.頹廢遲滯</td><td>※</td></tr>
<tr><td>60至70歲</td><td>成年晚期</td><td>※</td><td>※</td></tr>
<tr><td>70歲至死亡</td><td>老年前</td><td>※</td><td>自我統合vs.悲觀絕望</td><td>※</td></tr>
</table>

四、發展的研究方法

(一)研究人的方法

發展心理學家常根據他們所要研究或解釋的行為，來決定選擇什麼研究方法。研究發展的方法有很多。各有其利弊，且每種方法都有其限制，研究者常會因集中注意於某些行為而無法顧及另一些行為。因此，所選擇的方法必須適合研究者所要研究的問題。常見的研究發展方法有：

表3-6　各生活階段的發展任務

生活階段	發展任務
嬰兒期（出生至2歲）	社會依附： 1.感覺、知覺及運動機能的成熟 2.感覺運動智能與原始的因果關係推理 3.對物體性質的理解及範疇的建立 4.情緒發展
嬰幼兒期（2至4歲）	移位運動的精確化： 1.幻想與遊戲 2.語言發展 3.自我控制
幼兒期（4至6歲）	性別角色認同： 1.早期道德發展 2.群體遊戲 3.自尊
學齡兒童期（6至12歲）	友誼： 1.自我評價 2.具體運算 3.技能學習 4.團隊遊戲
青少年前期（12至18歲）	身體成熟（包括性的成熟）： 1.形式運算（邏輯推理） 2.情緒發展 3.同伴群體成員資格 4.性關係
青少年後期（18至22歲）	對父母關係的自主： 1.性角色認同 2.內化的道德 3.職業選擇
成年早期（22至34歲）	結婚： 1.生育子女 2.工作 3.生活方式
成年中期（34至60歲）	夫妻關係的培育： 1.家庭管理 2.養育子女 3.職業上的經營管理
成年晚期（60至75歲）	智慧活力的促進： 1.對新角色和活動的精力轉換為對個人生活的接受 2.建立一種死亡觀
老年期（75歲至死亡）	對老年身體變化的處置： 1.心理歷史觀的發展 2.跨越未知的地帶

註：本表不將出生前的階段列入發展任務概念中。

1.觀察法。

2.實驗法。

3.調查與測驗法。

4.個案研究法。

5.訪談法。

這五種方法的定義、優點與缺點詳述於**表1-3**（見第54頁）中。

(二)以時間為基礎的設計

發展心理學家不僅關心情境內的行為，同時亦關心隨時間而改變的行為。因此，發展心理學家在研究設計上必須考慮年齡取樣的因素，亦即時間的因素。在各研究中，以時間為基礎（time-base）的設計研究有下述三種：

■縱貫法

縱貫法（longitudinal method），亦稱**縱貫研究**（longitudinal study）是指對同一個體或同一群體，就某項行為，自幼到長大作長期追蹤觀察測量。這種研究主要在從發展歷程中獲取連續性資料，藉以探求個體行為發展之模式。縱貫法的優點是，既能顧及到一般個體行為特徵發展之趨勢，也能顧及到個別差異；亦可由此法分析成熟與學習間的關係等；缺點則是研究時間較長，花費較多，受試者容易流失，所得結果不能類推到不同時代個體上等。（見**表3-7**）

■橫斷法

橫斷法（cross-sectional method），亦稱**橫斷研究**（cross-sectional study），就是同時對不同年齡的人作測量。其特點是在同一時間去觀察和比較不同年齡的受試群組。它並不像縱貫法般對同一群體或個人做長期追蹤。這類研究主要是探討不同年齡層的人在行為上有哪些差異，亦即採用此方法的目的在搜集各階段中具有代表性的行為特徵。橫斷法的優點是使用方便、省錢、省時，可以描述不同年齡的典型特徵；缺點則是對整個發展過程只有一個大略的描述，不能用來作因果關係的推論解釋，亦不能用來考慮同一年齡團體的個別差異，且無法顧及到不同時間內文化或環境的差異。例如同是一群十歲兒童，但生長於戰亂時的貧困兒童，必然不同於不同時代、不同家庭背景環境的兒童。

表3-7　縱貫法與橫斷法的優缺點

方法	定義	優點	缺點
縱貫法	1.對同一人或同一群人作長期追蹤 2.在不同時期間衡鑑一個或多個個體所歷經的變化	1.在觀察行為的變化及穩定性上較為敏銳 2.可分析每個個體的發展 3.可研究成長的增加量 4.可分析成熟與經驗過程間的關係 5.可研究文化及環境的改變對行為及人格的影響	1.由於實施時間較長，通常會有研究人員更迭、追蹤，研究執行較困難 2.實行花費較多 3.資料結果的處理較昂貴及不方便
橫斷法	1.觀察一群人的差異 2.可同時對不同年齡的人作測量	1.節省時間 2.實行較省錢 3.可描繪不同年齡的典型特徵	1.對整個發展過程只有一個大略的描述 2.未考慮同一年齡團體中的個別差異 3.未考慮不同時間內文化或環境的改變 4.不易發現行為發展的前因後果關係

■ 連續法

連續法（sequential method），亦稱**橫斷連續法**（cross-sequential method），是一種先以橫斷法開始，後再續加以縱貫法的一種綜合性研究法。也就是同時找來幾組不同年齡的受試者，然後每隔一段時期就追蹤他們的發展狀況，其目的是企圖使之兼具縱貫法與橫斷法兩種方法的優點。這種研究設計不僅可以比較不同組的受試者在相同年齡時的發展狀況，並且可以追蹤每一組在不同時期的發展狀況。（見**圖3-1**）

第二節　出生至兒童期的生心理發展

從本節起，開始討論人類自生命開始的身心發展問題，而本節探討幼稚期的身心發展。

一、出生前與出生後的身體發展

人類生命的開始源自於母親的卵細胞與父親的精細胞相結合的那一剎那。在受精的過程中，不但決定了個體的性別，同時也決定了個體的身心基本特徵。新生命在母體子宮內大約是二百八十天左右。其間的各項發展詳見**表3-8**。

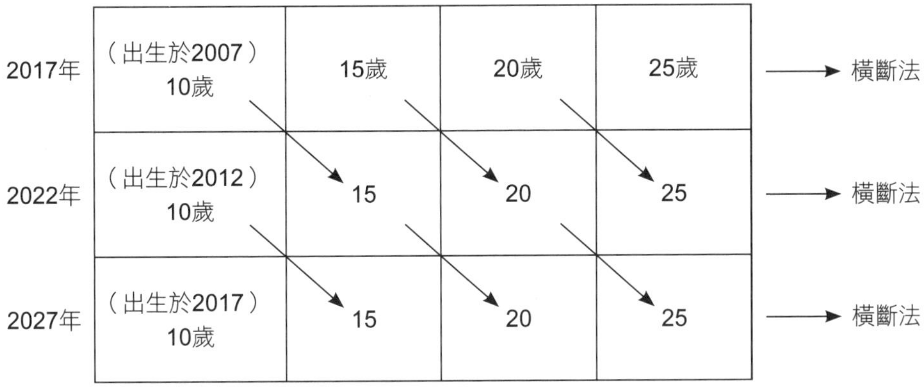

註：→ 橫斷法 ↘ 縱貫法

圖3-1　縱貫法、橫斷法、連續法的研究設計案例

表3-8　三個三月期的胎兒生長的主要發展

期別	主要發展
第一個三月期	(1)受精；(2)羊膜成長；(3)胎盤生成；(4)身體各部分顯現出來；(5)性器官分化；(6)形成最初的中樞神經系統；(7)開始運動；(8)抓握反射；(9)巴賓斯基反射；(10)有了心跳；(11)三個月大小：3英寸，約0.4盎司
第二個三月期	(1)吸吮與吞嚥；(2)偏愛甜味；(3)指、趾皮膚起皺；(4)頭、眼瞼、背、臂、腿上生毛；(5)對觸、味、光敏感；(6)吸吮拇指；(7)六個月大小：10英寸，約2盎司
第三個三月期	(1)神經系統成熟；(2)吸吮與吞嚥相協調；(3)具備調節體溫的機能；(4)消化與吸吮更為有效率；(5)至第九個月末胎盤逐漸退化；(6)九個月大小：20英寸，約7至7.5盎司

資料來源：郭靜晃、吳幸玲譯（1994）。

個體出生後，身體快速成長，尤其是身高、體重呈加速成長，直至三歲以後增長才漸漸緩下來。在身體發展的歷程中，發展心理學家發現，從嬰兒期到兒童期，個體的動作發展明顯地是依循下述三項模式發展（見**圖3-2**）。

1.頭部到尾端的發展（cephalocaudal development）：頭部先發展，下肢後發展。

2.軀幹到四肢的發展（proximodorsal development）：軀幹部先發展，四肢發展在後。

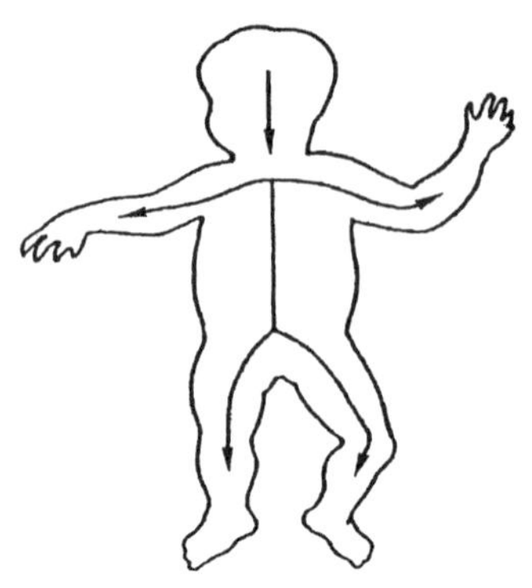

圖3-2　發展方向的模式

3.整體到特殊的發展（mass-specific development）：牽動全身的大肌肉發展在先，用於特殊技巧的小肌肉發展在後。

上述三個模式可視為預測個體身體發展的三個原則。根據這三個原則，發展心理學家經由觀察發現，三歲前嬰幼兒的動作發展如**圖3-3**般，係依照一定模式與順序。

二、認知的發展

認知發展乃指獲得各種知識的過程，包括個體成長中，知覺、推理、想像、記憶、思考、問題解決等各方面複雜行為的發展。

(一)初生嬰兒的感覺與知覺能力

各項研究實驗證明，剛出生的新生兒已具有五官感覺的功能：

1.視覺方面：新生兒的視神經雖尚未發展完成，但自出生起，嬰兒便會對燈光眨眼，視線會隨燈光移動，也能追隨移動的目標（Behrman & Vaughan, 1983）。

2.聽覺方面：人類的聽覺系統早在子宮內便開始作用，出生後短短的數小時內，新生兒便能區別某些聲音。當呈現強度不等的聲音時，嬰兒的心跳速度和身體活動會隨著聲音的強度增大而增加（Lipton, Steinschneider,

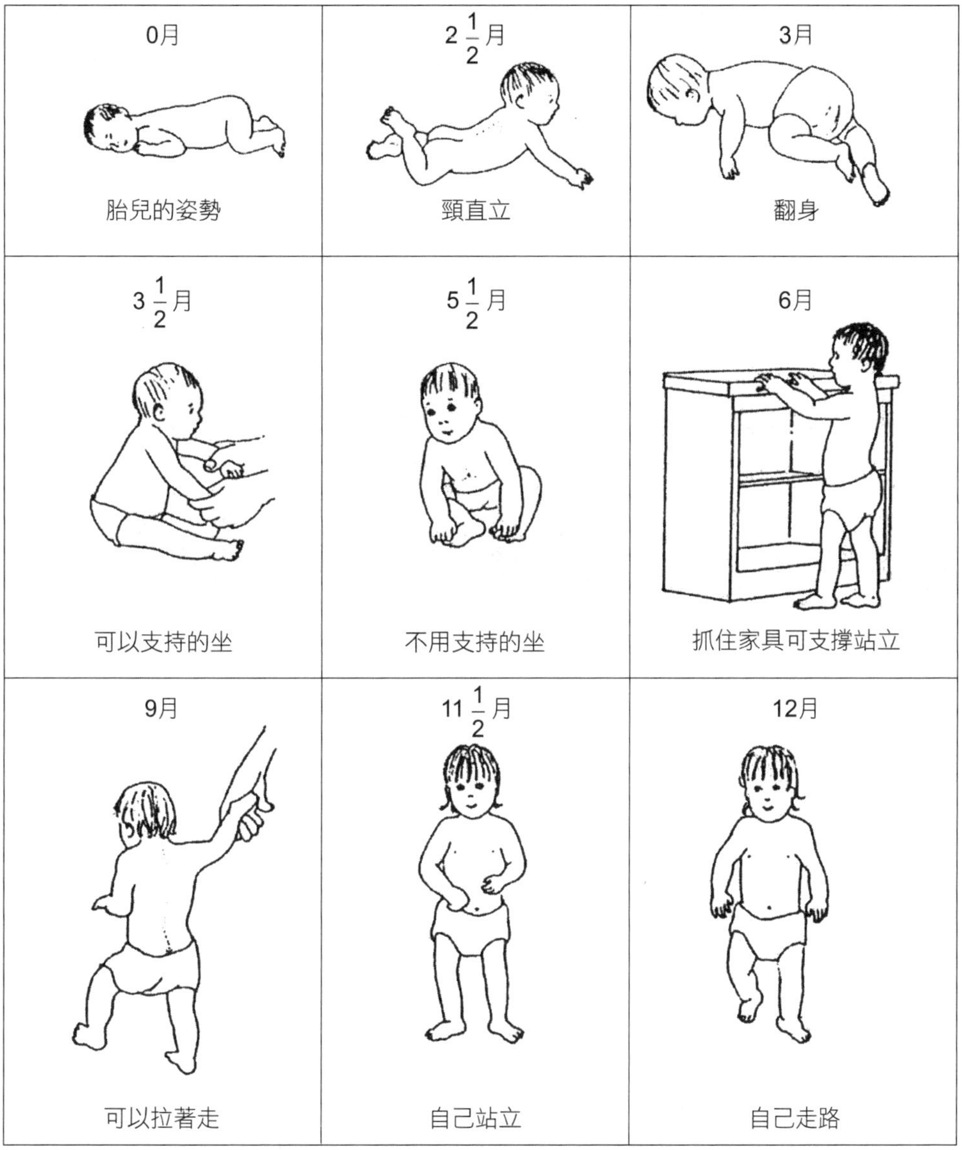

0月 胎兒的姿勢	2$\frac{1}{2}$月 頸直立	3月 翻身
3$\frac{1}{2}$月 可以支持的坐	5$\frac{1}{2}$月 不用支持的坐	6月 抓住家具可支撐站立
9月 可以拉著走	11$\frac{1}{2}$月 自己站立	12月 自己走路

圖3-3　嬰兒動作發展與位移順序

註：本圖以50%的孩子掌握一項技能的年齡作為基準。這些常模是透過60年代時的「丹佛發育檢查測驗」（Denver Development Screening Test）所建立的。

資料來源：Adapted from Frankenberg and Dodds (1967).

& Richmond, 1966）。

3.味覺方面：部分味覺在子宮就已開始發展（Mistretta & Bradley, 1977）。新生兒已能分變甜、酸、苦、鹹。出生後兩小時，嬰兒對甜味（蔗糖）溶液的面部反應基本上是以放鬆和吸吮為特點（見**圖3-4**）。對酸味的反應為嘴唇噘起，對苦味的反應是嘴巴張開，而對鹹味似乎並無特定的反應（Rosenstein & Oster, 1988）。

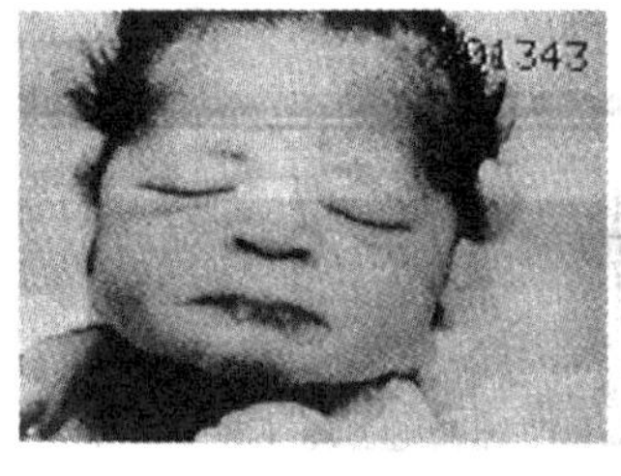

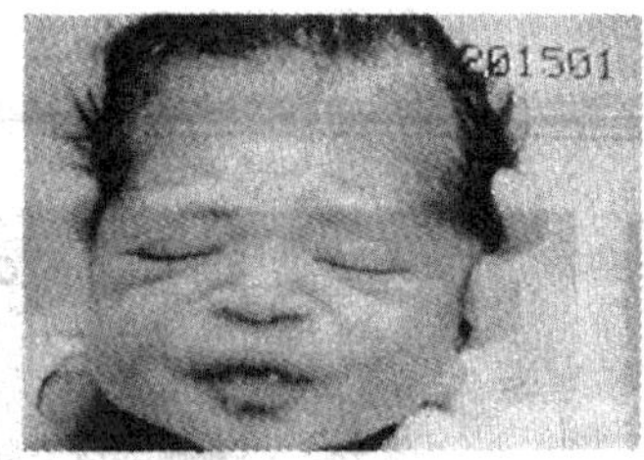

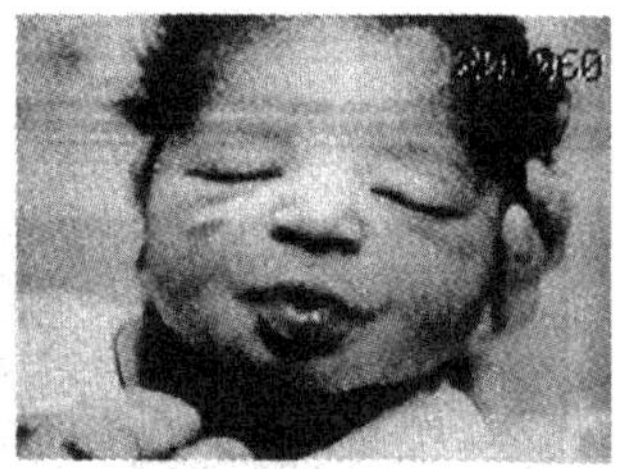

這一序列面部表情是由甜的溶液所引起。新生兒由最初的不愉快面部活動（左），轉為放鬆（中）和吸吮（右）。

圖3-4　新生兒對甜味的面部反應

4.嗅覺方面：新生兒能分辨不同的氣味，當聞到不同的氣味時，呼吸及動作會呈現不同的反應。尤其是餵母乳長大的嬰兒，他們對母親的體味特別敏感（Cernoch & Porter, 1985）。

5.觸覺方面：新生兒的隨意肌反應調節能力很差，但出生時已具備了各項反射性行為（見**表3-9**），以促進適應與生存。

6.知覺方面：研究顯示，嬰兒天生好像就已具備社會性，喜歡看人的臉，喜歡聽人的聲音，尤其是可以區辨母親的聲音，他不僅對母親有反應，而且與母親互動。Martin（1981）的研究發現，三個月大的嬰兒已能感受到母親情緒的變化，母親笑，嬰兒也笑，母親情緒不好，嬰兒也會有皺眉頭或哭的反應。

總而言之，初生嬰兒具備了基本生存能力，它能對許多感覺刺激做出反應，進行分類整理，而環境刺激是否豐富將影響日後智力與社會性的發展。

表3-9　嬰兒的一些反射動作

反射	誘發刺激	反應
促進適應與生存的反射動作		
吸吮反射	嘴唇和舌頭上的壓力	由嘴唇和舌頭運動產生的吸吮
瞳孔反射	微弱或明亮的光線	瞳孔的擴張與收縮
尋覓反射	輕輕觸摸面頰	頭部向觸摸方向轉動
驚跳反射	大聲的噪音	類似於摩羅反射，肘部彎曲且手指緊握
游泳反射	新生兒俯伏於水中	手臂和腿的運動
與相關物種的能力相聯繫的反射動作		
爬行反射	腳蹬地面	手臂和腿牽拉、頭部抬起
屈肌反射	腳底上的壓力	腿不由自主地彎曲
抓握反射	手指或手掌上的壓力	手指緊握
摩羅反射	嬰兒仰臥，頭被抬起，又被快速放下	手臂伸展，頭向下落，手指張開，手臂在胸前交叉
彈跳反射	嬰兒直立並微微前傾	手臂前伸且腿向上縮
踏部反射	嬰兒由腋下被舉起，脫離平坦的地面	規律的踏部運動
腹壁反射	觸覺刺激	腹部肌肉不自覺地收縮
機能不詳的反射動作		
跟腱反射	敲擊跟腱	腓肌收縮且腳向下彎曲
巴賓斯基反射	輕柔地敲擊腳底	腳趾散開並伸展
僵直性頸反射	嬰兒仰臥，頭轉向一邊	與頭部面對的方向一致的一側手臂和腿伸展，而另一個手臂和腿則彎曲

(二)嬰幼兒的智能發展

研究認知發展的學者，不但證實新生兒與生俱有各種感覺與知覺能力外，並對孩子如何記憶、如何將經驗歸納、如何發展對未來的期望與意識等加以研究。近五十年來對心智過程如何發展的研究，首推瑞士發展心理學家Piaget的貢獻最大。以下簡要介紹Piaget的智力發展理論與研究方法。

Piaget窮其一生心力觀察兒童的智力發展，企圖瞭解從嬰兒期到兒童期約十二年間，孩子如何將經由感覺所收集的具體而特殊的訊息轉換成概化而抽象的概念。亦即企圖瞭解孩子獲得知識的過程，及促動人類智能發展的內在動力為何？經由多年觀察，Piaget提出了系統的理論解釋。Piaget認為，人類智力的發展是基於基模、適應（adaptation）與平衡（equilibration）三因素交互作用的歷程。個體因失衡（disequilibrium）而想恢復平衡的心理狀態，因而產生了適應。適應與平衡間具有因果關係，且適應的方式有二：一為同化（assimilation），一為調適（accommodation），二者相輔相成，構成整個適應作用。按Piaget的解釋，個體各自均有既有的認知經驗，此稱之為**基模**，當個體遇到新的刺激或問題情境時，個體會將新經驗與既有基模進行核對，並產生認知作用。亦即企圖將所遇到的新經驗納入舊有經驗架構中。此種歷程即稱為**同化**。如果既有基模無法適合新經驗，無法產生同化作用，則心理上即形成失衡狀態。為了免除失衡，個體於是改變或擴大既有基模以符合新需求，適應新情境，以獲得平衡。此種歷程即稱為**調適**。調適乃是補充同化之不足而使認知結構改變與擴大的歷程。

基於上述觀點，我們可以得知：個體智能發展的歷程，乃是因為個體在適應環境歷程中，為求其本身維持平衡的心理狀態，不斷地經由同化作用與適應作用，改變與擴大既有認知結構。在平衡與再平衡的反覆作用下，個體認知結構才得以愈趨複雜化、精密化、內在化與抽象化。個體的智能才得以持續改變並發展下去。

Piaget的**認知發展理論**乃根據發展的階段性，依彼此不同的特徵分為四個時期（見**表**3-3，第93頁）。

■感覺動作期

感覺動作期（sensorimotor stage）為出生至兩歲，此期嬰兒依靠各種感覺器官與肌肉動作來探知環境，並發展出認識自己與他人、自己與物體是分別存在等等許多新的認知能力。亦即嬰兒經由口、手、眼各種動作與感官協調，使基模逐漸由外在的、簡單的、粗略的，變為內在的、複雜的、精密的。在這期間期的發展特色有二：

1.感覺運動因果關係的發展：初生嬰兒藉由各種吸吮、抓取等反射（reflex）行為，來對特定刺激做出反應（這些反射行為是智能產生的根源）。逐漸地，因各種感覺、動作的協調統整，嬰兒便會探索新的刺激。在試驗行為與環境各層面關係的同時，也開始發現某些行為會對外在事件產生影響，進而形成初期的期望與目標，最後發展出以新的手段來達成目標（見**表**3-10）。這一連串的過程在我們日常生活中可發現不

表3-10　感覺運動因果關係的六個階段

階段	大致年齡	特徵
1.反射	始自出生	對特定刺激的反射性反應
2.最初的習慣	始自第二週	使用反射性反應探索新的刺激
3.循環反應	始自第四個月	使用熟悉的行為達到熟悉的結果
4.手段與結果的協調	始自第八個月	精細運用動作去達到新的目標
5.新方法的嘗試	始自第十一個月	矯正行為以達到目的
6.洞察	始自第十八個月	手段與目的的心理的再結合

資料來源：Adapted from Piaget & Inhelder (1969).

少實例，如嬰兒常以吸吮行為來探索玩具、手指等。在一次意外掉落湯匙的經驗中，他發現了扔掉湯匙可期盼一種撞擊聲出現。經過反覆練習之後，最終他會瞭解扔的動作會使物體發出響聲，於是他便會使用各種方式來達到這個目標，像是丟皮球、丟玩具等等。

2.物體恆存性（object permanence）的發展：乃指縱使是看不到物體，卻仍能知道物體會一直存在。由實驗觀察中發現，在小於四個月大的嬰兒面前擺放餅乾，嬰兒會有抓取動作，但當物體消失時（如用一本書隔開眼前餅乾的視線，就像已不存在般），此時，嬰兒會停止抓取動作。第四至第八個月的嬰兒則已會尋找部分隱藏的物體。第八至第十二個月的嬰兒才會尋找完全隱藏的物體。這表示此時嬰兒已具有物體恆存的概念。瞭解物體即使沒有直接見到時也仍然存在。

■前運思期

前運思期（preoperational stage）為二至七歲時期，所謂**運思**（operation）即是運用心智作合理思考之意。由於前一階段物體恆存性的發展，這個時期的幼兒已開始能利用語言的符號表徵從事抽象思考。兩歲的孩子尚不能從事抽象的邏輯思考，六至七歲時因已具有相當的語言基礎，遂逐漸具備抽象思考能力。此期依兒童行為特徵又可細分為兩個時期：

1.運思前期（preoperational phase）：二至四歲，特徵為自我中心，此時期幼兒對事物不能站在別人的立場來考慮，且對事物不能作客觀分析和處理。典型的三山問題（three-mountain problem）的實驗裡，Piaget將三座立體小山的模型給幼兒看，並向幼兒說明有一玩偶娃娃站在相對的山那邊，請幼兒選出娃娃所看到景色的照片。實驗結果發現，幼兒要到七歲左右才能正確描述，七歲以下兒童所指照片，幾乎都是從他自己的角度所見（Piaget & Inhelder, 1948）。

2.直覺期（intuitive phase）：四至七歲，特徵為直覺式推理（intuitive reasoning）。此時期幼兒的推理並不憑藉邏輯關係，常將一起發生的事件，視為因果關係。如幼兒認為午覺會造成下午，若沒有午睡就不會有下午。另有一實驗證明了，大約七歲左右，幼兒才會逐漸瞭解質與量保留不變的概念，而在這之前，幼兒對事情的推理均憑直覺判斷。實驗的過程是將二個相同形狀的杯子，在兒童面前裝入等量的水，然後再把其中一杯水倒入另一形狀不同的杯子，結果二杯水的外表有高低之分。問兒童哪一杯水多時，七歲以下兒童常會憑直覺有不同的回答；只有七歲兒童才會瞭解，無論物體形狀如何被分割、被改變，都不會影響質與量的改變，而毫不猶豫的指出二杯水是等量的（Inhelder & Piaget, 1958）。

■具體運思期

具體運思期（concrete operational stage）為七至十一歲，此期兒童的自我中心特徵減少，開始保留概念的發展。除上述物質容量保留概念（杯內水的實驗）外，其餘如數目、長度、重量和面積等的保留概念，亦在此時期完成。此期兒童雖能從事邏輯思考，但仍須藉助具體實物的操演來運思，兒童尚不能運作抽象觀念。其認知行為有三種特徵：

1.能對事物分類（classification）：能以某種特徵作為分類標準，並建立分類層次。

2.有序列（serialization）關係的概念：能辨認並按事物特徵，把事物排成一定順序。

3.能理解數學上的可逆性（reversibility）：如能由A大於B推知B小於A。

■形式運思期

形式運思期（formal operational stage）為十一歲以上，此期行為特徵是能以抽象的、概念的、合於形式邏輯的思考方式解決問題。思考型態不再侷限於具體事物或問題，而純粹以抽象語言符號從事邏輯推理。遇有問題時能有系統地設定所有可能的假設，並從事假設之驗證。其對問題的思考，已能兼顧各方

面的可能因素，思考能力已具備學習科學知識的基礎，是智能發展接近成熟的時期。

三、語言的發展

人與動物區別的最大特徵在於人類有複雜的語言行為。語言是人際間交往的基本工具。語言的發展與認知行為、社會行為與情緒發展均有密切關係。幾乎所有的語言均包括：

1.語音：語言的聲音符號。
2.語義：語言的表徵特性。
3.語序：語言符號的組織法則。

至於嬰兒如何從不會說話發展到使用各種複雜句子表達自己，其過程如下：

(一)呀呀學語期

呀呀學語期（babbling stage）約從四・五個月至九個月，剛出生的嬰兒，發音器官尚未完全成熟，會發出類似母音的聲音。到了四・五個月後，嬰兒能發出母音加子音的聲音，便開始呀呀學語。此期主要是發音練習與對他人語言的瞭解。語言發展則是由無意義、無目的的生理需求滿足，到有意義、有目的的心理需求滿足。

(二)單字句期

單字句期（one-word stage）約從九至十八個月，是真正語言的開始。此期幼兒語言發展的特點為：

1.常發重疊的單音，如奶奶、糖糖等等。
2.以物的聲音作其名稱，如汪汪－狗，嘟嘟－汽車等等。
3.以單字表達整句的意思，如媽媽——媽媽抱我。

(三)多字句期

多字句期約十八至二十四個月。此期幼兒語言由單字語句漸漸發展至雙字語句，進而發展為多字語句。由於是隨想隨說，不顧及語法，因此句子結構鬆散。此期幼兒只講重要的字，如，嘟嘟…拿…拿…車子給我，因而多字句期的語言又稱之為**電報語言**（telegraphic speech）。

(四)文法期

文法期約二十四至三十個月，此期語言的發展是注意文法與語氣的模仿。文法結構多屬敘述句，亦漸有簡單的問句與不完整的否定句。

(五)複句期

複句期約三十至四十二個月，此期語言發展由簡單句到複合句，亦即能說出兩個平行的句子。其語言型態和成人愈來愈相似。此期的幼兒由於因果思想的萌芽，對一切不熟悉的事物都喜歡發問，故又稱為好問期。

四、社會化的發展

社會發展乃指在個體的成長過程中，因學習經驗的增加，一連串社會行為改變的歷程。個體的**社會行為**是指個體在與他人或團體交往時所表現的行為，包括：個體對人對己的態度、對社會規範的認識與遵守、對作為一個社會人所應具備的社會能力等。

(一)社會化歷程

人類的社會行為與其他行為一樣，是逐漸發展而來的。而個人所表現的社會行為特徵與環境中的人有密切關係。經由與人交往而建立社會行為的歷程，稱為**社會化**。個人必須經過社會化之後，才能變成社會的一份子。Hetherington及Parke（1975）指出，社會化是指個人不斷地學習與修正自己的標準、動機、態度、技巧和行為，使其與所屬社會或同好者愈趨一致的過程。在**社會化歷程**（socialization process）中，與他人建立良好關係和學習性別角色，是兩項重要的發展任務。

■與他人建立良好關係——社會關係的依附發展

依附（attachment）乃指人際間在情感上甚為親近，且個體與欲親近之對象親近時，會感到安全與滿足，這種親密關係，稱為**依附關係**（attachment relationship）。人際依附關係形成的關鍵期在初生第一年，尤其是六至九個月間對特定某人的依附最為明顯。我們可以從**表3-11**瞭解嬰兒社會依附發展的階段性及發展特徵。**依附行為**通常是指嬰兒（或幼小動物）依附母親或照顧者所表現出的情感性依賴與親近行為。舉凡孩子尋求接近父母、抗議與父母分離，以父母為安全堡壘探索陌生環境，甚至到後來以各種行為尋求父母的注意與讚賞等，均可視為嬰兒的依附行為。

近年來的發展心理學家指出，個體是否能與他人建立良好關係的基礎，乃是在於生命早期孩子和母親或照顧者，是否形成緊密情緒的依附關係而定。Kagan及Klein（1973）的研究亦顯示，減少緊密的依附關係，將使孩子體力、智力和社會發展減慢。換句話說，能與所愛的成人建立依附關係，乃是孩子進入健康身體和正常社會化歷程的第一步。此外，孩子通常會將依附發展由對主要照顧者的依附，延伸到家庭其他成員，並由此學習家庭成員的思考與行為方式。由此可見，從這些早期依附的關係中，孩子們發展出適應環境社會化的能力。

■性別角色

性別乃天生決定無法改變，而性別角色卻是經由社會文化之影響，慢慢修正學習來的。適當性別角色行為的養成，有助於社會化歷程的發展。在英文中，sex和gender都有性別之意，但一般sex所指是以生物性特徵（如男、女性生殖器）為主，而gender則是指一種心理現象，所指的是學來的與性別有關的行

表3-11　社會依附發展的五個序列階段

階段	年齡	特徵
一	出生至三個月	嬰兒使用吸吮、拱鼻子、抓握、微笑、注視、擁抱和視覺追蹤來維持與照顧者的親近關係
二	三至六個月	嬰兒對熟悉的人比對陌生人有更多的反應
三	六至九個月	嬰兒尋求與依附對象的身體接近與接觸
四	九至十二個月	嬰兒形成對依附對象的內部心理表徵，包括有關照顧者對痛苦訊號的典型反應的期望
五	十二個月之後	兒童使用各種行為來影響依附對象的行為，以滿足其安全和親近的需要

為和態度。**性別角色**（gender role）是指在某特定社會文化中，適合於性別（男性或女性）的行為模式有關的功能與活動而言。在不同社會文化特質中，對性別角色的界定均有不同。一般兒童約在二至七歲間會建立**性別恆定性**（gender constancy），而兒童性別恆定性觀念的建立分三階段：

1.性別認定：或稱**性別認同**（gender identity），是個體開始發覺與接受自己生理上的性別，瞭解自己與別人是女生還是男生。
2.性別固定（gender stability）：個體瞭解到自己的性別是固定的，不會再改變。
3.性別一致性（gender consistency）：個體不僅瞭解自己的性別，在心理上也接納自己的性別。如女生願意學習扮演女性角色；男生願意學習扮演男性的角色（見**圖3-5**）。

兒童性別角色的社會化係包括下述幾種學習歷程而形成：

1.獎勵與懲罰：兒童發現他們做出符合自己性別的行為，容易受到讚賞、獎勵；反之，若做出不符合其性別的行為，則容易遭受到懲罰、排斥或嘲笑。
2.觀察與模仿（imitation）：即使無立即的酬賞，兒童會先對同性別的母親或父親的行為進行模仿，繼而其模仿對象由父母慢慢擴及教師、戲劇中

圖3-5　性別概念的發展

的偶像、歷史英雄人物等。

3.認同（identification）：認同與模仿本質上無甚差別，而是程度上有深淺之分。認同是進一步或深一層的模仿。認同與模仿的對象均稱為楷模。當兒童達認同階段時，他們對於性別和適合性別的行為會形成特定的信念與規範。如女孩子穿裙子、留長髮；男孩子穿褲子、留短髮。

性別角色的社會化歷程從出生就開始。嬰兒出生時，男、女嬰在身高、體重、健康等方面的差異，並不顯著；但在父母親的男女有別觀念與期待下，父母親描述自己兒子時，通常是大雄很強壯、富警覺性等。而對女兒的描述通常是小梅小巧、美麗又優雅。而兒子就真的一定體型高大強壯？女兒真的就小巧優雅嗎？事實上，父母在為孩子命名與用形容詞描述自己孩子時，已帶有社會對男女性別的界定標準及自己對孩子的期盼。又從小父母即有意強化男女有別的觀念，在服裝、玩具、遊戲、講故事等方面均刻意教導孩子成為一個男人或女人。等孩子稍長後，其成長環境中的老師、同輩及大眾傳播等，也都一致性地暗示男性與女性世界中所應各自著重的層面。總而言之，造成不同性別角色之社會化歷程，是由於男孩和女孩在不同的心理環境下長大，而這種不同的心理環境造成他們看世界與處理問題的方式有所不同。

(二)道德發展

道德（morality），簡單地說是個人對行為的對、錯、是、非、善、惡之信念、價值觀與判斷。道德的功能之一乃是使個人善盡社會責任，及不干擾他人權益。嬰兒是無關道德的，他們只是缺乏對人際間責任的認識，而這份認識（道德觀）的發展，正是社會化歷程的重要部分。

所謂**道德發展**，乃指在社會化過程中，個體隨年齡的增加，逐漸學到判斷是非的標準，以及按該標準去表現道德行為的歷程。以此而論，道德包括知與行兩個層面，「知」是對是非善惡事理的判斷，而「行」則是道德理念的具體實踐。道德發展的早期研究主要有下列三種：

1.道德行為（moral behavior）：一九二〇年代，一群耶魯大學行為學派學者，研究六到十四歲兒童的道德知識與道德行為之相關。他們先對兒童們進行道德知識測驗，然後再觀察在各種情境中，兒童表現誠實與否的機率。研究結果發現，道德行為幾乎與道德知識沒有相關。且道德發展也不會因年齡增長而有較高的發展。Hartshorne、May及Shuttleworth（1930）認為，道德並非穩定的特質，只是隨著情境要求而變動的一種反應。

2.道德感（moral feeling）：心理分析學派學者Freud有別於行為學派學者研究道德行為本身，而將研究興趣置於道德行為的動機發展上。Freud認為，兒童會內化（internalize）某些道德原則，形成其良心（conscience）和理想我（ideal self）。而大部分的道德行為表現，乃由於良心的抑制作用（受不了良心或罪惡的譴責）。

3.道德判斷（moral judgment）：認知學派學者Piaget則企圖把道德判斷的發展與兒童認知發展聯結起來。Piaget曾嘗試以說故事的方式，與不同年齡的兒童討論某些行為的是非善惡。實驗故事的內容是描述，有一位小男孩為了要取得櫥窗內的糖果，而打破一隻杯子；另一男孩則是因替母親做事，不小心打破了三隻杯子。故事最後問小朋友，哪一位男孩過失較重？實驗結果發現，前運思期的孩子會認為，意外打破三隻杯子（行為結果），比故意打破一隻杯子（行為意圖）來得過失較重。因為前運思期的孩子只重行為結果，而忽略行為的意圖。

Piaget將道德發展分為二期：第一個時期為他律期（heteronomous stage），此期兒童對行為對錯的判斷，只重視行為後果，不考慮行為意圖，對道德的看法是遵守規範，服從權威就是對的；第二個時期是自律期（autonomous stage），此期兒童不再盲目服從權威，他們開始考慮當事人的動機，開始認識到道德規範的相對性。按Piaget的觀察，個體道德發展要達自律地步，大約是與認知發展的形式運思期同時。

繼Piaget之後，美國哈佛大學教授Lawrence Kohlberg（1927-1987）採認知發展取向，除承繼Piaget理論的基本假設，並擴展道德判斷發展的時期，提出了Kohlberg的道德階段，強調道德推理的發展，將道德發展分為三層次六階段，且認為每一階段的道德判斷基礎各不相同。Kohlberg的道德階段劃分，無關特定年齡，例如在第一階段中，個人表現出道德行為是因為避免痛苦；在第二階段中，則是因為得到酬賞（見**表3-12**）（Kohlberg, 1976）。

為評量一個人的道德發展，Kohlberg設計了一系列道德上兩難（dilemma）

的測驗。例如，梅太太因癌症，生命危在旦夕，經醫師診斷，須服用一獨門藥物才可治療。然而鎮上唯一出售此藥物的藥房老闆又索價極高，不肯稍有通融。梅先生在借貸無門，絕望之餘，於第二天夜裡，破窗潛入藥房偷走藥物，及時挽回妻子一命。試問梅先生的作法對不對？為什麼？

在上述測驗進行時，受試者須回答當事人應該怎麼做，並說明當事人選擇這個做法的理由是什麼。研究者按其所持理由，將受試者分別歸屬於道德發展的階段中。從而評定受試者道德發展所達到的程度。Kohlberg宣稱：

1.每個人的道德發展情形，均可被歸類到這些階段中的一個。
2.每個人都會以相同次序來通過這些階段，但並非每個人都能發展到最後的階段。
3.愈高階段的推理愈複雜，也較有包容力和理解力。
4.任何文件中都會出現相同的階段。

(三)自我概念的建立

自我概念係指個人對自己的看法，亦即個體在成長歷程中，逐漸理解自己是什麼樣的人，在別人眼中的自己又為何。自我概念的形成有以下三個階段：

表3-12　Kohlberg道德發展階段

層次與階段	表現出道德行為的原因
I前習俗層次（preconventional level）	
階段一：避罰服從取向 （punishment and obedience orientation）	為避免受罰痛苦而服從規範
階段二：相對功利取向 （instrumental relativist orientation）	為求得到酬賞，而遵守規範
II習俗層次（conventioanl level）	
階段三：好孩子取向 （good-boy-nice-girl orientation）	為了獲得接納，避免他人的不贊同或不悅，而遵守規範
階段四：法律與秩序取向 （law and order orientation）	為了遵守規則，避免犯罪而遵守規範
III後習俗層次（postconventional level）	
階段五：社會契約取向 （social contract legalistic orientation）	為維護社區利益，促進社會福祉，尊重公平的判決而遵守規範
階段六：宇宙倫理原則的取向 （universal ethical principle orientation）	為追求正義，避免良心的苛責而遵守規範

1.自我認定（self-identity）：是指個人認定自己是誰。

2.自我評價（self-evaluation）：是指個人對自己的價值判斷。

3.自我理想（self-ideal）：是自我概念發展的最高階段，乃指自己希望做個什麼樣的人。大約於青春期左右才開始發展。

初生嬰兒，茫然無知，人我不分，根本無法領悟到自己的行為會對別人造成甚麼影響。此時幼兒純以自我為中心，不是人我對立關係。約三歲左右，兒童社會性開始發展，兒童會對團體性遊戲發生興趣。從團體遊戲活動中，漸由別人對自己的反應覺察到自己在團體中的地位，以及個人的優缺點為何。至六歲入學後，在學校競爭成敗的經驗中，更加深了自我價值觀的建立。Maccoby認為，兒童時期自我概念的發展是逐漸由外而內發展的。從早先的我的名字、我住在哪裡、我長得如何，到學齡期的我喜歡什麼、我和別人的關係如何、我感覺如何等等，可以知道兒童期自我概念的建立，乃根源於他人對自己的看法與評價。

(四)心理與社會發展

心理分析學家Erikson（1963）提出了**心理社會階段**（psychosocial stage）**理論**（見**表3-4**），認為個體的自我發展乃是在生命過程中，個體不斷與社會接觸，在經歷一連串的衝突危機之後，人格統合的結果。而個體所經歷的危機可依年齡分為若干不同階段。如果人們能夠克服每一階段的危機，那麼人格就能健全順利發展。若個體無法獲致某階段的成功，則會改變接下來的發展，發展出不成熟的人格，造成不適應的行為。

Erikson在整個生命循環中劃分出八個階段。在各階段中均有一個主要衝突危機。雖然衝突不是一次就能完全解決，它會以不同形式繼續存在著，但假若個體要想有效解決現階段的衝突，則有賴於上一階段的充分解決。

Erikson的心理社會危機論乃是一套由出生到死亡的自我發展理論。前四個階段屬於兒童社會化歷程的一部分；後四個階段則屬於成年後的社會化歷程。雖然Erikson認為青少年期才是個體自我發展最重要的階段，但若無兒童期的前四階段的順利發展，何來下面四個階段的自我整合？

1.在第一階段中：父母若能提供嬰兒食物、溫暖和舒適的身體接觸，嬰兒

會感受到父母的細心照顧，從而可以由強烈的依附關係中去建立對環境的信任。但這些生理需求如果沒有辦法得到滿足，則可能發展出不信任感，與人交往互動時，焦慮不安，進而無法充分準備下一階段的發展。

2.在第二階段中：隨著嬰兒學走路與語言能力的增長，嬰兒探索的範圍逐漸擴大，藉由探索活動使他建立一種自主感，覺得自己具有自制的力量。尤其是二至三歲時，幼兒藉由控制大小便來建立運用自由意志控制行為的能力。在這段期間，若父母限制過於嚴苛，如大小便訓練要求過早或過於嚴厲，則可能導致嬰兒的羞愧與懷疑。

3.在第三階段中：自我控制的意願持續影響幼兒自我的發展。由於幼兒的活動能力、語言能力與豐富的想像力這三種能力的發展，使得兒童會去想像各種角色，幻想其想要變成的自我。如果幼兒發展順利，則可以表現出有方向性和有目標的行為。如果這些精力或能力無法發展完全，幼兒會成為一個缺乏自我價值感、退縮、內疚的個體。

4.在第四階段中：兒童進入小學學習，由於前一階段的持續影響，使兒童有動機去探索社會上的知識。而學校系統化知識的提供，更強化了兒童學習的精神。此階段若發展順利，兒童可以開始與同學有所競爭和合作，並表現出有方向性和目標的行為。若發展不順利，則會感覺自卑，缺乏自信心及缺乏自我價值感。

以下試將嬰兒期到兒童期的各期自我發展工作，詳述如**表3-13**：

表3-13　嬰兒期到兒童期的自我發展過程

時期	階段	發展任務	完成後的自我型態
嬰兒期：出生至1歲	對人信任vs.對人不信任	認識自己與他人的差異	我就是我現在的樣子
嬰幼兒期：1至3歲	活潑自動vs.羞愧懷疑	有主宰自我的權力，有控制自己的自由意願	我有我自己的意願，變成我想變成的樣子
幼兒期：3至6歲	積極主動vs.退縮內疚	想像自己可以變成什麼樣子	我就是我的樣子
兒童期：6至12歲	勤奮進取vs.自貶自卑	發展出有能力的自我	我是一位有效率的學習者

第三節　青少年期的生心理發展

兒童期之後，人類面臨了教育、職業、伴侶、婚姻家庭和休閒活動等多重選擇，讓生命邁入了新的旅程。在這一節中，我們將討論從青少年期起到老年期間所面臨的問題及需發展的任務。

一、青少年期的生理發展

在心理學上對青少年期（adolescence）的界定，原則上不以年齡為根據。而是以個別的生理、心理、社會三方面發展的程度為標準。通常青少年期是指開始於個體性器官成熟的思春期（puberty），而止於心智與社會發展成熟的這段時期。這個時期，青少年開始體驗到身高、生殖系統發展至成熟、第二性徵出現，年齡約在十二至二十一歲間。此時期男、女性在生理上有如下的變化：

1.主性徵與次性徵顯現。

2.身體各部的發育不均衡，如長手先於長臂，長腳先於長腿等，與嬰兒期身體發展之軀幹到四肢的發展原則不同。

3.早熟、晚熟對男女兩性的不同影響等問題。

思春期的發育至少在三方面會影響心理和社會的發展（Clausen, 1986）：第一，身體發育會改變一個人完成任務的實際能力，例如青少年前期人們比兒童時高且強壯，有更好的協調性和耐力；第二，身體發育會改變一個人被他人所看待的方式，例如青少年期孩子們已不再像兒童那樣被認為傻傻的，而是令人覺得比幼兒期來得具威脅性；第三，身體發育會影響青少年看待自己的方式，身體變化會使他們覺得自己更像成人，否則（如果其結果令人失望的話）會使其成人期身分難以被人接受。

青少年期個體在是非判斷上，已具有了成人法制觀念的基礎。另在認知能力上已發展到形式運思期階段（均於本章第二節中提及）。美國心理學家G. S. Hall將青少年期視為一段風暴與緊張的時期，暗示著青少年所遭遇的各種適應上的問題與困擾。Havighurst（1972）將青少年期（十三至十八歲）的發展任務分為：

1.身體器官與情緒表達趨於成熟。
2.能與同儕中的異性相處。
3.能扮演適當性別的社會角色。
4.接納自己的身體容貌。
5.情緒趨於獨立，不再事事依賴父母。
6.考慮將來的結婚對象。
7.學習專長做就業準備。
8.開始有自己的價值觀與倫理標準。

二、青少年期的心理發展

(一)自我的發展

青少年前期，因身體與生理之急速成長（如第二性徵之發育），外表雖看起來已像成人，但認知與社會能力尚不足以應付成人生活，故情緒上起伏變化很大。此時期的青年會企求脫離家庭，獲得獨立，也會反抗權威，與家庭關係不如往昔親密；青少年重視同儕的接受與支持，常在服飾上力求與同儕一致。到了青年中、後期，由於身心方面都產生了很大的變化，青年期的人會急於想知道自己活在世界上的意義與目的，於是開始思考「自我」的問題：

1.我現在想要甚麼（尋求自我）？
2.我有何身體特徵（生理特徵）？
3.父母對於我的期望是什麼（社會期待）？
4.以往我的成敗經驗為何（以往經驗）？
5.現在的我有何問題（現實環境）？
6.我希望自己將來如何（未來希望）？

青年期會企圖將上述六個層面的問題，統而合一，然後用來回答「我是誰？」與「我將來該走向何方？」的問題，使個人不再有徬徨迷失之惑。此一時期產生的自我統合（ego-identity）是指一種個人自我一致的心理感受。Erikson稱青年期的心理特徵乃介於自我統合與角色混淆（role confusion）兩極之間不同程度的發展。**自我統合**代表青年期人格發展的理想境界，對缺乏生活經驗的青年人來說，欲達成自我統合須包括四個部分：

1.接受個人的性需求。
2.尋找個人存在的獨立性，而不再只是當某某人的兒子或女兒。
3.建立並實踐自己的信念。
4.決定自己所喜歡的社會與職業角色。

如果個體無法完成自我統合，很可能形成角色混淆或負向認同（negative identity）。所謂**角色混淆**，即角色間的衝突，指個人方向迷失，所作所為與自己應有的角色不相符合，最後演變為退縮、墮落。所謂**負向認同**，則指一種不為社會接受的角色，如行為異常、吸毒、暴力、犯罪或自殺等的行為。

(二)自我中心

青少年期自我中心（egocentrism）的現象乃由於個體在認知發展上邁入了一個新階段（形式運思期）。這個階段所引發的思考方式影響了個體對他人的認知，而認為自己是他人眼中的焦點。青少年期自我中心的特徵有二：個人神話（personal fable）與假想觀眾（imaginary audience）。這兩種特徵既影響到問題解決，亦影響到社會交往。以下就這二個特徵加以說明。

■個人神話

個人神話的觀念是指青年期的個體往往覺得自己是與眾不同、獨一無二的。這些不同於他人的地方，包括個人的感受（feeling）、信念（belief）與理想（ideal）等。譬如，縱使山難頻傳，仍阻止不了青年征服山嶺的野心，因為青年會認為自己是獨一無二的，甚至覺得自己是不可毀滅的（indestructibility）。這個時期的個體，專注於個人自己的思維。由於個人意識支配的擴張，青少年或許會變得有些退縮，而與他人有些隔離。對可能性、對近期與長期的未來、對現實事件向未來結果的邏輯延伸等的一切思考，均充斥在他的腦海中。一旦退縮現象產生，便切斷了青年新訊息或新觀念的通路。

■假想觀眾

青少年前期個體會認為人們與自己共享同樣的成見，且想像自己的思想是其他人注意的焦點（Elkind, 1967）。此時期青少年往往認為自己周圍有一群看不見的觀眾，而這群觀眾的眼光都時時流連在自己身上。此現象Elkind稱之為**假想觀眾**的現象。事實上，這群觀眾並不存在，它只是個體腦海中營造出來的一群人。也因為這個假想觀眾的現象，使得這個階段個體在人際交往中產生一種令人尷尬且令人不適的自我意識（self-consciousness）。

這個時期的個體對自己的儀表和態度十分在意，且把大部分的注意力都放在自己身上，而腦子又想著另一批觀眾的存在。譬如，一對青年期男女朋友約會，彼此雙方在赴約前，都花了相當多時間打扮，而當兩人見面時，彼此並不關心對方到底穿了什麼，而是更關心對方如何看待自己。

Inhelder與Piaget（Inhelder & Piaget, 1958; Piaget, 1962）指出，通常兒童是以個人主觀觀點來對待事物，兒童不能將人的行為與特定對象所產生的影響加以區分開來，而是以自己有限的觀察力來看待事物，此現象稱為**自我中心**（decantation）。隨著兒童的成長，在與現實事物因果關係的發展及擴展下，進而產生排除自我中心。

在青少年前期，為達排除自我中心之目的，需要求青少年體認：一個人的觀念並不被所有其他人所共有，尤其我們活在一個多元化的社會，每一個人都可能有特殊的目的和渴望。青少年期人們逐漸發現，他們純淨、邏輯化的生活計劃，必須不斷的適應於其他關係人的期望和需要；隨著這些發展再加上靈活運用形式運算與觀察力的思維，他們的自我中心會逐漸減退；此外，社會接受也會使青少年排除自我中心。研究發現，青少年前期，對來自自己父母的情緒支持很有信心的青年人，和那些體驗著父母的拒絕或過分控制的人相比，自我意識性較少（Riley, Adams, & Nielson, 1984）。

(三)形式運思

青少年前期人們開始以新的方式來看待世界。他們的思維變得更為抽象，他們能夠提出從未經驗過的事件的假設。Piaget描述此種複雜的概念能力為**形式運思**（formal operation），並指出這些思維更多地是由邏輯原則而不是知覺和經驗所支配的。

形式運算思維的一個重要特徵是，能夠提出解釋一個事件的假設，然後能夠遵循由一個特定的假設所蘊含的邏輯。Piaget和Inhelder設計了許多實驗來說明假設——演繹推理的發展，其中之一是關於解釋鐘擺的擺動。其任務是要算出控制鐘擺速度的變項或變項的組合。有四個因素是可以變化的：物體的質量、鐘擺開始被推動的高度、推動鐘擺的力量、鐘擺的長度。要考察這一問題，必須在一個時刻只改變一個變項，而其他變項要保持不變。正如實際所發生的，只有擺長影響著鐘擺的速度。問題在於要說明只有鐘擺的長度影響速度而沒有其他因素。透過使用形式運算思維，兒童分別測查每一個因素，並評價它們的作用（Flavell, 1963; Inhelder & Piager, 1958）。

上述的例子說明了有好幾種能力涉及到這一類的問題解決。首先，一個人必須能夠區分開不同的因素，並確定每一個因素的可能作用；第二，一個人必須能夠考慮各因素之間的交互作用；第三，一個人必須能夠建立起一個系統化的方法，以便在這些因素的組合之中檢測每一個因素。（Neimark, 1975; Siegler, Liebert, & Liebert, 1973）。

在形式運思階段，有一些新的概念技能會萌生出來（Demetriou & Efklides, 1985; Neimark, 1982）。首先，青少年期的人能夠同時在心理上處理兩個以上的變項種類，例如他們能在計劃一個旅行時考慮到速度、距離和時間的關係（Acredolo, Adams, & Schmid, 1984）；其次，他們能夠考慮事物在未來的變化，例如他們認識到與自己父母的關係在十年後會有很大不同；第三，他們能夠對許多事物假設一個合乎邏輯的結果，例如他們能夠預測將來要面對的上大學和工作的選擇，而這是以他們在高中時某些學校課程中的成績的好壞作為依據；第四，他們能夠預期自己的行為的結果。例如他們認識到如果他們輟學，那麼某些就業機會就會對他們關上大門，這些能力使他們能夠獲得對從事某種行為可能的結果的預先瞭解，並使他們在這一基礎上去決定是否他們願意去做這件事；第五，他們有能力在一系列陳述中揭示邏輯上的一致性或矛盾性。他們能夠透過找出支持或反對一個陳述的證據來檢驗一個陳述。例如他們會為兩個陳述之間的明顯矛盾所困擾，諸如「法律面前人人平等」與總統對某些高地位的違法者有赦免的權力；第六，他們能夠以一種相對的方式來看待自己、他人和世界；他們能抽取出更多因素來解釋他人的行為以及自己的行為，因為他們能在形式運算思維階段產生諸如下列事項的新的概念能力：

1.在心理上能運用處理兩個以上變項範疇的能力。

2.考慮未來所發生的變化的能力。

3.假設事件的邏輯結果的能力。

4.預見行為的結果的能力。

5.檢查一系列陳述中的邏輯一致性或矛盾的能力。

6.以相對的方式看自己、他人和世界的能力。

諸如上述，他們認識並瞭解到，由於所處的社會和文化的規範，他們被期望按特定的方式行事。他們也認識到其他家庭、社區及文化中，不同的規範也可能支配著同樣的行為。結果是以一種被文化所接受的方式作為行為的決定，變成了對其社會的更為有意識的承諾。同時，對他們來說，接受其他文化的成員已變得更為容易，因為他們意識到：這些人是不同環境與規範下的社會產物（O'Mahoney, 1989）。

一般來說，青少年期在概念發展上的變化適足以導致一種更為靈活性的、批判性的、抽象的世界觀。行為的邏輯結果的能力、概念上預見變化的能力、預見行為的結果的能力，都有助於產生一種對未來更為切實的認識（Klineberg, 1967; Lessing, 1972）。對未來的看法既包括希望，如職業生涯目標、求學、建立家庭，也包括恐懼，如對失業或戰爭的可能發生的擔憂（Gillies, 1989）。

形式思維的轉移既不是突然地也不是統一化地跨越所有的問題領域。例如Neimark（1975）在長達三年半多的時間裡，追踪了問題解決策略的變化。在她的研究中，即使是已滿十五歲的最大受試者，也不能在所有的問題中應用形式運算策略。在一項關於十三歲學生的形式運算思維的研究中，另一些研究者們發現，在六種不同的測驗成績之間，幾乎沒有什麼顯著相關（Overton & Meehan, 1982）。儘管這些成績並不一致，但是從十一到十五歲的青少年們的確表現出了問題解決探索層次上的進步。Neimark（1982）把這些問題解決探索層次描述為：

1.無規則。

2.限制的規則。

3.規則集成或不精確原理。

4.一般原理。

三、青少年期的情緒發展

對青少年期的許多描述都涉及情緒的多樣性、喜怒無常與爆發性。青少年明顯比兒童更多地意識到自身情緒狀態的轉變，並能夠在更廣泛的邏輯上對情緒進行歸因。然而，有些研究提出疑問：青少年是否真的抵達了那些與這一時期的生活有著固定聯繫的情緒強度的高峰和低谷。

在一個評估這一問題的嘗試中，研究者們給九至十五歲的兒童和青少年一個電子呼叫器裝置，並要求他們在每次被呼叫到名字時描述他們的情緒狀態。在整整一週裡，每一位受試者都要被叫到三十七次。這個實驗並沒有發現情緒的易變性隨年齡增長而增加。然而，年齡較大組的男孩和女孩都表現較少的極端性的正向情緒面，而較多屬於中度的負向情緒。這一發現顯示，青少年並不是體驗了正向和負向情緒的新的強度層次，而是較少有爆發性快樂的日常體驗，較多有那種我們傾向於稱其為抑鬱或冷漠的中度負向情緒體驗（Larson & Lampman-Petraitis, 1989）。

青少年體驗著更為分化的情緒種類。在那些更為令人煩惱的情緒中，有焦慮、羞恥、窘迫、內疚、羞恥、壓抑、憤怒（Adelson & Doehrman, 1980）。青少年期的女孩往往對新的負向情緒有較高的覺知，她們主要集中為指向內心的情緒，如羞愧、內疚、壓抑；男孩則往往對另一些負性情緒有新程度的體驗，如輕蔑、攻擊（Ostrov, Offer, & Howard, 1989; Stapley & Haviland, 1989）。

抑鬱（depression）又稱「鬱卒」，是一種悲傷、失去希望的感受，一種被世界的要求所擊倒的感覺，體驗到徹底的絕望。幾乎所有的人都會在此一時或彼一時體驗到抑鬱。有幾個原因使青少年期的抑鬱顯得十分重要（Maag, Rutherford, & Parks, 1988）。首先，它伴隨著青少年自殺。雖然抑鬱並不總是自殺的先兆，但在抑鬱和自殺的念頭之間有著某種聯繫。其次，抑鬱與酗酒和吸毒有關。和強烈的抑鬱感作鬥爭的青少年，會轉而用酗酒或其他藥物，試圖減輕或逃避這些感受。第三，抑鬱的青少年可能無法有效地參加課堂學習，導致學習成績退步。最後，青少年期抑鬱可能會成為日後成年期嚴重抑鬱的先導。

研究已發現，喪失父母或被父母遺棄的經歷會增加青少年抑鬱的可能性（Robertson & Simons, 1989）。此外，青少年因缺乏應付生活中的喪失、挫折和拒絕等危機的經驗，在他們尚未發展起策略幫助解釋或減輕這些生活壓力事

件的悲傷或沮喪感受時，這些抑鬱可能會被伴隨而來的荷爾蒙所加強，使得青少年可能會變得確信自己是無價值的。這種認知上的扭曲會導致他們產生社會退縮或自我毀滅的行為。

四、青少年期的兩性關係發展

在青少年期，同儕關係因引入對性的興趣和行為而被改變。這種對性關係不斷增加的興趣的推動力，來自於社會期望和性成熟。Udry和Billy（1987）設計了一個模式來解釋青少年前期性交的轉移（見**圖3-6**）。在這一模式中，動機、社會控制、吸引力三個基本向度說明了青少年性活動的開始。動機可由荷爾蒙分泌的生理因素、希望獨立及從事成人行為願望之因素、鼓勵或減弱性活動動機的某些內化的規範和態度來說明。第二向度「社會控制」，提供了在其中產生性活動的規範化環境。根據這一模式，這些控制是父母的社會化和習俗、學校成績和學業抱負、朋友的態度和性經驗的產物。人們還可以在此加上

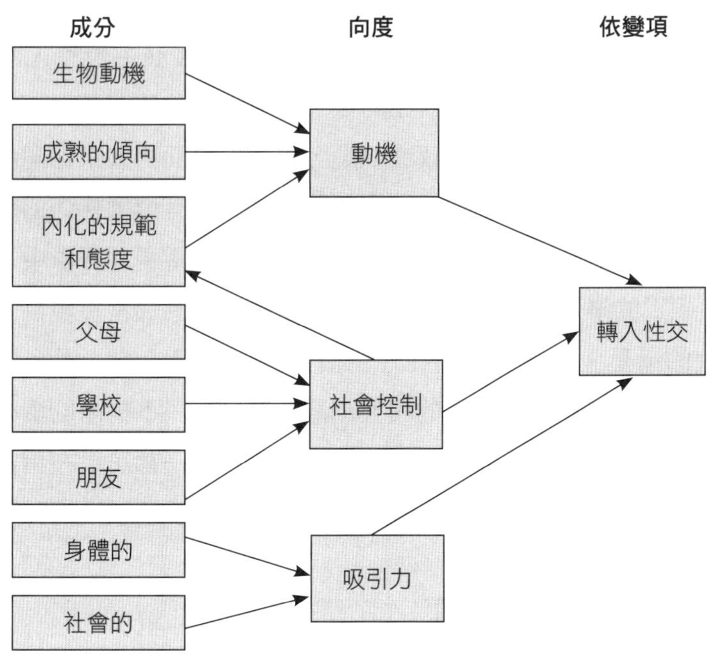

圖3-6　青少年期轉入性交的模式

資料來源：Udry & Billy (1987), p.842.

宗教信仰與價值觀的影響。第三個向度「吸引力」，影響著伴侶的可獲得性，由一個人是否被判斷為漂亮或英俊所決定。

當然，性關係並不必然涉及性交。在變為有性行為的成人的過程中，包括許多性活動層次，如從握手到熱烈的愛撫。此外，最初的性交體驗並不必然導致頻繁的性活動模式。例如體驗過思春期早期初始性生活的男孩，可能在一年甚至更長的時間不再有性經驗（Brooks-Gnnn & Furstenberg, 1989）。

大多數青少年都涉入各種各樣的浪漫關係。有些青少年期的人在性方面較放任，在性活動方面常常很積極，包括由愛撫至性交。另一些青少年前期的人則很少有身體上的活躍性。這些人中，有些人對性關係仍相對缺乏興趣；另一些人則對性關係有很多考慮。人們看待性關係的方式可能很不相同。有些青少年被十分浪漫、美麗的想法所俘虜；有些人非常迷戀搖滾明星、體育明星、電影明星，或是其他性象徵；另一些人則表現出對性題材的固執的迷戀。無論所產生的成人性意向如何，可以認為，青少年期的喚醒意識反映了一個正被啟動並被檢驗的系統。憑藉適當的自我監督、社會支持和社會化，大多數人能夠將這一性系統置於控制之下，並用其他社會需要來整合性衝動。

在美國，性系統對於青少年來說，是心理社會發展中最令人頭痛的成分之一。大多數父母都感到無法與自己的孩子融洽地討論性問題。不僅個人的想法、衝動、幻想可能會導致內疚感或混亂，年輕人還面對著來自同儕、大眾媒體和宗教社團等關於性行為的相互衝突的訊息。性具有傳播疾病的新危險，尤其是對愛滋病的擔憂，引起對表達性衝動的焦慮。在電視和電影中，青少年看到大量的性親近的事例，它們暗示性滿足應當得到比其通常在現實生活中更直接的和更大的滿足。此外，他們在性生活關係中所尋求的，通常並沒有情緒上的親近和理解。許多人所面臨的與性相關的問題——不情願的懷孕、婚姻不忠、強暴、兒童性虐待、色情文學、性傳播的疾病——都可以在相當多的青少年和成人身上見到，這些都成了不能在社會化過程中促成成熟性關係的佐證。

五、青少年期的性別角色認同

性別角色（sex role）是一種理論性結構，是指與性別間勞力區分有關的「正常的期望和性別相聯繫的、存在於一個特定文化與歷史情境之中的有關社

會交往的規則」（Spence, Deaux, & Helmreich, 1985）。性別角色期望存在於文化的、機構的、人際間的及各人的水準之上。然而在學習、接受這些期望，並把它們與個體自身對個人需要與目標的評估相整合方面，個人扮演著重要作用。**性別角色認同**（sex-role identity）是指一整套信仰、態度和關於自己作為一個男子或女子在社會生活諸方面的作用之價值觀的形成，包括親密關係，家庭、工作、團體、宗教（Giele, 1988）。

學齡前期與青少年晚期之間的四種重要經驗的發展，導致了性別角色認同的重新概念和固化（見**圖3-7**）：

1.兒童介入親密的同儕同伴關係：這些友誼教導了幼兒有關平等關係中的一些親密關係的可能性。它們也向兒童展現出關於適當的性別角色行為的同伴規範。在青少年期，同伴群體的影響擴展到關於同性與異性關係的相互交流與期望。

2.青少年期開始了一系列必須與性別角色認同協調的身體變化：青少年必須把一個成人的軀體整合到自我概念之中。對身體吸引力的注意變得愈來愈明顯。青少年男女此時會意識到，第一印象常常是以身體相貌作為基礎的，身體相貌可能決定了個體在同伴群體中的聲望，而且也可能會影響到那些認為他或她有魅力的特殊同伴。一些研究顯示，在青少年期養成的人們對身體形象的看法，會被帶入到成年期。雖然身體形象在持續發展變化，但人們會傾向於固守在青少年期對身體呈現形象的心理印

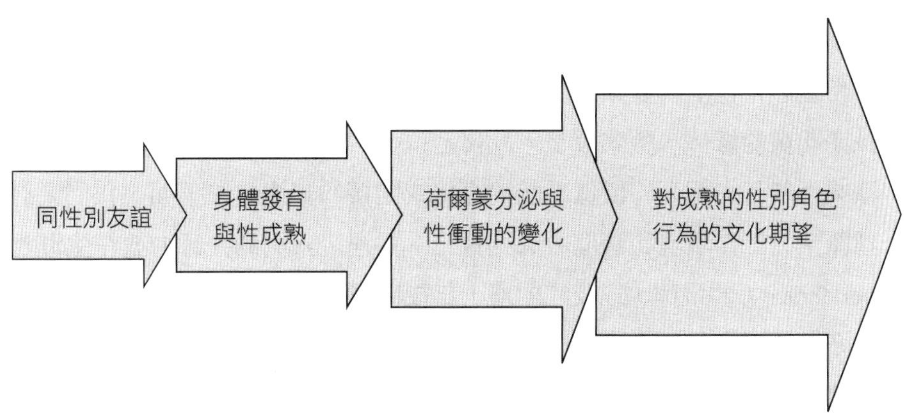

圖3-7　導致性別角色認同的因素

象。一個人對身體相貌的滿意程度，成為個體具積極的、對前途樂觀的社會關係提供了重要基礎（Lerner, 1985; Rauste-von Wright, 1989）。

3.思春期荷爾蒙的變化不僅帶來了生育能力，也帶來了新的性衝動：荷爾蒙水準，尤其是睪固酮上的個體差異與性別角色特徵有關，特別是高濃度的睪固酮分泌與男性的攻擊性和女性對成就與獨立的強烈需要相關聯。有強烈的女性性別角色認同的女子，比帶有男性或性別角色認同有分化異常的女子，睪固酮濃度較低。有較高睪固酮分泌水平的女子，會描述自己為強壯的、有能力的、衝動的及具傳統的（Baucom, Besch, & Callahan, 1985）。荷爾蒙系統的成熟說明了某些有利於個人性別角色認同的持久的個體特徵。

4.當青少年進入青少年後期時，他們開始接觸對成熟的性別角色行為的成人期望：對男性來說，這些期望可能包括維持一個穩定的工作，能供養一個家庭，或是有競爭力。對女性來說，這些期望可能集中表現在母性的、關懷的行為上，例如成為一個好的家庭管理者，或是展露出人際交往技能。正如在學齡前階段一樣，人們面臨著種種可能與個人的氣質互補或衝突的社會期望。這一成熟的性別角色認同的完成，依賴於一個人是否能在這些成人期望與個人偏好之間達成某種適應（Feather, 1985; Page, 1987）。

六、青少年後期與成年早期的生涯選擇

職業的選擇確定了成年早期生活方式的基礎。這個勞動工作的世界確定了人的日常程序，包括人醒來的時間、每日活動量、身體與精神能量的消耗、現時與長期獎賞的條件。職業授予人社會地位，並給予種種不同的發展機會。最後，職業反映了一個人的價值系統的直接或間接的表達。在下面，我們要討論在一種職業的工作環境和管理中的社會化。這裡，我們的注意力放在**生涯選擇**（career choice）的過程，以及它對青少年後期發展的影響上。

許多青少年在他們上高中時就打工。到他們高中畢業時，80%的青少年已經有了某些正式工作的經驗（Steinberg et al., 1982）。然而，青少年前期的工作經驗和青少年後期及成年早期發生的職業社會化不同。青少年所能得到的工作

機會的種類，往往都是極少技術化的工作，也幾乎沒有什麼作決策的責任。對有些青少年來說，花在工作場合裡的時間，與已社會化的成人對工作的態度較無關，青少年可以從工作中護得一種個人的責任感，但他們並不需要對勞動世界大量投入及發展演練能力與承諾。

生涯選擇的過程受六個主要因素的影響（見**圖3-8**），即個體、心理社會／情緒、社會經濟、社會、家庭、環境（O'Neil et al., 1980）。這些因素同樣也影響著性別角色的社會化。對於青少年來說，這兩個方面的相互關係有其重要性。性別角色的社會化產生一個極具效力的過濾作用，與生涯發展相聯繫的選擇往往是透過它進行評估而決定的（Eccles, 1987）。

在**圖3-8**所描述的六類因素中，由高中和大學生們的自陳報告發現，個人因素，諸如能力、興趣、態度和自我期望，強烈影響他們的生涯選擇，他們認為，家庭、社會和社會經濟因素較少或根本對生涯沒有什麼影響（O'Neil et al., 1980）。

圖3-8　影響性別角色社會化和職業選擇過程的因素

資料來源：O'Neil et al. (1980). Reprinted by permission of the author.

第四節　成年期的發展

從青少年期邁入成年期的主要特徵是，成人要開始決定自己進一步的教育、職業、關係和婚姻。根據Erikson的說法，成年早期個人已從「希望被每個人所喜愛」，轉移到「需要與一個特殊對象建立愛與被愛的親密關係」。如果個人未能建立這種親密關係，則將陷入孤立（isolation），將會缺乏與他人聯繫的安全感。此外，根據Havighurst（1972）所提，成年早期主要的發展任務有：

1.選擇配偶結婚。
2.學習適應配偶並和睦相處，共同過親密生活。
3.開始家庭生活及扮演父母的角色。
4.教養孩子並滿足其需要。
5.學習處理家務事。
6.決定個人是否繼續求學或選擇就業。
7.參與社區活動及負起公民責任。
8.建立良好社交友誼。

年輕成人建立起某種生活風格，這種生活風格作為一個組織生活經歷的架構，發揮作用。**生活風格**（style of life）包括活動節奏、工作與閒暇的平衡、有親有疏之朋友圈的建立，以及能反映個人價值取向之人生大事的抉擇。對於建立一種生活風格最為重要的社會因素有：是否結婚成為他人的配偶、生養子女，以及工作。所有這些因素都與個體的人格、興趣和生活目標相互作用，進而形成一種生活風格。

一、婚姻

婚姻通常是一個重要的背景，親密和成熟的社會關係在其中得以發生。雖然，現代多數年輕人已將婚姻延遲到三十多歲，但是90%以上的男子和婦女到四十多歲時都已成家。

對大多數成人來說，生活的幸福更有賴於有一個令人滿意的婚姻，而非其他生活內容，工作、友誼、興趣、愛好及社會活動等均不例外（Broman, 1988;

Glenn & Weaver, 1981; Weingarten & Bryant, 1987）。

通常婚齡的延遲與其他幾種社會趨勢有關，包括生育子女的年齡亦隨之延遲、家庭規模趨向更小等。婚齡的延遲還與社會對單身者在性嘗試方面之規範的變化有關。已婚男子與單身女子之間同居和私通比率的增加，說明很多未婚女性在其二十幾歲時已介入親密的性關係之中（Richardson, 1986）。且伴隨著八〇年代而來的，是性行為、婚姻和撫育子女之間的分離。致使未來男女性獨身的比例比以往更高（Glick, 1988）。

當一個人準備考慮結婚時，深深的吸引和承諾過程影響著伴侶的選擇和作婚姻的決定。**圖3-9**闡釋的是美國人在選擇配偶的四個階段，標示出在每一過程中所投入日漸增多的承諾與期許（Adams, 1986）。在各個階段中，如果此一階段的關鍵問題產生了不好的訊息或評價，關係就可能中止。如果有別的吸引變得極為強大導致對此一關係的投入減少，這種關係也有可能會結束。這類替代性吸引力可以是另外一個人，也可能是工作、學校或是實現個人目標的願望。

二、撫養子女

在剛成年的歲月裡，人們要決定是否生養孩子，婚後通常是在結婚最初幾年裡作這一決定（Brim, 1968）。這時社會時鐘的概念再一次發揮作用。對家庭生活期待已久的夫婦會面臨多種壓力。有的壓力係來自於父母，他們會急切地想成為祖父母；有的壓力來自於那些已體驗過生活方式隨著頭一個孩子出世而發生改變的朋友。近些年來，年輕夫婦已開始把生育子女的時間延遲到結婚一年以後。延遲生養孩子的決定與成人生活中的幾個面向有關。例如雙雙就業的夫婦不得不考慮孩子對家庭收入的影響，有時他們還必須結合工作保障或職業發展來評估生養孩子的最佳時間。有的夫婦會設定某種物質目標，以此作為他們生養子女的先決條件。例如他們可能決定先買房子再生孩子，或者希望生養孩子之前先一塊出去旅遊。也有的考慮到離婚率很高，故在決定生孩子之前，想再確證一下彼此的關係是否牢固。

在期待和準備迎接新生兒時，體驗到的是歡欣喜悅。與此形成對比的是，頭一個孩子的來臨往往帶來了婚姻緊張期（Feldman, 1971, 1981）。總體而言，家庭出現孩子，會相對地出現婚姻滿足感降低與幸福感下降（Blesky & Pensky,

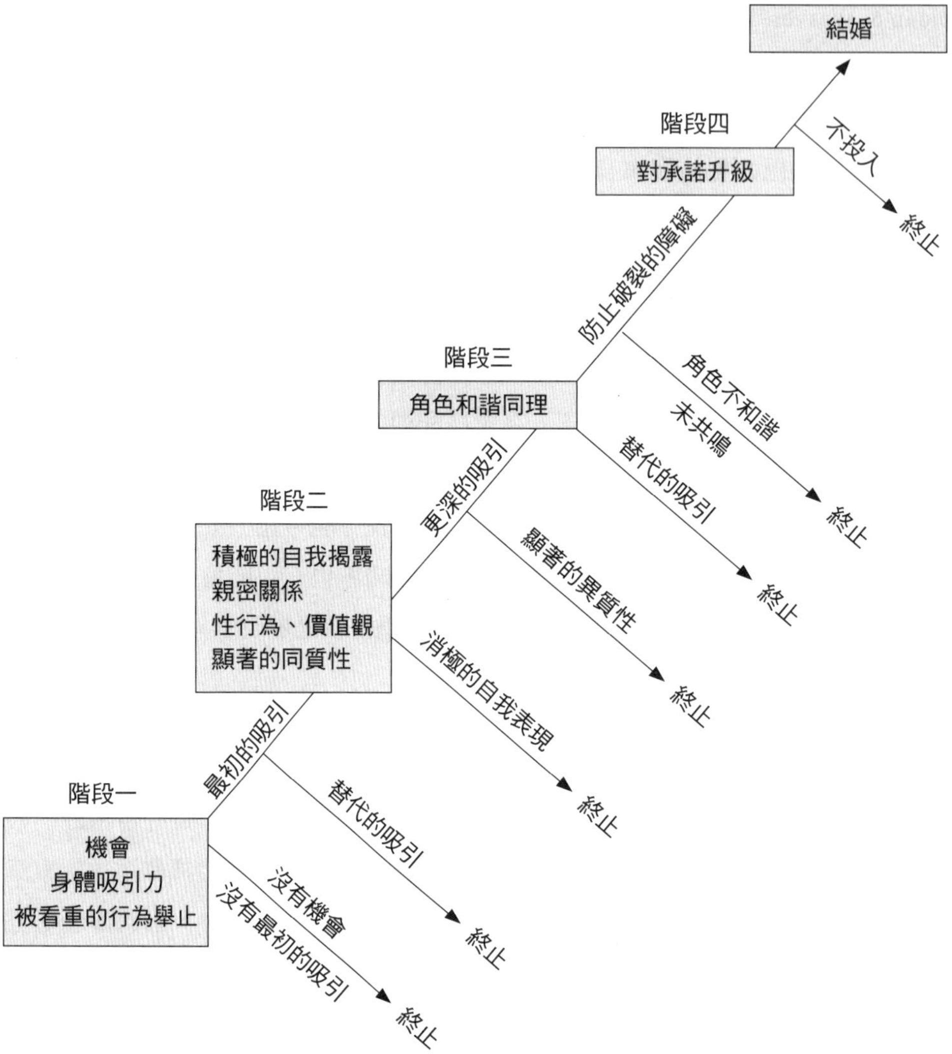

結婚
階段四
對承諾升級
不投入
終止
防止破裂的障礙
階段三
角色和諧同理
角色不和諧
未共鳴
終止
替代的吸引
終止
更深的吸引
階段二
積極的自我揭露
親密關係
性行為、價值觀
顯著的同質性
顯著的異質性
終止
消極的自我表現
終止
最初的吸引
階段一
機會
身體吸引力
被看重的行為舉止
替代的吸引
終止
沒有機會
沒有最初的吸引
終止

圖3-9　美國人的擇偶過程

資料來源：Adams (1986), p.213. Reprinted by permission.

1988; Glenn & McLanahan, 1982）。婚姻滿足感通常由不是非常滿意降到十分不滿意；而夫婦倆有孩子後依然對婚姻感到滿意者，則滿意程度有點下降。

成為父母之後，可能伴隨著婚姻滿意度下降，這種現象可以從好幾個方面來加以解釋。孩子出生後頭一個月，夫婦兩人都因缺乏睡眠而精疲力竭。他們照料新生兒時一般總是笨手笨腳。他們有了新的責任和日程（schedule）。許多父母照料他們的嬰兒時感到能力不足，轉而向他們的父母、鄰居、小兒科大夫

以及書本尋求指導，這種自信心的缺乏使婚姻雙方之間產生了緊張氣氛。

孩子的出現為夫婦之間帶來了潛在的衝突領域，如撫養孩子的觀念、或有關如何照顧孩子的看法上等等。通常，孩子出生後的頭一個月中會出現嫉妒、競爭和拋棄感。夫妻關係的排他性因新生兒沒完沒了的需要而受到打擾。夫婦兩人共度的時間減少。當夫妻的性別角色態度與孩子出生後所從事的種種實際活動相衝突時，忿怒感便會增強（Belsky, Lang, & Huston, 1986）。

一個人孩提時的經歷會影響到他或她當父母的方式。這一點不足為奇，比較奇妙的是，對童年生長環境的記憶與有了第一個孩子後的婚姻滿意體驗有關。有一則研究報導說，無論丈夫還是妻子，他們記憶中的父母如果是冷淡的、拒人千里之外的，或父母的婚姻充滿了爭吵，那麼，當自己的第一個孩子出生以後，他的婚姻調適性會有比較明顯的下降。而且，這種撫養孩子方面的負面體驗與第一個孩子出世以後，與另一半對婚姻質量的評價上有較大差異有關（Belsky & Isabella, 1985）。對這些現象的一個解釋是，孩子的出生激起了人們對童年消極經歷的回憶，這促使防禦心理增強；另一個解釋是，有的父母對待孩子冷淡、不予理會，這些孩子長大成人後身為父母的技巧也會發展得不完善，一旦成為父母之後，由於他們承擔這種角色的能力並不是很強，因此與配偶的衝突會增多。

隨著成人的角色關係項目中增加了母親和父親的角色，他們自己以及他人對於撫養孩子的期望也就激發起來。孩子每天都向父母提出一大堆需求，這有助於父母比較瞭解他們在現實環境中的功能。他們滿腦子全是身為父母的具體事情，用不著去考慮父母應做什麼。透過這種經驗學習，年輕成人在實踐中對於父母角色形成了自己的看法。

為人父母是成年期的一種獨特體驗。你可能在照顧孩子方面有些經驗，諸如作過保育員、照顧過年幼的弟妹，或者當過孩子的輔導員或老師。然而，所有的這些角色都不涉及父母那樣的情感投入和全部職責。作為父母，成人有機會發現自己人格上的新特點。父母角色的要求與配偶角色的要求是截然不同的，人們必須對一個不可能報答自己慷慨大方或照料的人承擔義務。在這種角色中，人們揭示了養育、樂趣和權威的特性。在與自己的孩子玩耍時，一個人童年的往事歷歷在目，回想起來會別有一番滋味。與父母關係上的衝突、兄弟姊妹間的嫉妒感、難忘的學生時代、夥伴、恐懼以及神秘的夢境等等，都成為自己關心和指導孩子的動力。在所有的這類活動中，人們有新的機會驅除往昔的陰影，重新認識過去的事件，獲得一種新的成人成熟感。

對於由撫養孩子所促進的成人的心理成長，很少有文字記載。決定撫養孩子是一種獨特而且十分重要的生活抉擇，儘管決定的方式各式各樣。即使是因意外而生育的孩子，也是某種決策的產物，不管是明知可能懷孕而決定發生性關係，有意不採取有效的避孕措施，還是意外受孕後不去流產，都是一種選擇與決定。在成年初期，一個人不是一次而是多次地遇到生育的問題，成年人要做出如晚一點當父母、再生一個孩子、等隔一段時間再生一個孩子，或者不再生孩子了等選擇，所有的這些決定反映了許多重要問題。這些問題可能與一個人透過生育子女兒實現其男性或女性生活角色的感覺聯繫在一起，也可能與一個人兒童時期的社會化和父母形象的認同作用有關；此外，還可能與涉及性、避孕或墮胎方面的強烈宗教信仰有關。生育是物種保存自身的方式，不管一個人的決定如何，這種問題必然強化一個人的存在感，使人更相信成年期的種種決定是有區別的。

三、工作

工作是一很複雜的概念。下面的分析是將工作作為一個心理變項來加以考慮，並提供了一個架構。這種分析是很有必要的，因為社會各種各樣的職業角色十分廣泛，不同的工作角色會將人置於不同的心理情境之中，也就是說，不同的職業角色施加了個體不同的心理要求。

有關職業的第一個重要特點與培訓和再培訓階段有關。職業的選擇千變萬化，這使得人們能在童年時期或是青年時期就為某個特定職業身分作好準備的可能性是微乎其微的（Brim, 1968）。大多數工作都要求雇員經歷一段受訓期。受訓期長短不一，線上作業員可能要幾週，以往要求醫生必須要受訓十年方能成為真正的醫生。也就是說，對有些人來說，雖然成年初期都已過去了，但受訓卻仍未見結束。

除了介紹有關特定技術的知識外，受訓階段往往還包括工作者的社會化。透過這種社會化過程，新進人員瞭解到技術技能、人際行為、勞動態度、權力關係，以及特定職業的具體要求與危害。在尋求職業與受訓期間，個體必須衡

量個人特點與工作情境中的四種核心成分相匹配：

1.技術技能。

2.權威關係。

3.特定的要求與危害。

4.與同事的人際關係。

總括來說，我們視成年早期為一嘗試及工作培訓的時期。**表3-14**概略說明在培訓時期各種新的學習要求。透過與不同工作環境的融入，個體必須學習評估技術要求、權威關係、工作要求及人際關係的品質，這些技能是組合特定職業環境的要業。人們必須藉由特定工作角色來投射個人對未來的形象與自身的發展。在這種情形中，人們開始評估自己的職業有哪些可能的得與失。

為了將職業發展與個人發展結合起來，Kathy Kram（1985）提出職業問題的一種發展模式（見**表3-15**）。職業生涯被計劃成三個階段：早期、中期和晚

表3-14　工作情境中的新的學習

工作成分	新的學習的幾個向度
技術技能	個人必須決定技能是否： 1.在自己的能力範圍之內 2.可以透過培訓來掌握 3.給人以快樂和滿足
權威關係	個人必須弄清楚： 1.誰來評價自己的工作、評估標準是什麼 2.自己的自主性受到什麼限制 3.工作情境中的決策結構，以及他們如何影響這種結構 4.如何與地位較高或較低的形形色色的人打交道
特定的要求與危害	個人必須明白： 1.自我保護的規範 2.生產率的規範 3.效力的規範 4.他們的個性如何適應情境的特殊要求 5.他們對工作危害的忍受程度
與同事的人際關係	個人必須衡量： 1.工作情境中社會關係的特性 2.關係方面的規範： (1)合作性的 (2)競爭性的

表3-15　職業發展各階段中的特定發展任務

	早期職業生涯	中期職業生涯	晚期職業生涯
關心自我	■能力：我能有效地擔當管理／專業角色嗎？我能勝任配偶／父母角色嗎？ ■認同：作為管理者／專業人員，我是誰？我的專長和志向是什麼？	■能力：與同伴部屬和自己的標準及期望相比，我的能力如何？ ■認同：我現在不再是新手了，我是誰？成為「老資格」的成人意味著什麼？	■能力：在更帶諮詢性而較少重要性的位置上，我還能有作為嗎？我雖然還有影響力，但離開組織的日期已迫近。 ■認同：我要留下什麼樣的價值來象徵我畢生的貢獻？離開管理者／專業人員角色後，我是誰？沒有這類角色後感受會怎樣？
關心生涯	■投入：如何投身和致力於我嚮往的組織？或者我要不要認真考慮其他選擇？ ■晉升：我想晉升嗎？我能不放棄自己重要的價值觀而晉升嗎？ ■關係：我如何與同伴及上司建立良好的關係？當我得到晉升時，我該如何證明我的能力及對他人的價值？	■投入：我還要不要像最初幾年那樣拼命地投入工作之中？如果晉升的目標不復存在，我還能投身於何處？ ■晉升：我有晉升的機會嗎？如果不再有晉升，我怎樣才能感受到自己有收穫呢？ ■關係：我如何與直接競爭的同伴順利地共同工作？我該如何與那些可能超越過我的下屬一起工作？	■投入：除了我的職業之外，什麼能帶給我成就感、能讓我再度投入精力？我如何才能放下這麼多年來我一直全身投入的工作？ ■晉升：假定我下一步可能要離開組織，我對我最後的職位層次有何感受？我對自己的成就滿意嗎？ ■關係：當我準備從現在的位子隱退時，我該如何與上司、同伴及下屬保持積極的關係？當我的職業生涯即將結束時，我還能繼續為人師和領導者嗎？當我離開時，主要的工作關係會如何？
關心家庭	■家庭角色定義：我如何才能創造令人滿意的個人生活？我想建立什麼樣的生活方式？ ■工作／家庭衝突：我該如何有效地平衡工作和家庭兩方面的投入？我如何才能多花些時間在家裡同時又不危及我的職業發展？	■家庭角色定義：我的孩子在慢慢長大，我現在在家中的地位是什麼？ ■工作／家庭衝突：在事業剛起步時我在家裡花的時間很少，我如何才能把這些時間補回來？	■家庭角色定義：我不再投身工作之後，我在家裡的地位將會如何？我與配偶及子女的關係會如何發生變化？ ■工作／家庭衝突：家庭和閒暇活動是否充足，或者我要不要再開始一項新的事業？

資料來源：Kram (1985), pp. 72-73. Copyright ©1998 by University Press of America. Reprinted by permission.

期職業生涯，大致與職業探索、職業確立及提高、職業保持和脫離三個階段相對應（Hall, 1976; Osipow, 1986）。在各個階段，職業發展反映出以下幾個關注點：

1.關心自我（concern about self）：包括能力和認同的問題。

2.關心生涯（concern about the career）：包括職業義務、提高及工作情境中的關係特點。

3.關心家庭（concern about family）：尤其是家庭角色的概念，以及工作與家庭生活之間所可能發生的衝突。

一個人在各階段所面臨的典型問題在**表3-15**中已有說明。早期職業階段最關心的問題反映了兩種願望：**展示才能，建立滿意的生活方式**。

四、生活方式

結婚、撫養孩子以及工作，幾年下來也就形成一種相當固定的生活方式。生活方式的嘗試和演變發生於成年早期。生活方式的主要構成包括：活動節奏或步調、工作與閒暇的平衡、時間和精力對特定活動的集中投入，以及建立各種有親有疏的社會關係等。透過對某些活動和關係的時間與精力的投入，以及某些方面能力的發展，一個年輕成人將價值觀和義務付諸於行動。我們來看看婚姻、孩子和事業相互作用而影響生活方式的某些特點及其方式。

婚姻伴侶必須建立一個能反映雙方及偏好的生活節奏。大多數夫妻都覺得孩子的出現使得自發行動更有計劃性，自由度更小。工作情境決定了大部分的時間結構，包括何時上班，何時下班，下班後的感覺、精力如何，可供度假休閒的時間有多少，工作之餘還得為日常工作做什麼準備（Small & Riley, 1990）。活動量在一定程度上還受社會和氣候的影響。譬如說季節性或地域性的氣候變化，此外，冬季的社交活動會較少，生活上主要圍繞家中展開。

一個人對工作和休閒的傾向以及工作環境的需求，決定了這個人如何調控工作與休閒。對某些人來說，在家的時間比工作時間更為重要，這些人高度重視與家人共度的時光。因此，他們在選擇職業時會優先考慮時間有無保障。而其他人則認為，首先要將大量時間投入工作以求得發展、提升，其次才考慮家庭和休閒。在這種情況下，丈夫和妻子的生活方式可能不同步，因為他們在一起的閒暇時間很有限。夫妻共度休閒時光，就有機會輕鬆一下，開誠布公地交談。喜歡這麼做的夫婦覺得這非常有助於加強婚姻關係及獲得滿足（Holman & Jacquart, 1988）。

一個人愈是投入到有競爭性要求的工作之中，在對花費時間於其他事情上就愈可能覺得不舒服。愈是著迷於各種休閒活動的人，包括業餘愛好及家庭活動，就愈有能找到休閒時間。當然，有些職業時間很緊，可供個人選擇安排時間的時程有限。另有一些人，一份工作的收入不足以維持家庭生計，使得原本應用於休閒的時間也被用於別的工作以賺取額外收入。在成年晚期，當一個人退休時，工作與休閒的關係正好反過來。把好時光都用於工作的人會發現，退休後閒暇多了，反而對這樣的變化準備不足。

在成年初期，丈夫和妻子認識別的夫婦及個人，在鄰居間和工作中結交朋友。在這個階段，核心式家庭出現關心局外人的傾向。在有些家庭中，與工作有關的朋友關係只限於工作角色，而在另外一些家庭，工作中結交的朋友會被介紹到包括全體家庭成員的社會活動之中。

成年人結交朋友時，一個重要的因素是與非家庭成員保持多大的距離或親密程度。有的夫婦只有少數的親近朋友，有的夫婦則有一大群關係不遠不近的熟人。這種對友情看法上的差異，決定了一個人對社交活動的熱心程度、在社會上的聲望、與同伴關係間之親密性、支持性等的需要，以及他對家庭的依賴程度。造成婚姻糾紛的原因之一，是丈夫和妻子對友情看法上的分歧。如果夫妻一方追求與他人有親密關係，而另一方只希望有泛泛之交，那麼他們在參加社交活動方面就會有衝突。造成年輕人關係緊張的另一個緣由，是角色要求之間的衝突。角色學習的一部分內容是拓展技能和社交關係，另一部分內容涉及平衡雙方所負擔的各種責任之間的矛盾衝突。成年人努力克服工作所帶來的負擔，以及克服因缺乏時間與配偶建立親密關係這兩者之間的對立、克服想要孩子又想在事業上有所建樹之間的矛盾（Jones & Butler, 1980; Voydanoff, 1988）。無論對於男人還是女人，成年初期參加工作是對兩人關係最嚴峻的考驗，也是生育子女所面臨的最大壓力。來自工作的壓力直接與親密需要、與做父母所需的時間精力相衝突。尤其是雙生涯家庭，雙方都想在事業上取得成功，這可能導致他們雙方都節制各自在工作及家中的自由。

第五節　中年期的發展

中年期的生理發展上，雖然視力、聽力多半會有減退現象，且有更年期之困擾。但根據心理學家的研究，中年危機與更年期生理上的變化（如內分泌改變）並無必然關係。中年危機的產生主要是個人心理適應上的問題。

一般而言，個人於成年早期決定工作與家庭等初步生活藍圖後，中年期便開始全心投入工作與婚姻關係中，並漸漸地安定下來，創造一個更好的環境給下一代。至於中年期的發展任務有：

1.經營婚姻中的伴侶關係。
2.提拔後進。
3.完成社會責任。
4.適應中年期的身體變化。
5.奉養年邁的父母。

一、經營婚姻關係

婚姻是一種動態的關係。隨著雙方進一步成熟與家庭生活週期改變，期間並遭遇變化不斷的相關事件，如家庭危機和歷史事件。一旦沒有妥善處理，婚姻關係便會發生變化，要保持健康且充滿活力的婚姻，就必須努力經營。

什麼是有活力的婚姻？Hof和Miller（1981）認為，有活力的婚姻是有意識的、伴侶式婚姻。維護一種充滿生機的婚姻至少有三個要求（Mace, 1982）：

1.**雙方必須承擔義務，使雙方都有發展和進步**：也就是說，他們必須接受這樣的觀點，亦即一旦有重大變化，他們的關係也因此會有變化。如果堅持像新婚的頭幾年那樣看待婚姻關係，就不能增進婚姻的活力。彼此間的關心和認可性必須深化。每個人還必須允許對方在態度、需要和興趣上有所變化（Levinger, 1983; Marks, 1989）。**表3-16**中總結了Robert White的成人成熟理論有關的變化趨勢。看看這張表，除了關心面變寬、個人關係得以解脫，以及興趣的深化之外，一般人亦認為，充滿活力的婚姻中，每個人都體驗到個人成長的壓力和願望與社會情境的壓力和要

表3-16　成年期的變化趨勢

趨勢	定義	成長方向	成長趨勢	引發成長的情境
自我認同的穩定	一個人對自己所感到的自我	穩定性增強，更敏銳、更清晰、更一致，不受日常社會判斷和成功與失敗體驗的影響	處於社會角色之中；傾向強調角色扮演；個人帶入角色的興趣和主動性；個性；個人整合；能力感	選擇；任何有助於提高個人累積的經驗的效能；成功與失敗的新鮮感受；具有可能認同的新的目標
個人關係的解脫	以個人自身的權力決定對人的反應	愈來愈能反應他人真實性質的人際關係	與重要人物接觸，以及與他人頻繁明顯地接觸的人際關係	他人舉止出人意料的情境，因而打擾了一個人習慣的行為方式；對焦慮的防禦降低，使人能夠更開放地觀察他人的行為並做出反應
興趣的深化	興趣總是與吸引整個人的活動聯繫在一起；進一步掌握興趣範圍之內的知識和技能	隨著興趣目標的變化發展，興趣發展的內在性和可能性愈來愈多地指導著一個人的行動，成為滿足的一部分	當我們開始完全按照自己的興趣來生活處事時，與這些興趣有關的知識和能力會有所增加	採取行動，獲得可喜的結果；探索發現；鼓勵年長或年輕人的興趣
價值觀的人性化	道德判斷	日益發現有價值的人性意義及其與實現社會目地關係；日益運用自己的經驗和動機以證實和增進價值體系	不論價值觀的內容是什麼，會愈來愈多地反映一個人自身的體驗與目的	體現價值的情境變成一種衝突源；與某些新的價值衝突的同理認同
關心面拓寬	超越自我中心；對他人幸福或某些事情深切關注，導致一個人自身生命的意義與所關心的對象的幸福統一起來	愈來愈多地關心他人的福利以及人類的擔憂	投入全身心的愛；照顧年幼者；關心文化產物和制度	所處情境激發關心之熱情，它對於維持文明制度和適於教養下一代的環境，十分必要；能激發關懷感，並提供教育的機會的情境

求兩者之間永久不息的對立。這兩種力量都有可能占據或主宰相互間的親密感。生機勃勃的婚姻既要求雙方接受兩個人各自保持自身獨特性的需要，也要求增強兩個人之間的融合性，即使是在最嚴峻的挑戰面前也能保持活力。

2.夫妻必須建立一種有效的溝通體系：也就是說，雙方必須有互動的機會。一旦工作、為人父母等的生活角色之間有衝突，夫妻互動機會大減就有分手之虞，因為雙方的共同體驗會愈來愈少，不大容易接受對方意見和看法。那些缺乏有效溝通體系的夫婦，怨恨往往愈來愈多，因為他們沒有解決積怨的機會。一種很常見的情形是，妻子想談論某些事情，丈夫卻認為這麼做徒勞無益（Rubin, 1976）。「和諧」、「美滿」的夫妻彼此傾聽並思考對方的問題，即使不能提出解決的辦法，也會以表示理解的方式肯定對方的觀點。「不美滿」的夫妻聽到一個問題時，要麼不屑一顧，要麼進行攻擊。他們不是證實對方的想法，而是提出自己的評論或不服氣。時日久了，抱怨和對立升起，雙方對彼此也愈來愈不抱什麼幻想（Rands, Levinger, & Mellinger, 1981）。這些夫妻間的差異，可以說是他們在積極的回饋迴路的能力上的差異。和諧夫妻不斷建立回饋迴路以保持溝通；而在婚姻關係不美滿的夫婦間，可能開始時就缺乏有效的回饋管道，互動方式往往是破壞性的。內部回饋管道的缺乏，削弱了使婚姻取得平衡、適應對方或影響婚姻的環境條件的變化能力。能進行有效溝通的婚姻往往日子愈過愈有生氣與活力，因為溝通是家庭得以發展的核心機轉。

3.能夠創造性地利用衝突：在生氣勃勃的婚姻中，夫妻雙方地位平等，能正確評價彼此的個性，但也必須有衝突。夫妻雙方必須理解衝突、承認分歧並想辦法解決衝突（Cole & Cole, 1985）。美滿夫妻不可能解決一切衝突，他們的爭執有時也陷入僵局（Vuchinich, 1987）。但是，這些夫妻往往不會使消極反應擴大化。如果夫妻一方流露出不滿或行為欠妥，另一方不會以消極方式以牙還牙，這種作法反而可能激起對方的同理心或認可（Halford, Hahlweg, & Dunne, 1990; Jacobson, Waldron, & Moore, 1980; Roberts & Krokoff, 1990）。夫妻苦惱時，彼此往往針鋒相對，勢不兩立。我們知道，家庭中的衝突和敵意比工作和社會中的要強烈。但是美滿夫妻之間，憤怒情緒的影響被減少到最小，而彼此之目標仍然一致。

保持婚姻的活力是一項長期的任務，變化可能很緩慢。夫妻可能因工作、疾病和求學而長期很少接觸，但仍然維持良好的關係。不足為奇，二十或三十年以上的婚姻可能變得很尋常，甚至枯燥乏味。對夫妻來說，難以做到的是，即使在已建立起較高程度的安定、信任和同理心之後，彼此之間仍然能夠產生興趣、相互關懷和欣賞，從而使愛情關係的成分在交往中不斷發揮作用。

二、家庭管理

一般而言，家庭可以提供一種促進個人成長及增進心理健康的環境。學習建立這種環境是中年人的一項任務。能否形成積極的家庭環境氣氛，要看個體能不能預知所有家人的需求，並組織好時間和資源，以滿足這些需求。成功的家庭管理要求有行政管理技能。一個人的管理技能將影響心理生活環境的性質，並決定著這種環境是否有利於每個家庭成員的成長發展。

家庭管理的發展任務是個體在五個方面對技能培養及概念學習的過程，包括評估需求和能力、決策、安排時間、設定目標，以及與其他社會團體建立關係。家是一個特殊的世界，因為它讓成年人根據家人的日常需要的長遠目標，盡最大的靈活性、創造力和適應性，以充分發揮作用。

三、為人父母

為人父母是一項非常艱辛的任務，它需要經過大量的學習。孩子在不斷發生變化，經常有出人意料之舉。因此，成年人在新的情境之中必須敏銳、靈活，以滿足孩子們的需要。撫養孩子的體驗因孩子而異，而且家族系統的變化要求新的靈活性及新的學習（Knox & Wilson, 1978; Zeits & Prince, 1982）。孩子會幫助成人學習如何做父母。他們對成人的努力也做出反應，並按照其發展途徑來堅持他們自己的看法。

隨著孩子一天天長大，他們對父母的要求也會有變化。嬰兒需要連續有人照顧和關心。學前兒童則需要玩具和夥伴；他們能花大量時間獨自玩耍，但也會需要父母肯定、接納他們的技能、天賦和恐懼。剛進入青少年期的人很少要

終日照顧，但是在諸如駕駛汽車、約會、徹夜不歸，或外出度假這些事情上，依舊讓人操心。

一些家庭研究提出了家庭發展的幾個模式。這些模式，尤其是Duvall（1977）、Hill（1965）和Spanier、Sauer與Larzelere（1979）所介紹的模式，強調與孩子發展水平變化有關的家庭變化。意思是說，孩子的需要、能力和人際交往的變化，會促進家庭成員之間交往、活動和價值觀的變化。以下歸納家庭發展的六階段：

1.生育及嬰兒剛出生後的歲月。
2.孩子蹣跚學步的歲月。
3.孩子上小學的歲月。
4.孩子步入青少年期的歲月。
5.孩子離開家庭後的歲月。
6.身為祖父母的歲月。

這種家庭發展觀有不少問題。首先，結婚時間的長短和父母年齡與孩子年齡或發展階段，是混淆在一起的。父母的年齡、孩子的年齡或者兩者結合在一起，都可能同樣能說明家庭重心的變化（Nock, 1979; Spanier, Sauer, & Larzelere, 1979）。

其次，這種觀點並無助於我們理解那些沒有孩子的家庭，或者其結婚史比當父母的歷史還要短的再婚家庭的發展。其次，從心理社會學的觀點看，我們認為父母和孩子的影響是相互的。孩子發展水準的變化對於他們與父母交往的性質有潛在的影響，父母發展水準的變化也有其潛在影響力。而且，每個家庭成員能引起其他人的矛盾衝突、變化與成長。家庭成員的感情情緒以及彼此保護不受外界威脅的需要，促成了一種動態的相互依賴性。在某個程度上，家庭成員很容意彼此互相影響。

為人父母是很有壓力的，它充滿了占用時間的衝突和要求，夫妻原本可以把這些時間用在彼此身上。不過我們要說，為人父母導致的某種衝突，也為個人成長提供了無數潛在的機會。透過為孩子提供有意義的反應情境，父母親有機會清楚地表達他們自己的價值體系，並且在孩子身上不斷看到他們努力的成果。成長並不是說要迴避或盡可能地減少緊張氣氛，而是指要選擇最有影響或極具複雜的挑戰，期望在迎接這種挑戰的同時獲得成長發展。

四、職業生涯管理

工作是成年人發展的一個主要情境。每個進入勞動市場的人都有其職業經歷，而且不一定像定義「職業生涯」時說的那樣循序漸進（Wilensky, 1961）。但是，只要一個人置身於運用自己的技能和天賦的事務之中，我們就可以說，工作經驗和個人成長之間有明顯的相互性。一個人一旦進入了某種工作角色與工作環境後，這個人的舉止活動就影響其智力、社會以及價值觀的取向。畢生的職業生涯是各種變化活動、目標以及滿足來源流動的結構整體。在中年這段時間裡，職業生涯的管理安排成為一個重要任務，它對於個人效能感和社會整合性來說，都相當重要。依據在適應及個人發展中作用的大小，這些影響是與中年人的人際關係、權威關係與技能要求有關。

一個人的職業生涯管理不一定指一個人畢生工作於同一機構之中。工作任務與目標是可以改變的，其原因有四：

1. 有些職業在中年期就結束了：職業運動員生涯就是一個例子。他們的力量、反應、速度和耐力，在中年期時大都下降到無法再進行比賽。
2. 有的人無法解決工作需求與個人目標之間的衝突：有些成功的商業主管轉而務農，或者公共關係專家退到鄉村地區推銷房地產之類的事。人到中年時，有些工作人員認識到，在他們所選擇的工作部門內，絕無可能做出他們所期望的貢獻。還有的人發現，他們的性格氣質不適合在最初選擇的職業中發展。
3. 認識到自己的成就在某個職業內已達到可能的頂點：他們不可能得到進一步的提拔，或者說日新月異的技術發展使得他們的專長已過時，而決定重新接受培訓找一份新工作，或者返回學校進入新的職業發展方向。
4. 有些婦女等到子女進入中學或大學，就把更多的精力投入職業當中：為了承擔撫養孩子的任務，她們過去從勞動市場中退出來，等她們重新工作時，她們還得把家庭主婦的責任與職業目標結合起來。然而，等她們把主要精力從家庭移到工作時，她們的生活中就要出現預料中的中年職業變化。

中年職業變化（工作的第二春）在當今的勞動市場上到底有多流行，對此實應存有疑問。這並不是說重新評價一個人的職業目標以及個人滿足感不好，而是說，更換工作角色的機會可能由於許多條件而顯得十分有限。這些限制條件包括就業增長緩慢、工作人員年齡老化、中等管理職位擁擠不堪。**表3-17**列出了可能促進或者可能限制中年職業變化的一些條件。

表3-17　影響中年職業變化的條件

促進變化的條件	阻礙變化的條件
就業充分（工作機會愈多，總體職業和工作流動性就愈大）	一個中年人居多的小社會（年過三十五歲的工作人員工作和職業流動率最低）
一些職業中大部分工作人員職業流動性很高（農業、職員、高級人員）	勞動力構成當中的白領和專業雇員很多（要求受教育程度高、有文憑的職業的跳槽率較低）
工作人員的才智未獲得充分利用（訓練有素的人在低技術崗位上工作，就比較可能換工作、換行業）	工業和商業增長緩慢（經濟停滯時期更換職業和工作的人數較少）
年輕的勞動力（二十幾歲的工作人員最可能流動）	相當多工作人員在養老金計劃中都有投入（退休計劃在收入上的舉足輕重的地位遏制了工作更換）
勞動力中婦女比重較高（婦女是新興的勞動力，即使到了中年，也表現出年輕工作人員的職業特點）	相當多工作人員害怕工作不公平待遇

資料來源：Arbeiter (1979).

第六節　老年期的發展

老年由於身體疾病增多，健康狀況不良，甚至配偶、親友相繼過世，若再加上退休，收入減少，使其社會生活型態改變，使得老人在情緒上會較感孤獨、冷漠及對健康產生焦慮。因此，老人是否保持積極參與社會的態度，非常重要。老年期發展的任務在於：

1.能適應逐漸衰弱的身體。

2.適應退休與收入減少的事實。

3.與朋友、家人、社區保持關係。

4.安排令自己滿意的生活型態。

5.重新評估個人價值觀與個人生命的意義。

6.接受死亡的來臨，並將生命視為持續而永不終止的。

一、參與新角色的活動

角色轉移和**角色喪失**在生活中的每一個時期都會發生。然而，在老年期，種種角色的轉換往往會導致生活機能的變更。守寡、退休及朋友去世均導致角色喪失。同時，新的角色——成為祖父母、高級顧問、社團領袖、退休者——形成新的行為和關係的模式。

年長成人通常發現，隨著成為父母的角色責任的減少，他們有更多的時間和精力從事休閒活動。不同類型的休閒活動可以滿足各種不同心理社會需求。在一項對閒暇活動益處的研究中，五十六歲以上的男性和女性描述在他們主要的閒暇活動中找到的滿足來源（Tinsley et al., 1985），**表3-18**列出六大類型閒暇活動與其每一類型的主要益處。這個表顯示，不同類型的活動可滿足不同的需要。它還為那些不能持續一項特定活動或對一項活動不感興趣但願意嘗試其他項目的成人，提供了某些心理上相等價值的活動。

另一個沒有被包括在**表3-18**中的活動是身體鍛鍊。對愈來愈多的年長者來說，身體鍛鍊正成為一項重要的閒暇活動，因為它的益處與健康、自尊及生活

表3-18　閒暇活動及它們的心理益處

類別	主要益處
打牌、賓果遊戲、保齡球、跳舞等	交往友誼
野餐	體驗一些新的不尋常的事物
看體育節目、看電視等（不限定是從電視上）	逃避與他人相處的壓力
種植家庭植物、收集照片、收集古董、閱讀等	幽靜、安全
編織或針線、木匠工作、製陶等	能有所表現並確認其價值，但只是在獨自的個人環境中
志願服務、志願的職業活動、參加社會群體的會議、參加宗教群體的會議等	智力刺激，自我表現與服務價值

資料來源：取自Tinsley et al. (1985).

的樂趣有關。一般人不習慣鼓勵年長的成人從事強烈的活動。他們認為向來不習慣於活躍的身體鍛鍊的人會被身體鍛鍊所傷害。然而一項對成年期鍛鍊的研究卻提出了極為對立的解釋。研究指出，不僅成人能獲益於一項鍛鍊計畫，而且能讓某些以坐姿為主的生活方式所產生的不良後果，可以得到糾正（DeVries, 1975）。例如，Hopkins和她的助手們（1990）執行一項計畫：讓五十七至七十七歲的婦女一連十二個星期，每星期參加三次影響較小的有氧健身舞蹈班。這項課程包括伸展、走步、舞蹈運動、大臂運動、大腿運動。十二個星期後，這一組人表現出心臟呼吸耐受性（以最快速度快走半英哩）、柔韌性、肌肉力量、身體靈活性與平衡能力的改善。沒有參加課程的對照組婦女則在所有這些方面的測量中保持不變或下降。

二、接受自己的一生

到了老年期，關於一個人在中年期主要任務——婚姻、養育子女、工作——的成功與失敗的成果已經積累起來，我們已能判斷一個人在這些方面的適應性程度。隨著介入養育子女的角色的降臨，年老者有機會增加對自己婚姻關係的和諧程度的注意。他們會評價是否他們對自己的關係變化做出了成功的反應，或者是否他們的婚姻隨著孩子相分離而衰退。在評估自己的孩子是否為成熟的成人，父母們能夠確定是否他們曾幫助孩子們有創造性和有道德地接受親密關係、工作及養育子女的考驗。在工作角色中，年老者會開始評估在什麼程度上他們的創造成果會實現他們的能力，以及在什麼程度上他們實現了自己職業成就的個人目標。

每個人都不可避免地會有一定程度的對自身成就侷限的失望，他們必須能夠接受擺在面前的現實，並認識到在他們的成就與他們的目標之間不免會有落差。這種接受個人過去生活為既成事實的過程，就是一個很艱鉅的個人考驗。一個人必須能夠把某些方面的失敗、危機或失望，結合到自我形象之中，而不是背負無力感的包袱。一個人必須能夠為自己各方面的成就感到驕傲，即使他們並沒有完全達到個人的期望。

接受一個人一生的主要課題之一，是思考究竟由什麼構成了被他人接受或拒絕的種種因素。根據Costa與McCrae（1980）和McCrae與Costa（1983）的研究資料顯示，影響老年期接受自己的一生的結論為：

1.大多數人對自己的生活，以及對自己的需要被滿足的方式感到滿意。
2.三十至五十歲這一年齡範圍被大多數人認為是生命的最旺盛時期，雖然許多這一年齡層的人並不對這一全盛時期引以為然。
3.養育子女是成年期最大的衝突，它既是一個獲得滿足的重要來源，也是問題與壓力的來源。
4.對父母身分和工作的滿意度隨年齡而增長。一般來說，年長成人不像年輕人那樣把生活體驗看得那麼緊張。
5.對生活的滿意度不只與客觀的測量因素有關。它可能是透過人格這一過濾器而置於生活事件之上的一種概念化意向。

三、建立一種死亡觀

不可避免地，在老年期，嚴肅的、駭人的和令人不快的有關死亡的問題，充斥在人們的思想。成年中期是大多數人失去自己父母的階段。在成年晚期，他們的同伴們相繼去世。這些死亡是心理壓力的源泉，使成人不僅捲入試圖接受或理解死亡的認知活動，也陷入悲傷與痛苦的情緒過程。

一種死亡觀的發展是源自於兒童期過程的延續，直至老化期才能徹底完成。對死亡的最早的擔憂——在幼兒期——反映了無法想像沒有生命的不可逆轉的狀態。幼兒們往往認為，一個人可在某一時刻死去又在另一時刻「復活」。到了學齡期，孩子們有了相當現實的死亡概念，但不會把這種概念與他們自己或其他與自己關係密切的人聯繫在一起（Anthony, 1972）。

人們對有關自己的死亡的想法，到了青少年後期的某些時刻才會變得現實或有針對性。在此之前，人們還沒有建立起整合的認同。因此，他們不大會針對遙遠的未來去保護自己，或是去想像他們自己的死亡。在形成個體認同的過程中，人們提出關於死亡、生命的意義、死後生命的可能性等問題。在這一階段，他們開始形成一種死亡觀。由於較大的青少年深深沉溺於自身的獨特性，他們往往會高估自我的價值感。他們會在成人期初期開始瞭解自己，在這一階段，死亡的預見帶有極大的恐懼。有些成年人怎麼都克服不了對死亡的恐懼，這個恐懼與深深的自戀和自我價值感聯繫在一起。

年輕的成年人已經形成他們希望持久的親密性的個人連結。這一時期人們對死亡的看法包括某些對他人可能死亡的焦慮，產生對他或她的責任感。一旦自己的個人命運與那個人的命運聯繫在一起，自己的死亡也就更具影響性。因此，一種死亡觀必然涉及某種能為自己伴侶提供幫助的感受，或是對同伴在自己不在時也能對生存感到有信心。一個人的死亡觀由關注個人自己的死亡擴展為評價個人與他人的關係和相互依賴性。

在中年期，人們意識到，他們已經活過了自己一生的一半。隨著父母及其他長輩的死亡，死亡的問題是愈來愈具體化了。與此同時，成人們開始對自己的家庭和社區有較大的影響。不斷增加的效能和生命力感減少了對死亡的恐懼（Feifel & Branscomb, 1973; Fried-Cassorla, 1977）。一個人從他自己對下一代的奉獻中所獲得滿足的程度，將決定這一時期對死亡焦慮的程度。創生感的成就應使人們領略到：他們的影響即使在死後也會被人所感受到。

理想的是，在老化期，關於死亡的自我擔憂變得較小，人們開始隨著直接面臨老化的生活，開始把死亡視為生命中的一個自然結果，進而接受自己的生活。死亡不再威脅人的價值，不再威脅實現成就的生命潛能，或是影響到他人生活的願望。作為接受這個人生的結果，人們也可接受它的結束，而不再感到恐懼或沮喪。當然，這並不意味著他樂於死去，而是個體接受死亡這一事實。年長的成年人評估他們所作的貢獻，也明瞭這些貢獻並不會因他們軀體的逝去而消失（Kübler-Ross, 1969, 1972）。

死亡觀的發展既要求有接受個人死亡的能力，也要求有承擔自己親戚和朋友喪失的能力。在同伴的死亡開始摧毀成人自己也身居其中的社會群體時，後一項任務可能比前一項還要困難。失去自己的朋友和親戚意味著失去日常夥伴、共享記憶和計劃的世界，以及對價值觀和社會規範的支持來源。他人死亡的情境也可能帶來很大的威脅。一個人眼看著朋友罹患長期疾病，在生命力正繁盛、茁壯之時突然死去，或死於突如其來的、毫無意義的意外事故，在這些情況下，仍存活的成人必然會問自己關於這些人的生命價值。他們也愈來愈多地考慮有關自己的死亡情境。

美國的文化儀式允許成人們因應與死亡有關的焦慮。例如，精心安排的葬禮、瞻仰遺體、棺柩或骨灰盒、墓碑或墓地的選擇、照料墓地的供給，成人們透過對它們的關注來體驗自己的死亡的現實性。葬禮出殯的細節並不會使成人對於死亡有情緒性接受，但卻可以糾正關於他們死後種種事件確定性的感受。實際上，有些人把自己的葬禮視為是最後的社會聲明；也有的人會舉行生前告別式——一種新的生死觀。所有關於死亡的過程都是設計來突出對死者的社會地位及道德品質的認識。有時，死亡這一件事也可以是對活動性、創造力和個體性的文化價值的直接否定，為了偽裝，人們把死亡視為最終失敗的看法，嘗試透過設計這種自己的葬禮的情境，來維持能力的一種幻覺。

一些調查者們考察了個人對死亡的焦慮的根源，以及不同年齡上對死亡的關注的變化。雖然年長成年人似乎比年輕成年人更明顯地考慮到死亡，也似乎並不會對死亡感到可怕。在對成年早、中、晚期四百多人的一項調查中（見**表3-19**），死亡對最大年齡組（六十歲以上）的人是一個較為突出的問題（Kalish & Reynolds, 1976）。這些最年長的成人覺得，他們更願意在不久的將來死去。他們比年輕的受試者知道更多已死去的人，參觀墓地或參加葬禮的機率也較高。最年長的這些成年人往往更會對自己的死亡做出某些特殊的安排，包括購置墓地、寫遺囑、作葬禮安排等。然而，在這最年長的組裡，表現出的對死亡的恐懼最少，且表示他們不懼怕死亡，甚或渴望死去的人的百分比最高。

對個人死亡的恐懼是一種自然的，正常的體驗。對死亡的恐懼可能有多種原因，其中，有些與死亡的實際過程有關，另一些與死亡的後果有關。對死亡過程的擔憂包括害怕孤獨、生病、讓別人看到痛苦，或對自己的思想和身體失去控制。對死亡的後果的擔憂包括害怕被人忘卻、喪失認同（「人們會把我忘掉」）、別人會感到悲痛、身軀解體、來世受懲罰和痛苦（Conte, Weiner, & Plutchik, 1982; Florian & Kravetz, 1983）。

死亡對於年長者似乎並不像對於年輕者那麼可怕。**表3-19**顯示出三個年輕組的成人對下述問題的反應：「有些人說他們害怕死亡，而另一些人說他

表3-19　對死亡的恐懼

年齡	20至39歲	40至59歲	60歲以上
害怕／恐懼	40%	26%	10%
既無所謂害怕也無所謂恐懼	21%	20%	17%
不會害怕／渴望死亡	36%	52%	71%
視情況而定	3%	3%	2%

資料來源：Kalish & Reynolds (1976), p.209.

們不怕。你有何感受？」隨著年齡的增長，承認恐懼的人會增加。Bengston、Cuellar 和Ragan（1977）在他們對一千二百多名成人的調查中，發現了相似的模式。所表達的恐懼隨年齡增多而下降。四十五至四十九歲組對死亡有最大的恐懼，七十至七十四歲組對死亡恐懼感最低。

第七節　結語

發展心理學主要在探討個體從出生至死亡的生心理變化歷程，其研究旨趣萬變不離其宗的就是「改變」；其年齡變化基於共同特徵可分為：「懷孕期」、「新生兒期」、「嬰兒期」、「幼兒期」、「學齡兒童期」、「青少年期」、「成年期」、「中年期」及「老年期」。近年來，由於青年期從十歲開始至二十二歲為止（以始於生理，終於文化來加以定義），又分為「青少年前期」和「青少年後期」；又由於科技及醫療的進步，使得個體生命得以延長，故又可將「老年期」分為「青老年期」（從六十五至七十五歲）、「老老年期」（七十五歲以後）。發展心理學主要探討個體成長的變化，以及去瞭解「為何」及「如何」產生個體生心理變化的過程。

參考書目

一、中文部分

王鍾和（1982）。《兒童發展》。臺北：大洋。

張欣戊（1991）。《兒童發展》。臺北：五南。

莊懷義等（1990）。《青少年問題與輔導》。臺北：國立空中大學。

郭靜晃、吳幸玲譯（1994）。《發展心理學：心理社會理論與實務》（Barbara M. Newman及Philip R. Newman著）。臺北：揚智。

游恆山（譯）（1991）。《心理學》。臺北：五南。

黃富順（1993）。《成人心理》。臺北：國立空中大學。

楊國樞、張春興主編（1989）。《發展心理學》。臺北：桂冠。

賴保禎、張欣戊、幸曼玲（1989）。《發展心理學》。臺北：國立空中大學。

二、英文部分

Acredolo, C., Adams, A., & Schmid, J. (1984). On the understanding of the relationships between speed, duration, and distance. *Child Development, 55,* 2151-2159.

Adams, B. N. (1986). *The Family: A Sociological Interpretation* (4th ed.). Harcourt, Brace and Jovanovich: Publishers.

Adelson, J. & Doehrman, M. J. (1980). The psychodynamic approach to adolescence. In J. Adelson (ed.). *Handbook of Adolescent Psychology* (pp. 99-116). New York: Wiley.

Anderson, J. E. (1960). Behavior and personality. In E. Ginsberg (Ed.). *The Nation's Children: Development and Education*. New York: Columbia.

Anthony, S. (1972). *The Discovery of Death in Childhood and After*. New York: Basic Books.

Anthony, E. J. (1970). The behavior disorders of children. In P. H. Mussen (Ed.). *Carmichael's Manual of Child Psychology* (3rd ed. Vol. 2). New York: Wiley.

Arbeiter, S. (1979). Mid-life Career Change: A Concept in search of reality. *AAHE Bulletin, 32, 1,* 11-13, 16.

Baucom, D. H., Besch, P. K., & Callahan, S. (1985). Relation between testosterone concentrations, sex-role identity, and personality among females. *Journal of Personality and Social Psychology, 48,* 1218-1226.

Behrman, R. E. & Vaughan, V. C. (1983). *Nelson Textbook of Pediatrics* (12th ed.). Philadelphia: W. B. Saunders.

Belsky, J. & Isabella, R. A. (1985). Martial and parent-child relationships in family of origin and martial change following the birth of a baby: A retrospective analysis. *Child Development,*

56, 342-349.

Belsky, J., Lang, M., & Huston, T. L. (1986). Sex typing and division of labor as determinants of marital change across the transition to parenthood. *Journal of Personality and Social Psychology, 50,* 517-522.

Bengston, V. L., Cuellar, J. B., & Ragan, P. K. (1977). Stratum contrasts and similarities in attitudes toward death. *Journal of Gerontology, 32,* 76-88.

Bigner, J. J. (1983a). *Adult Psychology*. New York: Harper Row.

Bigner, J. J. (1983b). *Human Development: A Lifespan Approach*. New York: Macmillan.

Blesky, J. & Pensky, E. (1988). Marital change across the transition to parenthood. *Marriage and the Family Review, 12,* 133-156.

Brim, O. G. Jr. (1968). Adult socialization. In J. Clausen (ed.). *Socialization and Society*. Boston: Little, Brown.

Broman, C. L. (1988). Significance of marriage and parenthood for satisfaction among blacks. *Journal of Marriage and the Family, 50,* 45-51.

Brooks-Gunn, J. & Furstenberg, F. F. Jr. (1989). Adolescent sexual behavior. *American Psychologist, 44*, 249-257.

Carmichael, S. T. (2006). Cellular and molecular mechanisms of neural repair after stroke: Making waves. *Annals Neurology, 59*, 735-742.

Cernoch, J. M. & Porter, R. H. (1985). Recognition of maternal axillary odors by infants. *Child Development, 56*, 1593-1598.

Chilman, C. S. (1989). Some major issues regarding adolescent sexuality and childrearing in the United States. In P. Allen-Mears & C. Shapiro (Eds.). *Adolescent Sexuality: New Challenging for Social Work* (pp. 3-27). New York: Haworth Press.

Clausen, J. (1986). *The Life Course: A Sociological Perspective*. Englewood Cliffs, NJ: Prentice Hall.

Cole, C. L. & Cole, A. L. (1985). Husbands and wives should have an equal share in making the marriage work. In H. Feldman & M. Feldman (eds.). *Current Controversies in Marriage and Family* (pp. 131-141). Newbury Park, Calif.: Sage.

Conte, H. R., Weiner, M. B., & Plutchik, R. (1982). Measuring death anxiety: Conceptual, psychometric, and factor-analytic aspects. *Journal of Personality and Social Psychology, 43,* 775-785.

Costa, P. T. & McCrae, R. R. (1980). The influence of extraversion and neuroticism on subjective well-being: Happy and unhappy people. *Journal of Personality and Social Psychology, 38,* 668-678.

Demetriou A. & Efklides, A. (1985).Structure and sequence of formal and post formal thought: General patterns and individual differences. *Child Development 56*, 1062-1091.

DeVries, H. A. (1975). Physiology of exercise. In D. S. Woodruff & J. E. Birren (eds.). *Aging:*

Scientific Perspectives and Social Issues. New York: Van Nostrand.

Duvall, E. M. (1977). *Family Development* (5th ed.). Philadelphia: Lippincott.

Eccles, J. S. (1987). Gender roles and women's achievement-related decisions. *Psychology of Women Quarterly, 11,* 135-171.

Elkind, D. (1967). Egocentrism in adolescence. *Child Development, 38*, 1025-1034.

Erikson, E. H. (1963). *Childhood and Society* (2nd ed.). New York: Norton.

Feather, N. T. (1985). Masculinity, femininity, self-esteem, and subclinical depression. *Sex Roles, 12,* 491-500.

Feifel, H. & Branscomb, A. (1973). Who's afraid of death? *Journal of Abnormal Psychology, 81,* 282-288.

Feldman, H. (1971). The effects of children on the family. In A. Michel (ed.). *Family Issues of Employed Women in Europe and America*. Leiden: E. F. Brill.

Feldman, H. (1981). A comparison of intentional parents and intentionally childless couples. *Journal of Marriage and the Family, 43,* 593-600.

Flavell, J. H. (1963). *The Developmental Psychology of Jean Piaget*. Princeton, NJ.: Van Nostrand.

Florian, V. & Kravetz, S. (1983). Fear of personal death: Attribution structure and relation to religious belief. *Journal of Personality and Social Psychology, 44*, 600-607.

Frankenberg, W. K. and Dodds, J. B. (1967). "The Denver Developmental Screening Test", *Journal of Pediatrics, 71*, 181-191.

Fried-Cassorla, M. (1977). Death anxiety and disengagement. Paper presented at the annual convention of the American Psychological Association, San Francisco.

Giele, J. Z. (1988). Gender and sex roles. In N. J. Smelser (ed.) *Handbook of Sociology* (pp. 291-326). Newbury Park, Calif.: Sage.

Gillies, P. (1989). A longitudinal study of the hopes and worries of adolescents. *Journal of Adolescence, 12*, 69-81.

Glenn, N. D. & McLanahan, S. (1982). Children and marital happiness: A further specification of the relationship. *Journal of Marriage and the Family, 44,* 63-72.

Glenn, N. D. & Weaver, C. N. (1981). The contribution of martial happiness to global happiness. *Journal of Marriage and the Family, 43,* 161-168.

Glick, P. C. (1988). Fifty years of family demography. *Journal of Marriage and the Family, 50,* 861-874.

Halford, W. K., Hahlweg, K., & Dunne, M. (1990). Cross-cultural study of marital communication and marital distress. *Journal of Marriage and the Family, 52,* 487-500.

Hall, D. T. (1976). *Career in Organizations*. Santa Monica, Calif.: Goodyear.

Hartshorne, H., May, M. A., & Shuttleworth, F. K. (1930). *Studies in the Organization of Character.* Oxford, England: Macmillan.

Havighurst, R. J. (1972). *Developmental Tasks and Education* (3rd ed.). New York: David McKay.

Hetherington, E. M. & Parke, R. D. (1975). *Child Psychology: A Contemporary Viewpoint*. McGraw-Hill, New York: NY.

Hill, R. (1965). Decision making and the family life cycle. In E. Shanas & G. Streib (eds.). *Social Structure and the Family: Generational Relations*. Englewood Cliffs, NJ.: Prentice-Hall.

Hof, L. & Miller, W. R. (1981). *Marriage Enrichment: Philosophy, Process, and Program*. Bowie, Md.: R. J. Brady.

Holman, T. B. & Jacquart, M. (1988). Leisure-activity patterns and marital satisfaction. *Journal of Marriage and the Family, 50,* 69-78.

Hopkins, D. R., Murrah, B., Hoeger, W. W. K., & Rhodes, R. C. (1990). Effect of low-impact aerobic dance on the functional fitness of elderly women. *Gerontologists, 30,* 189-192.

Inhelder, B. & Piaget, J. (1958). *The Growth of Logical Thinking from Childhood to Adolescence*. New York: Basic Books.

Jacobson, N. S., Waldron, H., & Moore, D. (1980). Toward a behavioral profile of marital distress. *Journal of Consulting and Clinical Psychology, 48,* 696-703.

Jones, A. P. & Butler, M. C. (1980). A Role transition approach to the stresses of organizationally induced family role disruption. *Journal of Marriage and the Family, 42,* 367-376.

Kagan J. & Klein R. E. (1973). *The Nature of the Child*. NY: Basic Books.

Kalish, R. A. & Reynolds, D. K. (1976). *Death and Ethnicity: A Psychocultural Study*. Los Angeles: University of Southern California Press.

Klineberg, S. L. (1967). Changes in outlook on the future between childhood and adolescence. *Journal of Personality and Social Psychology, 7*, 185-193.

Knox, D. & Wilson, K. (1978). The differences between having one and two children. *Family Coordinator, 27, 23-25*.

Kohlberg, L. (1976). Moral stage and moralization: The cognitive-development approach. In T. Lickona (Ed.). *Moral Development and Behavior*. New York: Holt, Rinehart & Winston.

Kram, E. K. (1985). *Mentoring at Work: Developmental Relationships in Organizational Life*. Glenview, Ill.: Scott, Foresman.

Kübler-Ross, E. (1969). *On Death and Dying*. New York: Macmillan.

Kübler-Ross, E. (1972). On death and dying. *Journal of the American Medical Association,* February.

Larson, R. & Lampman-Petraitis, C. (1989). Daily emotional states as reported by children and adolescents. *Child Development, 60*, 1250-1260.

Lerner, R. M. (1985). Adolescent maturational changes and psychosocial development: A dynamic interactional perspective. *Journal of Youth and Adolescence, 14,* 355-372.

Lessing, E. E. (1972). Extension of personal future time perspective, age and life satisfaction of children and adolescents. *Development Psychology, 6*, 457-468.

Levinger, G. (1983). Development and change. In H. H. Kelley et al. (eds.). *Close Relationships* (pp. 315-359). New York: W. H. Freeman.

Lipton, E. L., Steinschneider, A., & Richmond, J. B. (1966). Autonomic function in the neonate: VII. Maturational changes in cardiac control. *Child Development, 37*, 1-16.

Maag, J. W. Rutherford, R. B. Jr., & Parks, B. T. (1988). Secondary school professionals' ability to identify depression in adolescents. *Adolescence, 23,* 73-82.

Mace, D. R. (1982). *Close Companions*. New York: Continuum.

Marks, S. R. (1989). Toward a systems theory of marital quality. *Journal of Marriage and the Family, 51,* 15-26.

Martin, J. (1981). A longitudinal study of the consequence of early mother-infant interaction: A micro analytic approach. *Monography for the Society for Research in Child Development, 46 (3).*

McCrae, R. R. & Costa, P. T. (1983). Psychological maturity and subjective well-being: Toward a new synthesis. *Development Psychology, 19,* 243-248.

Mistretta C. M. & Bradley, R. M. (1977). Taste in utero: Theoretical considerations. In J. M. Weiffenbach (ed.). *Taste and Development* (pp. 279-291). DHEW Publication no. NIH 77-1068. Bethesda, Md.: U.S. Department of Health, Education, and Welfare.

Neimark, E. D. (1975). Longitudinal development of formal operational thought. *Genetic Psychology Monographs, 91*, 171-225.

Neimark, E. D. (1982). Adolescent thought: Transition to formal operations. In B. B. Wolman (ed.). *Handbook of Developmental Psychology* (pp. 486-499). Englewood Cliffs, NJ.: Prentice-Hall.

Nock, S. L. (1979). The family life cycle: Empirical or conceptual tool? *Journal of Marriage and the Family, 41,* 15-26.

O'Mahoney, J. F. (1989). Development of thinking about things and people: Social and nonsocial cognition during adolescence. *Journal of Genetic Psychology, 150*, 217-224.

O'Neil, J. M., Ohlde, C., Barke, C., Prosser-Gelwick, B., & Garfield, N. (1980). Research on a workshop to reduce the effects of sexism and sex-role socialization on women's career planning. *Journal of Counseling Psychology, 27,* 355-363.

Osipow, S. H. (1986). Career issues through the life span. In M. S. Pallak & R. Perloff (eds.). *Psychology and Work: Productivity, Change, and Employment* (pp. 137-168). Washington, D.C.: American Psychological Association.

Ostrov, E., Offer, D., & Howard, K. I. (1989). Gender differences in adolescents symptomatology: A normative study. *Journal of the American Academy of Child and Adolescent Psychology, 28,* 394-398.

Overton, W. F. & Meehan, A. M. (1982). Individual differences in formal operational thought: Sex role and learned helplessness. *Child Development, 53,* 1536-1543.

Page, S. (1987). On gender roles and perception of maladjustment. *Canadian Psychology, 28,* 53-59.

Piaget, J. & Inhelder, B. (1966/1969). *The Psychology of the Child*. New York : Basic Books.

Piaget, J. & Inhelder, B. (1969). *The Psychology of the Child*. New York: Basic Books.

Piaget, J. & Inhelder, B. (1948). La representation de l'espace chez l'enfant [The child's conception of space]. Paris: Presses Universitaires de France.

Piaget, J. (1962). *Play, Dreams, and Imitation in Childhood*. New York: Norton.

Rands, M., Levinger, G., & Mellinger, G. (1981). Patterns of conflict resolution and marital satisfaction. *Journal of Family Issues, 2,* 297-321.

Rauste-von Wright, M. (1989). Body image satisfaction in adolescent girls and boys: A longitudinal study. *Journal of Youth and Adolescence, 18,* 71-83.

Richardson, L. (1986). Another world. *Psychology Today, 20,* 22-27.

Riley, T., Adams, G. R., & Nielson, E. (1984). Adolescent egocentrism: The association among imaginary audience behavior, cognitive development, and parental support and rejection. *Journal of Youth and Adolescence, 13,* 401-407.

Roberts, L. J. & Krokoff, L. J. (1990). Withdrawal, hostility, and displeasure in marriage. *Journal of Marriage and the Family, 52,* 95-105.

Robertson, J. F. & Simons, R. L. (1989). Family factors, self-esteem, and adolescent depression. *Journal of Marriage and the Family, 51*, 125-138.

Rosenstein D. & Oster, H. (1988). Differential facial responses to four basic tastes in newborns. *Child Development, 59*, 1555-1568.

Rubin, L. B. (1976). *Worlds of Pain: Life in the working-class Family*. New York: Basic Books.

Scott, J. P. (1963). The process of primary socialization in canine and human infants. *Child Development Monographs, 28(1)*, 1–47.

Siegler, R. S., Liebert, D. E., & Liebert, R. M. (1973). Inhelder and Piaget's pendulum problem: Teaching pre-adolescents to act as scientists. *Developmental Psychology, 9,* 97-101.

Small, S. A. & Riley, D. (1990). Assessment of work spillover into family life. *Journal of Marriage and the Family, 52,* 51-62.

Spalding D. A. (1954). *Cardiovascular Regulation Journal of Neuroscience, 17 (23)*, 9367-9374.

Spanier, G. B., Sauer, W., & Larzelere, R. (1979). An empirical evaluation of the family life cycle, *Journal of Marriage and the Family, 41,* 27-38.

Spence, J. T., Deaux, K., & Helmreich, R. L. (1985). Sex roles in contemporary American society. In G. Lindzey & Elliot Aronson (eds.). *Handbook of Social Psychology,* (Vol. 1, 149-178). New York: Random House.

Stapley, J. C. & Haviland, J. M. (1989). Beyond depression: Gender differences in normal adolescents emotional experiences. *Sex Roles, 20,* 295-308.

Steinberg, L. D., Greenberger, E., Garduque, L., Ruggiero, M., & Vaux, A. (1982). Effects of working on adolescent development. *Development Psychology, 18,* 385-395.

Tinsley, H. E. A., Teaff, J. D., Colbs, S. L., & Kaufman, N. (1985). System of classifying leisure activities in terms of the psychological benefits of participation reported by older persons. *Journal of Gerontology, 40,* 172-178.

Udry, J. R. & Billy, J. O. G. (1987). Initiation of coitus in early adolescence. *American Sociological Review, 52,* 841-855.

Voydanoff, P. (1988). Work roles, family structure, and work/family conflict. *Journal of Marriage and the Family, 50,* 749-762.

Vuchinich, S. (1987). Starting and stopping spontaneous family conflicts. *Journal of Marriage and the Family, 49,* 591-601.

Weingarten, H. R. & Bryant, F. B. (1987). Marital status and subjective well-being. *Journal of Marriage and the Family, 49,* 883-892.

White, R. W. (1974). Strategies of adaptation: An attempt as systematic description. In G. V. Coelho, D. A. Hamburg, & J. E. Adams (Eds.). *Coping and Adaptation* (pp. 47-68). New York: Basic Books.

Wilensky, H. L. (1961). Orderly careers and social participation: The impact of work history on social integration in the middle class. *American Sociological Review, 26,* 521-539.

Wurtman, R. J. (1982). Nutrients that modify brain function. *Scientific American, 246*, 50-59.

Zeits, C. R. & Prince, R. M. (1982). Child effects on parents. In B. B. Wolman (Ed.). *Handbook of Developmental Psychology* (pp. 751-770). Englewood Cliffs, NJ: Prentice-Hall.

意識

■意識的定義與分類

■睡眠

■夢與作夢

■催眠與冥想

■藥物對意識的影響

■結語

意識自Wundt在十九世紀末倡導以科學方法研究人類行為之始，意識即成為心理學的主要研究主題之一。Wundt非常關心人類心智的結構，也就是組成意識（consciousness）的元素，例如描述心理的感覺及對事物表達的概念，Wundt主要是由內省法（retrospection）來從事意識的研究，其弟子Edward B. Titchener（1867-1927）繼Wundt之後，在美國持續倡導結構主義（structuralism），探討個體內在經驗，來探求心智如何建構其感覺（sensation）及知覺（perception），進而分析意識內容以瞭解個體在真實世界的情感與意志。

在二十世紀之初，美國行為主義當道，強調心理學必須客觀化，主張以客觀的方法處理客觀的資料，並崇尚實驗方法。行為主義受到美國功能學派心理學家William James（美國心理學之父）所影響，William James的功能論（functionalism）主張，心理學家應重視思考的功能，而非思考的內容。William James受到演化論倡導者Charles Darwin思想所影響，認為人類由於有思考和作決定的歷程，而能免於被淘汰，成為萬物之靈。所以功能論著重意識活動的歷程。重點在探討心智活動，而非研究心智結構。

二十世紀除了研究方法的爭議之外，研究內容也有所不同，在五〇年代之前，基本上除了心理分析及完形心理學的立論有涉及意識之外，心理學仍是外顯行為研究的天下。在六〇年代，由於認知心理學及人本心理學的興起，因認知心理學強調內在心理歷程，而人本心理學則重視主觀經驗，故而意識又成為心理學研究的重要議題。

意識是一種包括多種概念的集中名詞，也是一種複雜且令人著迷的議題，相關研究涉及個人運用感覺、知覺、思考、記憶等心理活動，對自己的身心狀態（內在歷程）與環境中的人、事、物變化（外在互動）的綜合覺察（awareness）與認識，其涉及的研究主題有睡眠、夢、催眠、冥想、藥物等。

第一節　意識的定義與分類

意識是一種歷程，也就是個體的意識經驗。在意識歷程中，個體對內在與外在一切變化的覺察與認識，常隨個人注意程度之不同，經驗到不同意識

層面，例如在人多嘈雜的宴會中，當我們將注意力集中在某一談話內容者，或是少數對象時，我們對於其他多數賓客的言行舉止或是背景音樂，可能不會留下清楚的意識（或印象），此種情形又稱為**雞尾酒會現象**（cocktail-party phenomenon）。

你是否曾有類似的經驗？老師上課時侃侃而談，而學生可能眼睛盯著手機的簡訊內容，嘴角仍漾著甜蜜的微笑。當老師點名時，坐在旁邊的同學用手肘碰了這位同學，她才如夢初醒舉手。點完名後，這位同學仍沉溺於手機簡訊的世界裡。

上述的例子，這位同學頭腦是清醒的，但是卻無視於周遭事物的存在。也就是人雖身處各式各樣的刺激中，卻只專注於內在世界，並未對外在刺激有所察覺。意識便是對自己的存在、行為、知覺與思考的**自我覺察**（self-awareness）。個體對於外在刺激與內在心理事件的自我覺察中，包括三個主要特性（Darley, Glucksberg, & Kinchla, 1991）：

1.反應：人在意識狀態中，個體會對特定刺激產生反應。但此種反應會因酒精、藥物或生理狀況而有所影響。
2.認知能力：當個體能自我覺察時，表示擁有正常的**認知能力**（cognitive capacity），例如個體的說話、推理、記憶、想像等。雖然自我覺察是一種描述自己思考過程的能力，但意識只是個體對思考的一部分的覺察。
3.人格特質：人格特質中的價值觀、態度、感情及情緒皆會影響意識，所以意識也受個體人格特質所影響。

意識的分類及層面

個體並不會意識到感覺器官所接收到的所有刺激，而是對環境事件覺察（awareness）的選擇歷程（selective process），即一種選擇模式，又稱為注意（attention）。注意是個體對當前存在的刺激，集中焦點對刺激進行特定反應的心理活動。個體因注意力的不同，而有不同的意識層面：

1.焦點意識（focal conscious）：焦點意識係指個體全神貫注於某事物時的現象。例如在一充滿噪音的環境中，個體集中注意力於朋友來電時的電話鈴聲。

2.下意識（subconscious）：下意識又稱半意識，係指不注意或稍微注意的情形下所得到的意識。如前例的雞尾酒會現象。下意識指的是個體存在記憶中的訊息，當下雖未在意識中，但在特殊引領下，能回憶到訊息並進入意識中。

3.無意識（nonconscious）：無意識係指個人對其內在（身心狀態）或外在（一切事物）環境中一切變化無所知與無所感的情形。個體在無意識的心理歷程中，有許多訊息雖不在記憶或意識中，但卻能實實在在影響個體的身心活動。

4.潛意識（unconscious）：潛意識是不在意識中的心理歷程，這是Freud認為個體為了逃避意識中的焦慮，如情感、慾望、恐懼等複雜經驗，因受意識的控制與壓抑，導致個體不能覺知的意識。這是心理分析理論的重要概念，必須靠夢或催眠等技術，個體才能知覺到潛意識的訊息。

5.前意識（preconscious）：前意識本質上是記憶的一部分，其有兩種解釋，一是來自心理分析論，指的是介於意識與潛意識之間的注意層面，個體將不欲人知的焦慮、壓抑的欲望或衝動置於潛意識，在浮現到意識之前，先經過前意識。另一種解釋來自於訊息處理理論，前意識係指過去貯存在長期記憶中的訊息，經年而久不再使用時，個人這時對其並無意識，但有必要時，經過檢索，訊息又會再度浮現。

6.白日夢與幻想：一般人在正常清醒時會處於當時的清醒狀態，但當個體在睡覺（尤其在淺眠α波時）、在催眠之中或因白日夢或幻想會有不同的意識狀態。此外，個體藉著藥物的介入（如迷幻藥），也將形成不同的意識型態，此種情形是一種意識的轉移。白日夢（day dream）是一種轉換的轉換，更是注意力從外在刺激轉移到內在刺激的歷程，思考內容不再與當下的外在刺激有關。Singer及McCraven（1961）對青少年至成年的調查研究中（N=240），發現有96%的受試者有過白日夢的經驗，但隨著年齡增加，白日夢情形會愈來愈少。事實上當個人獨處或閒暇時，常會出現白日夢現象，尤其在入睡前更容易。幼年因其經驗之故，少有白日夢，他們常以幻想遊戲來因應日常生活的期望。

第二節　睡眠

人在睡眠時並非完全失去意識，而是處於另一種狀態。睡眠是動物的一種普遍現象，而且具必要性。每個人的一生大約有三分之一的時間花在睡眠上，睡眠對人的重要性不言可喻，由於睡眠在人生中占重要的位置，許多心理學家及科學家均致力於探討睡眠的本質及其對人類的功能。睡眠的研究不易，關於睡眠的研究，一直至近三十年來才有比較快速的發展，雖然只揭開睡眠神秘面紗的一小部分，但卻讓人們對睡眠有些認識。

關於睡眠的功能，雖然並未十分清楚，但從人需要睡眠而言，它必然扮演著某種重要的功能，例如恢復精力或保養的調節作用。Cohen（1979）提出**適應論**（adaptation theory）的觀點，認為睡眠是為了生存。原始時代，人類在夜晚保持安靜可以躲避野獸的侵襲，並保存能量以備白天的獵狩。與此論點相似的是**能量保存論**（energy conservation theory），主張睡眠是為了保存能量。Allison和Cicchetti（1976）研究比較了不同種類的動物所需睡眠時間的長短，發現清醒時耗費能量較大的動物，其睡眠時間比較長，而演化論的觀點則為適應論作了補充，此種論點認為，睡眠是人類生存過程長期演化而來的。

人在睡眠時，腦部仍然很活躍，大腦的血流量以及氧的消耗量都大於清醒時。關於睡眠的研究大都在實驗室中進行，受試者均自願接受睡眠時讓實驗者在其身上放置各種電子儀器，以測量睡眠時的腦部活動。睡眠研究常用的記錄有三種：第一種為腦電波（electroencephalogram, EEG），人在鬆弛、興奮和睡眠各時期的腦波振幅不一樣。鬆弛狀態時的腦波叫α（alpha）波，是一種頻率低、電壓高的電波活動；睡眠時腦波的振幅較慢而大，稱為δ（theta）波，為頻率更低、電壓更高的電波活動；興奮時的腦波呈快速而小之振福，稱為β（beta）波，為高頻率、低電壓的電波活動。第二種為眼波圖（electro-oculogram, EOG），記錄眼動的頻率與強度。第三種為肌電圖（electromyogram, EMG），記錄肌肉的收縮反應。

一、睡眠的心電研究

睡眠既為個體所必須，如長期缺乏睡眠或被剝奪了睡眠時間，對個體的身心會產生影響，在剝奪睡眠的實驗中，時間最長紀錄是二百小時（八天之多）（引自張春興，1991：179）。實驗顯示，個體在缺乏睡眠中除了極度疲勞之外，其身心以及智力功能卻沒受到多大的影響（Gulevich et al., 1966）。

雖然最早對人類睡眠的研究始於一九二九年德國神經生理學家Hans Berger對腦波的研究，Berger應用腦波儀記錄活動的曲線圖，稱之微腦波圖。心理學根據腦波圖分析，人類從清醒到睡眠，人體呈現不同的腦波型態（見**圖4-1**）。

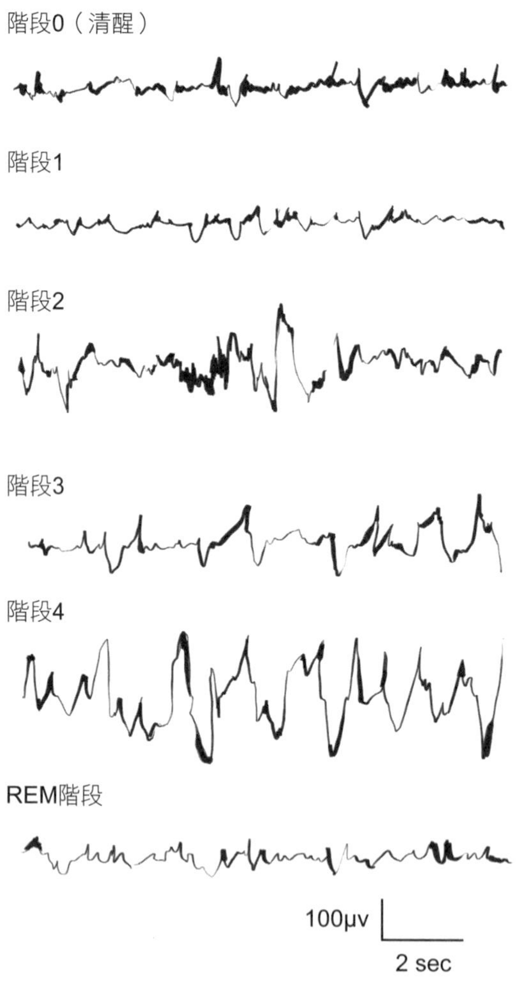

圖4-1　腦波圖

說明：睡眠中不同階段出現不同的腦波型態，圖下之拐角線，橫線下數字表示兩秒鐘內曲線的距離，代表頻率，豎線為微伏打數，代表振幅。

人在清醒時有兩種電波，一種是清醒而警覺的狀態時，腦波呈現快速而不規律的電壓變化；另一種是清醒而鬆弛狀態，此時腦波的波動較慢而有規律。人在睡眠的時候，腦波活動呈現有規律的變化，在睡眠的研究中發現，腦波隨著睡眠階段的進展，變得愈來愈慢，而且愈來愈有規律，正常的睡眠依腦波活動的變化可分為四個階段。階段一的睡眠指的是入睡之後約十至二十分鐘時，接著人們會進入第二、三、四階段，到了第四階段是睡眠最深沉的時期，這階段最難被叫醒，而且是夢遊（sleep walking）、夜驚（night terror）及尿床現象最常出現的睡眠階段。

從階段一到階段四是一個循環，大約九十分鐘，接著是大約十分鐘的快速眼球運動（rapid eye movement, REM）睡眠階段。然後又重複四個睡眠階段與REM睡眠的另一個循環。正常的睡眠，一個晚上大約反覆經歷六到七個循環週期。一般人沉睡階段大約出現在睡後二個半小時之內。REM出現在中夜之後，約每隔九十分鐘一次，一夜之間出現四至五次左右。嬰兒約占其睡眠的四分之一是REM，老人最少約占18%。

在REM睡眠階段，腦波的活動和階段一的睡眠時期很相似，也和清醒而警覺狀態的腦波類似。眼波圖顯示REM睡眠階段，眼球呈現快速轉動的情形。每個人每天的睡眠時間中約有20%的時間是在REM睡眠狀態，其餘階段一至階段四的睡眠階段則稱之為NREM睡眠（non-rapid eye movement sleep）。雖然REM階段腦波與清醒狀態類似，眼球亦快速轉動，肌肉則呈現鬆弛狀態，所以不會對外在刺激產生反應。Dement 和Kleitman（1957）為了證明睡眠時的快速眼動表示個體正在作夢，而在NREM階段則沒有夢的假設，進行一項研究，結果發現每當個體正出現快速眼動現象時，予以叫醒，有85%的受試者能回憶夢境。不過晚進的學者（Anch et al., 1988）則指出，並非所有的REM睡眠都伴隨夢的活動，而且有些夢出現在NREM階段。REM階段的肌肉反應幾近於麻痺，有心理學家（Chase & Morales, 1983）指出，REM階段的肌肉反應特質具有保護功能，可防止個體在睡夢中產生真實的行動反應，而傷害到人體。在REM階段雖然也有動作出現，但只是微小的肌肉反應，並不會使個體受傷。

個體自出生以來，睡眠的量隨年齡的增長而減少，REM睡眠的量亦隨之減少。出生十多天的嬰兒，每天大約睡十六個小時，其中有50%屬REM睡眠。到了五歲時，REM睡眠的比例縮減為大約只占總睡眠量的20%，幾乎與成人的睡眠相同，而總睡眠量則隨年齡加大持續減少，中年以後人們大約只需六小時的睡眠。

雖然大多數人所需睡眠量差不多，但是睡多久才夠，則因人而異。有人只需四、五個小時的睡眠，醒來時便覺精神飽滿，有些人則睡了九、十個小時，仍嫌精神不足。因此談到**失眠症**（insomnia）時，很難下定義說睡不足多少小時就是失眠。抱怨失眠的人去看醫生時，大多數醫生也都只能根據患者的自述開立處方，很少患者被置於實驗室中去觀察與驗證實際的睡眠狀況。也就是說，人們不必憂煩應睡多久才夠，只要自覺睡飽即可。有位七十歲的老太太，她每天只睡一個小時便足夠，她說大家都浪費太多時間在床上了（Meddis, Pearson, & Langford, 1973），可見睡眠量乃因人而異。

二、睡眠失常

每個人都曾因為憂心而失眠，或是因為心理焦慮、緊張、換床舖、換地方、身體不適等情況而失眠，這些都是暫時性的，並不足以造成個體的困擾。這些失眠或稱為**情境性失眠**（situation insomnia）。如果人體長期無法獲得足夠的睡眠量，則可能會有失眠困擾，其現象可能是難以入睡、半夜醒來不能再入眠等。但是不論症狀如何，失眠不是藥物所能醫治的，因為失眠是身心病症所引起，需治療的是身心病症本身，而非「失眠」這件事。遭遇挫敗的人若服食安眠藥，通常會使失眠的情況更為嚴重，會變成藥物依賴，一旦成癮，若不服食將無法順利入睡，且常導致用量愈來愈大，因為相同的劑量已無法達到入眠的效果，而產生了**藥物性失眠**。

患者如果是因心理困擾所致的失眠，則必須向心理醫師或專業輔導人員求助，服用安眠藥不僅無濟於事，還可能因劑量的增加而有致命的危險。此外，也有些是失律性失眠，例如有些人會因為飛行而有時差，造成生理時鐘無法適應而產生了暫時性的失眠，此種即稱為**失律性失眠**。通常為失眠所苦之人，大都會低估了實際時數。有些人則是**假性失眠**（pseudo insomnia），亦即夢見自己躺在床上無法入眠，醒來時仍感到疲累，以為自己真的失眠了。

除了失眠之外，還有數種常見的睡眠時的異常現象。**睡眠窒息**（sleep apnea），指在睡眠中突然呼吸中止的情形，其原因可能是器官功能障礙或大腦

神經中樞失常所致，睡眠與呼吸二者不能同時並存。當有此症狀者，在入睡之後，呼吸便停止，其血液中的二氧化碳（carbon dioxide）濃度會增高，迫使個體醒來以呼吸空氣。當個體再度入睡時，又會重複呼吸中止的現象，如此反覆醒來又睡，睡了又醒的循環，有些人無法覺察到這種睡眠時的異常現象，有些人則能覺察此現象，而為此憂慮不已。有些成人的睡眠窒息現象可利用喉嚨手術來治療。嬰兒罹患此症則較為危險，有些研究者指出，嬰兒猝死症（sudden infant death syndrome）和睡眠窒息可能有很大的關聯性。有些危險的嬰兒可利用電子監控器來保護，當嬰兒停止呼吸時，監控器會發出警訊，讓父母可以即時搖醒嬰兒，以免停止呼吸過久而死亡。有些人會在睡眠狀態下離開床舖或走出房間，旁人可以叫醒他，但是這方面的研究和精神分析對夢的解釋一樣，均尚無法確切的回答出「人為甚麼會作夢」。

雖然人人會作夢，但是很多人卻認為自己不會作夢，或宣稱自己好久沒有作夢了。主要是因為正在作夢時被叫醒者，才能回憶夢境；或者淺眠者才比較能記得夢境。所以大部分的人所記得的夢都是在接近清醒時的REM階段所做的夢，因為接近清醒時的睡眠較輕淺，深眠者較不易回憶夢境。夢遊是睡眠中可以下床走動，這不是在作夢，因為夢遊者的腦波是處於正值沉睡的階段，夢遊不是嚴重病態，也非情緒困擾。夢話又稱夢囈，係人們於睡眠中說話的現象。

第三節　夢與作夢

夢（dream）是睡眠中某一階段意識狀態下所產生的自發性心像活動，在此心像活動中個體身心變化的歷程，稱之為**作夢**（dreaming）。

夢是人在睡眠時所出現的相當奇特的現象，在夢中人處在一個幻遊的世界裡，有各式各樣奇異的事件與行為。人在睡眠時為什麼會有夢？Freud（1953）曾說：「夢是進入潛意識的最忠誠之路。」Freud認為，睡眠時人的意識功能遲緩，警戒鬆弛，許多清醒時被意識嚴密監控的想法與感受統統出籠。雖然在夢中能夠讓被監控的想法與感受獲得解放，但是它們仍然以偽裝的方式出現，以一種不符實際的幻想方式出現，這些幻像的內容便是夢。由於夢代表未實現的希望或慾望，且以象徵性的內容出現，所以Freud認為，透過夢的解析，可使個體洞察其內心所壓抑的衝突，進而得以解脫痛苦。不過有些心理學家駁斥Freud的觀點。例如，McCarley（1978）指出，夢不是一種偽裝或隱藏的歷程，而是活動的歷程，就像許多人說他們在夢裡跑步或爬山等。Evans（1984）及Palumbo（1978）則主張，夢是反芻白天貯存在記憶中的經驗之歷程，以檢驗白天清醒時因記憶系統的限制所被忽略的事件，並在夢中加以處理。關於夢的研究除了上述從精神分析角度來研究夢的內容之外，另外有心理學家探討REM睡眠與作夢時的生理反應。有研究發現作夢時眼球的轉動和夢的內容吻合，顯示作夢者似乎處於想像的事件中，於是REM便成為作夢的標誌。

為什麼人醒來後會記得少數的夢呢？心理學家提供三種解釋：一是**干擾論**，此論說認為數個夢彼此會干擾，新作的夢會干擾了前面的夢，但一般人大都只記得臨睡醒最近的夢。其二是**動機遺忘論**，此論說認為夢境中大都是令人不愉快的事，當事人不願放在意識中，以免引起焦慮，故將此意識潛抑到潛意識中，晚上再透過夢境浮現。其三是**訊息處理論**，此論說認為作夢皆是在短時間內完成，其性質屬於短暫記憶，如不經複習納入長期記憶中貯存，自然很快就會忘記（張春興，1991：191）。

第四節　催眠與冥想

一、催眠

催眠（hypnosis）是一種類似睡眠而實非睡眠的意識恍惚狀態。此種恍惚的意識狀態是一種特殊情境之一，係經由催眠師的誘導而形成，由催眠師所設計的特殊情境及其所誘導的方法，稱為**催眠術**（hypnotism）。催眠是一種在特殊型式的語言控制之下呈現的意識改變狀態，在此狀態之下，被催眠者受催眠師的口語暗示，而有異常的思考與行為。被催眠者可能產生錯覺（delusion of perception）、歪曲的記憶，以及出現無法控制的行為反應。個體處於催眠下的恍惚狀態時所出現的思考與行為，是其當下對催眠師的暗示之知覺所形成的反應。催眠時的狀態不同於睡眠時的狀態，睡眠時個體對外在世界的刺激並無所覺察，而且兩種狀態下的腦波型態不同，催眠時的腦波與清醒時的腦波相似。

有關催眠的研究Hilgard（1965）發現，大約有15%的人容易被催眠，5%至10%的人似乎不能被催眠，其他的人則介於此兩極端之間。個體是否易受催眠具有相當的穩定性，不會因年歲的增長而有大的改變。易被催眠與否與是否易受他人意見所左右並沒有關係，亦即易被催眠者在非催眠狀態時，並不見得比別人更易受他人影響或更具順服性（Orne, 1977; Kihlstrom, 1985）。

最早發現催眠能治病的人是一位奧地利的醫生Franz Anton Mesmer（1734-1815）。他發現當他以磁鐵棒在病人身上來回運作時，病人會進入恍惚狀態，並且神奇的治好病人的病痛。Mesmer知道病人不是因磁鐵棒而痊癒，而是受到Mesmer堅定的說服力與性格的影響。催眠並不能治身體的疾病，患者的病症是心因性的，可藉由催眠作用紓解其症狀。目前醫療上也運用催眠來減輕生產的疼痛，牙醫與外科醫生也利用催眠來減經患者的痛苦。另外，催眠也可用來幫助人們戒煙，但效果難持續（Colelman, Butcher, & Carson, 1984）。

受催眠者在催眠的進行中，可能處於各種狀態：警覺的、放鬆的、平靜地躺著，或有著劇烈的動作。催眠技巧相當多，並不一定需要如電影中我們所看到的那樣，對著受催眠者臉部移動一些東西，也不需要說：「你將要睡著了。」之類的暗示語。不論所用的技巧為何，須讓受催眠者知道他即將被催眠。有經驗的受催眠者，有時候只需以一般的語調向他說：「請坐在那張椅子上，讓你自己進入催眠狀態。」他便能在數秒之內達到催眠狀態。有時候，一些沒有經驗但自願被催眠的人，也能像這種情形，很快的進入催眠狀態。這些易被催眠者，不論是否有經驗，他們均知道催眠的意思，所以能很快的進入其所期待的催眠狀態。易被催眠者非常願意接受催眠師的暗示，並且能在催眠師引導下去做一些正常狀態下不會去做的事。例如演出想像中的事、做出各種動物的動作、回到幼年時的行為、相信自己動彈不得、看到一些不存在的事物或看不見存在的事物、不會感覺到疼痛等等。

Hilgard（1965）曾對催眠者作實驗，發現催眠者在催眠狀態下在心理上會顯現下列特徵：

1.主動性反應減低。

2.注意層面趨向窄化。

3.舊記憶還原現象。

4.知覺扭曲與幻覺。
5.暗示的接受性增高。
6.催眠中會有角色扮演。
7.催眠中經驗失憶。

後催眠暗示（posthypnotic suggestion）是另一神奇的現象，即個體在催眠中被暗示在回到正常狀態後要出現某些行為。例如被催眠者接受暗示，當他聽到催眠師說「狗」時，便耳朵癢，同時催眠師也暗示他說在離開催眠狀態之後，要忘記催眠中所發生的一切，個體在回到正常狀態時，果然不記得催眠中所發生的事，但當他聽到催眠師說「狗」時，却會覺得耳朵癢了起來。不過這種後催眠暗示的持續性並不長，這種恍惚現象大都會自動消失。

二、冥想

冥想在心理學的概念又稱為靜坐，此名詞係源於拉丁文meditari的英文字mediation。靜坐是一種改變意識狀態的方法，而**冥想**（meditation）是靜坐時達到的意識改變，是一種讓個體放鬆並且得以排除不必要的刺激，只集中在某一特定的刺激之過程。此過程能促進個體的自我覺察，使個體與外在環境有調和一體的感覺。冥想有些像「自我催眠」，但個體在冥想時並無特定的思考方向或目標，而催眠則是受到暗示的引導。

冥想是自古以來許多國家或地方便有的一種改變意識的方法。禪、瑜伽及超覺靜坐（transcendental meditation, TM）等均是。進行冥想時，通常要選擇一個安靜的環境，放鬆的坐著，輕闔雙眼，將心思專注於傾聽眼前一個目的物，不加任何控制，讓它自行運作，自由流變，藉以達到暫時忘卻自我、忘卻一切煩惱、忘卻外在世界的超脫境界。冥想最主要是將意識專注於內在想法與內在經驗。在心理治療上可利用冥想達到感覺的剝奪（sensory deprivation），以治療肥胖、煙癮或壓力解除。有些研究指出，冥想與身心疾病有關，例如改善支氣管性氣喘（Honsberger & Wilson, 1973）；降低血壓（Benson, 1977）；及有關生理症狀的緩解，如增加新陳代謝紓解壓力。

哈佛大學醫學院副教授Benson在七〇年代中時，將印度馬哈瑞（Maharishi Mahesh Yogi）的超覺靜坐方式，加以簡單化、科學化，並付之以現代醫學的量化研究，Benson提出超覺靜坐應遵守下列要項：

1.靜坐內外環境均須安靜，內在指的是個人的心境，外在指的是己身所處的物理環境。
2.靜坐時必須有一個供心向專注的目的物，此目的物可以是語言、聲音或圖形。
3.靜坐時必須保持被動的心態，要心止如水，無所思、無所欲。
4.靜坐時要保持身心安適：輕鬆、舒適、安靜、自然。

此外，靜坐時應依循下列六個練習步驟：

1.安靜的房間，且燈光須柔和。
2.閉上眼睛。
3.將肌肉由下至上放鬆。
4.用鼻子呼吸，每次以二十分鐘為基準。
5.保持練習，不求急功、著急，只有持續練習最後才會有效益。
6.每天練習一至兩次，練習必須在飯後兩小時。

超覺靜坐自六〇年代之後，猶如一社會運動，信從者遍及全世界，超過幾百萬。超覺靜坐到底對個人有何好處？Benson（1977）的研究結果發現有下列好處：

1.超覺靜坐可幫助身體恢復體力。
2.可降低心跳速率。
3.可降低血壓。
4.使個人心理趨向平靜。
5.降低酗酒比率。
6.改變用藥習慣。

第五節　藥物對意識的影響

藥物（drug）泛指任何食物之外的物質，進入人體之後影響或改變身、心功能者，非單指治病的處方藥物（medicine）、非法的化學品等，舉凡日常生活中為大家所熟悉的酒、咖啡因（caffeine）及菸草（tobacco）等亦屬之。目前多以**物質濫用**（substance abuse），替代「藥物濫用」一詞，主要在促進大家注意菸、酒等物質的濫用情形，並告知大眾物質濫用的傷害性與海洛因或古柯鹼（cocaine）等非法物質是一樣的。許多物質若超量使用都會對身心造成不良的影響，例如中毒、知覺扭曲及身體的疲倦等。這些物質的超量使用，主要是因它們會先帶給個體舒服與愉快的感覺，但它們的效應會消失，當個體再度覺得身心痛苦時，忍不住又會使用，而且使用量必須一次比一次增加，才能達到紓解痛苦的效果。時日久了必然會產生對此物質的依賴性，若不服用，會痛苦難熬，甚至威脅生命，此即所謂的物質依賴或成癮。

有些物質會影響中樞神經系統以及改變個體的知覺、情緒與行為，此稱之為心理活動性物質（psychoactive substance）。一般依其對心理造成的效應可將之區分為三大類：興奮劑、鎮靜劑及幻覺劑或迷幻藥。興奮劑起初會使中樞神經系統的作用加速與更加活躍；鎮靜劑則減緩中樞神經系統的運作；幻覺劑則會導致知覺的扭曲，產生幻覺。這些物質雖然如此分類，不過其對人體的效應實際上卻是相當複雜的；例如有些興奮劑能促進經神系統某些部分的作用，但卻抑制其他部分的作用。除此之外，另外有一些物質很難歸到這三大類，如大麻。接下來分別介紹一些對身心造成危害較大的常見藥物。

一、興奮劑

興奮劑（stimulant）能增進中樞神經系統的活動，少量使用能提神並減輕疲勞，但大量使用則會令人焦慮不安。使用興奮劑者起初能產生短暫的興奮感覺，覺得精力充沛，在生理上會出現瞳孔放大、脈搏加快、血壓增高、血糖升高（所以食慾降低）的現象。當興奮作用消退之後，個體會有崩潰的感覺，伴隨沮喪、焦慮及身心俱疲之感。常見的興奮劑敘述如後。

(一)尼古丁與咖啡因

日常生活中，人們很少想到香煙中所含的尼古丁（nicotine），以及茶和咖啡中的咖啡因是一種興奮劑。在現代人的生活中，尼古丁已成為最普遍被濫用的物質。

(二)古柯鹼

早在史前時代，南美的祕魯（Peru）及玻利維亞（Bolivia）之土著便知道咀嚼古柯（coca）的樹皮可以提神，能增加活力，到了一八六五年便已能從古柯中提煉出古柯鹼。古柯鹼（cocaine）是一種無味的白色粉狀物，目前全球有數百萬人在使用這種天然的興奮劑。一般人吸食古柯鹼是非法的行為，古柯鹼會阻礙神經傳導物質正腎上腺素（norepinephrine）的自然解體，使神經傳導更加活絡。

使用古柯鹼時，一般是用鼻吸食的方式，藉由鼻黏膜進入血液中。有些人則嗜用靜脈注射的方式或將它置於管中或香煙中吸食，而上癮者更喜歡結晶狀的古柯鹼，大都用吸煙的方式使用。古柯鹼對人體的初期效應是產生令人陶醉的快感，使人覺得非常興奮、活力充沛，變得很愛說話。愈吸愈多時，心跳加速，血壓升高，呼吸急促而深，使人更加興奮。過後，個體會出現**古柯鹼中毒（cocaine intoxication）現象**，如困惑、焦慮、語無倫次、妄想及幻想等。此時，若沒有續吸古柯鹼，會有崩潰的感覺，也會有頭痛、頭昏眼花，甚至昏厥的現象，而極度的疲憊感將導致長時間的睡眠。通常在二十四小時之內醒來的話，不會有殘留的效應存在，若使用過量，或與酒精及海洛因等混合使用時，則會呈現昏睡（coma），甚至死亡。古柯鹼也會影響體溫調節功能，個體會因體溫過高而死亡。

(三)安非他命

安非他命（amphetamines）是化學合成物質，常見的學名為本齊特林（benzedrine，苯甲胺）、迪克斯特林（dexedrine）以及馬斯特林（methedrine），均屬興奮劑。

安非他命通常為顆粒或膠囊的形式，有些上癮者使用注射的方式，求得強力與快速的效果。近來也有結晶狀的安非他命，以吸煙的方式使用，被稱之為冰塊（ice，或稱冰毒、窮人的古柯鹼），其效果與注射方式一樣。安非他命與古柯鹼所引起的人體效應類似，但二者對神經系統的作用不同，安非他命能使神經傳導物質（正腎上腺素）加速釋出。少量的安非他命具提神、增加活力及減低食慾作用，所以過去曾被用於減肥，不過由於它的危害性甚大，已不再作為減肥的處方了。

安非他命與古柯鹼同樣會產生耐受性（tolerance），所需劑量愈來愈大，長期濫用者，爾後每次的使用量將兩百倍於初次使用量。

(四)浴鹽

浴鹽（bath salt）為亞甲基雙氧吡咯戊酮（Methylenedioxypyrovalerone, MDPV）的俗稱，一種興奮劑屬性的精神藥物，為一新興毒品，已被臺灣列為「準二級毒品」。

MDPV有些成分對人體有害，因而為多數國家所禁用、販售。販售者利用「浴鹽」及其他如「肥料」、「珠寶或手機銀幕清潔劑」等，並貼上「非食用」標籤來逃避執法者的逮捕。浴鹽是人工化學物，如LSD一樣會造成幻覺，其使用方式有很多種，如吸食、注射、肛門塞入或用蒸發器吸食及抽菸吸食。在美國曾有人於吸食後咬人，造成受害者致死。

二、鎮靜劑

鎮靜劑（depressant）是一種中樞神經抑制劑，如酒精、抗焦慮藥物、安眠藥物等。

(一)酒精

酒精（alcohol）常被誤以為具有興奮作用，實際上它能減低或抑制中樞神經系統的作用。飲酒的人，初期似乎顯得比較興奮，那是因為酒精使得人不受正常狀態下的社會規範與禁忌之束縛。現代社會中，喝酒成為大多數人用來作為放鬆自己與交友之媒介。超量的酒精會令人感覺遲鈍，尚有感覺與動作的協調能力降低、思考失常、嗜睡，嚴重者可能昏睡或死亡。

酒精藉血液循環抑制中樞神經系統的活動，使個體的判斷力與控制力降低，所以多數的飲酒者通常會有失控的言語和行為，因此讓人覺得或是可藉由酒精自社會禁制的壓力下紓解，鬆弛身心。這種表面上看似興奮的現象，是因為酒精抑制了中樞神經系統中有關判斷力及控制力的神經功能。

酒精對人的影響須視其在血液中的濃度而定。影響血液中酒精濃度的因素包括身體的體積大小、年齡、身體健康狀況、飲酒的量、飲酒種類、喝酒的頻率以及飲酒的速度等。酒精進入人體後，有90%在肝臟中被分解為二氧化碳和水，其餘10%則由呼吸、流汗和排尿直接排出體外。肝臟每小時只能分解三分之一至二分之一盎司的酒精，相當於二盎司的烈酒（hard liquor）、或六盎司的葡萄酒（wine）、或十二盎司的啤酒之酒精含量。喝酒過快，超過肝臟的分解速度，則血液中的酒精濃度升高，對中樞神經系統的抑制效應相對提高，協調功能降低，人會感覺遲鈍、語焉不詳、思考功能受阻、視線模糊，這也是為何酒後開車導致交通事故有絕對機率的原因，嚴重者會有昏睡與死亡的情形。

酒精對個體情緒的影響因人而異，有人喝酒之後會變得友善與天真；有些人則變得悲傷，不與人語；有些人則會出現暴力與攻擊性；這些不同的酒後行為乃融合著人格、社交情境及喝酒的理由等因素。喝酒成癮之後，將干擾人的正常生活功能，此時，嚴重的酗酒者（alcohol dependence）沒喝酒時將出現各種痛苦症狀，如顫抖、極度疲憊、噁心、嘔吐、心跳加速、血壓升高、覺得焦慮、沮喪、煩躁，嚴重時則神志不清，產生幻覺。如能進行適當的控制，上述症狀會消失。

(二)鴉片

罌粟（opium poppy）是一種植物，其果漿中含有鴉片（opium）的成分，鴉片經提煉之後的產物，依其純度可分為嗎啡（morphine）、海洛因（即可待因，codeine）。

人類使用鴉片已有數千年歷史，吸用鴉片會令人覺得全身溫暖，有飄飄欲仙的陶醉感。早年的醫生利用鴉片來幫助患者解除痛苦，後來人們吸食鴉片變成只是為了追逐那份飄飄然的感覺。食用鴉片者很快的會在身體上產生藥物依賴性，一旦未吸食，身體將極度不舒服。一八〇四年，人類懂得如何從鴉片中提煉出嗎啡，嗎啡具有鴉片的所有特性，能止痛，能讓患者迅速的安靜下來，促其入眠。提煉嗎啡的原意是希望提煉出不會讓人產生藥物依賴的物質，不幸的是，嗎啡同樣易令人成癮。到了十八世紀末期，人們致力於想從鴉片中提煉出不會上癮的物質，結果有了海洛因的誕生，使用後的結果不變，卻衍生出更多的犯罪問題，之後又從鴉片中提煉出了可待因，也有了類似鴉片的合成麻醉性止痛物質——美沙酮（methadone，一九三七年由德國人發明，現主要用來作為海洛因的代替品，治療有使用海洛因習慣的毒品使用者），所有這些除了使用於醫療之外，均是非法的。

吸食鴉片、嗎啡、海洛因等物質時，所用的方式很多，可將之捲在香煙中吸入肺部，也可利用皮下注射或血管注射。初期人體會有數小時的飄飄然的感覺，睏倦欲睡，瞳孔縮小，沒有焦慮也沒有痛苦，食慾和性慾都會降低。隨後，服用者將回復到現實中，並出現痛苦症狀，焦慮、大量冒汗、呼吸急促、頭疼。由於痛苦難熬往往使得食用者活著的目的就是去獲取更多的海洛因與嗎啡。由於需大量金錢購得毒品，往往滋生出盜、搶、娼妓等犯罪行為。

過量的海洛因會抑制中樞神經系統中的呼吸中樞，導致呼吸停止而死亡。除了過量使用危及生命之外，使用者甘冒注射時傳染疾病的危險，如愛滋病（AIDS，後天免疫缺乏症候）等，這些傳染病在毒癮者之間的得病率與擴散率，相當令人擔心。

(三)巴比妥鹽

巴比妥鹽（barbiturate）自十九世紀末問世以來，是運用最廣的鎮定與安眠物質，它能鎮定中樞神經系統，與酒精對中樞神經系統的作用相似。服食時以顆粒狀或膠囊狀服用，少量服用能使個體放鬆與鎮靜下來，大量服用則抑制神經元的衝動，進入睡眠狀態，若劑量過高會停止呼吸。長期服用會產生藥物依賴，並出現各種痛苦症狀，猶如酒經中毒患者般，會有噁心、嘔吐、疲倦、焦慮及憂鬱現象，為了能順利入睡，所需的劑量將愈來愈大，大到足以致死。一般人原先均是在合法的情況下，經醫生處方而服用巴比妥鹽，但因服用結果使人產生非常輕鬆與愉快的感覺，漸漸形成藥物依賴，而走上非法取食之路。

(四)抗焦慮劑

抗焦慮劑（benzodiazepine, BZD）是一九五〇年代問世的抗焦慮物質，

包括學名為二氮平（valium）的地西泮（diazepam），以及學名為利眠寧（librium）的氯二氮平（chlordiazepoxide）。此類抗焦慮劑如百憂解和巴比妥鹽相較之下有下列優點：

1.能減輕焦慮，但不會使人昏昏欲睡。

2.只須使用極少的劑量，較不易產生藥癮。

3.比較不會影響呼吸系統的作用，減少了致死的危險性。

雖然利眠寧和二氮平有上述優點，而且至今仍是最普遍使用的抗焦慮劑，但若過量服用仍然會使人上癮。

三、迷幻藥

迷幻藥（hallucinogen）是指能使人產生幻覺的物質，它會改變人的感覺和知覺，使人的內在與外在經驗有著很大的變化。

(一) LSD（D-麥角酸二乙胺）

最出名以及效力最大的迷幻藥為LSD（lysergic acid diethylamide，D-麥角酸二乙胺）。一九三八年瑞士化學家Albert Hoffman博士，於進行一項有關麥角鹼類複合物的大型研究計畫時所發現，只要服用○・一毫克（milligram）劑量的LSD，便足以引起意識上奇異的變化。服用後大約一小時，視覺將發生很大的變化，所看到的物體顏色會加深，原本不明顯的部分將變得非常清晰，一些固定的物體看起來好似在移動，而且變形。除了視覺的扭曲，服用者也會對冷熱、聲音及時間等有著誇大不實的經驗，對時間的感覺是一分鐘有如一小時漫長。除了上述幻覺之外，服用者會有陶陶然的感覺，並且產生自我解離（detached）及人格瓦解（depersonalized）的現象，有些則陷於嚴重的焦慮和痛苦中。服用者還可能為了逃避或對抗假想的危險對象，發生不幸的意外事件。

(二)大麻及天使塵

大麻（marijuana）是由大麻植物（hemp plant）的葉及花的部分混合製成的物質，服用時係將之切碎製成捲煙，稱為大麻煙。大麻含有四氫大麻酚（tetra hydro cannabinol, THC），對個體的影響是多重的，所以無法將之歸為鎮靜劑、迷幻劑或興奮劑。大麻能令人有陶醉感、解放的感覺，具有鬆弛與鎮靜作用，也會令人有些微的幻覺，產生感覺與知覺上的扭曲。有些人服用後變得愛說話；有些人則變得較沉靜，視覺、聽覺、空間感、時間感均扭曲不實；在情緒上有人覺得愉快，有人則變得焦慮不安；在生理上的反應則是眼睛脹滿血絲、口乾舌燥、心跳加速、食慾增加。如果有更多的THC進入血液中，個體會變得愈來愈呆滯，昏昏欲睡，語焉不詳，思考脫離現實，終於陷入深沉的睡眠中。

俗稱的天使塵（angel dust）即苯環利定（phencyclidine, PCP），一種中樞神經迷幻劑，於一九五九年開發出來的強力鎮痛物質，用來取代其它容易上癮的鎮靜劑。PCP對人體的作用不在於它能消除痛苦，而是它能使個體與感覺作用分離，產生忽視痛苦的效用。由於PCP的化學性質及其對人體的影響異於前述各種物質，因此不易將之併入鎮靜劑、迷幻劑或興奮劑的類別中。

PCP與上述各類物質一樣均會為人體帶來不良影響，同樣的，販賣PCP也是違法的。PCP有粒狀、粉末狀、結晶狀與液狀的形式，吞食、吸食、注射均可，服用後有些人會產生些微的陶醉感，有些人則變得緊張與不安，心情變化快速，忽而覺得自己是萬能的，忽而覺得害怕莫名，並有知覺扭曲，失去判斷力的現象，變得具攻擊性。生理上則出現不由自主的眼動、失去對痛苦的感覺、血壓升高、心跳加速、肌肉伸縮失控。PCP劑量服用過多時，人體會產生幻覺與妄想，以致有暴力、攻擊、自殺等意外事件，過量的PCP會令人昏睡或因危及呼吸中樞而死亡。

四、物質濫用問題

所謂**藥物濫用**（或**物質濫用**）是泛指能改變情緒、知覺或大腦功能的任何物質。藥物濫用依照世界衛生組織的定義是指持續或斷續地過度使用藥物，其用藥不符合醫療原則或根本與醫療不相干，或不依社會規範濫用藥物。依照這個定義，**藥物濫用**包括醫療目的的藥物濫用，以及非醫療目的的藥物濫用。非醫療目的之藥物濫用有兩種類型：一，初始目的係為了醫治疾病，而由醫師開立處方，使用藥物，但因使用不當或病人不依醫師處方，盲目或有目的的使用致構成上癮的現象；二，一開始就不是為了治病，而是為了好奇、尋找刺激、逃避，以及因其他的情緒問題而使用藥物（宋維村，1988）。本節所述及的各種物質均屬濫用的物質，這些物質被濫用之後引起的身心問題，可歸納如下：

1.生理方面：會有抽搐，肌肉失去控制，眼睛脹紅，呼吸系統、血壓、心跳等之變化，疲倦，昏睡等現象，嚴重時可以致死。
2.心理方面：服用興奮劑或迷幻劑之後會有害怕、恐慌、焦慮、不安等狀態。有的可能出現幻覺、妄想等症狀，有的會因擔心受到傷害而有攻擊性行為，或出現自殺等自我傷害行為。意識功能的改變，如知覺、感覺等的扭曲，也是常見的現象。

(一)藥物依賴或藥癮

藥物濫用的結果不只是服藥後的身心變化，若持續濫用藥物，還會產生心理依賴和身體依賴。所謂**心理依賴**，是指繼續使用藥物一段時間之後，若不食用，心理會覺得不舒服，煩躁不安，非常渴望立刻拿到這個藥物，甚至不惜使用任何手段去拿到藥物服用，這種心理上對藥物產生的強烈需求就是心理依賴。當繼續使用某個藥物之後，由於身體的新陳代謝改變，使得身體對藥物的新陳代謝速率增加，就要服用更多的藥物來達到相同的藥效，或者由於神經系統對藥物的感受性變得不敏感，而需要更高濃度的藥物才可以達到相同的效果，此現象叫作耐藥性。個體產生耐藥性之後，若突然停藥，會由於身體器官系統已經習慣該藥物的長期存在，而產生各種戒斷症狀。如果使用藥物者出現耐藥性和停藥時的戒斷症狀，就表示已經產生了身體依賴現象（宋維村，1988）。

(二)藥物濫用成因

藥物濫用的成因至今尚無定論，沒有任何單一的模式可以用來解釋所有的藥物濫用成因；一般而言，藥物濫用可以從心理、社會文化及生物學的角度來解釋（宋維村，1988）。從生物學家的角度而言，有些藥物容易產生耐藥性與戒斷症狀，這種藥物本身容易使人上癮；有些藥物濫用 則可能和體質有關。心理層面的成因可說是構成當今青少年藥物濫用相當大的成因。青少年好奇心強，重視同儕關係，禁不起朋友的聳動而嘗試藥物者甚多。家庭及學校帶給青少年的壓力，使其缺乏愛與成就感，難耐自卑、苦悶、無聊與痛苦的感覺，於是藉藥物尋求心情的舒暢，並藉以逃避現實。

社會文化層面也是形成藥物濫用的重要因素，有些人因工作或職業需要，需靠藥物提神或幫助睡眠，也有些人會藉由藥物來尋求靈感；有些人則因交友不慎，遭脅迫或受騙成為藥物濫用者。心理與社會文化因素是交互在一起的，得不到溫暖與自尊者，一旦缺乏挫折容忍力，每每利用藥物來解脫痛苦，為家庭、學校、社會需予以重視的問題。

第六節　結語

心理學研究意識，不僅探討其內容，也兼顧研究意識的歷程。意識即是個人的注意程度，一般可分為焦點意識、半意識、無意識、潛意識以及前意識等層面。而在一般生活中的睡眠、催眠、作夢、冥想，以及外在刺激的藥物等等，皆會影響個體的意識狀態。近年來，催眠（即超覺靜化）被應用簡單化及科學化來幫助個體改變生心理及反應，而且在戒煙、戒酒、戒毒及改變個體情緒、壓力、血壓也有一些效用。

參考書目

一、中文部分

宋維村（1988）。《青少年精神醫學》。臺北：天馬文化。

張春興（1991）。《現代心理學》。臺北：東華。

二、英文部分

Allison, T. & Cicchetti, D. (1976). Sleep in mammals: Ecological and constitutional correlates. *Science, 194,* 732-734.

Anch, M., Browman, C. P., Mitler, M. M., Walsh, J. (1988). *Sleep: A Scientific Perspective*. New Jersey: Prentice Hall.

Benson, H. (1977). Systematic hypertension and the relaxation response. *New England Journal of Medicine, 296,* 1152-1156.

Chase, M. H. & Morales, F. R. (1983). Subthreshold excitatory activity and moto neuron discharge during REM Sleep. *Science, 221,* 1195-1198.

Cohen, D. B. (1979). *Sleep and Dreaming: Origins Nature and Functions*. Oxford: Pergamon Press.

Coleman, J. C., Butcher, J. N., & Carson, R. C. (1984). *Abnormal Psychology and Modern Life* (7th ed.). Glenview, IL.: Scott Foresman.

Darley, J. M., Glucksberg, S., & Kinchla, R. A. (1991). *Psychology* (5th ed.). NJ: Prentice Hall International INC.

Dement, W. C. & Kleitman, M. (1957). The relation of eye movements during sleep to dream activity: An objective method for the study of dreaming. *Journal of Experimental Psychology, 53*, 339-346.

Evans, C. (1984). *Landscapes of the Night: How and Why We Dream*. New York: Viking.

Freud, S. (1953). The interpretation of dreams. In J. Strachey (ed. and trans.). *The Standard Edition of the Complete Psychological Works*. London: Hogarth.

Gulevich, G., Dement, W., & Johnson, L. (1966). Psychiatric and EEG observations on a case of prolonged (264 hours) wakefulness. *Arch Gen Psychiatry, 15(1)*, 29-25.

Hilgard, J. R. (1965). Personality and hypnotizability: Inference from case studies. In E. R. Hilgard (ed.). *Hypnotic Susceptibility*. New York: Harcourt, Brace & World.

Honsberger, R. W. & Wilson, A. E. (1973). Transcendental mediation in treating asthma. *Respiratory Therapy: The Journal of Inhalation Technology, 3*, 79-80.

Kihlstrom J. F. (1985). Hypnosis. *Annual Review of Psychology, 36*, 385-418.

McCarley, R. W. (1978). Where dreams come from: A new theory. *Psychology Today*. December.

Meddis, P., Pearson, A., & Langford, G. (1973). An extreme case of healthy insomnia. *Electroencephalography and Clinical Neurophysiology, 35,* 213-214.

Orne, M. T. (1977). The construct of hypnosis: Implications of definition for research and practice. In W. E. Edmonston, Jr. (ed.). Conceptual and investigative approaches to hypnosis and hypnotic phenomena. *Annuals of the New York Academy of Sciences* (V01. 296), 14-33.

Palumbo, S. R. (1978). *Dreaming and Memory: A New Information-processing Model*. New York: Basic Books.

Singer, J. L. & McCraven, V. J. (1961). Some characteristics of adult daydreaming. *Journal of Psychology, 51*, 151-164.

Chapter 5

學習與行為改變

■學習

■行為改變

■結語

從心理學的歷史發展來看，心理學自德國Wundt成立研究人的實驗室，即探考科學心理學，探究人的心智結構。而心理學之發展，有人比喻哲學是父親，生理學是母親，而生物學是媒人，最後哲學與生理學結合產生心理學。自古以來，對人類知識起源一直就是哲學上的重要主題。知識論（epistemology）就是探討知識的起源。知識的來源源自於學習，所以學習便成為現代心理學的同義詞。解釋學習的兩大哲學理論，一是十七世紀的英國哲學家Locke的經驗主義，另一是十七世紀的法國哲學家Descartes，後經十八世紀德國哲學家Kant大成的理性主義。

按經驗主義的看法，人類的知識來自於後天在生存環境中所學得的經驗，形成概念（或知覺），而後經過聯想形成知識，此種將零碎觀念匯集為知識的歷程，稱為**觀念聯想**（association of ideas），研究人類學習知識歷程的就稱之為**聯想心理學**（association psychology）。惟聯結主義所強調的不是觀念之間的聯想，而是刺激與反應之間的聯結。而有系統的解釋刺激與反應之間如何聯結的理論者，就是後來的行為主義（behaviorism）。

按理性主義的看法，人類知識的來源，不憑經驗，而是憑個人的理自理的直覺和演繹推理，才構成知識。經驗雖有助於知識之構成，但不等於經驗的累積。整體來說，經驗雖能構成知識的內容，但知識的構成尚須先天心靈的理性作用，也就是說，個體將先天性的概念結構加上經驗，透過機體的組織與整理，方能形成知識，即此是Kant理性主義知識論所強調的超驗主義（transcendentalism）。理性主義的概念正是歐洲的完形心理學（gestalt psychology）及在美國逐漸發展的認知心理學。

第一節　學習

學習的定義是個體因經驗致使行為產生持久性改變的歷程，此一界定包括下列四種概念：

1.行為的變化：此類行為不僅是外在有明顯的改變，例如從無到有，而且也包括學習程度的差別。

2.行為是持久性變化：無論是外顯行為或行為潛在特性，此種改變是要有持久性改變，才算是學習，而有些行為只是暫時性改變，例如藥物麻醉。

3.學習是經由經驗或練習而產生：**經驗**是構成學習的原因。雖然行為改變可以透過藥物或機體成熟，但這些不屬於學習。學習係指活動過程的變化或個體生活習得的累積，如習慣、技能等。

4.行為有多種類型：行為有屬於理念、動作、知識等各種層面。

學習理論

(一)古典制約學習

古典制約是由俄國生理學家Ivan Pavlov（1849-1936），以狗做實驗，偶然發現制約反射（conditioned reflex）的研究，這個以狗作為對象所做的制約反射研究，被稱之為「動物對特定制約刺激的反應」。在研究中，Pavlov發現將聲音刺激與餵食結合呈現給狗，狗便會獲得對聲音的唾液分泌反應。將食物給狗吃，狗會流口水，這是自然反應，稱為條件制約；接著當他用搖鈴，即使未出現食物，狗也會流口水。也就是說，食物引起唾液分泌是先天性的，而聲響之所以能夠引起唾液分泌，源自動物個體所經歷的**經驗**。

制約是一種事物的成立，以他種事物為先決條件。例如水遇熱會氣化為水蒸汽，遇熱就是水蒸汽的制約。反應制約是刺激的配對替代，是被動的行為。電視廣告便常會運用此一原理，例如人們看見美女會產生愉悅反應，汽車或化妝品廣告便常會有美女伴隨出現，以促進人們購買的慾望。

古典制約學習，意指一經過同樣歷程所產生的學習，或是同一類的學習。凡是經過刺激替代方式，使一個原本不能引起某特定反應的甲刺激，與另一能引起該種反應的乙刺激相伴出現，而後甲刺激單獨出現時，即可取代乙刺激之作用引起同樣反應者，稱為古典制約學習。（其程序及實驗設計，參見**圖5-1**與**表5-1**）

古典制約會引發個體在學習中有一些行為現象，例如：

1.條件化獲得：條件化獲得指的是制約刺激和非制約刺激的聯結，而造成行為因刺激而一起出現所引起的非制約反應。制約刺激與非刺激反應原本並沒有聯結，但經由與非制約刺激一起出現而獲得聯結。

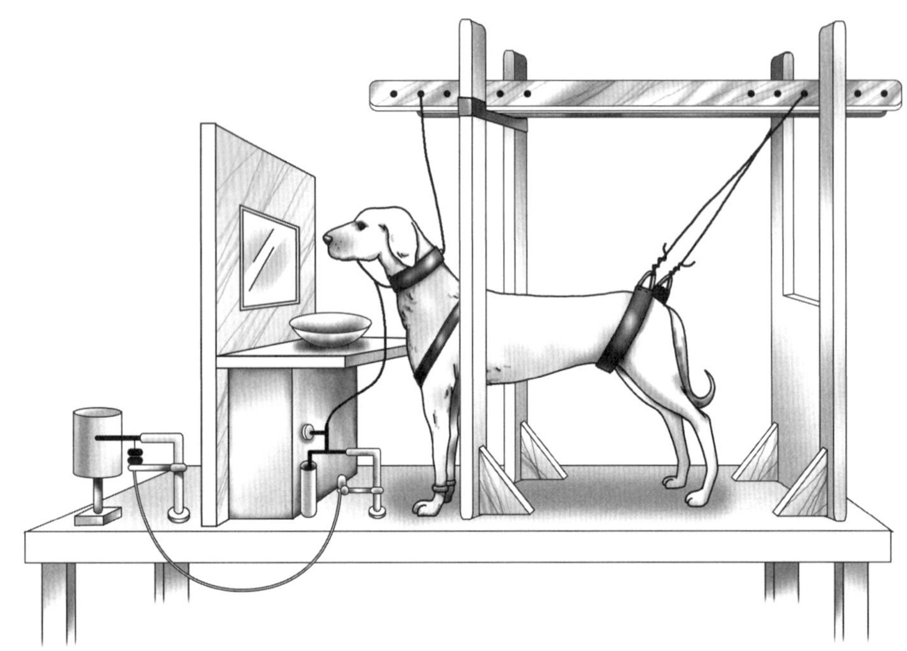

圖5-1　古典制約學習實驗情境

資料來源：黃建中繪製。

表5-1　古典制約的三個時期與四個階段

三個時期	四個階段	行為現象	
制約前	階段一	UCS 非制約刺激 （食物） →	UCR 非制約反應 （流口水）
	階段二	CS 刺激刺激 （鈴聲） →	No Response 沒有特定反應
制約中	階段三	CS 制約刺激 （鈴聲） ⇢ UCS 非制約刺激 （食物） →	UCR 非制約反應 （流口水）
制約後	階段四	CS 制約刺激 （鈴聲） →	CR 制約反應 （流口水）

2.消弱作用（extinction）：當制約刺激獲得條件化之後（第四個階段），如不再出現第三階段的行為現象（非制約刺激不出現），便會使已建立的制約反應逐漸減弱，甚至不再反應。消弱現象愈晚出現，個體所學到的制約反應保存愈久。

3.自然恢復（spontaneous recovery）：當消弱現象出現之後，反應停止，過一段時間之後，非制約刺激又出現，又與制約刺激伴隨出現，此時的行為反應會自然恢復。

4.類化作用：當刺激與反應達成第四階段的制約時，制約刺激在能單獨引起制約反應之後，與制約刺激類似的其它刺激，不須經過制約學習歷程，即可引起同樣的制約反應，此現象稱為**類化**。換言之，刺激愈類化，兩種刺激愈相似，也就愈易類化，例如幼兒學叫爸爸，若有另一人容貌與其相像，幼兒會認為陌生人就是爸爸，也就是所謂「愛屋及烏」。另一類的運用如舊經驗的「一朝被蛇咬，十年怕草繩」也是一種類化作用。

5.辨別作用：當古典制約學習達到第四階段，制約刺激在能單獨引起制約反應之後，當有其他制約刺激類似之刺激同時出現，個體將表現出選擇性反應，只向制約刺激反應，此種現象稱為辨別作用。例如紅燈停，綠燈行；辨別是非，分清青紅皂白。

(二)操作制約學習

操作制約是反應增強的作用，如愉悅、需求的滿足等等，而使反應頻率增加，行為較主動的原因則是「增強物」的介入。如自動販賣機的操作，投幣立即得到飲料的滿足；打電腦的立即回饋，正確答案出現後的增強；開會的出席費高，或辦活動的供應物品多，都會造成參加者人山人海，甚至經費不夠的結果；給餐廳服務生較多小費，換毛巾的次數就會增加。學習情境如幼兒學說再見，拍手或食物都是增強物；學生有好表現時，老師的微笑、拍肩膀、公開鼓勵表揚，都有許多成功事例，足見成就感教學的重要性。

大約在Pavlov實驗發現古典制約的同時，美國心理學家Edward L. Thorndike（1874-1979）用貓做實驗，開了操作制約學習的濫觴。Thorndike將肌餓的貓置於特別設計的迷籠箱（Puzzle Box）中（見**圖5-2**），箱外置食物，將貓置於籠

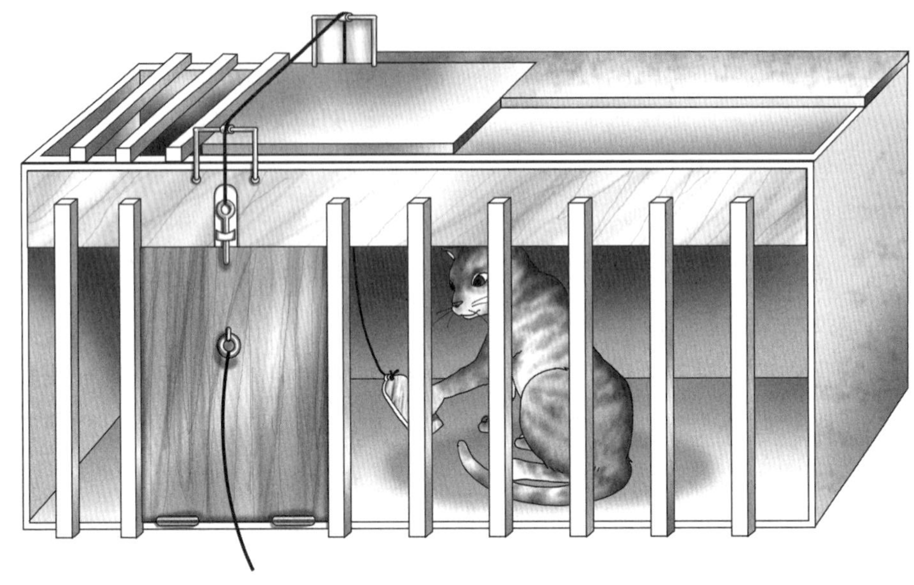

圖5-2　E. L. Thorndike的迷籠箱

資料來源：黃建中繪製。

內，貓會嘗試錯誤，到處亂跑，當貓不小心誤觸踏板，門自動開放，因而獲得外面的食物；貓經過多次重複練習後發現，貓咪紊亂地嘗試錯誤的動作減少；經過不斷練習之後，貓觸動踏板愈來愈快，最後，終於學會一進籠即去觸踏板以取得食物。

Thorndike的嘗試錯誤學習與其效果率（low of effect）盛行於二十世紀之初，到了三〇年代，Burrhus F. Skinner（1904-1990）修正Thorndike的實驗，以白老鼠及鴿子等動物作為實驗對象，提出了著名的**操作制約學習理論**。操作制約學習又稱為工具制約學習（instrumental conditioning）是由Skinner所設計。Skinner設計的史基納箱（Skinner Box）（見**圖5-3**）用增強（reinforcement）取代了Thorndike的效果率。Skinner的實驗過程是：先將白鼠置入箱內，經過嘗試錯誤的行為，例如碰到活動踏板給予食物（正增強），碰到左邊的踏板，給予擴音噪音（處罰）。在實驗初期先記錄在單位時間內自動出現反應的次數，是為基準線（base line）。之後在連續多次練習中，記錄其反應行為。

操作制約與古典制約學習也有類化作用、辨別作用、消弱作用、自然恢復、次層制約學習等現象。**增強或強化**是操作制約最重要的概念，最常應用此原則來訓練人或動物，將行為分解成各種不同層次的行為反應，依序各自施以

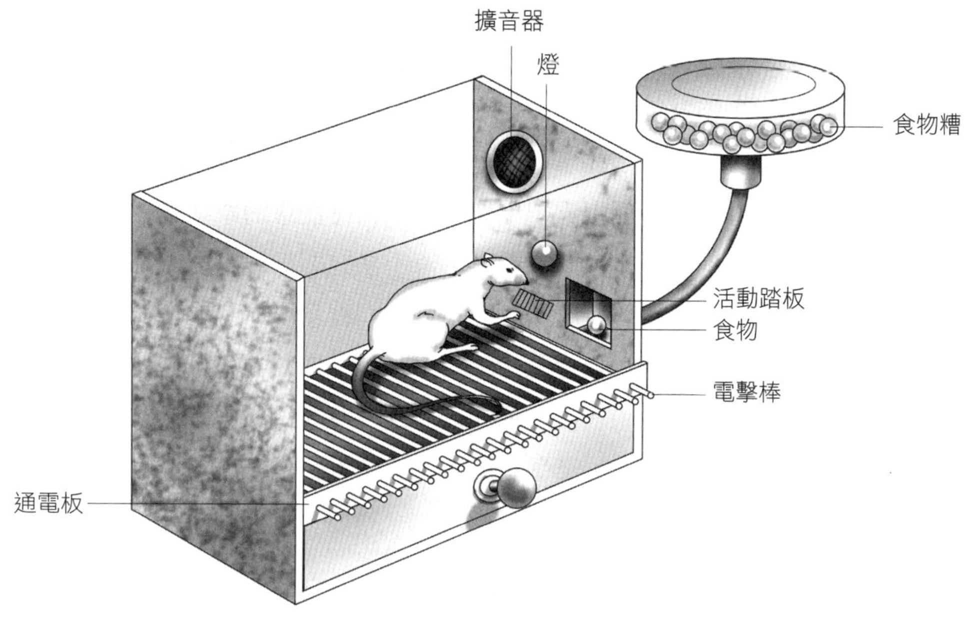

圖5-3　斯基納箱

資料來源：黃建中繪製。

操作制約學習，最後達到行為塑造的學習方式（shaping），此種方式又稱為**連續漸進法**（successive approximation method）。

增強物大致分為三類，分述如下：

1.原級增強物：指「飢而食，渴而飲」的人類基本需求，但若不缺時則無效。如食物（刺激）直接滿足個體的需求。

2.次級增強物：指能代替原級增強物的籌碼，如金錢，「人為財死，鳥為食亡」、「有錢能使鬼推磨」，若鳥也被教以金錢換取食物，則也會為金錢而賣命；教猩猩以一枚籌碼投入自動販賣機取食，再教猩猩拉動另一部機器的把手而得到籌碼，則猩猩會不停工作。

3.社會性增強物：為概括性的增強物，教師對學生的關懷；鼓勵、表揚、讚賞學生；給予加分；榮譽；成就感教學等均屬之。社會性增強物的效果往往大於物質增強物。普利馬克原則（Premack Principle）以行為本身為增強物，「以其人知道，還治其人之身」。如小孩大多喜愛看電視，看電視就是行為本身，如讓看電視的時間漸減，漸增看書的時間，也就是以看電視為誘因，轉變為看書的習慣。

上述幾類增強物，都是外在的，不如內化為內在滿足的自我增強、自我肯定。「不以物喜，不為己悲」的內在增強，效果最強且持久。每個人對增強物的喜好有個別差異，甲的補品，也許是乙的毒物。所以不可一概而論，應先作增強調查，使增強物配合個別需要。使用增強物應注意的原則是：增強物方便取得，手續簡便，而不是以滑雪或看電影等不易立即實現的酬賞為增強物；增強物要立即提供，不僅要善有善報，而且要立即就報（即時獎賞表揚的效果最好）；增強物可重複使用，但連續給糖必生厭膩；增強物有足夠效力，宜分量配合需求，以發揮最大效果。凡任何能夠加強行為發生的刺激，即稱為**正增強物**（positive reinforcer）；凡是令人不愉快或痛苦的事物，則稱為**負增強物**（negative reinforcer）。

(三)社會學習

Albert Bandura的觀察（模仿）學習，強調環境的重要（境教），行為是個體與環境互動的結果。所謂「見賢思齊，見不賢而內自省」，學校的模範生選舉、杏壇芬芳錄、師鐸獎，社會的模範父（母）親表揚、好人好事表揚，就是觀察（模仿）學習的正面應用。而「上樑不正下樑歪」、「殺雞儆猴」、「殺一儆百」，就是觀察（模仿）學習的另一面應用。

(四)認知行為改變

觀念是行動的指引，有正確的觀念，才有正確的行動。人們的困擾不是來自事情本身，而是來自人們對事情的看法。換言之，不合理的想法會造成情緒的困擾。因此，要矯正不當行為，就要糾正當事人不合理的想法，改變其情緒，建立合理的信念。如戒菸的正面認知，是戒菸可以省錢，不抽菸的飲食味覺比較香；而戒菸的反面認知，是抽菸會致癌。若能認知戒菸的正反面效果，就會改變不當行為。

第二節　行為改變

行為通常被認為是「活動」、「動作」、「表現」、「言行」、「反應」

等同義詞；事實上，行為係指一個人所說或所做的事。而不同哲學派別，對行為有不同的解釋，例如：

1.傳統行為論者：可觀察測量的外顯反應或行為，如J. B. Watson與B. F. Skinner。
2.新行為論者：可觀察測量的外顯行為加上內隱性的意識歷程，如H. U. Hull與E. C. Tolman。
3.認知論者：行為是心理表徵的歷程，對於可觀察測量的外顯行為反而不太重視，如Jean Piaget與Bruner。
4.心理學上的廣義用法：包括內在的、外顯的、意識與潛意識的一切活動。「行為」一詞主要是涉及內在意識活動和外顯的活動，較不觸及內隱的潛意識活動。

而造成行為改變的因素則有主客觀因素：

1.主觀因素：
(1)成熟：個體會隨生長程度使其基本行為產生改變的歷程。
(2)學習：個體經由練習或經驗使其行為產生較為持久改變的歷程。
2.客觀因素：
(1)遺傳：生命開始之際，父母親的心理與生理特性傳遞給子女的一種生理變化過程。
(2)環境：個體在有生命開始之後，生存空間對其產生影響的一切因素。

一、增進個體良好行為的行為改變技術

(一)行為的塑造與串連（連續漸進法）

行為是逐步養成的（連鎖原理），如同雕塑家的捏泥巴，經過許多步驟與複雜的過程，才能完成一件作品。又如造句，由若干單字、造詞，連接而成句子，其他如體操、彈琴、電器操作手冊、學騎腳踏車，以及運動選手以播放影片慢動作的方式學習技能，都是由若干分解動作串連而成，先學會簡單的基本動作，進而學會複雜行為。行為改變會運用「工作分析」，就是把抽象複雜

的教材，逐層分析成為簡單易懂的基本元素；即使是一個洗手動作，也能分解成十七步驟。「馴夫記」能使大男人主義者下廚房煮飯的過程，就是行為塑造（逐步漸進法）的巧妙運用。然而，行為塑造若使用不當，也會因誤用而產生反效果，如小偷屢次得逞，便由大偷而成大盜；又如小孩好哭，逐步養成以哭為威脅取食的手段。

(二)正增強作用

獎賞是教育上的金科玉律，守規矩的學生會得到鼓勵，所以更樂於守規矩。小女兒跟媽媽到超市買東西，表現順從與合作，媽媽說：「你很乖，去買乖乖吃。」以此經驗，類推到下回再到超市或上街購物的同樣表現。

(三)負增強作用

負增強是一種威脅，但尚未執行；若不當行為一發生，立刻執行威脅，就是處罰。換言之，負增強是免於受制裁或痛苦的威脅，增強目標行為，做出合格行為，以脫離痛苦厭惡的情境。負增強作用的語法是：不……，就要……。例如假如不寫作業，就要取消下課時間來寫作業。負增強也是擁有權力的人常對缺乏權力的人為達行為控制的常用方法。

負增強作用分為兩類：(1)逃脫行為：例如烈日下會行走於陰涼的地方；或脫掉一雙窄小的鞋子；或按期繳款，免受過期的處罰；或上課專心，以免放學後留校一小時；(2)防範行為：例如法律明訂犯法後果以促使人們不觸犯刑罰；遵守交通號誌免於受罰；用功準備考試以防成績不好而受罰。

(四)類化作用與辨別作用

類化作用大致分為兩類：(1)刺激情境類似：即兩種刺激愈相似，愈易類化。所謂「愛屋及烏」，學生敬愛某位老師，因而對其擔任的課程也特別喜歡；(2)運用舊經驗：如「一朝被蛇咬，十年怕草繩」；要求小孩在圖書館應肅靜，就像參加演講時的經驗。若刺激明顯不同，則會產生辨別作用。辨別作用對反應而言，是選擇增強。見馬呼之為馬，則給予增強；若指鹿為馬，則不予增強。

(五)代幣增強作用

以符號（象徵物）代替實物獎勵。如積分制、兌換券、籌碼、榮譽卡、貼紙、行為契約等，以兌換獎品實物。日常生活的運用可說不勝枚舉，如百貨或購物商場的兌換券等。使用代弊制的優點有：實施方便、避免飽足、標準客觀、可同時使用於多數人。而使用代幣制的缺點有相互收受使用、卡片易偽造、購買實質增強物的花費大。便利商店常用貼紙、贈品吸引顧客消費就是代幣制度的應用。

(六)模仿原理：身教與境教（刺激控制法）

身教就是示範法，教師以身作則，提供良好學習楷模，學生看樣學樣，或是觀察學習，例如考試作弊記大過乙次，以儆效尤。身教的要素之一是楷模的特性，年齡與性別較接近者、社會地位高者、成功的名人專家，較易被模仿，因其較容易成功；其二是觀察者的特性，注意力集中、動機強烈者較易模仿成功；其三是模仿的過程，楷模行為得到何種獎懲深深影響模仿行為。境教是安排環境以改變行為，如節食減肥者於冰箱門貼著美女照片，寫上警句：「哇！少吃就會這麼美！」以控制取食的慾望。

(七)增強的分配方式

增強的分配方式有「連續增強」與「間歇增強」之分。「間歇增強」又分為「比率分配」與「時距分配」，各有「固定」與「變動」二類。固定的「比率分配」如按件計酬，或是每上一堂課休息十分鐘；變動的「比率分配」如吃角子老虎或是推銷員的售出商品。至於比率分配在固定／變動間的比較方面，則是老師發問，學生按次序輪流回答，是固定的「比率分配」；而若以抽籤方式回答，則是變動的「比率分配」，效果也較好。時距分配在固定／變動間的比較方面，則如每週一檢查作業或是段考，是固定的「時距分配」；臨時抽查作業或是臨時考則是變動的「時距分配」。一般而言，間歇優於連續，變動優於固定，而比率又優於時距，因為比率分配是按件計酬值得加班，而時距分配是不必多賣力加班。

二、消除個體不適當行為的行為改變技術

(一)消弱作用（停止增強）

消弱作用是使個體的反應因得不到回饋而消弱行為。如上課時老師發問，某生數次舉手皆得不到機會，之後該生不想再舉手；某女老師在課堂上無心說了一句引人遐思的雙關語，學生起哄，老師若無其事，自然就會消弱笑鬧場面；又如哭鬧小孩，若不予理會，待表現乖巧，才給予注意微笑，就會削減哭鬧，養成正當行為。使用消弱作用應注意的是，扣留增強到相當久，例如不理會哭鬧小孩要狠心，即使在地上連滾帶爬，也不可心軟而前功盡棄。此外，管制增強要全面合作且態度一致，如訓練小孩於正餐吃飯而不吃零食，就要在除了正餐時間以外，管制所有可能取得食物的機會，才能發生效用；再者，反應動作要十分吃重、付出相當代價，才給予增強，例如買獎券，若每張二十元，則不中也不痛不癢；若每張千元，數次不中，則因代價太高而放棄。

(二)增強相剋行為（相互抵制）

甲刺激產生痛苦的反應，乙刺激產生愉悅的反應，若使愉悅反應強於痛苦反應，且兩行為不並存，則乙刺激會取代甲刺激。依此原理，則可安排無法並存的兩行為，以好行為代替不當行為，如唱歌與哭鬧兩行為不能並存，小女孩若起床唱歌則得貼紙，就會去除哭鬧行為。又如興奮與平靜是不並存的行為，某生愛吵鬧，若選為風紀幹部，為了維持秩序，某生自己就不再吵鬧。

(三)敏感遞減法（逐減敏感法）

減敏法是消除焦慮、緊張、懼怕的行為治療法。例如女生怕蛇，則設計安排有系統地呈現刺激，以逐漸降低消除恐懼症。首先在遠處放置假蛇，由他人觸摸，結果並未有危險反應；再向前移近，也不見危險；繼之在遠處置放真蛇，接著漸漸移近，手扶著他人的手摸蛇，最後他人即使親手摸蛇也不會懼怕；又如肌肉放鬆訓練也是此一原理的運用。

(四)飽足法（飽和原理）

飽足法是給太多的增強物，多到不能處理而產生厭膩。某生上課喜歡轉動

筆桿，難免分心，教師讓他不停地重複此一動作，直到產生厭煩、痛苦，進而戒除該不當行為。例如戒菸，讓吸煙者猛抽菸，直到頭昏腦脹而產生厭惡，但要小心運用以免傷害身心。又如某飲食店，以炸大蝦聞名，可每人限吃一尾，以不會產生飽足感而有再光顧的欲求，此為避免飽足的妙用。

(五)撤除正增強

撤除正增強可分為「隔離法」與「虧損法」。以實例來說，「隔離法」如喜歡遊戲的兒童若不遵守規定，就不讓他遊戲；或某生是桌球代表隊，卻犯抽菸的不當行為，教練警告他，若再抽菸就要取消代表隊資格。「虧損法」是扣除其所擁有的增強物，如逾期還書要罰款；不守常規要扣操行分數；開車超速要被開罰單。但要注意的是，扣除增強物應考慮當事人是否付得起的數量，若當事人一貧如洗，則罰重款會有困難。

(六)遠離增強物（禁制法）

遠離增強物是調整環境，移走引人作怪的刺激。老子說：「不見可欲，使心不亂。」例如菸毒勒戒所，就是使吸菸毒者避開誘惑，而戒除菸毒之癮；又如學生上課搗蛋，老師將其移開鄰座，使調皮學生沒有任何接應，缺乏任何增強。然而使用禁制法應小心，以免誤用。學生上課搗蛋，若老師令其罰站教室後，正合該生心意，視野擴大，無法制止其作怪，若再令其罰站走廊，更是逍遙自在。所以使用者務必瞭解學生心態。

三、認知行為改變技術

(一)理情治療法

以合理的認知來培養健康的情緒狀態。人們許多的情緒困擾，經常是當事人的不合理看法，猶如戴有色眼鏡跟自己過不去。因此，觀念的重建，轉移情緒，是化解之道。例如失戀產生不安的情緒，人們常以「天涯何處無芳草」、「你值得更好的」等安慰之；某生因考試落榜，自責過甚而痛苦，便以「塞翁失馬，焉知非福」安慰之。人們的情緒困擾，或人與人之間的誤解，常起因於成見與偏見。

(二)自我解惑法

自我解惑法是分析解決問題的有系統思考步驟。大致分成五個步驟：首先要面對困難，人生不如意事十之八九，有困難是不可避免的，要鼓勵當事人勇於面對困難，而不是逃避問題；其次要認清問題，透過討論將籠統的疑惑，界定得更清楚；再次是列舉對策與研判對策，以腦力激盪法想出一切可能的解決辦法，並考慮對策的優劣得失與後果；最後實施對策，天下沒有百利而無一害的方法，所以要通權達變，「兩害相權取其輕，兩利相權取其重」即是可行之道。

(三)自我肯定訓練

自我肯定訓練是懂得拒絕別人的技巧，能表白自己的意願，有主見，有自信心，合情合理，不遷就他人無理的要求與干擾，以免造成埋怨、後悔、自責、膽怯的後果。一般人常礙於情面，不知如何拒絕別人，常常開不了口。例如心不甘情不願地難以回絕朋友的借錢；或室友的錄音機吵到自己專心讀書準備考試，卻又不好意思吭聲，滿肚子的悶氣。自我肯定訓練的過程是：真實的敘述、誠懇的表達、合理的聲明、明智的果決，坦誠地表明自己的主張。

自我肯定訓練可以說是改變個人性格的重要措施，它所運用的原理仍屬行為改變的過程，但是含有相當多的認知成分。

(四)自我教導訓練

自我教導訓練是當事人教導自己應付焦慮、痛苦、恐怖的不利情境，面對現實，培養積極的看法。自我教導的語氣，常是自我支持、自我勉勵的話。例如在恐怖的情境中，自言自語：「不要怕，要冷靜」；學開車時對自己說：「小心點，手腳要放鬆」；打籃球時對自己說：「對準籃圈，球要抓牢」；參加考試時，時時警惕自己：「不要緊張，慢慢想」。這些都稱之為自我教導訓練。

第三節　結語

在心理學歷史中學習心理學是受西方哲學的知識論的影響，而影響哲學上的知識論有二：一是受英國的經驗主義，另一是源於法國與德國的理性主義。經驗主義倡觀念聯結，後來傳到美國形成行為主義。行為主義是從客觀的動物實驗和精確客觀的測量為主的行為科學。

學習是因經驗而使行為或行為潛能（behavior potential）產生持久的改變歷程，制約學習有兩大派別：古典制約和操作制約。但行為主義者只能用於解釋學習行為的「行」，卻不足以說明「知」的複雜學習歷程。之後雖有完形心理學家以「頓悟學習」（insight learning），美國心理學家Tolman以動物迷津學習實驗，以認知地圖（cognitive learning）說明方法學習。六〇年代Bandura以觀察社會情境，經對楷模（modeling）的觀察與模仿來間接學習。後來認知心理學解釋行為改變主要是受觀念及價值而來。

學習是一複雜的歷程，所以很難用單一的歷程模式來解釋或類化不同的學習行為。

行為改變技術被應用於教育、輔導、治療、保育及企業管理之層面主要在於建立好的行為，去除不好的行為。行為改變技術簡便易行，容易操作，持之以恆就可達成行為目標。但因為個別差異很大，不能單憑單一方法達成行為改變，但只要善用此種學習經驗，行為改變技術仍是一種很有效用的方法。

Chapter 6

記憶與遺忘

■記憶的生理基礎

■記憶系統與結構

■記憶模式與歷程

■遺忘

■結語

記憶是人類心理特質之一，也是個體學習的基礎。記憶的能力涉及個體的認知功能，而認知最重要的特質之一是概念習得。學習是人類行為最複雜的一面，同時也是瞭解人類行為的基礎，而個體的記憶與遺忘的學習歷程，對於複雜的學習行為之深入瞭解實有所助益。學習是個體經由練習或經驗，使行為產生較為持久改變的歷程與結果；記憶則是對學習歷程或結果加以保留的行為，無需經由練習即可重現的心理歷程。訊息處理（information processing）的理論，一直是近五十年來認知心理學的主流，除瞭解個體的記憶運作過程之外，也對兒童的認知發展有鉅大影響，如個體的概念發展、記憶以及問題解決能力等等。

人類的記憶研究於一九一三年由Ebbinghaus用科學研究方法來研究人類記憶，使用實驗方法及量化與質化的處理，成為日後研究之楷模（Kraft, 1981）。到了六〇年代之後，記憶才開始為學習心理學家所注意，加上研究方法的突破與精進，以及其他學科，如資訊科學與神經化學等支援，使得記憶研究蓬勃發展，記憶的理論也加以被提出。人類到底如何來記憶訊息及究竟有哪些因素在影響記憶，本章嘗試從生理基礎、記憶結構與歷程來介紹個體的記憶與遺忘。

第一節　記憶的生理基礎

從現代哲學觀Descartes的身體與心理（mind-body problem）觀點的延續，過去的觀點認為，人類的記憶的生理基礎並非如心臟或肺臟一般，為一單一系統，而是許多次級系統的聯合操作，這些次級系統皆具有可儲存訊息的能力，如Olton就曾將記憶比喻為夾心巧克力，一盒巧克力中有不同的大小與形狀，每個巧克力又包著不同的糖心，所以記憶有不同的形狀和特徵，裡面又蘊藏著不同的訊息，因此要以單一神經部位或機制來解釋記憶現象，已不合乎其複雜現象，本節僅就生理基礎中的大腦系統與神經化學兩方面來加以介紹。

一、大腦系統

人腦細胞約有百億（10^{11}）個神經細胞所組成，現有的研究已證實人腦是終生在成長，自出生後，這些細胞有增無減，在六歲時約有60%的成人腦細胞，至青春期之後發展為80%，然後逐漸發展為成人的容量。人腦的百億個細胞可以被劃分成不同的結構。這些結構或是整體，或是部分有其名稱及其行為功能，如運動區、感覺區、視覺區、聽覺區等（參考第二章）。這些功能區位化（functional localization）如是屬實，那麼記憶痕跡在大腦中的那些區域是個別還是混合的這個問題仍未獲得正確的回答。但神經心理學家卻從動物學習與記憶的生理基礎上，有一些看法。

Karl Lashley是第一位從事記憶研究的神經心理學研究者，其在一九一五年開始神經定位研究。Lashley以Tolman的「老鼠走迷津的實驗」作進一步研究，他先切除動物腦部的某部位（此方法又稱為解剖法），或切斷某條神經通路，以觀察腦皮質感覺與運動傳導所受到的影響，藉以找出記憶在神經系統的確切位置。這個研究經過了三十五年的長期研究，仍找不到一處主司記憶的中樞，因此Lashley作了記憶是遍布腦部神經組織所有部分的結論，此結論也與當時所認為的大腦皮質「功能區位化」的論點大相逕庭，也使得「記憶」在大腦中的記憶痕跡有了不同的爭論。

現有的大腦生理知識（透過後來的研究）指出Lashley的觀點部分是對的，也有部分是錯的，例如一些複雜訊息的記憶分散在神經系統的許多區域中，包括空間的、視覺的、嗅覺的區域；然而，對每一種特定的感覺訊息以及不同知識類型的記憶在腦中是分別處理的，而且位於腦部有限的區域。

Scoville及Miller（1957）所發表的個案報告中指出，某一癲癇病人因藥物治療失敗後，將大腦組織（包括海馬回、杏仁核及鉤迴）切除後，雖有效控制癲癇疾病，但卻引發強烈的遺忘症，後來在動物身上進行研究也有類似的發現。此疾病研究引發後來的研究並證實人類的學習與神經有關，以及和記憶有關的大腦結構是海馬回（hippocampus）、杏仁核（amygdala）、小腦及大腦皮層，現代神經學家尚相信杏仁核與譯碼有關，而且大腦皮層是長期記憶的貯存中心。一般記憶可能儲存的大腦區域有：

1.下視丘一間腦系統：包括第三腦室、大腦導水管旁灰質、腦幹上部、視丘下部及細胞核。
2.海馬系統：海馬的雙側，海馬回及乳頭體（mammillary body），顳葉之下內側。Olton的「老鼠走迷津的實驗」作進一步研究中所證實的有關記憶的部分便是由海馬體所負責的。
3.其他：如額葉、前扣帶皮質、胼胝體等也與記憶有關。

二、神經化學

神經化學如維他命B1、核胺素對記憶有所影響，而藥物，如抑制核糖核酸（ribonucleic acid, RAN）、放線菌素D（actinomycin D）、喜樹鹼（camptothecin, CPT）等會抑制記憶的表現（梁庚辰，1990）。此外，鹼素性（cholinergic）的藥物與記憶有關，如抗膽鹼（anticholinergic）藥物會影響記憶障礙，而一氧化碳與神經系統的記憶也有關（周成功，1992）。

三、記憶障礙

記憶障礙是個體因外傷或神經化學作用造成記憶損失，老人的失憶症更是常見的例子，一般常見的記憶障礙有：

1.**間腦或海馬回損傷的記憶喪失**：間腦或海馬回部分損傷的記憶力缺失會造成單純的記憶障礙，但約有三分之一的病人會產生永久的重度記憶喪失，最為人熟知的是高沙可夫症候群（Korsakoff's syndrome），又稱健忘綜合症，引起此症候群的原因是酒癮患者因核胺素缺乏所導致，其他因胃癌、有嚴重孕吐的孕婦、飲食中缺乏維生素或消化道吸收不良，或在第三腦室或下視丘有腫瘤、蜘蛛網膜下出血、雙側後大腦動脈閉塞、一氧化碳中毒、結膜性腦膜炎等也可能會造成記憶缺失。
2.**廣泛性大腦疾患所引起的記憶缺失**：上一類是因結構損傷，而廣泛性的大腦疾患是全面性，如老人痴呆、阿茲海默症。痴呆症患者並無意識上的障礙，其缺損包括記憶力、智力容量和人格功能喪失。

3.精神疾患有關的記憶障礙：

(1)心因性失憶症（psychogenetic amnesia）：最常見的是解離型歇斯底里症（hysteria）。其主要病徵為：在沒有任何腦部疾病的狀態下，暫時失去與個人有關的某些重要記憶，通常是突發的；此症狀屬於心理因素所造成，而心理成因通常是與性或攻擊有關的衝突，但也可能在身體創傷之後產生。此類型的患者通常會知道自己的障礙，但卻表現出漠不關心的樣子。

(2)憂鬱性假性痴呆：嚴重的憂鬱症病患常有記憶喪失及類似痴呆症狀，此類病患在神經學檢查部分通常正常，惟人格功能的損壞較為明顯，如自信、注意力、興趣等喪失；其記憶障礙部分是由於注意力不好，精神無法集中或缺乏動機，使新的訊息無法由感覺器官所接收或譯碼，導致無法進入短期記憶。若此類病患可集中注意力，則病患的記憶障礙又不復存在。

(3)其他的精神患者：其他精神疾病，如躁症、精神官能症或精神分裂症皆有一些記憶喪失的傾向。此類病患無法確切瞭解記憶障礙是因衝突或注意力分散所致，如精神分裂症會對個人過去或個人事件及一般知識造成全面性的記憶喪失，但對其妄想系統有關的事物卻記得一清二楚。

第二節　記憶系統與結構

一、人類的記憶系統

記憶是一種行為，難以被測量，但具有一些特質，如記憶容量、編（譯）碼（呈現訊息的方法）、登錄或提取速度、推論之敏感性等來描述個體的外在記憶系統。雖然人類的記憶系統不能直接被觀察，但可從人類如何記憶來做推論。要瞭解人類記憶，應先瞭解其相關術語及概念，分述如下：

(一)登錄、保留和提取

登錄（encoding）是指訊息第一次儲存或呈現在記憶系統的方法；**保留**

（retention）是指經過一段時間後保存訊息的方式；**提取**（retrieval）是指訊息最後由此記憶系統再現的方式。這三個層面構成我們所熟悉的外在記憶系統。這些外在記憶系統可以在我們一般的生活層面被應用，例如影帶、電腦檔案等，這些訊息可以在第一次用文字、檔案來登錄，然後以這種型式在時間中被保留，當然訊息有可能會喪失，如果可以恢復原來登陸之型式，那麼最後訊息就可以被提取。

(二)訊息流失

訊息流失（information loss）係指任何干擾訊息提取的發生，訊息流失可以發生在登錄、保留或提取時，例如電腦的檔案遭受病毒或不小心給予了刪除的指令，那麼訊息有就會消失或阻礙資料的提取，而如果被修復了，那麼訊息便可被恢復提取。

(三)碼

訊息在每個記憶系統中可以用不同方式呈現（如文字、電腦數字），每條訊息可以用不同的表徵（representation）或碼（code）來加以登錄及干擾保存的事物，例如聲音碼比文字碼容易儲存，但文字較聲音不受磁場影響。不同的碼可以被相同的記憶系統所使用，例如簡體文換繁體字或換成不同語文。在記憶系統中的訊息也可能被重新編碼（recoded），這可以在相同系統中重新編碼，或經由在記憶系統中提取訊息再編入另一系統中。

(四)訊息縮減或再組織

訊息縮減（information reduction）的發生是紀錄大綱比原先的訊息更精簡時，例如速記或演講內容的紀錄，通常文字訊息會比聲音訊息來得簡約，因為其中的笑話、實例有可能會在紀錄中被刪除。

再組織（reorganization）是訊息的組織可以在登錄的過程中被更改。例如在某一個演講訊息中，聽者可以選擇不同的重點做摘要，但呈現訊息內容卻相似的。

登錄不一定是訊息的縮減，事實上，有些登錄是推敲（elaborative）過程，它對訊息的提取有助益。這種過程是重建（reconstructive）或重整

（reintegration）的過程，用來形成推論。

(五) 訊息容量

記憶系統要依**訊息容量**（capacity）來選擇不同方式登錄及提取訊息。小的訊息容量攜帶方便，轉載性高，使其具有容易、便捷的特性；而容量大的訊息則便於儲存及應用。

二、人類的記憶結構

記憶是對經驗所習得並保留的行為，在需要時不必再加練習即可重現的心理歷程（張春興，1991）。心理學者常將記憶以歷程及結構來加以討論（Atkinson & Shiffrin, 1968）。記憶在結構上區分為三大類別，每一種類型又各自含有三段不同的處理歷程，即感官記憶（sensory memory, SM）、短期記憶（short-term memory, STM）與長期記憶（long-term memory, LTM），分述如下：

(一)感官記憶

感官記憶（sensory memory）又可稱為**立即記憶**（immediate memory），係指個體憑視、聽、味、嗅等感覺器官，感應到刺激時（物理變化）所引起的短暫（幾分之一秒）記憶。感官記憶只留存在感官層面，如不加注意，轉瞬即逝。感官記憶是訊息處理過程的第一站，如不立刻予以處理，記憶就會消失。感官記憶又稱感官收錄（sensory register）或感官貯存（sensory store）。

以視覺為例，透過視覺感官細胞貯存刺激的記憶，是為影像記憶（iconic memory），此記憶主要來自視覺器官接受刺激之後的短暫視網膜遺像（after-image），由視網膜的光化學變化而形成。當刺激消失後，個體對此物的視覺仍然存在卻只能保留極短暫的一段時間，即為感官記憶。

(二)短期記憶

短期記憶（short-term memory, STM）又稱為**初級記憶**，係指在感官記憶中經注意而能保存約二十秒內的記憶；其不同於感官記憶，因為短期記憶不再是未經處理的感覺訊息，而是已被轉譯成有意義的概念。例如剛記下電話號碼一回頭要撥號時，竟然忘記。由於短期記憶在此作短暫停留，供個體使用，所以也稱之為工作記憶（working memory），例如解決一個問題時，個體從長期記憶中提取相關訊息至短期記憶中運算、思考等，都是短期記憶的功能。短期記憶是訊息處理的中繼站，需要加以處理，否則就會消失，此記憶也稱為初級記憶（primary memory），或短期貯存（short-term store, STS）。

短期記憶貯存為訊息的容量是有限的，大約有七百五十二個訊息單位可以同時被持有；而一個正常人的短期記憶能力則大約落在7±2個單位（王淑芬，2002），但如果個體理解或熟悉訊息的涵意，那麼使用短期記憶單位相對就會少些（邱上真，1983）。

(三)長期記憶

長期記憶（long-term memory, LTM），係指記憶中能夠長期，甚至永久保存者，又稱為**次級記憶**，也是一般所說的記憶。人們平常生活中所出現的動作、技能、語言、文字、觀念等均屬長期記憶。個體將短期記憶中的訊息加以編碼送入長期記憶庫中，所貯存的資料經過數天、數月甚至更長的時間之後再重新回憶起來，就是長期記憶。長期記憶具有相當的持久性，雖然在感官或短期記憶中，訊息會很快的衰退（decay），但只要進入記憶的訊息就會一直留在長期記憶中。應用長期記憶有兩項常見的心理現象，一是個體檢索不到長期記憶的貯存，而未能立即反應，稱為「**舌尖現象**」（tip-of-tongue phenomenon）；而當核對學習材料與所記憶的內容不符合時，是為「**記憶扭曲**」（memory distortion）現象。

長期記憶的結構與短期記憶中有如下不同之處（王淑芬，2002）：

1.短期記憶所保留的訊息，若不經由反覆的複誦（rehearsal），便會在很短的時間內被遺忘；相對於長期記憶，即使在一段相當長的時間後加以測量，仍可發現所儲存的訊息依然存在。

2.短期記憶儲存訊息的容量有限，而長期記憶容量則是無限的。

3.短期記憶遺忘的原因是訊息的消失，或是其他相似訊息的干擾（interference），而長期記憶則易受意義相似的其他訊息所混淆。

此外，從記憶的內容來區分，又可將記憶分為**事件記憶**（fact memory）及**技能記憶**（skill memory）。事件記憶是記憶名字、日期、地點、面孔、字句、歷史事件等知識、訊息的能力；技能記憶則指非意識性能力，如彈奏樂器、手工、騎腳踏車等，須經由不斷的練習來保存記憶，但若一旦學錯便很難修正。技能記憶和事件記憶最大的差異是，除非親自執行，否則技能記憶很難回憶，例如高爾夫球手若不加上動作的訓練學習，便很難掌握自己的揮桿方式，且技能記憶經由充分練習，可達到自動化（automatic）的地步，個體可同時做兩件事情而不感到費力，如織法熟練的婦女，可一邊織毛線，一邊看電視。將此原則應用到教學上，是對某些基本學習期望學生達到自動化的地步，如熟記九九乘法表到自動化地步，則有助於乘、除法的運算。此二類記憶又可稱之為程序性記憶（procedural memory）及命題性記憶（propositional memory）（Tulving, 1972, 1983）。

第三節　記憶模式與歷程

記憶的功能是探討個體如何將外界訊息轉變成持久性的長期記憶，而且可在長久時間之後再被提取（未遺忘）。訊息處理模式（information processing model）認為，人類記憶如同電子計算機般，在處理訊息中有一套系統，訊息由感官接受的刺激，經處理而轉變成為訊息，透過短期記憶運作，再經過處理之後成為長期記憶。人類記憶過程常見的有兩種模式：

一、記憶模式

(一)選濾模式

英國心理學家Broadbent（1958）首先將記憶分為短期記憶與長期記憶兩種，並強調由短期記憶到長期記憶需經過選擇過濾過程（見**圖6-1**）。

圖6-1提出當訊息從短期記憶到長期記憶要經過注意及選濾兩個過程。一般來自環境的訊息，透過個體感官知覺，作短暫的停留，倘若個體未能注意，那麼訊息很快就會消失。「注意」（attention）充當一個過濾裝置（filter），只

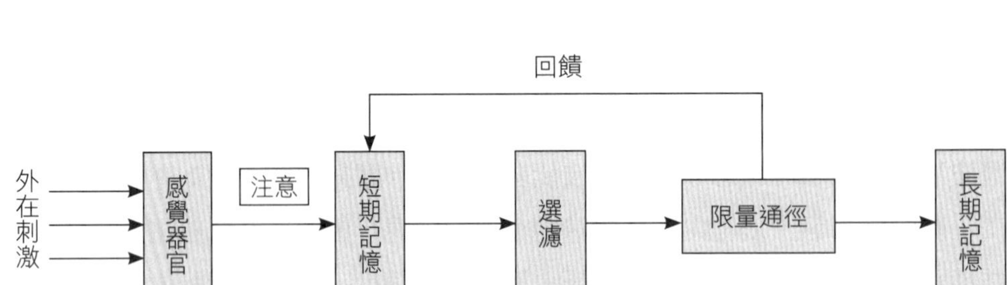

圖6-1　選濾模式（filter model）

資料來源：Broadbent (1958).

允許有限的刺激通過，所以不被注意的刺激會被完全摒除在外。唯有經過感官系統的「注意」，才會進入短期記憶內作暫時的停留或加以運作（working）。若訊息欲進入長期記憶貯存，就要經過下一步的處理，如選濾（filter）及限量通徑（limited capacity channel）兩個通道。短期記憶中的訊息，經過選擇過濾後，每次只輸送一種訊息，經過有限容量的瓶頸進入長期記憶，此為第二階段的選濾。此外，長期記憶可對選濾產生回饋作用，以作為選濾某種訊息的依據。根據回饋作用所選取的訊息與長期記憶所貯存的經驗相同或類似。回饋作用是記憶的運用，不論是思考或工作，皆較能駕輕就熟。如果經過選濾的訊息，也可能因強度不夠，而無法通過限量通徑，於是又產生回饋作用，將此類訊息再送回短期記憶中，若訊息可透過增強再重新經由選濾與限量通徑二道關卡再進入長期記憶，否則亦將迅速消失。

(二)緩衝模式

緩衝模式（buffer theory）是許多人所熟悉的訊息處理的記憶模式，由Atkinson及Shiffrin（1968）所提出記憶區分為感官記憶、短期記憶及長期記憶三類，又稱為**三段記憶模式**（a three-store mode of memory）。

緩衝模式與前述之選濾模式在記憶過程的進展模式相似，只是前者認為歷程是二類，而後者則為三類。當個體接收外在環境的訊息刺激，同樣地需要引起個體的注意，方能由感覺器官將接收的訊息輸送進入短期記憶作暫時的貯存；但二者的區別在於訊息進入短期記憶有不同的處理方式。緩衝模式假設重

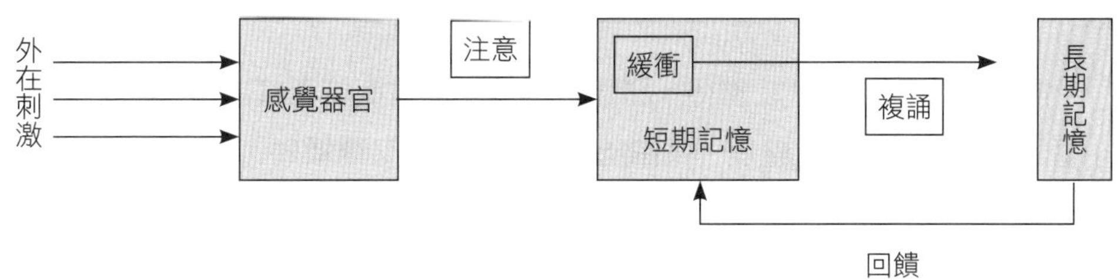

圖6-2　緩衝模式

資料來源：Atkinson & Shiffrin (1968).

要的訊息會經由複誦而貯存於短期記憶的緩衝區，以避免消失（見**圖6-2**），而惟有經過複誦的訊息才會被輸入長期記憶中。因此，此模式的緩衝亦稱為複習緩衝（rehearsal buffer）（王淑芬，2002）。

當訊息由短期記憶進入長期記憶，除了以複誦方式貯存外，主要的方式尚有組織（organization）及精進作用（elaboration）。當個體要記憶某些刺激，可以選擇複誦或選用記憶塊（chunking）的方式，找出這些刺激的關連加以分類，使其成為有意義的，是為組織作用；而精進作用是利用聯想的方式與自己的經驗作有意義的連結。

二、記憶的歷程

訊息的傳遞基本上依賴三個主要元素：**譯碼、貯存及提取**。而譯碼過程所登錄的訊息不一定是原來訊息的複製，而提取的訊息更不是一成不變的原來訊息（見**圖6-3**）。分述如下：

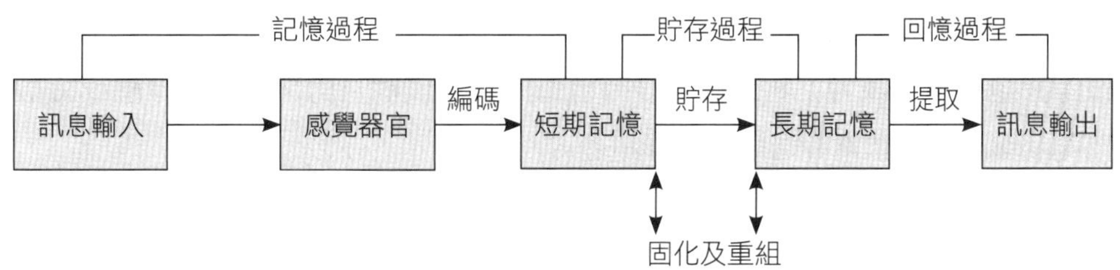

圖6-3　記憶的歷程

資料來源：Signoret (1985).

(一)譯碼

譯碼係指原始訊息之獲得，訊息透過感覺器官而留下痕跡（trace），並經中樞神經系統加以初步整理，這個過程稱為譯碼，又稱編碼（encoding）。

(二)貯存

貯存（storing）又稱保留（retention），係指訊息留存在個體所持續的時間；又分為固化過程（consolidating process）和重組過程（reconstructing process），前者是將訊息整合而使能完整持久被保留下來，此過程在獲取訊息後仍不斷地運作；後者是指記憶痕跡會因有新的訊息加入，不斷地進行重組。

(三)提取

提取的功能是再認（recognition）及回憶（recall），指在長期記憶中找尋某一訊息，亦將貯存在記憶中的訊息提取應用（Zimbardo, 1992）。

三、記憶的測量

有關記憶的測量研究有使用數字、圖、字詞、文章等作為實驗材料，常以個體能正確記憶的量及所應用的策略作為測量之量與質的結果。關於記憶量的測量常用之方式有再認法、回憶法及再學習法，而質的測量以後設記憶為主要，分述如下：

(一)再認法

再認法又稱辨認知（recognition），是測量記憶最常用的方法，省時又便利，常被用於考試以瞭解學習經驗是否「認得」。在語文測驗中常用於是非題或選擇題。但是練習不夠或曠日多時會造成記憶模糊。對事物不夠瞭解或特徵不夠明顯時，再認常會造成錯誤或扭曲。

(二)回憶法

回憶法（recall）是測量記憶最常用的方法，此方法可用於測量短期記憶。測驗型式常用填充題或簡答題，以測量學生對學習內容的記憶，而且用於測量個體的記憶廣度（memory span）。

回憶法又可分為自由回憶（free recall method）及序列回憶法（Serial recall method）。

自由回憶法是呈現一系列符號、文字、圖片後，由受試者自由回想所看到的事物，是為自由回憶法，又可分為項目記憶（自由記多少項目）和聯想記憶（給予配對，當出現一訊息，就要聯想起配對的另一訊息）。**序列回憶法**係指按照記憶之項目排列，依先後次序背誦出來。在回憶法中，又以序列記憶難度最高，例如古時帝王排列順序、化學之原子量表等皆是序列記憶之利用。

(三)再學習法

再學習法（relearning）又稱節省法（saving method）。因為再學習法用來耗時耗力，故較少使用。當利用回憶法無法測量出記憶保留量時，常會讓受試者再重新學習所學過的材料至已有的熟練程度，而計算再學習時較初次學習會節省練習之次數或時間，是為再學習法。例如背誦一訊息材料，初學習者第一次要花四小時可達完全正確程度，經過一段時間後，再次背誦只需花一小時即可達完全正確程度，那表示這材料所保留的記憶為75%。

在定量的記憶研究中，Atkinson及Shiffrin（1968）發現，有些材料的因素也會影響記憶。最典型的就是項目的序位效應（serial-position effect）；也就是說，項目的排列位置會影響受試者的記憶。通常初始時的學習材料容易記憶，是為初始效應（primary effect）；後面的材料也容易記住，是為近因效應（recency effect）。此外，材料對個體會引起震撼，也會促使個體留下深刻的記憶，是為閃光燈效應（flashbulb effect）；在所有材料中，最為特殊的事物也最容易記憶，是為萊斯托夫效應（Restorff effect）。

(四)後設記憶

後設記憶（meta-memory）是七〇年代以後，認知心理學家要個體表現「記憶覺知的知識，對於訊息的貯存與提取能掌握要領」，這也是不僅知其然，更知其所以然的「認知中的認知」。簡言之，後設記憶就是個體能夠瞭解自己的記憶能力以及需要哪些努力，以使用於記憶的實用知識，即瞭解如何記憶。

後設記憶可分為三大項目：(1)為瞭解個人與記憶有關的特質；(2)為瞭解記

憶材料性質，材料的不同會影響個人的記憶程序；(3)為運用一些有效的記憶策略與規則（王淑芬，2002）。

四、記憶的策略與記憶技巧

增進記憶力的方法稱為**記憶技巧**（mnemonic technique）或簡稱記憶術（mnemonic）。現代認知心理學家不再單獨將學習與記憶看成兩個階段，而將二者視為同一歷程。所以增進記憶的方法，不能單從檢索階段來設想，而是要從訊息處理過程中的三種記憶類型來考慮（張春興，1991）。

(一)感官記憶

感官記憶最重要的是注意階段，所以注意力在這階段最重要的重點在於：

1.減少分心刺激。
2.使目的單純化。

(二)短期記憶

短期記憶只是短短幾十秒之內的心理活動，如何在此階段發揮最佳效用的重點在於：

1.善用聲碼為先的原則。
2.擴大記憶廣度。
3.發揮運作記憶的特徵。
4.複習後輸入長期記憶。

(三)長期記憶

長期記憶的功效是決定個體的學習效果。而一般知識的吸收與運用，多半靠長期記憶，增進長期記憶的重點在：

1.多重編碼策略。
2.軌跡法：利用軌跡法（method of loci）在事後追述記憶，使記憶中貯存的資料，在檢索時較易循軌跡找到。

3.關鍵字法：運用心像聯想的方式以便於記憶的方法，原來用於瞭解事物的名稱概念，後來擴大用於學習語文。

4.主觀組織法：係指面對多種彼此不相類屬事物時，個人仍予以主觀地組織以便於記憶的心理傾向。

5.情境協助法：指利用以前學習時的情境來幫助記憶。此種方法會使用情境關連記憶與編碼特定的兩個概念。

綜合上述，所有具正常智能的人，幾乎都有良好的記憶力，只是大多數都沒有適當地加以運用。當記憶的研究被加以推廣時，尤其是在應用記憶策略的一些特殊技巧與設計來幫助個體記憶時。所以，記憶策略是一種有目的的活動，而增進記憶的保留的主要功能有三：（王淑芬，2002）

1.提供有組織的結構，輔助學習或獲得訊息。

2.有系統地將學習材料存入記憶架構中，有助於學習材料保留在記憶中而不易遺忘。

3.可以提供線索，有助於訊息的提取。

第四節　遺忘

遺忘（forgetting）與記憶是一體兩面、性質相反的歷程，但二者皆指同一事件——學習的結果；當記憶量愈多，遺忘的量就會愈少，代表學習結果愈佳；反之，遺忘的量愈多，記憶效果就愈少，學習的結果也就愈少。遺忘的產生原因，可分為客觀事實的遺忘、主觀上的動機遺忘及生理上的遺忘，略述如下：

一、客觀事實的遺忘

客觀事實的遺忘係指記憶過程中的訊息貯存不足，又可分為記憶痕跡的消失和干擾效果。

(一)記憶痕跡的消失

記憶痕跡（memory trace）是指大腦經過學習後，由感覺器官接收後，經過神經系統的運作而留下的痕跡。記憶痕跡的消失是因為個體停止練習後，沒有重新使用或對存在記憶中的事物加以練習，而導致記憶痕跡逐漸消失。但是一些技能如游泳、騎車等，一旦貯存成為長期記憶，是不容易遺忘的。

(二)干擾效果

干擾效果是曾經學過的事物因受到干擾而遺忘。此種干擾又分為兩類，一類是曾經學過的事物會因新的學習的干擾而遺忘，稱為逆向抑制（retroactive inhibition），也就是說，新學的事物會干擾對舊事物的記憶；另一類是以前曾學得的事物會干擾對新事物的學習與記憶，是為正向抑制（proactive inhibition）。

二、動機性遺忘

個體主動地將一些不願回憶的記憶加以壓制，是為行為背叛的動機，稱為**動機性遺忘**。至於哪些是個體不願回憶的記憶，如曾讓自己羞愧、罪疚、恐懼之相關記憶，依Freud的心理分析論解釋是，這些記憶存在意識之中，會帶給個體焦慮感，所以個體會將這些記憶內容潛抑至潛意識。而這些不愉快的經驗雖經個體潛抑遺忘，但仍存在於長期記憶的深處，透過適當的治療或催眠（自由聯想）仍可恢復記憶。所以動機性遺忘只是記憶的無法提取，即提取失敗（retrieval failure）所致，而非記憶的消逝或經驗的干擾。

三、機體性健忘症

機體性健忘症乃器質性器官受損而導致大腦的受損，例如一氧化碳中毒、窒息造成的腦部缺氧，或因吸食迷幻藥造成大腦失去立即提存的功能，而造成記憶力喪失，是為機體性健忘症。

第五節　結語

學習、記憶與遺忘這三種心理活動是相互彼此關聯的，此三者之中，記憶是學習與遺忘二者之表徵，有記憶始有學習，無記憶已產生遺忘。現代心理學家將記憶的心理活動解釋為訊息處理之歷程，並分為感官記憶、短期記憶和長期記憶。而記憶之歷程中，每一個階段的記憶，均須經過編碼、貯存與檢索三個步驟。

測量記憶之法最常使用的有再認法、回憶法、再學習法及後設記憶法。

遺忘與記憶是一體兩面、性質相反的歷程，二者皆指同一事件（學習）的結果。遺忘產生的原因可分為客觀事實的遺忘、主觀上的動機遺忘及生理上的遺忘。個體常會對某些事物熟悉，但卻無法當場說（寫）出的現象，是為舌尖現象；而學習之後的記憶與當時的刺激及情境不相符合，則為記憶扭曲。造成個體對長期記憶的遺忘不外乎有：(1)記憶痕跡的衰退；(2)貯存資料的干擾；(3)記憶檢索的困難；(4)動機情緒的影響。

參考書目

一、中文部分

王淑芬（2002）。〈記憶與遺忘〉，輯於郭靜晃等著《心理學概論》（第五章）。臺北：揚智。

周成功（1992）。〈一氧化氮與記憶〉，《科學月刊》（第266期，2月）。臺北：科學月刊。

邱上真（1983）。〈數字刺激之呈現與組織方式對可教育性智能不足國中生短期記憶之影響〉。《教育學院學報》（8）。彰化：彰化師範大學。

張春興（1991）。《現代心理學》。臺北：東華。

梁庚辰（1990）。〈記憶因子的追尋——神經生化與藥理的觀點出發〉，《科學月刊》（第252期，12月）。臺北：科學月刊。

二、英文部分

Atkinson, R. C. & Shiffrin, R. M. (1968). Human memory: A proposed system and its control processes. In K. W. Spence & J. T. Spence (eds.). *The Psychology of Learning and Motivation: Advances in Research and Theory*, (Vol. 2, 418-440.). New York: Academic Press.

Broadbent, D. E. (1958). A mechanical model for human attention and immediate memory. *Psychological Review, 64*, 205-214.

Ebbinghaus, H. (1913). *Grundzüge der Psychology* (Vol. 2, 324). Leipzig.

Kraft, V. (1981). *Foundations for a Scientific Analysis of Value*. Boston: D. Reidel Publishing Company.

Scoville W. B. & Milner B. (1957). Loss of recent memory after bilateral hippocampal lesions. *Journal of Neurology, Neurosurgery & Psychiatry* (JNNP), 20, 11-21.

Signoret, J. L. (1985). Memory amnesias. In Mesulam, M. M. (ed.). *Principle of Behavior Neurology*. Philadelphia, PA: F. A. Davis, 169.

Tulving, E. (1972). Episodic and semantic memory. In E. Tulving & W. Donaldson (Eds.). *Organization of Memory*. London: Academic Press.

Tulving, E. (1983). *Elements of Episodic Memory*. Oxford: Oxford University Press.

Zimbardo, P. G. (1992). *Psychology and Life* (13th ed.). Boston, MA: Scott Foresman.

動機

- ■動機的定義
- ■動機的類型
- ■現代動機理論
- ■結語

動機（motivation）一詞指的是個體朝向目標的努力、幹勁，也是趨使個人去努力的原因。用在組織上，動機是激勵員工執行任務達成組織目標的行為動力，其與組織士氣有關。基本上，動機與行為是兩個相對概念，行為是個體外顯的活動，而動機是促使個體活動的內在歷程。簡單的說來，指導個體行為之理由與目的是動機，而行為的結果就是達成目的（goal）。一般對動機的簡單定義是促使個體活動，維持已引起的活動，並促使該活動朝向某一目標進行的內在歷程（張春興，1989）。在心理學的研究中，動機常是刺激與反應之間的中介變項；換句話說，同一種刺激，基於不同個體的動機可以促使不同的反應結果；或許相同的行動或行為也可能由不同的動機所組成，例如在一飯局中喝酒，可能是因為貪杯，也可能是礙於主人面子，也可能是情境使然，或者是綜合上述的可能性。

動機的原因有生物性（如需求）、有心理性（如誘因）及認知性（自我期望），也有社會性（如文化期待）。不過動機可以簡單解釋係為了得到行為結果之目的，而目的則是得到欲求的結果。

第一節　動機的定義

一、定義

動機一詞與一些概念是同義的，如需求、驅力、誘因、期待等。此一詞最早由Woodworth於一九一八年首次應用於心理學界，依張春興（1989）在《張氏心理學辭典》的定義為：「動機與行為是相對的兩個概念，行為是個體外顯的活動，而動機則是促進個體活動的歷程。」然而，大多數心理學者所認同的普通定義則是：「動機是維持及引起個體活動，並促使該活動朝向某一目標進行的內在歷程。」張春興（1991）提出動機具有四個要點：

1.動機本身不屬於行為活動，而只是促進行為活動的內在作用。
2.動機對促進的行為活動具有導向及維持作用。
3.動機是行為的原因，個體某種行為活動所持續的時間，可長可短，端視動機是否滿足，或目的是否達成。

4.動機是屬於自變項與依變項之間的中介變項，為介於刺激與反應之間的中介。

二、與動機有關的概念

(一)需求

需求（need）是指因生理上的匱乏狀態或需求未被滿足，而此種匱乏狀態如達到體內均衡作用必須調節的程度，個體本身就有需求的知覺。一般需求是生理上的意義，而心理學則擴大至心理的匱乏狀態，例如歸屬感、自我尊重、成就需求等。（見**圖7-1**）

(二)驅力

驅力（drive）是一種心理動力，當個體因需求未滿足而促使心理產生緊張的狀態，是為驅力。個體為了恢復需求，達到均衡作用（homeostasis），於是產生內在動力，亦為驅力。需求驅力及行為之關係如**圖7-1**。

(三)恆定作用

恆定作用（homeostasis）係指個體為了生存適應，在身體上具有某些調節機轉，能夠自行運作，以保持某一生存所需的標準，藉以維持生命，從而發揮生活上的功能（張春興，1991）。人體的體溫就是最明顯的恆定作用之一，一般人體的體溫大約在三十六・五至三十八・五度之間，且能自動調節，以適應高溫或低溫的環境。除了體溫之外，個人身體的養分或水分，也是靠恆定作用來維持生命的運作。恆定作用是暫時性的靜止狀態，其水準是時時在波動，而為了達成某種程度，個體便會活動以恢復均衡的內在力量，就是動機。

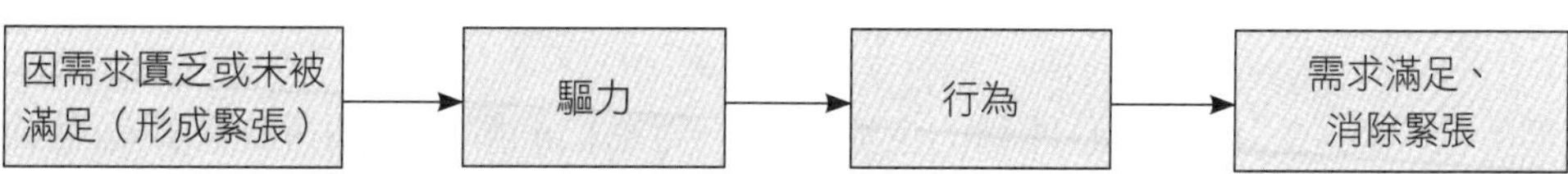

圖7-1　需求—驅力—行為之示意圖

(四)本能

本能（instinct）是指個體生而具有，非經後天學習的天生性行為。例如鳥會飛，老鼠生的會打洞就是一種天生的本能行為。心理學家對本能行為的看法有兩個判讀準則：

1.純屬基因的遺傳因素所決定的行為傾向。

2.凡同類屬的個體，其行為模式完全相同。

早期的心理學家Lorenz、Sigmund的學說常以本能解釋人類行為。但是人類行為之複雜，從上述的兩個條件，根本找不出何種行為為本能之行為。所以本能行為僅只解釋個體行為一部分的內在動機，不足以解釋人類的複雜行為，因而現代心理學已不用此一概念來解釋人類行為。

(五)誘因

本能、需求、驅力均是解釋行為之內在促使因素，行為由驅力推動，驅力源於需求，而需求又來自內部不均衡所致。然而，個體的行為之所以並不完全由內在原因或需求所致，有時外部的刺激，也會引起動機。例如某一個體因飢餓需求而造成身體緊張或身體失去氧分均衡，當飽食一頓也吃撐了，需求與驅力便蕩然無存；而一旦美食當前，還是會讓個體食指大動，又再吃食，此種外在刺激可能引起吃食的動機。也就是說，凡是能引起個體動機的外在刺激，不論人、地、事、物、情境等，皆為**誘因**（incentive）。按刺激誘發行為的性質，誘因又可分為：

1.正誘因（positive incentive）：即可讓個體趨近接受，並藉此獲得滿足。

2.負誘因（negative incentive）：即凡是引起個體逃避而使其滿足者稱之。

誘因是個體促使行為的外拉因素，而恆定、需求及驅力是為內推因素。

(六)期待

在一九六〇年代，心理學的主流也加入對動機的解釋。期待為認知論者強調個體對行為有期待的結果，而這種信念促使人去行為，此種行為也被後來的歸因論用來解釋個人對工作的努力付出。

綜合上述，動機其實是一個複雜的概念，與行為是相對的，動機是瞭解行為產生的原因，而人類行為是複雜且多變的。動機的分類大致可分為兩類：(1)生理性：又稱原始性、生物性；(2)心理性：又稱衍生性、社會性。動機的分類其實是相當勉強的，因為有時動機既可以是生理性，也可以是心理性。因為：(1)沒有一種動機是孤立的；(2)動機的目的固然在解釋行為的原因，但類似的動機未必表現類似的行為；(3)一種行為背後可能蘊藏著不同的動機（張春興，1991）。

第二節　動機的類型

一般心理學家探討人類的動機依據其性質主要有兩大類：一是生理性動機（physiological motive）；另一為心理性動機（psychological motive）。又有些心理學家將動機分為生物性動機（biological motive）與社會性動機（social motive），或者是將之分為原始性動機（primary motive）以及衍生性動機（secondary motive）或習得性動機（learned motive）。行為與動機是相對出現的概念，人類行為複雜且多變，而人類行為的原動力同樣也是相當複雜且多變，雖然依其性質而分類，但仍無法完全的劃分清楚。在本章中，我們將分別由人類的生理性動機與心理性動機兩方面來探討。

生理性動機乃是指個體與生俱來、未經學習的動機，且以生物為基礎的動機。基本上，可分為以下幾種類型：首先是人類為生存而有的基本動機，包括飢餓（hunger）、渴（thirsty）等；其次是為以生理為基礎的社會需求動機，包括性（sexual motive）與母性動機（maternal motive）。而心理性動機乃指人類非生理基礎行為產生的內在原因，亦即由個體所處的社會環境所帶來的需求，目前心理學家一般常探討的心理性動機包括成就動機（achievement motive）、親和動機（affiliation motive）及權力動機（power motive）。在以下各節當中，我們將透過討論來探討這些動機。

一、生理性動機

(一)渴與飢餓

你現在的肚子是飽還是餓？你口渴想要去喝水嗎？你知道人們為什麼知道自己是餓或是飽嗎？其實這些與人體內的恆定作用有關。恆定作用（homeostasis）又稱均衡作用，它是指身體在面對變遷的外在環境時，有維持內在環境不變的傾向（Atkinson et al., 1987），也就是指個體為了生存適應身體上所生而具有的某些調節機能，能夠自行運作，經常保持某一適應於個體生存所需的標準，藉以維持生命，從而發揮生活上的功能（張春興，1993）。

舉個心理學家們常舉的例子：體溫，人的身體可以自動調節體溫，約一、兩度的彈性，即使外在環境的溫度從攝氏四十度的高溫轉變為攝氏零下四十度的低溫，人體體溫的變化仍舊保持著一定的溫度，以適應外在高或低於體溫的環境。而人體能自動調節體溫保持正常，即為恆定作用。值得注意的是，體溫雖可以自動調節，但體溫的範圍並不是可以沒有限度的。我們知道人體細胞構成的主要成分為蛋白質，而蛋白質遇到超過攝氏四十五度以上的高溫就會被破壞而凝固。因此，人體的體溫如果高於或低於正常體溫四度時，細胞中的蛋白質即遭破壞，嚴重者將導致生命面臨極大的危險，甚至死亡。也就是說，人體的恆定作用有其所能調整的容許範圍，如果超過此範圍。人們將無法依賴恆定作用來維持個體的生存。這個例子是恆定作用典型的例子，心理學家亦經常以自動感溫器的例子來解釋恆定作用。自動感溫器是用來保持室內溫度恆定的機器，透過它，空調系統自動地釋放冷卻或是增熱來維持室內溫度保持在所設定的最適溫度。同樣地，恆定作用就像是自動感溫器般，維持人體體內一定的作用，不只是體溫，還有食物熱量的儲存、水分的維持等等，都得靠它。

由於恆定作用的運作，人體內若是水分因蒸發、新陳代謝等等原因而流失，降低到一定的水平下，人就會感到渴，渴就變成了喝水行為的驅力。到目前為止，心理學家的研究顯示，人會口渴是因為人體體內有兩組偵測水分的細胞在作用；一組細胞位於心臟、腎臟及靜脈間，負責偵測細胞外液體變動所造成的血壓變化；另一組是主要位於下視丘部分的神經細胞，此組神經細胞偵測細胞內液體變化的情形。當水分降低時，它們都會引起腦下垂體分泌抗利尿劑

（antidiuretic hormone，簡稱ADH），讓腎臟將水分再吸收，而非成為尿液，於是腎臟會釋出化學物質刺激腦部下視丘部分的細胞，形成渴的感覺；於是人類將產生飲水的行為，來維持身體的正常運作。（見**圖7-2**）

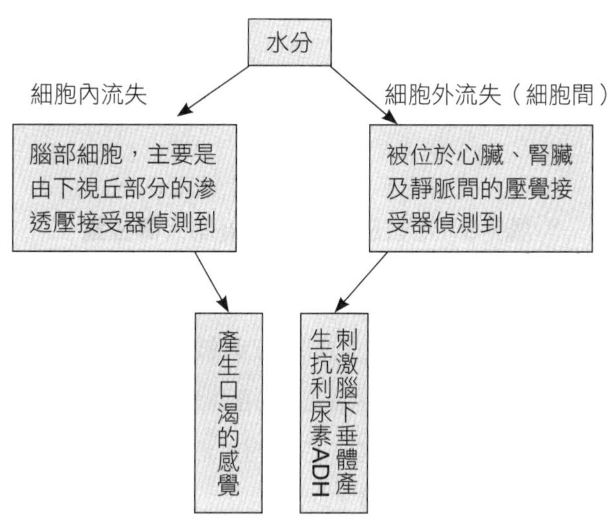

圖7-2　調節渴的恆定作用

就飢餓而言，每個人都知道飢餓是人類飲食行為的原動力。但是，為什麼人會知道自己肚子餓？又為何有人吃得過多而變成大胖子？又為何有人寧願肚子餓也不願意吃東西？這些問題至今，依然未有定論。現今，生理心理學家多以消化作用（digestion）及新陳代謝（metabolism）來探討飢餓的問題。

早期生物心理學家認為是胃的收縮活動導致飢餓，但此項假設因心理學家發現許多做過胃切除手術的人，仍然有飢餓的感覺，而被推翻。還有許多醫學臨床上的病例顯示，腦部下視丘受過損傷的人們，對於飲食及身體體重的控制常有困難。因而提出人腦——尤其是下視丘的部分可能與飢餓有關。而後在一九六〇年代有許多的專家支持此一說法，並進行了一系列相關的研究。藉由動物，心理學家證實，在中樞神經系統中的下視丘，擁有「進食」及「饜食」中樞。在這一系列的研究中，較有名的實驗研究是由Hetherington及Ranson（1940）所做的研究，他們將白老鼠下視丘外下側（lateral hypothalamus，簡稱LH）（見**圖7-3**）切除之後，發現白老鼠對食物的興趣大減，食慾喪失。如果

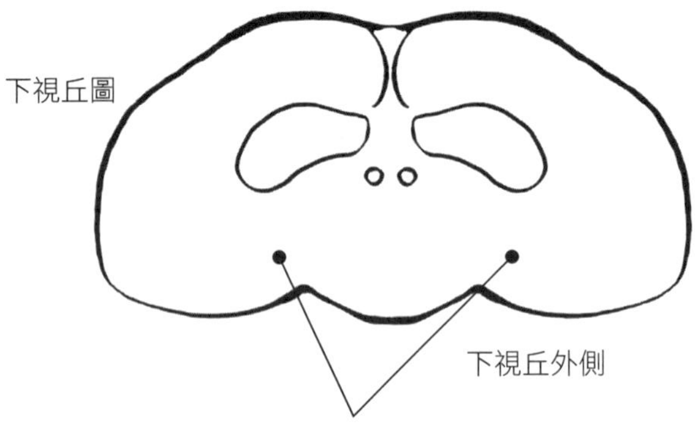

圖7-3　老鼠腦部下視丘外側大概位置

強行餵食幾週，則可恢復飲食，但是如果沒有被強迫進食，就會愈來愈瘦，甚至死亡；反之，將另一隻白老鼠下視丘的底部（ventromedial hypothalamus，簡稱VMH）切除，這隻白老鼠與上述白老鼠的情形會完全相反，這隻白鼠食慾會大增，體重也會隨之增加（見**圖7-4**）。

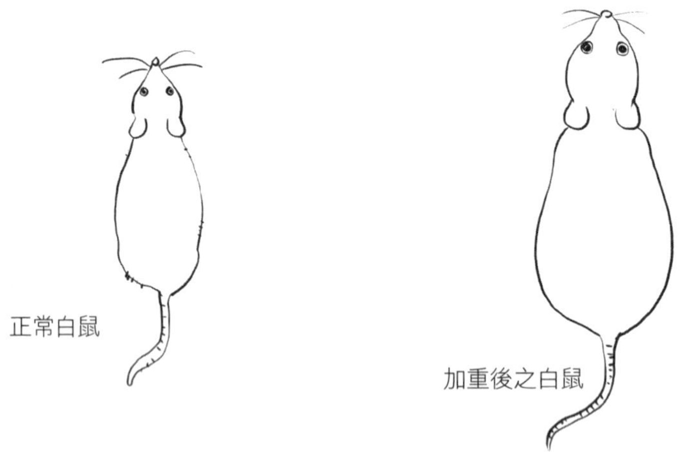

圖7-4　正常老鼠（左）與切除下視丘底部後體重增加之白鼠（右）的對照

資料來源：Hetherington & Ranson (1940).

隨著愈來愈多專家投入研究中，LH及VMH併發症的解釋在最近的研究中又被推翻了。

假設沒有下視丘的「進食」或「饜食」中樞來控制我們的飲食，人類又如何能夠知道身體是否已經攝取到所需的營養或是需要開始攝取營養呢？這些工作就交給位於人腦中的偵測細胞以及位於人體嘴巴、喉嚨、胃、十二指腸以及肝臟等等器官內的飽食感覺器。葡萄糖（血醣）是提供腦部活動的能源。位於腦部下視丘的偵測細胞可以測量血醣的吸收程度。當血液中的血醣濃度足夠，該偵測細胞會減少活動；若濃度不夠，會引發釋放儲存在人體內的葡萄糖到血液中，以調節維持體內血液中血醣的平衡。氨基酸以及脂肪亦同樣為飢餓的調節變項。這些偵測細胞是通知人體要開始進食攝取身體所需營養的重要組織，但是人不可能永不停止的吃，所以人體還有一種通知停止進食的飽食感覺器。有許多研究指出，這些飽食感覺器位於人體的消化器官內，包括嘴巴、喉嚨、胃、十二指腸及肝臟等（Janowitz & Grossman, 1949; Russek, 1971）。人體亦經由這些組織的運作，而有正常的飲食行為。

以上談的是維持身體正常的飲食的原因，接下來我們要探討的是，人類不正常的飲食所導致的問題——肥胖症。

■肥胖症

肥胖症（obesity）乃指人體營養過剩，有過多的脂肪堆積在人體內，使體重超過標準體重（東方人理想體重的計算方式為身高減去一百零五公分）的症狀。若體重超過理想體重20%則為超重。據衛生福利部的粗略估計，國人有超過三至四成以上的成年人過胖，現今還在增加中，尤其是兒童及中老年人。肥胖症與心臟血管及糖尿等方面的疾病有極高的相關性。所以，人們為身體健康投資了不少心力及金錢在減肥上面。為了有效解決肥胖的問題，專家們極力從事於探討肥胖的成因及控制肥胖的方法。首先，為什麼會演變成肥胖症？其原因不外乎以下三個因素。

◎體質因素

新陳代謝是控制體重的主要因素。每個人身體的新陳代謝速率皆不同，每天所需要的熱量也因人而異。新陳代謝率較快的人，由於其消耗的熱量（卡路里）較多，所以吃較多的食物，也不太會使體重增加；而新陳代謝速率較慢的人則相反。一般人常寄望以節食來減輕體重，有些曾節食過的人都會經歷過相同的狀況，那就是，體重在剛開始節食時可以很快的降低，但到後來能減少的體重就愈來愈少了。這是什麼原因所造成的呢？人體本身為了因應節食（熱量不足）會使新陳代謝的速率隨之減緩，連帶地，新陳代謝所需消耗的熱能亦會減少。所以節食期間減少攝取的熱能會被低新陳代謝率抵銷掉，換句話說，少用掉的熱量差不多等於少攝取到的熱量，所以到後來減輕體重會愈來愈難。

除了新陳代謝，布氏脂肪機轉（Brown fat mechanism）也是影響體重的因素，其可以長期有效地使脂肪細胞貯存熱能，讓體重保持不變。有一研究指出，肥胖者體內的脂肪細胞是一般正常人的三倍（Knittle & Hirsch, 1986）。另外，脂肪細胞體積的大小也有關，吃得過多會增大脂肪細胞，貯存更多的熱量，也就會形成肥胖。

◎情緒因素

根據McKenna（1972）研究發現，肥胖者遇到高焦慮情境時會吃得比平常多；而體重正常者遇到高焦慮情境時，則會吃得較少。其他相關的研究亦同時指出，在許多不同的情緒情境下，都會使肥胖者增加食慾。以下是同時對正常體重者及肥胖者所作的研究，經由這二個研究的結果可以證實肥胖者較正常體重者對於食物的興趣較高。

一是Herman等人（1987）的研究，他將節食與不節食者都分成兩組，邀請她們空腹前來參與冰淇淋口味的市場調查。在試吃之前，第一組受試者會被告知在試吃冰淇淋之後，她們必須為此項產品作廣告歌曲，且要錄音錄影後放映給行銷專家觀看（壓力情境）。第二組則沒有受到此項安排，她們只要在試吃後列出廣告時應加強宣傳的產品特色即可。研究給他們巧克力、草莓、香草口味的冰淇淋，經由冰淇淋事前與事後重量的差異，便可知道受試者吃掉多少冰淇淋。結果發現，不節食者在受到壓力時吃得比較少，而節食者在受到壓力時吃得較多。O'Keefe（2015）指出，肥胖者實驗中證實，肥胖者會因情緒影響其進食行為，例如研究者讓體重肥胖及正常的兩組學生，依序在四個學期分別觀看悲劇感傷、滑稽有趣、性感刺激、旅遊紀錄四部影片（前三部有情緒刺激），並於每次觀看影片後品嚐及評鑑不同廠牌的餅乾，結果肥胖組的學生在觀看前三部影片後所吃的餅乾都比看過第四部影片以後吃的餅乾多；正常體重

組在觀看過四部影片後所吃的餅乾量則相差無幾。根據以上兩項研究，證實了肥胖者亦受情緒影響而多進食。為什麼會這樣呢？一般心理學家指出的可能因素有二：一是與肥胖者在嬰幼兒時所受到的照顧有關，若照顧者在嬰幼兒啼哭時都誤認為是飢餓，而加以餵食，將會使嬰兒在長大後無法辨別飢餓與其他情緒的區別。所以當他一有情緒，就會以吃來解決情緒；另一是與以吃東西來降低焦慮有關，在遇到壓力時吃東西，可以藉由口慾的滿足來暫時紓解情緒，使之感覺愉快，久而久之，凡遇到壓力便會以吃東西來調適。

◎外在誘因

根據心理學家的研究，肥胖者對於飲食的相關線索，亦均較一般人敏銳。Schachter及Gross（1977）的研究結果指出，正常體重者飢餓感是由生理時鐘（內在）所影響，而肥胖者則受時鐘（外在）的誘因所影響。通常，肥胖者認為吃飯時間到了就會吃飯，即使肚子不餓也會吃飯。而正常體重者，即使已到了吃飯時間，若他不覺得餓，他就不會吃東西，直到他餓才會進食。Rodin等人（1997）也指出，肥胖的人非常容易因為看到、聞到甚至聽到食物就會想要吃東西。

形成肥胖除了以上這三種因素之外，還有不同的因素，例如「有機會就吃」的文化遺傳（張春興，1993）、活動量低、意識自制力瓦解等。無論成因為何，肥胖是現代人健康的最大殺手，如何有效控制體重維持人體健康，是人類生活的重要課題。另外，控制體重過度也會引起健康危機。因過度恐懼變胖，導致罹患神經性厭食症的大有人在，他們把自己餓到危害生命的程度，甚至有人因為過度厭食致營養不良而死亡，實比肥胖對人的傷害性更嚴重。如果要有效控制體重又不影響健康，現在各醫院的新陳代謝科或是營養室都可協助肥胖者進行健康減肥，透過正常的飲食及熱量攝取的控制，使身體自然瘦下來。這樣的減肥法實比一般吃減肥藥或上健身中心做化學物理療法要健康很多。惟有與醫生討論訂定飲食計畫、生活正常、經常運動、保持心理健康才是真正有效而健康的方法。

(二)性

除了前述的渴與飢餓之外，性及母性驅力亦是人類的動機，同樣也是人類表現性行為（sexual behavior）及母性行為的原動力。性驅力與饑渴是不一樣的，雖然都是以個體生理作為基礎，但是人類不吃不喝生命就會受到威脅，而缺乏性，卻未必會影響生命的維持。張春興（1993）比較了性與飢餓的差異：

1.時間上：飢餓驅力是個體若活著就存在；性只是個體人生某段時間期會發生的行為。
2.結果影響上：飢餓不被滿足會導致死亡；性慾不被滿足或可自行消失。
3.匱乏原因：飢餓是身體組織匱乏的影響；性驅力源於內分泌的刺激性。
4.對象上：滿足飢餓不需靠其他個體合作；性驅力的滿足須有對象。

就性驅力及性行為而言，影響因素主要有二：(1)生物因素：如荷爾蒙、神經控制等；(2)環境因素：如文化影響、早期經驗等。在生物因素方面，較被廣泛討論的主題為荷爾蒙。個體發展至青春期，由於性器官的發育成熟，使身體產生相當大的變化，這些變化與體內性器官所分泌的激素（荷爾蒙）有關。始於人腦的下視丘會分泌刺激釋放生殖腺素（gondadotropin-releasing hormone, GnRH），隨著血管流動到腦下垂體，刺激腦下垂體分泌的刺激生殖腺素有二：即為刺激濾泡荷爾蒙（follicle-stimulating hormone，簡稱FSH）及輸卵管荷爾蒙（luteinizing hormone，簡稱LH；或稱黃體生長激素）或輸精管刺激荷爾蒙（interstitial-cell stimulating hormone，簡稱ICSH；或稱間質細胞刺激素）；這些激素隨著血管流動至卵巢及睪丸，於女性FSH可刺激卵子成長及成熟並分泌雌激素（estrogen），LH可刺激排卵產生黃體激素（progesterone）及動情激素；於男性FSH可刺激睪丸中精子的製造，ICSH可促進分泌雄性激素（androgen）。（性荷爾蒙的系統圖如**圖7-5**）

性荷爾蒙的功能除了刺激兩性之間彼此的性吸引外，主要的功能在於它對性喚起了影響。研究者為此進行了一些研究加以證明。以研究閹割效應為例，將雄老鼠的睪丸切除，使之不能分泌雄性激素，結果發現，由於閹割使得老鼠的性活動頻率遽然下降，甚至消失。對人類而言，從古代太監及觀察因罹患睪丸癌而做過化學治療抑制其分泌雄性激素的病人的例子，都顯示出性荷爾蒙對

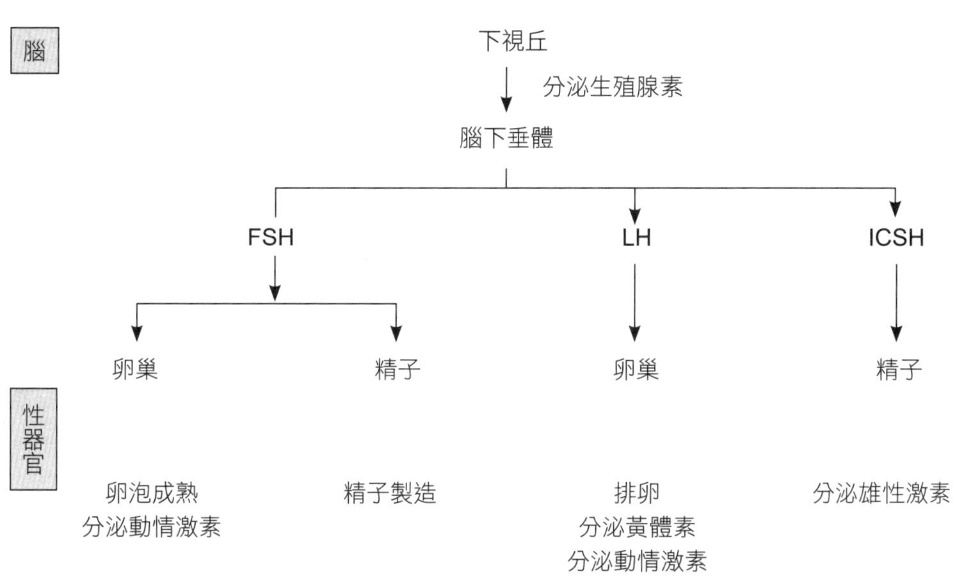

圖7-5　性荷爾蒙系統

資料來源：取自Officer（1982）。

大部分人的性喚起都有或多或少的影響。

然而，性荷爾蒙並非是影響人類性驅力的絕對因素，人類的性驅力亦受環境影響。早期經驗及文化係人類性的兩個環境影響因素。以早期經驗為例，研究發現群體生活的小猴子與經過隔離的小猴子，長大後所表現的性行為不一樣。從小生活在一起的小猴子們，會一起遊戲，且在角力時所出現的攻擊姿勢反應與以後性交的模式是相同，所以小猴子長大後與異性在性交上毫無困難。而經過隔離沒有角力經驗的猴子，成年後，通常無法與異性猴性交，只會利用手淫來達到性的滿足（Harlow, 1971）。從人類的許多臨床上的觀察資料顯示，人類亦有類似情形。

而文化環境因素，對於人類的性喚起與性行為亦有相當大的影響力。舉兩個非洲部落為例，酋瓦族認為小孩子必須時常練習性行為，否則長大後無法負起傳宗接代的重責大任。而阿山鐵族則認為，尚未經過成年禮的女孩不可與異性發生關係，若違反，則男女雙方都得被處死刑。這兩個族群在兒童性行為上所表現出來的性活動量及類型完全不同。

根據美國金賽報告的統計資料顯示，在一九四〇及一九五〇年代，大學生有49%的男生以及27%的女生已有婚前性行為（Kinsey, Pomeroy, & Martin, 1948;

Kinsey, Pomeroy, & Martin, 1953）。而在一九七〇年代對大學生的調查顯示，女生有五成以上，男生有八成以上有過婚前性行為（Hunt, 1974）。以上的研究結果，皆反映出文化對於性的影響。

接下來我們要探討的是同性戀（homosexuality）。同性戀在以往被認為是心理疾病（性變態），或不正常的性慾。因為所謂正常性關係應該是一男一女的配對。後來由於同性戀心理的被研究及探討，以及同性戀者的爭取，在一九八〇年美國精神醫學會已不再將同性戀歸類於精神疾病。一般人對於同性戀的態度亦較以往正向。自一九八一年發現愛滋病（AIDS）造成全世界的恐懼後，同性戀又被認為與AIDS有極大的關聯性，社會大眾對同性戀的態度與看法，又有趨向負面的極大改變。根據金賽報告的數據顯示，約有4%的男性以及2%至3%的女性是極端同性戀者（Kinsey, Pomeroy, & Martin, 1948）。是什麼原因導致同性戀，截至目前為止，沒有完全的定論。有人認為這種性偏好與家庭背景、幼年早期經驗（親子關係、性經驗）有關；也有人認為與青春期的經驗（性衝動與同性好友聯結）有關（Storms, 1981）。但這些說法並未有直接的證據可以證實。美國臨床學界嘗試將同性戀者的腦部構造與常人作一比較，結果發現同性戀者的腦部構造與常人不同。這是目前比較強而有力的說法，但仍需要更多的研究來驗證此一說法。

(三)母性驅力

平時溫馴的母貓在哺育雛貓時，會對想要接近雛貓的人攻擊。母鳥捕到蟲子，一定先餵雛鳥吃飽。當母鼠與幼鼠被隔開時，母鼠會想盡辦法突破障礙，將幼鼠帶回身邊。遇有危險或敵人侵襲時，母親一定會毫不猶豫地以身體護衛孩子。這些例子一再說明，這種照顧下一代的母性驅力（maternal drive）是促使動物表現其母愛的內在動力，也是影響動物行為的重要動機之一。

母性驅力成因的研究，多以動物行為進行實驗及觀察。Terkel與Rosenblatt（1972）抽取剛生育過的雌白鼠的血液，注入從未生育過的另一雌白鼠體內；結果發現，這隻經過注射的雌白鼠在一天之內即自行表現出愛護幼鼠的母愛行為。這個研究證實，動物懷孕及產後哺乳期間，腦垂體所分泌的泌乳激素，會促進母鼠內在的母性驅力；此研究也支持了荷爾蒙對母性驅力的影響。另外，Harlow（1971）觀察恆河猴的母愛表現，將恆河猴的母愛表現歸納為三個時期：第一期是嬰猴出生不久的安全保護期，母猴會極端保護嬰猴，與之親近，若將嬰猴抓走，母猴會哭叫、發怒及攻擊，若以嬰貓取代嬰猴，母猴照樣會親近保護嬰貓，稍後發現嬰貓行為不同時，則放棄之；第二期是母愛收放管教期，母猴會讓嬰猴自由探索環境，但若有危險，則迅速將之抱回；第三時期是嬰猴長大獨立後的母子關係（摘自張春興，1993）。此研究支持本能論的說法，也就是說，動物的母愛驅力是與生俱有。另有心理學家認為，母愛驅力可能具有生物決定因素，也就是天生引發物（releaser）的觀點；比如，人類嬰幼兒大頭、大眼、豐頰這些獨特可愛的特徵，會引發人的母愛驅力。母海鷗的喙變有紅、黃斑點會引發幼鷗的啄食行為，促使母鷗反芻餵食。

近年來國內外親生父母虐待兒童的事件頻傳，令現代心理學家不約而同地對人類是否天生具有母性驅力感到疑慮，也推翻了人類母性驅力受荷爾蒙的影響這項假設。根據對這些虐待兒童的父母的調查結果發現，會虐待兒童的家長其幼年經驗多缺乏照顧及關愛，甚至亦曾遭受其父母虐待。心理學家根據這些現象認為，對人類而言，早期經驗對於母性驅力的影響力遠超於荷爾蒙等的影響。

二、心理性動機

心理性動機是人類特有的動機，它是指人類非生理為基礎的內在動因。心理性動機於許多情境下，影響人類行為的程度遠遠超過生理性動機。為什麼心理性動機是人類特有的動機呢？因為人類的行為有許多是其他動物所無法達成的，例如人會追求事業成功、婚姻美滿、名利兼收、有權有勢，所以促成這些行為的心理動機為人類所特有。在本文中，我們將介紹的是心理學家們較常探討的成就動機、親和動機及權力動機。

(一)成就動機

成就動機（achievement motive）是促使個體努力追求成就的心理性動機。高成就動機者在學業成績、工作方面都表現得比低成就動機者優秀（Raynor, 1970）。美國心理學家McClelland（1961）研究高成就動機者的行為，而歸納出其行為特徵有三：

1.求好心切，盡量將所從事的工作做到盡善盡美。

2.在面對無法確定成敗後果的情境下，傾向於不計成敗，敢於冒險犯難。

3.善於運用環境中的資料，能夠從經驗中記取教訓（張春興，1989）。對低成就動機者而言，他們關心的重點不是成功，而是失敗。

無論成就動機是高或是低，心理學家是以什麼方法來測知一個人的成就動機呢？

美國心理學家莫瑞Murray於一九三〇年代創用主題統決測驗（thematic apperception test, TAT），可以測量成就動機。這個測驗的方法是使用一套意義曖昧的圖片供受試者觀看，並且要求受試者依其主觀的看法來編故事，測驗完畢後，研究者會依評分標準來評估受試者的故事內容。根據心理學家多年的研究發現，成就動機在個體具有相當大的差異性。就性別的差異方面而言，早期的研究發現，女性普遍存在有成功恐懼的現象，此現象的存在除了是受到傳統觀念的影響外，尚有女性擔心會因此而有損自己女性溫柔的形象（Horner, 1968）。而近代的研究發現，這種情形已有相當大的改善。研究顯示，現代女性對成功已無恐懼感，雖然女性在某方面的期望與男性比較起來仍屬消極（Major & Konar, 1984），但異性間成就動機的差異已愈來愈小了。

影響成就動機的因素是什麼呢？有許多的研究皆顯示，影響個人成就動機的主因是父母的教養方式。首先，在臺灣我們經常可以發現一些現象，父親如果是醫生，則其兒女亦是醫生的比例非常高，如果父親是政治家，則其兒女從政的比例亦不在少數。這些現象顯示，如果父母在某一方面的成就動機高，則子女會以父母為範例，在此方面的成就動機亦較高。還有就是，對孩子的優良表現能經常加以鼓勵的父母與對孩子漠不關心的父母，前者較能激發孩子有正向的成就動機。

(二)親和動機

Aristotle說：「人是社會性的動物。」所以與他人親近、結交友伴、相互關心是個體適應社會情境時，很重要的行為。而促使個體與其他人親近的內在動力即為**親和動機**（affilation motive）。

一九五〇年代Schachter（1959）曾進行了一系列的研究證實，在焦慮的情境下，親和動機會提高。Schachter先將女大學生分為實驗組及控制組兩組。對實驗組的受試者實驗組先設計情境，使其產生恐懼，對控制組則否。接著觀察實驗組及控制組在等待正式實驗開始時，其選擇單獨等候或結伴等候的情形。結果顯示，在實驗組（高恐懼組）中有三分之二的人選擇結伴等候，控制組僅有三分之一的人作相同的選擇。證實在較高焦慮情境下，親和的動機會提高。

影響親和動機的原因除了與本能、壓力情境有關之外，學習也是一個重要的影響因素。張春興（1993）認為，在嬰兒期藉由基本需求的被滿足與人建立親密關係之後，還需再經三方面的學習：

1.求人幫助，以達成無法獨立達成的目標。
2.求人保護，以避免危險。
3.求人解答疑惑。

人是群體的動物，與人接近是天性，適當地與人親近保持親密關係，對於個體的適應及發展有相當大的助益。

(三)權力動機

權力動機（power motive）乃是指個體的所作所為隱藏著想要影響別人或支配別人的內在力量，這是由心理學家McClelland（1975; McClelland & Boyatzis, 1982）研究成就動機時發現的，他發現有高工作成就動機的人並不一定適合擔任行政管理的工作，且往往是權力動機高、親和動機低，或是成就動機高、親和力低者，較適合擔任管理者的職務。因為這類的人可以避免人情壓力，而且為確保權勢，必會盡力達成職務的要求。Mason及Blankenship（1987）也指出權力動機高的男性較易虐待配偶。

另外，Lynn及Oldenquist（1986）將權力動機分為兩種：一是個人化權力動機（personalized power motive）；一是社會化權力動機（socialized power motive）。個人化權力動機顧名思義就是其行為只有一個目的，那就是將權勢集中於自己，動機強者可能會不擇手段的追求權位、滿足私慾，而且貪圖物質享受。而社會化權力動機強者則以服務社會為目的，不求個人表現但求社會和諧。張春興（1993）認為，若社會化權力動機高者能走入社會，擔任領導者，將有利民便民的效果；反之，若由個人化權力動機高者執政，則有禍國殃民之憂。

第三節　現代動機理論

心理學三大鼎立學派皆對動機有過論述，在二十世紀四〇年代，行為主義從均衡作用觀點，提出驅力與驅力降低理論（drive and drive-reduction theory）以說明刺激與反應之間的關係；五〇年代之後，心理學以Maslow的自我實現理論視動機為人性本質，從生理需求、安全感需求、關係需求、自我尊重需求及自我實現需求，由低至高的五個層級，並以生理到心理的需求為主；六〇年代認知心理學主要以理解心理歷程、解釋個體之複雜行動之動機。這些理論觀點在之前的相關概念也有一些論述，本節主要敘述在傳統心理學對動機論述之外的動機理論。

一、自我歸因論

歸因論（attribution theory）原是Fritz Heider在五〇年代所倡議的瞭解對行為之合理解釋。七〇年代由Weiner加以擴大此觀點，並建立一套從個體自身立場解釋自己行為的歸因理論。Weiner的自我歸因理論是對Atkinson的成就動機的修正是由兩種心理作用（希望成功vs.恐懼失敗）彼此抵消的作用來加以修正。

Weiner認為，動機並非個人的性格，動機只是介於刺激事件，與個人處理該事件所表現的行為之間的中介作用而已。刺激事件的性質改變，一定會影響個人處理該事件行為後果的改變，此一行為後果，自然也會影響到個人對同樣刺激事件的動機（張春興，1991）。Weiner在一九七二年提出解釋成敗的自我歸因理論，只列出努力、能力、工作難度與運氣四項歸因，後來又加上個人身心狀況與別人對其成敗的評價（Weiner, 1980），分述如下：

1.能力：依據個人評估自己應付此項工作有無足夠能力。
2.努力：個人反省此次工作是否盡了最大努力。
3.工作難度：憑個人經驗，評估對此次工作感覺困難還是容易。
4.運氣：個人自認此次工作成敗是否與運氣好壞有關。
5.身心狀況：憑個人感覺工作當時的心情及身體健康狀況。
6.他人反應：在工作當時及以後他人對自己工作表現的態度。

以上六項歸因，各項均有強弱之分，且彼此之間也有交互作用，由此可見，個人在面對工作結果時的成敗歸因的心理歷程，是非常複雜的。Weiner運用Rotter的制控信度（locus of control）將個人願承擔成敗的責任稱為內控（internal control），反之將成功歸之機遇幸運，失敗則歸之於受到他人阻礙，不願承擔責任，稱為外控（external control）。

此外，Weiner將上述六項特質的能力、努力、身心狀況歸為內在因素；而工作難度、運氣、他人反應則歸為外在因素。這些因素中能力及工作難度屬於穩定因素，其餘如努力、運氣、身心狀況，別人反應則屬於不穩定因素。

二、自我效能論

Bandura（1982）從社會學習觀點，提出**自我效能理論**（self-efficacy theory）用來解釋在特殊情境下動機產生的原因。此理論解釋個人在目標追求中面臨一項特殊工作時，對該項特殊工作動機的強弱，將決定於個人對其自我效能之評估。自我效能是根據個人以往經驗，對某一工作任務，經過多次的經驗後，自己對這項工作是否具有效能的感受（張春興，1991）。自效效能具有二個主要特質：(1)瞭解工作性質；(2)依過去經驗衡量自己的實力。自我效能與自信不同，自信是個體對自己所作所為之事具有積極態度之信心。依Bandura的解釋，正確的自我效能建立在正確的自我評估，正確的自我評估則來自四個方面的學習（Bandura, 1982）：

1.直接經驗：在多次同類工作的成敗歷練中，獲得知己知彼的直接經驗。
2.間接經驗：經觀察學習與替代學習歷程，獲得推論而來的間接經驗。
3.書本知識：從有關方面工作的專書、手冊、研討論文、圖解獲得精深的專門知識。
4.體能訓練：經過適當的體能訓練，可對自己身體狀況能否適應工作，獲得瞭解。

三、激起理論

適度激起理論（optimal-arousal-level theory）是以個體心理或生理感受刺激之傾向。當個體在身心兩方面皆存有自動保持興奮之傾向，如缺乏時需求增加，過多時需求則降低。此種感受主義如同靜極思動、動極思靜。

第四節　結語

動機是促使人類行為複雜的原因之一，也是促使個體朝向目標努力的動力。動機是個體之刺激與行為之間的中介變項。動機與行為如同態度與行為並非直截了當，唯有動機（態度）浮現時，才能更準確預測自發行為。動機有其生理及心理之性質，動機又與恆定作用、需求、誘因、驅力、期待有相似的涵義。過去解釋人類行為有天生的本能說，現在則較以行為主義及認知取向來解釋促使個體行為的內在作用歷程。

參考書目

一、中文部分

張春興（1989）。《張氏心理學辭典》（初版）。臺北：東華。

張春興（1991）。《現代心理學》。臺北：東華。

張春興（1993）《張氏心理學辭典》（二版）。臺北：東華。

二、英文部分

Atkinson, R. L., Atkinson, R. C., Smith, E. E., & Hilgard, E. R. (1987). *Introductory to Psychology* (9th ed.). New York: Harcourt Brace.

Bandura, A. (1982). Self-efficacy mechanism in human agency. *American Psychologist, 37*, 122-147.

Harlow, H. F. (1971). *Learning to Love*. San Francisco: Albion.

Herman, C. P., Polivy, J., & Esses, V. M. (1987). The illusion of counter-regulation. *Appetite, 9*, 161-169. doi:10.1016/S0195- 6663(87)80010-7.

Hetherington, A. W. & Ranson, S. W. (1940). Hypothalamic lesions and adiposity in the rat. *Anatomical Record, 78*, 149-172.

Horner, M. S. (1968). Sex differences in achievement motivation in competitive and non-competitive situations. Unpublished doctoral dissertation. Michigan University.

Hunt, M. (1974). *Sexual Behavior in the 1970's*. Chicago, IL: Playboy Press.

Janowitz, H. D. & Grossman, M. I. (1949). Some factors affecting the food intake of normal dogs and dogs esophagostomy and gastric fistula. *American Journal of Psychology, 159*, 143-48.

Kinsey, A. C., Pomeroy, W. B., & Martin, C. E. (1948). *Sexual Behavior in the Human Male*. Philadelphia, PA: Saunders.

Kinsey, A. C., Pomeroy, W. B., & Martin, C. E. (1953). *Sexual Behavior in the Human Female*. Philadelphia, PA: Saunders.

Knittle, J. L. & Hirsch, J. (1986). Effect of early nutrition on the development of rat epididymis fat pads: Cellularity and metabolism. *Journal of Clinical Investigation, 47*, 2091.

Lynn, M. & Oldenquist, A. (1986). Egoistic and non egoestic motive in social dilemmas, *American Psychologist, 41*, 529-534.

Major, B. & Konar, E. (1984). An investigation of sex differences in pay expectations and their possible cause. *The Academy of Management Journal, 27 (4)*, 777-792.

Mason, A. & Blankenship, V. (1987). Power and affiliation motivation, stress and abuse in intimacy relationships. *Journal of Personality and Social Psychology, 52 (1)*, 203-210.

McClelland, D. C. & R. E. Boyatzis (1982). Leadership motive pattern and long-term success in management. *Journal of Applied Psychology, 67*, 731-143.

McClelland, D. C. (1975). *Power: The Inner Experience*. New York: Irvington.

McClelland, D. C. (1961). *The Achieving Society*. NJ: Van Nostrand.

McKenna, R. J. (1972). Some effects of anxiety level and food cues on the eating behavior of obese and normal subjects: A comparison of the Schachterian and psychosomatic concepts. *Journal of Personality and Social Psychology, 22*, 311-319. doi:10.1037/h0032925.

Officer, C. (1982). *Human Sexuality*. San Diego, CA: Harcourt Brace Jovanovich.

O'Keefe, S. J. D. (2015). *Physiology of Human Nutrition: Starvation and Obesity*. NY: Springer.

Raynor, J. O. (1970). Future orientation and motivation of immediate activity. *Psychological Review, 76*, 606-610.

Rodin, J., Slochower, J., & Fleming, B. (1977). Effects of degree of obesity, age of onset, and weight loss on responsiveness to sensory external stimuli. *Journal of Comparative and Physiological Psychology, 91*, 586-597. doi:10.1037/h0077354

Russek, M. (1971). Hepatic receptors and the neurophysiological mechanisms controlling feeding behavior. In Ehreupreis, S. (Ed.). *Neurosciences* (Vol. 4, 321). New York: Academic Press.

Schachter, S. & Gross, L. P. (1977). Manipulated time and eating behavior. *Journal of Personality and Social Psychology, 10*, 98-106.

Schachter, S. (1959). *Psychology of Affiliation*. Stanford, CA: Stanford University Press.

Storms, M. D. (1981). A theory of erotic orientation development. *Psychological Review, 88*, 340-53.

Terkel, J. & Rosenblatt, J. S. (1972). Humoral factors underlying maternal behavior at parturition. *Journal of Comparative and Physiological Psychology, 80*, 365-371.

Weiner, B. (1980). *Human Motivation*. NY: Holt, Rinehart & Winston.

情緒

■何謂情緒

■情緒理論

■情緒能力的發展

■情緒智力

■結語

情緒的反應是天生的，而情緒的表達則受後天環境的影響。Averill（1997）研究許多來自不同文化的參與者，從因素分析中發現，情緒經驗具有相當的一致性；在情緒概念和情緒臉部表情的多元價值研究結果亦有類似的發現。目前最常被使用環境空間（circumflex space）來指述情緒經驗範圍，它區分為經緯兩大面向，如「活化／喚起」以及「愉悅／評價」兩大面向。「活化／喚起」從高活化／喚起到低活化／無喚起；「愉悅或評價」的範圍從愉悅／正向到不愉悅／負向，這兩個面向組成如**圖8-1**。

Watson、Clark和Tellegen（1988）則建議將情緒環狀空間旋轉四十五度，並以正負向情感加以區分並建立正向情感和負向情感量表（Positive and Negative Affect Schedule, PANAS）來評估個別差異，如**表8-1**所示（Watson, Clark, & Tellegen, 1988）。情緒的正負向情感相關研究不少，但一般正向情感是屬於外向的人格特質，而負向情感多與神經質有關。

第一節　何謂情緒

情緒在我們生活中扮演著重要的角色，其與行為及認知如同等邊三角形的三個角，缺一不可，而且需要三者配合才能使個人身心處於平衡狀態。情緒是日常生活的行為表現，與心情起伏、身心健康、人際關係及工作表現有莫大的關聯。**情緒**是一種複雜的心理歷程，依《張氏心理學辭典》的定義：情緒是受到某種刺激所產生的身心激動狀態，此狀態包含複雜的情感性反應與生理變化（張春興，1989）。所以說來，情緒大抵可包括四個層面：

1.生理反應：當個體經驗某種情緒時，自然由內分泌系統分泌激素產生一些生理反應，如驚嚇時伴隨心跳加快、呼吸急促、血管收縮或擴張、內分泌的變化等。

2.心理反應：個體經驗情緒時的主觀心理感受，例如愉快、緊張、嫉妒、憎恨等感受。

3.認知反應：個體引發情緒事件或刺激情境時所做的解釋和判斷。所以，情緒的反應是個體對刺激或事件所做的詮釋後反應，也就是「S→O→R」的反應。

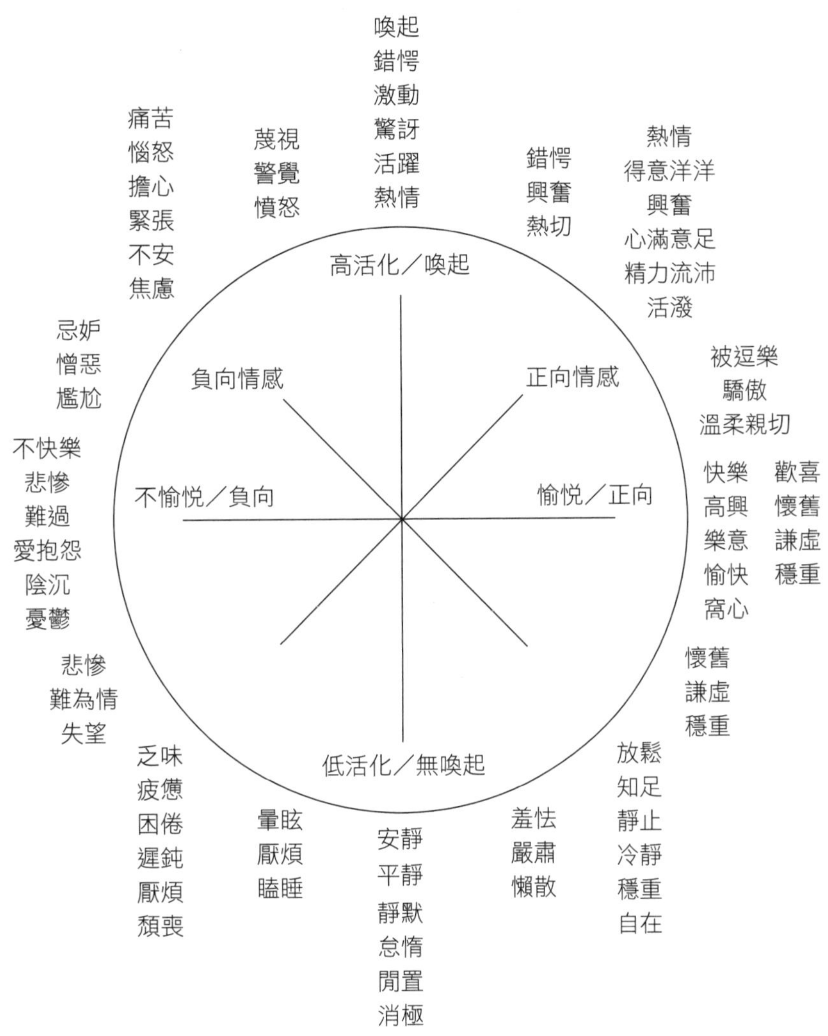

圖8-1　情緒的環狀模式

註：橫軸代表評價（愉悅／正向與不愉悅／負向）。
　　縱軸代表活化（高活化／喚起與低活化／無喚起）。
　　內圈較細的對角線就是Watson和Tellegen（1995）所建議的旋轉45度後的軸線。
資料來源：摘自Averill (1997); Larsen & Deiner (1992).

4.行為反應：個體因情緒而表現出的外顯行為，包括語言與非語言訊息，例如臉部表情（皺眉、眉開眼笑）、聲調高低變化、哭泣、坐立不安，或是用語言表達，例如我好高興、我很緊張。

表8-1　正向情感和負向情感量表

這個量表包含了一組形容不同感覺和情緒的字，請閱讀每一詞，然後圈選適合的答案，請以你現在的感覺為主（即現在這個當下）。

	少許或沒有	有一點	適度地	相當多	非常強烈地
1. 感興趣的	1	2	3	4	5
2. 痛苦的	1	2	3	4	5
3. 興奮的	1	2	3	4	5
4. 難過的	1	2	3	4	5
5. 強烈的	1	2	3	4	5
6. 罪惡的	1	2	3	4	5
7. 恐懼的	1	2	3	4	5
8. 敵意的	1	2	3	4	5
9. 熱心的	1	2	3	4	5
10.驕傲的	1	2	3	4	5
11.急躁的	1	2	3	4	5
12.警覺的	1	2	3	4	5
13.羞愧的	1	2	3	4	5
14.激動的	1	2	3	4	5
15.緊張的	1	2	3	4	5
16.堅決的	1	2	3	4	5
17.體貼的	1	2	3	4	5
18.不安的	1	2	3	4	5
19.主動的	1	2	3	4	5
20.害怕的	1	2	3	4	5

註：第1、3、5、9、10、12、14、16、17、19題的加總代表正向情感的分數。第2、4、6、7、8、11、13、15、18、20題的加總代表負向情感的分數。

資料來源：摘自Watson、Clark及Tellegen（1988），由美國心理學會許可。

一、情緒的功能

雖然情緒化常被用來形容個人行為的不穩定、不成熟，或者個人無理取鬧。然而情緒是個體最為貼近的需求表達，情緒本身只是個訊息，更無好壞之分，就如同天生的警示燈，可以幫助個體正確因應外在情境。情緒的功能可大致歸納如下：

1.生存的功能：情緒會伴隨生理反應，當個體遇到危險狀況時會有緊張、害怕的感覺，同時心跳加速、呼吸急促、分泌腎上腺素……進而產生「反抗」（fight）或是「逃離」（flight）的反應，藉以保護自己，並避開危險。

2.人際溝通的功能：歸屬感與人際交流是人類的主要需求之一，情緒的表達更是人際交流的潤滑劑，更能增進人際的溝通與交流。當個體有情緒時，除了能瞭解自己內心真正的感受外，也有機會向他人表達，以維護自己的權益及促進情感的交流。

3.動機性的功能：情緒是天生的，而情緒的表達是經由社會化過程學習來的。因此，情緒智力（emotional intelligence, EQ）才是個體正負向行為結果的原因。**情緒智力**是個體能夠觀察自己與別人的情緒，處理並運用情緒訊息來指引自己的思考與行動，也就是情緒的評估與表達能力、情緒的調整與運用能力（Mayer, Salovey, & Caruso, 2000）。

情緒是千變萬化的，Greenberg、Rice及Elliot（1993）將情緒分為四類：

1.原始情緒（primary emotions）：原始情緒是個體對情境產生此時此刻的立即性直接反應，例如面對威脅而害怕、失親而悲傷，這是一種本能性的反應。

2.次級情緒（secondary emotion）：次級情緒是個體對原始情緒與思考的次級反應。個體常常會模糊原始情緒產生的過程，這種反應並不是針對情境，而是個體對此情緒經思考後所產生的情緒反應，例如有合理化作用後，個體用負向的情緒來掩飾內心所受到的傷害。

3.工具性情緒（instrumental emotions）：工具性情緒的表達是為了影響他人而顯現個人的權力控制（power control），例如用生氣或受傷來逃避責任或控制他人，或利用哭泣來博得同情與安慰，以達到某一種目的。

4.習得的不適應情緒（learned maladaptive primary responses）：習得的不適應情緒是個體因應環境需要而產生的適應情緒，但環境改變之後，原有的情緒反應不適用，個體卻仍然持續使用，通常這些情緒常由童年經驗或過去的創傷中所學得。

二、情緒的特徵

情緒的感受是與生俱來的，但情緒的表達原則是隨文化而異的。人類所持有的情緒，在不同的文化裡所呈現的幾乎類似。Ekman和Friesen（1971）為了研究情緒表情是否具普同性，他們針對人類六種主要的情緒表達進行研究，即憤怒、快樂、驚訝、恐懼、嫌惡及悲傷等。他們經過縝密的設計，到新幾內亞學習Fore族的情緒解讀能力。Fore族是一個沒有文字的部落，尚未接受西方社會的文明洗禮。Ekman和Friesen（1971）為Fore族講述一些帶有情緒內容的故事，然後給他們看表達六種情緒的相片，最後請他們用相片來與故事配對，結果Fore族的回答與西方社會中的實驗參與者一樣準確，這項研究可以證實，人類情緒詮釋的能力是超越文化的，而非文化經驗的產物。不論人類衍生出了哪一種情緒類型，不外具有下列特性：

1.情緒是由刺激所引發的：情緒可視為一種行為反應，不會無緣由的產生，情緒的產生必有引發的刺激，而除了外在的刺激外，尚有內在的刺激也會引起情緒反應。
2.情緒是主觀的經驗所致：相同的刺激，對於不同的個體所引發的情緒並不一定相同，因為情緒本身是主觀的經驗所致，無法由客觀得知。情緒的產生常常是個人認知判斷的結果，因此，情緒的內在體驗或外在反應會因人而異，且具有相當的個別性或主觀性，這也符合S→O→R的刺激行為模式的解釋。總之，情緒並非由外在刺激所決定，個體的主觀經驗才是決定要素，所以個人的主觀情緒覺知會導致之後的情緒反應。
3.情緒具有可變性：情緒並非固定不變的，而是會隨個體身心成熟及知覺能力與個人經驗的改變，造成情緒的體驗反應有所不同。而引發情緒反應與個人之刺激元及所處的情境有關，個人間的刺激及情境常有不同；此外，刺激與反應之間又沒有固定的關係模式，加上個人的認知及彼時的心情又很大不同，故情緒在個人之間的可變化性很大。

第二節　情緒理論

情緒是個體對刺激有所反應的複雜心理歷程，歷史上個人的觀點形成學派，其研究的重點不同，因此也形成各種不同理論取向，例如以生理反應為基礎、認知觀點、制約行為論、心理動力論、演化論等，本節將簡述這些論點及其理論邏輯論點。

一、情緒生理基礎觀點

最早對個體情緒變化提出系統解釋的是美國心理學家William James，他一反過去將生理變化視為情緒結果，主張個體的情緒反應是個體對身體反應的覺知，所以情緒不是由外在刺激所引發，而是個體對身體反應的覺知。個體產生情緒的過程是：知覺身體變化而產生情緒，一反過去身體變化是因情緒而來。

在同一時間，丹麥生理學家Lange也提出類似說法，認為情緒是對身體變化的知覺。後來此兩者被歸類為同類，並將兩理論合一，稱為「詹郎二氏情緒理論」（James-Lange theory of emotion）。

美國生理學家W. B. Cannon及其弟子D. Bard認為，情緒經驗與生理反應均受下視丘所控制，它們是同時產生的，這個理論被稱為「坎巴二氏情緒理論」（Cannon-Bard theory of emotion）。然而，情緒經驗來自情緒情境後所產生的知覺，例如遇到危急的事，身體先引發情緒反應，如心跳加速，而個體覺得危險才有後來的情緒知覺，故身體反應與情緒經驗並無直接關係。坎巴二氏情緒理論的論點也為其他學者所反駁，例如「斯辛二氏情緒理論」（Schachter-Singer theory of emotion），認為生理反應的確先於情緒經驗，但產生何種情緒經驗是由認知因素來決定，情緒經驗起源於對刺激情境的認知與對生理變化的認知。此理論因重視個體的認知解釋與歸因，所以也稱為「情緒歸因論」（蔡秀玲、楊智馨，1999）。

二、情緒認知論

同樣重視個體對刺激的認知，Lazarus主張認知評估（cognitive appraisal）

才是情緒的關鍵因素。認知評估主要有三種形式：初級評估、次級評估與再評估。認知評估不僅是對訊息過程本身而已，最重要的是評估（evaluation），主要評估的焦點是意義及事件的重要性（蘇彙珺，1998）。

(一)初級評估

初級評估是以壓力情境所造成的傷害程度與評估作為指標，個體會評估壓力情境對自己的意義、傷害或威脅程度。換言之，就是個體賦予事件意義，也就是個體面對壓力的初步情緒反應。基本上，初級評估包含三種判斷：

1. 無關的（irrelevant）：當個人在環境中所遭遇的事件與幸福感無關時，就類屬於無關的評估。
2. 正向有益的（benign-positive）：若事件的結果被認為是正向的或可強化幸福感的，就是正向有益的。
3. 具壓力的（stressful）：若事件的結果被評估為傷害的、有威脅的、挑戰的或有失落的感受時。

認知評估是複雜的，不能單憑情緒來作為判斷基準，同時必須依賴「個人因素」及「情境脈絡」來作判斷。

(二)次級評估

當個體遇到緊急事件時，不論是威脅或挑戰的壓力情境，都必須要採取行動加以控制，所以進一步的評估就變得很重要，也就是個體遇到壓力情境，考量對此情境能做什麼，就是「次級評估」。換言之，「**次級評估**」就是個體對選擇各類行動以成功因應某事件可能性的判斷，是個體評估自己對壓力採取任何因應行動後會造成傷害或威脅的程度，亦即對所採取的因應策略進行評估。影響次級評估的因素，除了情境特徵外，個人知覺的自我能力更是重要的決定因素，這也是Lazarus所謂的控制性評估。

次級評估是一個複雜的評量過程，因為事件的結果端賴個體做了什麼處理，以及判斷危急的程度，尤其是因應方法的應用。次級評估有下列四種可能的因應方式：

1.直接行動：如改變情境。

2.尋求資源：如在採取行動前搜集更多的相關資料。

3.接受：如遇到事件時能夠接受或只能適應事件的現況。

4.放棄行動：放棄想做的事情。

次級評估與初級評估之間有密切的關係，二者的交互作用決定了壓力的程度以及情緒反應的強度與品質。

(三)再評估

「**再評估**」（reappraisal）是以環境中的新訊息為基礎所做的評估，亦即重新評估個體所選擇的因應策略（從次級評估其效用），以幫助個體抵抗或助長壓力。簡言之，再評估是先前評估之後的評估，事件相關，只是再評估會修正之前的評估。再評估是認知因應的一部分，包括對任何過去事件重新詮釋的努力，以及以較少的傷害或更為理性的方式來看待事件，以正向的態度處理情緒反應後的傷害與威脅。

Lazarus及Folkman（1984）認為，再評估是一種回饋的處理，它包含兩種型式：

1.現實式的：因為新訊息的出現而導致的再評估，主要是個體因應人與環境關係的變化，或對個人利益的改變進行調整。

2.自我防衛式的：個人認為事實無法加以改變，只能將傷害或損失降至最低，以減少負面情緒的擴張。

三、情緒的制約基礎

事實上，並非所有情緒反應皆與「情緒評估」有關，行為主義主張所有的行為皆可以測量，而且以可觀察到的外顯行為為主，其不主張心理的認知過程或天生的反應，而是強調刺激與反應之間的連結。

J. R. Watson所提出的「情緒反應類型論」認為，人類天生有三種基本的情緒反應：恐懼、憤怒及愛。嬰兒出生需要照顧者的撫摸及懷抱，如有安全感就會讓嬰兒產生愛的感覺；如果受到外在強大的刺激，就會有反射性驚嚇，並自然而然地產生恐懼反應；當嬰兒的行動受到阻礙，無法滿足需求時，會產生憤怒的感受。除了這三種天生的情緒反應，其他的情緒如何表達則皆由學習而來。依行為主義的觀點，情緒行為因刺激受制約（如增強、消弱、處罰、負增強）而有所改變，同時也由觀察學習而產生，如此一來，情緒的類型、反應也會隨著不同發展階段或社會情境而有所改變。

四、心理動力學派

心理分析強調心理動力對行為的驅動，認為行為受控於潛意識、意識、本能驅動與過去經驗。Freud認為天生擁有兩種本能驅力——生之本能（性驅力）與死之本能（攻擊驅力）。如果本能驅力未能獲得滿足或紓解，其帶來的焦慮與壓力會持續潛抑在潛意識中維持與增長，進而帶來更大的緊張與壓力。同時，Freud還將個人人格結構分為本我、自我與他我。**本我**（id）遵循著享樂原則、追求快樂、避免痛苦，而且本能需求要獲得立即滿足。相對地，**自我**是遵循現實原則，可以覺知外在環境的限制，以求得自我需求與外在環境之間的平衡。自我並非完全阻塞本我的本能需求，而是透過延宕（delayed needs）讓需求在適當的時間、地點，以適當的方式獲得滿足。至於**超我**則依道德原則，是內化父母或社會的規範與價值觀，以決定事情的對錯，一方面督促自我追求完美，另一方面限制自我行為以符合良心規範。

本我、自我與超我之間的衝突會引起焦慮的現象或形成認知失調（cognitive dissonance），亦或造成緊張的焦慮，例如現實性焦慮、神經性焦慮與道德性焦慮。**現實性焦慮**是源自個體對外在世界上所存有的危險或威脅所產生的恐懼與害怕；**神經性焦慮**是因為本我需求未獲得滿足或個體本身無法控制本能驅力，而造成個體擔心、害怕或做一些讓自己遭受懲罰的事情，所以個體常會感到一種莫名的緊張與不安；**道德性焦慮**則是當個體違反良心、社會規範或父母訓誡之後而感到的害怕與焦慮。個體如果無法理性控制焦慮或採取適當對策解決衝突的話，會以**自我防衛機轉**（ego-defense mechanisms）如潛抑、否認、合理化、投射、昇華等來應付焦慮，以避免自我受到打擊或消除焦慮。

心理動力學派除了Freud的驅力模式外，還有日後的追奉者所建立的關係模式，例如K. D. Horney、H. S. Sullivan、Mahler等認為，個體焦慮與親子及人際

互動關係有關，日後蔚成新精神分析學派（neo-psychoanalytic approach），例如Horney提出**基本焦慮**（basic anxiety）是每個人天生就有一種被拋棄的不安全感，所以個體在此焦慮下，發展出親近、討好、順從他人、控制、反對他人、逃避與人接觸等行為皆是為了降低不安全感。

Sullivan認為，**焦慮**是人類行為的主要動力來源，強調人際關係中如何逃避與處理焦慮的重要性。焦慮來源源自父母、他人或自我否定，而用來避免或降低焦慮或維持自我價值的人際策略就是人格形成基礎。Mahler的**客體關係論**，更是強調幼時與重要他人的情感關係對個體之影響，個體是由早期母子互動之客體關係再概化到其他關係，而關係的挫折讓心理病態出現。Mahler將自我發展分為四個階段：自閉期（autism）、共生期（symbiosis）、心理分離─個體化期（separation-individualization）、客體恆存期（object constancy），其中以分離─個體化階段（約在嬰幼兒期及青少年期）最為重要。個體化如行為獨立、表徵或認知的分化與情緒的獨立，若個體無法順利或成功地經歷分離─個體化的過程，個體將會產生許多衝突的情緒（Hoffman, 1984）。

五、演化論

除了關係取向外，John Bowlby的依附（attachment）理論也非常重視親子間的依附關係。John Bowlby認為，人類發展的動力來源在於個體與照顧者（或父母）的情感連結（emotion tie or bonds）的建立與聯繫，而內心衝突的來源是因為分離焦慮、被拋棄的恐懼所造成，所以焦慮只是此情感連結受到威脅的警訊。John Wowlby認為，個體的依附是天生的，是個體生存的自然法則（Bowlby, 1982）。

依附理論認為，嬰兒根據母親的反應建立一些規則和節奏，逐漸形成嬰兒對依附對象、自我和環境的心理表徵或內在運作模式（Ainsworth, 1989; Bowlby, 1982），內在的運作模式主要包括情緒及認知兩方面。Collins及Read（1994）就認為，內在運作模式其實是透過對情境的主觀詮釋與情緒反應兩者之交互作用來影響行為反應（見**圖8-2**）。**圖8-2**指出，個體藉內在的運作模式評估目前的情緒經驗，以決定如何因應，並引導個體採取有規則、有方向的行為。因此，個體的依附關係同時會影響情緒與認知，進而影響情緒的行為反應。

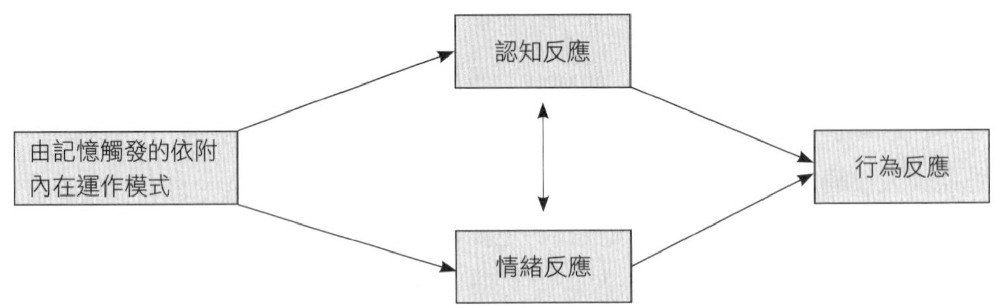

圖8-2 依附關係與行為反應之運作模式

資料來源：Collins & Read (1994).

第三節 情緒能力的發展

John Bowlby的依附理論，主張依附行為有先天的基礎，也是人類生存所必須。人類在六個月至三歲間，一旦遇到危險時，所引發的行為反應會尋找和靠近他們的照顧者或安全堡壘（secured base）；當兒童找到了照顧者，確認安全後，又會回到探索的活動中。這個循環會重複，當兒童覺知到威脅，對滿意、安全及保護的依附需求就會啟動。重複數次之後，只要他能熟悉的照顧者在這段威脅時間內回應兒童的安全需求，幼兒就能建立內在依附關係的內在工作模式。內在工作模式讓人們預測自己和重要他人關係中的行為。

情緒能力的發展始於家庭脈絡，與父母（或照顧者）有安全依附的兒童可發展出情緒能力，如果父母給予兒童足夠的安全、保護與生理照顧，且能回應兒童的需求，那麼兒童就可發展出安全的情緒依附。

Zeidner等人（2009）提出情緒智力投資模式，此模式解釋成人的情緒能力是由三個互動歷程來進行：(1)基因決定和生理基礎的氣質；(2)情緒能力的規則學習；(3)自我覺察、情緒的策略性調適。（見**圖8-3**）投資模式的第一層次假定嬰兒的氣質（如情緒性、社會性）是生理基礎和基因所決定，這提供了情緒智力持續發展的平台。第二層次假定與父母或照顧者的依附關係，以及在與同儕或他人互動中，透過楷模和增強的歷程，以學習辨認、理解及處置自我和他人情緒的規則。第三層次假定透過父母、老師、同儕與其他人的教導，以及媒體傳播和其他文化的影響，個體可以發展自我覺察，對自我和他人情緒的策略性

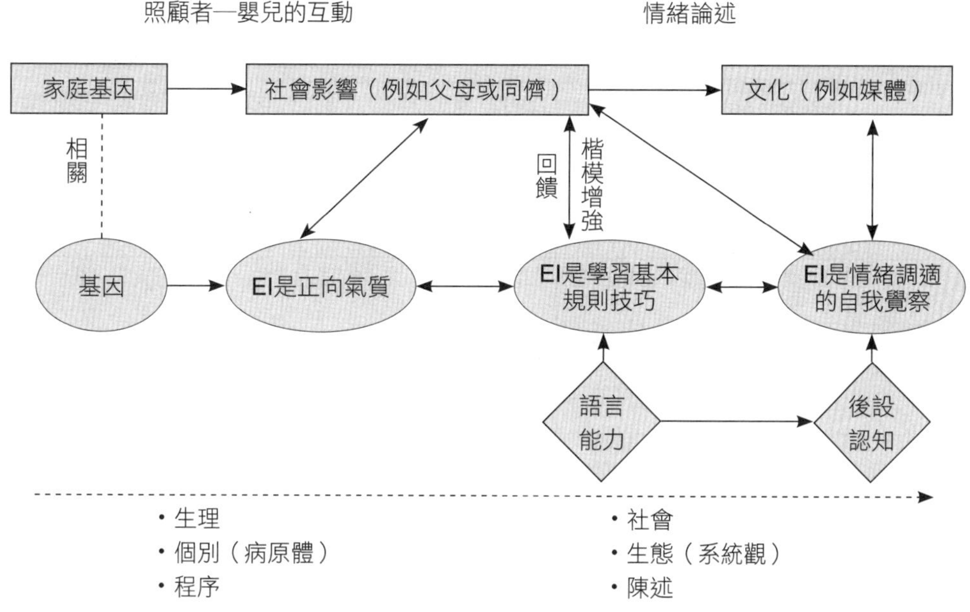

圖8-3　情緒智力投資模式

資料來源：Zeidner, Matthews, & Boberts (2009).

調適，所以個人的情緒發展從以遺傳基本為基礎，透過生理因素逐漸轉換至以社會因素為主。

情緒能力的發展讓人們從嬰兒到成人期逐漸發展出情緒表達技巧，以及發展出人際關係間的情緒調適技巧（見**表8-2**）（Sarrni et al., 2008），分述如下：

1.嬰兒的情緒能力：在生命早期，嬰兒會發展出基本的自我安撫技巧，但主要依賴照顧者提供情緒支持。一歲時，嬰兒在自我及他人的掌控下，逐漸使用非語言的情緒表達來回應各種刺激，並開始逐漸會區辨正、負向情緒的能力。一旦兒童具有足夠的客體恆存能力，就能有躲貓貓輪流玩的遊戲能力。之後，開始從照顧者中學習在特定情境中表達最合適情緒的社會參照（social reference）。二歲時，幼兒對個人情緒回應覺察逐漸增加，當父母對幼兒的自主或向外探索設限時，幼兒會呈現反抗及暴躁不安的樣子，此時又稱為「可怕的兩歲期」（terrible twos）。此時，他們也會出現基本的同理或利他行為。

2.學齡前幼兒的情緒能力：二至五歲的學齡前幼兒，會使用較多的語言來

表8-2　情緒能力的發展

年齡	規範	表達	處理情緒
嬰兒期 0-1歲	1.自我安撫 2.調整專注力以產生適合的行為 3.在壓力下依賴照顧者提供鷹架	在自我掌控和他人掌控下，增加對刺激的非語言情緒表達	1.逐漸區辨他人表達的情緒 2.輪流遊戲（躲貓貓） 3.社會參照
學齡前幼兒 1-2歲	1.增加個人情緒回應的覺察 2.當父母對自主需求設限時，會有易怒的狀況	1.增加對情緒狀態的語言表達 2.增加自我意識和自我評價的情緒表達，例如羞愧、驕傲或羞怯	1.面對他人的預期感受 2.基本同理心 3.利他行為
學齡前期 2-5歲	使用語言（「自我對話」和「與他人對話」）來調整情緒	在遊戲或逗弄中，假裝表達某些情緒	1.增加對他人情緒的洞察 2.覺察自己錯誤的情緒表達會誤導他人
幼兒期 5-7歲	1.調整自我意識方面的情緒，例如尷尬 2.從照顧者的情緒調節方式中增加自主性	在同儕面前表現得很「酷」	1.增加社交技巧的使用來處理自我與他人的情緒 2.理解雙方同意的情緒腳本
學齡兒童期 7-10歲	1.傾向跳脫照顧者，自主的調整自己的情緒 2.如果兒童在情境中有更多的自我掌控，就可以用隔離的策略處理情緒	增加情緒表達來調整人際關係	1.覺察對於一個人可以有多重情緒 2.在多重脈絡中使用自我和他人的相關情緒訊息，以建立和維持友誼
前青少年期 10-13歲	有效的辨認和使用多重策略，以自動化地調適情緒和管理能力	對親密朋友的真實情緒表達和在其他人面前展現的情緒表達之間做出區分	增加對社會角色和情緒腳本的理解，以建立和維持友誼
青少年期 13歲以上	1.增加情緒循環的覺察（關於生氣的罪惡感） 2.增加情緒複雜策略的使用，以自動化調整情緒 3.自我調整策略包含更多道德規範	自我展現策略被使用於印象管理	覺察互惠和互利之情緒性自我揭露的重要性，以建立和維持友誼

資料來源：Sarrni et al. (2008).

調節情緒。他們使用「內在語言」和「社會語言」來調節自己的情緒經驗。此外，他們使用假裝或社會戲劇遊戲，利用假裝元素來表達情緒或在狂野嬉戲遊戲時使用語言要素捉弄彼此。此時，更多複雜的同理和利他行為也在持續發展中。

3.幼兒期的情緒能力：五至七歲的幼稚園兒童透過同伴間的遊戲（games）來增加自我意識的情緒調整，同時他們也使用更多的社交技巧處理自己與他人的情緒。此時，幼兒會建立經由雙方同意的情緒腳本，或在共同腳本中呈現各自的角色。

4.學齡兒童期的情緒能力：學齡兒童偏好自主地調整個人情緒狀態或用策略的情緒表達，以調整關係間的親密和疏離。此時，他們可以對同一個人有多重的、衝突的情緒，例如對喜歡的人表達喜歡之意，也可以對喜歡的人生氣。他們在多重脈絡裡運用自我與他人相關的情緒訊息，以建立和維持友誼。

5.青春前期的情緒能力：在青春前期的少年（約在十至十三歲）能更有效的使用多重的策略自動化調整情緒和管理壓力。他們能區別出在親密朋友前的真實情緒和在其他人面前表現的情緒。此時，他們會發展出對社會角色地位和情緒腳本更精細的理解，以建立和維持友誼。

6.青春期的情緒能力：從十三至二十歲的青少年時期，「為賦新詞強說愁」的年華，對複雜的情緒循環覺察有所增加，例如生氣時帶有罪惡感、對害怕感到羞恥，此時他們會使用更多的複雜策略來調整情緒。青少年逐漸覺察互利與互惠等情緒揭露的重要性，用來建立和維持友誼。

第四節 情緒智力

情緒智力（emotion intelligence, EQ）被定義為：(1)處理情緒訊息的一組能力（Mayer, Salovey, & Caruso, 2000）（見**圖8-4**）；(2)一組人格特質（Stough, Saklofske, & Parker, 2009），由**情緒智商量表**（emotional quotient inventory, EQ-i）來測量（見**表8-3**）。

依據Mayer、Salovey和Caruso（2000）的情緒智力能力模式顯示，情緒智力是指處理個人或他人情緒訊息的能力，如**圖8-4**所呈現的四個部分：知覺情緒（perceiving emotions）、使用情緒（using emotions）以促進認知並理解情緒（understanding emotions），以及處理情緒（managing emotions）。第一個部分為**知覺情緒**，是確認自己和他人情緒的能力，能正確表達情緒和相關需求，以

表8-3　情緒智力的評估工具

形式	工具	創始者	題數	量表數	子量表	版本	量表、子量表測驗描述
能力	MSCEIT	John Mayer Peter Salovey David Caruso	141	4	8	成人 青少年	**知覺情緒** 表情：辨認臉部表情 圖像：辨認風景和圖像的情緒 **使用情緒** 催化：情緒如何影響思考的相關知識 感知：有關於對多樣情緒的感受 **理解情緒** 改變：情緒如何隨時間改變的多選題 混合：情緒字彙定義的多元選擇 **處理情緒** 情緒管理：內在問題的多樣解決方法之效能 情緒相關性：人際情境的多樣解決方式之效能
能力	非口語正確性的診斷分析II（DANVA II）	Stephen Nowicki	64	-	3	成人 青少年	**臉部表情** 24張具高低強度的快樂、難過、生氣和害怕的臉部表情 **副語言** 男、女演員用快樂、生氣和害怕的情緒狀態來說「我現在要離開這個房間，但我稍後會回來」的錄音帶 **姿勢** 32張照片，每張照片有兩位男性和兩位女性站著或坐著，表達高低程度的快樂、悲傷、生氣及害怕。每一項測驗受測者都被要求辨認情緒

（續）表8-3　情緒智力的評估工具

形式	工具	創始者	題數	量表數	子量表	版本	量表、子量表測驗描述
能力	日本人和白人情感辨認測驗簡表（JACBART）	David Matsumoto	56	-	1	成人	56張日本人和白人的臉部表情，包括快樂、丟臉、厭惡、難過、生氣、驚訝及害怕。呈現第一張臉部表情0.2秒後，再呈現另一張臉部表情，要求受測者辨認這些情緒
能力	情緒覺察程度表（LEAS）	Richard Lane	20	-	1	成人	受測者在20個社會場景中去猜想他們自己及其他人的感受，例如生氣、害怕、快樂和難過
能力	兒童情緒技能評估（ACES）	Carroll Izard	56	-	3	兒童	**臉部表情** 有26種快樂、難過、瘋狂、恐懼和冷漠的臉部表情，要求兒童辨認出這些情緒 **社會情境** 兒童在15篇簡短的社會小品文中猜測主角的情緒 **社會行為** 兒童在15篇簡短的社會小品文中猜測主角的情緒
特質	Schutte自陳式情緒智力測驗（SSEIT）	Nicola Schutte	33	3	0	成人	知覺情緒 使用情緒 處理自我情緒 處理他人情緒
特質	情緒智商問卷量表（EQ-i）	Reuven Bar-On	133i 51 簡版	5	15	成人 青少年 父母 教師	**內省** 自我關注 情緒的自我覺察 自信 獨立 自我實現 人際 同理 社會責任 人際關係

（續）表8-3　情緒智力的評估工具

形式	工具	創始者	題數	量表數	子量表	版本	量表、子量表測驗描述
							壓力管理 壓力容忍度 衝動控制 **適應能力** 現實感 彈性 問題解決 **一般心情** 樂觀 快樂 **正向印象** 矛盾
特質	特質情緒智力問卷（TEIQue）	KV Pertides Adrian Furnham	153 30 簡版	4	15	成人 青少年 兒童 成人 360	**幸福感** 樂觀特質 快樂特質 自尊 **社交能力** 情緒處理（他人的情緒） 自信 社會覺察 **情緒性** 情緒知覺（自我與他人） 情緒表達 同理特質 建立和維持關係 **自我控制** 情緒調整 衝動（低） 壓力管理 **輔助面** 適應性 自我動機
特質	情緒能力調查表II（ECI II）	Daniel Goleman	72	4	18	成人 成人 360	**自我覺察** 情緒覺察 正確自我評估 自信 **自我管理** 情緒自我控制 開放

（續）表8-3　情緒智力的評估工具

形式	工具	創始者	題數	量表數	子量表	版本	量表、子量表測驗描述
							適應力 成就 積極性 樂觀 **社會覺察** 同理 組織意識 服務導向 **關係經營技巧** 成就他人 激勵型領導 改變的催化 影響 衝突管理 團隊工作
特質	Genos情緒智力調查表（Genos EI）	Con Stough	70 31 或 14簡版	0	7	成人 成人 360	情緒的自我覺察 情緒表現 覺察他人的情緒 情緒推理 自我情緒管理 處理他人的情緒 自我情緒控制

資料來源：Stough, Saklofske, & Parker (2009).

及能區別正確／誠實的感受和不正確／不誠實感受之間的差異。能知覺情緒的人，較能貼近環境而且適應較好。此外，能偵測到細微的憤怒臉部表情者，較能處理潛在的衝突社會情境。

第二個部分是**使用情緒**，指經歷和產生可以促進思考的感覺。情緒能進入認知系統並引出特定情緒的思考，例如我很開心；或者是產生相同情緒的修正認知，例如快樂的人會想今天每件事情都很順利，因此無論透過我們的心情訊息——讓我們知道自己是開心、難過、害怕或生氣，或者是使我們的思考與心情狀態一致，情緒都可以激發思考。善於使用情緒的人在快樂時會用樂觀的觀點來看待事情，難過時用悲觀角度，焦慮或生氣時則是從有危機的觀點看事情。依心情狀態改變觀點的能力代表人們若具有發展良好的「使用情緒」技巧，就能隨著心情改變，用多元的角度看待事情。從多元觀點看待事情的能

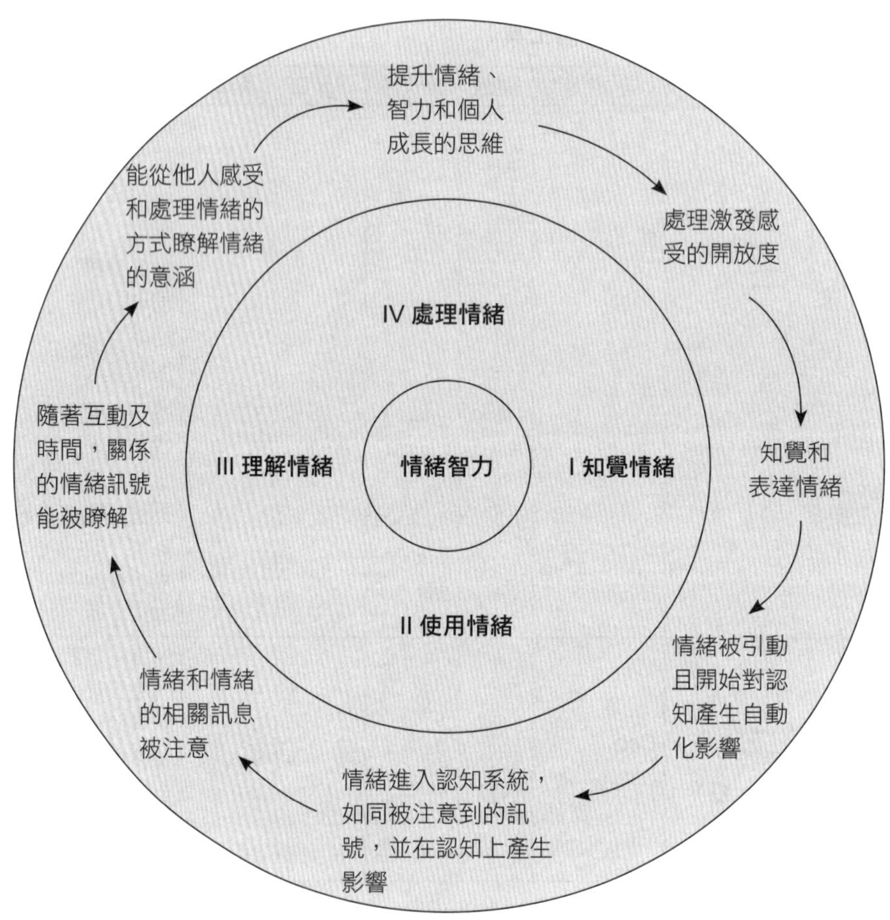

圖8-4 情緒智力能力模式

資料來源：摘自Mayer, Salovey, & Caruso (2000). John Wiley & Sons允許重製。

力，可以激發出更多有創意的解決問題方法，也可以解釋為何情緒波動較大的人比情緒穩定的人更有創意。情緒波動的程度要能在自我控制的狀況下，就必須要有情緒處理的技巧——這個是情緒智力模式中的第四個部分。

第三個部分**理解情緒**是瞭解情緒內涵的能力。人們若具備發展良好的情緒理解技能，就可以知道一個情緒如何引發另一個情緒、情緒如何隨著時間改變、人為何會有複雜混合或矛盾的情緒，以及一時的情緒如何影響人際關係，例如用攻擊、傷害他人的方式來表達憤怒後，若沒有受到懲罰，會帶來悔恨；若受到懲罰，則會引發更多憤怒。如果能瞭解這樣的情緒過程，比起不理解這

樣情緒的人來說，較能處理衝突情境。

第四個部分是**處理情緒**，指能夠開放的感受愉悅和不愉悅的感覺，能監督和反應這些感覺，進而延續或分離這些情緒狀態，控制情緒的表達，以及管理在他人面前情緒表達等能力。情緒管理能力發展良好者有機會選擇感受或阻隔情緒，例如在日常生活中，開放地面對自己或他人的情緒，以及自在地表達情緒，都能豐富我們的生活，深化我們與他人的關係。然而，緊急狀況像是避開車禍、被搶、火警或進行一項風險很高的醫療手術，就比較適合阻隔情緒感受和限制情緒表達。有良好情緒管理能力者，可以選擇他們感受和表達情緒的開放程度。（鄭曉楓等譯，2013）

情緒智力的特質取向和能力取向代表著兩個不同概念化和測量構念的方式（Mayer, Salovey, & Caruso, 2000）。能力取向將情緒智力視為一組能力，可藉由對與錯的答案進行「任務表現」評估，類似於認知智能測驗，這樣的評估有時候是指情緒智力的極大值表現；相對來說，情緒智力的特質取向是指「典型表現」的評估，自陳或觀察者報告就是指出人們平常的表現。特質取向將情緒視為一組個人性格，相似於人格特質，可藉由自陳工具，或經常與我們互動的同事、父母或老師等觀察者的評估來瞭解我們的行為。特質取向也同樣是混合模式架構，因為藉由情緒智力的自陳報告來評估特質，是結合了人格屬性，例如一方面來說是樂觀，另一方面又是情緒管理的技巧或能力。

情緒智力的特質和能力取向已成為鮮明的對比。從**表8-3**可以看到，將情緒智力視為狹義的能力模式來評估的有MSCEIT、DANVA II、JACBART、ACES和LEAS測驗；而特質模式則是由EQ-i、TEIQue和ECI II的工具來評估，此為較廣義的情緒智力。情緒智力的能力模式中有較多傳統的智力測驗，而非一般心理學的人格評估；情緒智力的特質模式則主要運用了心理學的人格評估的心理學。如果要區別純研究、應用或實用導向研究，情緒智力的能力模式會出現在純研究的傳統裡，情緒智力的特質模式則會在應用或實用導向傳統裡。情緒智力的能力模式之研究目標是在促進我們對情緒智力結構的理解，特質模式則強調評估和提升在學校、工作組織以及臨床上的情緒智力（Zeidner, Matthews, & Boberts, 2009）。

第五節　結語

情緒是天生的，而情緒的表達及調節則是後天學習的。情緒受天生的基因、從小與照顧者之互動關係至長大後的楷模學習而來，包括情緒調整技巧、表達情緒的技巧以及管理關係的技巧。有關情緒智力的研究源自九〇年代後，情緒智力普遍被認為是一組處理訊息的能力或一組人格特質。特質型情緒智力與幸福感有關，但幸福感與能力型情緒智力沒有相關。情緒智力概念與許多心理構念有關，如堅毅力、自我強度或經驗的開放性、心理感受性，而這些與工作表現及認知能力也有相關。

參考書目

一、中文部分

張春興（1989）。《張氏心理學辭典》。臺北：東華。

蔡秀玲、楊智馨（1999）。《情緒管理》。臺北：揚智。

鄭曉楓、余芊蓉、朱惠瓊等譯（2013）。《別跟快樂過不去：給你9堂課，成就拔尖人生》（Alan Carr著）。臺北：生智。

蘇彙珺（1998）。《社會支持、自我效能與國中學生壓力因應歷程中認知評估及因應策略之相關研究》。臺北：臺灣師範大學教育心理與輔導研究所碩士論文。

二、英文部分

Ainsworth, M. D. S. C. (1989). Attachments beyond infancy. *American Psychologist, 44(4)*, 709-716.

Averill, J. (1997). The emotions: An integrative approach. In R. Hogan, J. Johnson, & S. Briggs (eds.). *Handbook of Personality Psychology* (p. 518). New York: Academic Press.

Bowlby, J. (1982). *Attachment and Loss: Attachment (Vol. 1)* (2nd ed.). NY: Basic Books.

Collins, N. L. & Read, S. J. (1994). Cognitive representation of attachment: The structure and function of working models. In Bartholomew, K. & Perlman, D. (eds.). *Advances in Personal Relationship: Attachment Processes in Adulthood* (pp. 53-92). London: Jessica-Kingsley.

Ekman, P. & Friesen, W. V. (1971). Constants across cultures in the face and emotion. *Journal of Personality and Social Psychology, 17(2)*, 124-129.

Greenberg, I. S., Rice, L. N., & Elliot, R. (1993). *Facilitating Emotion Dragnet: The Moment-by-moment Process*. NY: The Guild Ford.

Hoffman, J. A. (1984). Psychological separation of late adolescents from their parents. *Journal of Counseling Psychology, 31(2),* 170-178.

Larsen, R. & Deiner, E. (1992). Promises and problems with the circumplex model of emotion. In M. Clark (Ed.). *Emotion: Review of Personality and Social Psychology* (Vol.13, 25-59), Newbury Park, CA: Sage.

Lazarus, R. S. & Folkman, S. (1984). *Stress, Appraisal and Coping*. NY: Springer Publishing Company.

Mayer, J., Salovey, P., & Caruso, D. (2000). Emotional intelligence as zeitgeist, as personality, and as a mental ability. In Baron, R. & Parker, J. (Eds.). *Handbook of Emotional Intelligence* (pp. 92-117). San Francisco, CA.: Joessey-Bass.

Mayer, J., Salovey, P., & Caruso, P. (2000). Emotional intelligence as zeitgeist, as personality, and as a mental ability. In R. Bar-on & J. Parker (Eds.). *Handbook of Emotional Intelligence* (pp. 92-117). San Francisco, CA: Jossey-Bass, John Wiley & Sons (Print as permission).

Sarrni, C., Campos, J., Cameras, L., & Witherington, D. (2008). Principles of emotion and emotional competence. In W. Damon & R. Lerner (Eds.). *Child and Adolescent Development* (pp. 361-405). NY: John Wiley & Sons.

Stough, C., Saklofske, D., & Parker, J. (2009). *Assessing Emotional Intelligence, Theory, Research, and Applications*. New Work: Springer.

Watson, D., Clark, L., & Tellegen, A. (1988). Development and validation of brief measure of positive and negative affect. The PANAS scales. *Journal of Personality and Social Psychology, 44*, 1063-1070.

Zeidner, M., Matthews, G., & Boberts, R. D. (2009). *What We Know About Emotional Intelligence: How It Affects Learning, Work, Relationships, and Our Mental Health*. MA: Massachusetts Institute of Technology Press.

智力

- ■智力
- ■智力測驗的發展
- ■智力的理論
- ■影響兒童認知與智力的相關因素
- ■結語

智力（intelligence）係指一個人的聰明智慧，但一直以來就很難有明確的定義，有人強調抽象性，有人強調理性推理能力，甚至更有人強調適應的能力。整體而言，智力是多元性質，更是多種能力及學習成果的綜合指標。有人強調智力是天生俱有的，也有人強調智力是後天學習及制約的經驗知識。而從行為學的觀點來看，人類與動物一般皆有學習的知覺與記憶，只是量與質之間的差別，智力則是用來衡量個體的智能表現。

第一節　智力

一、智力的涵義

張欣戊（1995）引述過去卓越的研究智力專家對智力的定義，如「抽象思考的能力」（Terman, 1921）、「個人理智思考、行動有目的及有效與環境互動的能力」（Wechsler, 1944）、「天生的一般性認知能力」（Burt, 1955）、「個人一生累積的知識」（Robinson, 1965）等等。之後，晚近學者對智力下的定義為：「對環境的判斷與適應的能力」（Sattle, 1988）、「知識方面的各種能力，及觀察力、記憶力、思維能力、想像能力的綜合，其核心為抽象思維能力」（張春興，1989），「從經驗中學習與適應周遭環境的能力」（Sternberg, 1985）。

綜合上述各學者之定義，**智力**實是綜合能力的表現，包括有學習、解決問題、適應環境、判斷、抽象思考及記憶等能力之概念。

二、智力的測量及功能

智力的測量由法國Alfred Binet（1857-1911）在二十世紀初首先以測驗方式，更以實徵法的基礎來解決測量智力的問題。他直接透過新編訂的量表（問題）來問兒童，利用他們對問題的反應，來反映兒童的智力程度。經過對不同年齡層的兒童做橫斷方法來測驗題目是否具有效度，以保留智力測驗的題目。題目被保留的原則是必須能區分不同年齡層以及能力強弱的兒童。而能力的強弱是以老師在校的學業成績作為效標參照。

Binct假定個體的心智能力（mental capacity）會隨年齡增加而遞增，因此Binet創造心智年齡（mental age）的概念，並依引用一個簡單的公式來衡量智商（intelligence quotient, IQ），此公式為：

IQ＝心智年齡（MA）／實際年齡（CA）×100

一九三九年David Wechsler針對Binet對兒童年齡增加智商會增加的假定，應用到成人身上，但成人的智商反而會隨年齡增加而遞減。Wechsler認為，這是一個不合理的現象，於是修正以離差為標準，他假定平均的智商為一百，將標準差定為十五（如**圖9-1**）。依此標準，個體的智商為一百一十五，則占百分等級八十四（就是一百人中贏過八十四人，輸十六人），如果為一百三十分則贏97%，大約輸三人。依魏貝智力量表（Wechsler-Bellevue Intelligence Scale）公式，智商會隨年齡增加而遞增。

Terman（1954）以心理健康及身體健康作為智商的預測效標，發現智商與精神異常或適應不良的關聯性很低；此外，智商高低與其婚姻的適應關聯性也很低。因此，高智商並不代表一定會有所成就，智商是成功的必要條件，而非充分要件，且需要與其他條件配合，才能決定其一生的成就。

從Binet在二十世紀初首先建構智力測驗以來，對於我們瞭解智能的本能雖然貢獻有限，但卻在實用上有極大的功效，尤其在學業及職業的預測上更具有關聯性。一般而言，智商與學業成就之相關大約在○・五左右，尤其預測十至十三歲的學齡兒童，對日後的預測能力可達○・七以上（Crano, Kenny & Campbell, 1972），但對中學之後，尤其是大學生的預測力則較不顯著（原

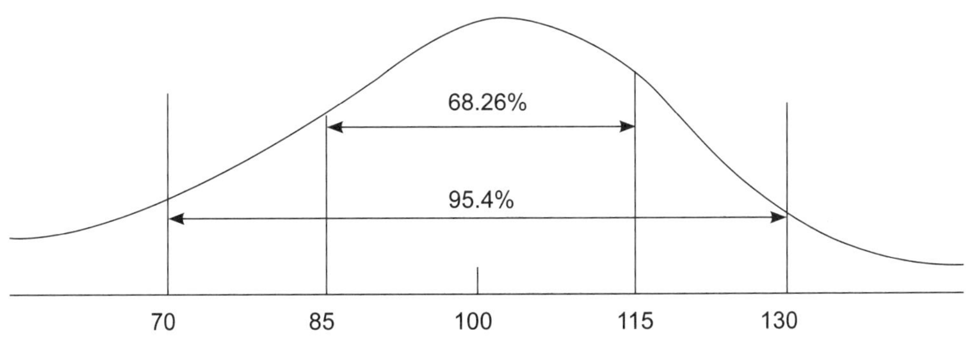

圖9-1　IQ的分布圖

資料來源：張欣戊（1995）。

因是大學生普遍是經大學聯招淘汰而來，較具同質性的高智商）（張欣戊，1995）。智商的另一預測功能是與職業成就之關聯性。第二次世界大戰，美國實行全國徵兵，每一位入伍士兵需接受團體智力測驗（Army α與 Army β），美國國防部想藉此瞭解智商與其工作類別之關聯。此外，Harrell及 Harrell（1945）將不同類型職業的工作者，整理其平均智商及其上下限如**表9-1**。

三、智力的發展

智力是透過測驗而得來的指標，其是否具有穩定性（信度）則是發展心理學家所關注的焦點。基本上瞭解此一問題則是依賴橫斷方法的研究，也就是對不同人（年齡）的比較，但是此類問題的瞭解需仰賴縱貫方法（即同樣的人在不同年齡層的比較）的分析研究。Bayley（1949）利用加州嬰兒智力測驗及比西量表（Binet-Simon Intelligence Scale）針對不同年齡層的兒童作分析，整理如**表9-2**。由**表9-2**的資料顯示，四歲前的兒童，智商十分不穩定，至七歲之後，智商有了較具可靠的穩定度。一直到進入小學之後，智商將更具穩定，對日後的預測也就更具準確性（Bayley, 1955）。

表9-1　不同職業類別的IQ分布狀況

職業	平均IQ	IQ的上下限
會計師	128.1	94-157
律師	127.6	96-157
工程師	126.6	100-151
記者	124.5	100-157
教師	122.8	76-155
業務經理	119.0	90-131
電器修理工	115.3	56-151
倉庫紀錄員	111.8	54-151
技工	110.1	38-153
電工	109.0	64-149
屠宰工	102.9	42-147
木工	102.1	42-147
廚師	97.2	20-147
佃農	91.4	20-141
礦工	90.6	42-139

資料來源：Harrell & Harrell（1945）；張欣戊（1995），頁259。

表9-2　IQ前測驗與後測驗間的相關係數

第一次測驗的大概年齡	第一次測驗的名稱	兩次測驗的間隔 t			
		1	3	6	12
3 months	California First-Year	0.10（CFY）	0.05（CP）	-0.13	0.02
1 year	California First-Year	0.47（CP.）	0.23	0.13	0.00
2 year	California Preschool	0.74（CP.）	0.55	0.50	0.42
3 year	California Preschool	0.64	—	0.55	0.33
4 year	Stanford-Binet	—	0.71	0.73	0.70
6 year	Stanford-Binet	0.86	0.84	0.81	0.77（W）
7 year	Stanford-Binet	0.88	0.87	0.73	0.82（W）
9 year	Stanford-Binet	0.88	0.82	0.87	—
11 year	Stanford-Binet	0.93	0.93	0.92	—

資料來源：Bayley（1949）；張欣戊（1995），頁262。

第二節　智力測驗的發展

一、智力測驗的早期發展

從心理測驗的發展歷史過程來看，能力測驗比人格測驗來得早。而在能力測驗中，又以智力測驗發展得更早。測量智力的工具即稱為智力測驗。智力測驗應用之普遍更是家喻戶曉的名詞概念，而且影響人類生活之鉅及久遠。智力測驗之發展演變歷經歷史的三個階段：

(一)生理計量表

在一八八〇年代，英國生物學家Francis Galton（1822-1911）以科學方法研究行為個別差異來評定個體智力的高低，這項研究可以說是智力測驗工作的濫觴。Galton主要研究親屬間智力的相似程度與他人的感官敏銳度作為指標，以線條長條（視覺）和聲音強弱（聽覺）作為判斷，從而測量並推估智力的高低。Galton是以偏重感官的生理計量法（biometric method）來作為個別差異的評定工具，但此結果不具教育上的實用價值。

(二)心理年齡

法國著名心理學家Alfred Binet（1857-1977）嘗試以心理取向來鑑定智力高低。Binet是以實用為目的來編製智力測驗。在一九〇四年，Binet為法國教育部設計一種鑑別學童學習能力的工具，以區分智力偏低者，將其納入特別班因材施教，避免其在一般學習中落後，因為在當時政府已有規定學校不可拒收低能力之學童。

Binet與Théodore Simon（1873-1961）在一九〇五年編製成的「比西量表智力測驗」，為世界上第一個智力測驗。該量表共有三十個題目，有淺至難排列，以通過題數的多寡，作為智力高低的評定。後來在一九〇八年進行修訂，擴增為五十八個題目，按年齡分組，適用於三至十三歲的學童。

張春興（1991）指出比西量表有兩大特點：(1)放棄生理計量法，改採作業法（performance method），讓受試者根據語文、數學、常識等題目為實際作業，從作業結果所獲得分數的多寡，作為判定智力之高低；(2)利用心理年齡（或智力年齡）（mental age, MA）代表智力的高低。換言之，從三至十三歲，視各年齡層兒童在量表所通過之題數，代表其心智年齡，再除以其實足年齡（chronological age, CA），此種對比方式代表智力高低是為智力商數（intelligent quotient, IQ）。比率智商（心理年齡÷實際年齡×100）是由美國Stanford University Lewis Madison Terman（1877-1956）於一九一六年加以修訂，是為日後著名的斯坦福－比西智力量表（Stanford–Binet Intelligence Scale，簡稱斯比量表），也是應用最具權威的個別智力測驗。

(三)離差智商

自從斯比量表採用比率智商（ratio IQ）之後，按智商數字的大小判定智力高低的觀念，已廣為被接受。然而使用IQ公式來解釋不同年齡的智力高低問題時，在使用上有其限制，尤其在成年人之應用上。

美國著名心理測驗學家David Wechsller（1896-1981），除了改良斯比量表，也編製了數個著名的智力測驗，如韋氏智力測驗（Wechsler Intelligence Scale），更創用了一種離差智商（deviation IQ）的計量方法。其基本原理是以每個年齡階段內全體人的智力分布為常態分配（normal distribution），再將個

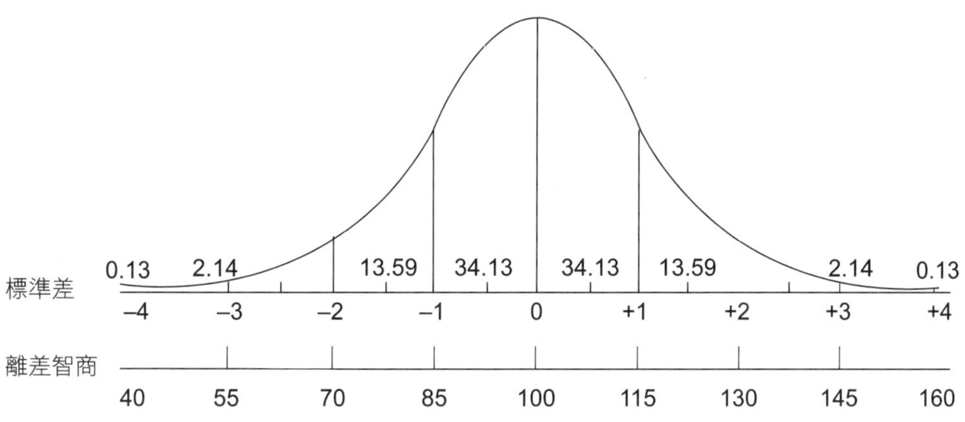

圖9-2　用標準差表示的離差智商常態分配

人分數在其年齡層分布中離開平均數之距離，以標準差代表。（見**圖9-2**）

圖9-2為採用標準分數表示的離差智商常態分配，在此常態分配之下，平均數為100，標準差為15（μ±1SD=68.26%，μ±1.65SD=90%，μ±1.96SD=95%，μ±2.58SD=99%）。平均差上下（正負）各一個標準差之間，包括全部受試者的68.26%；平均數上下各兩個標準差之間，包括了全部受試者的95.44%；平均數上下各三個標準差之間，包括了全部受試者的99.72%。如此，等於是全部受試者之中的任何一個人，只要將他在智力測驗上得到的原始分數，換算成標準分數之後，就可以按照平均數上下標準差的位置，找到他的智商居於母群體中的什麼位置。假設有某兒童經智力測驗後得到的離差智商是115，按**圖9-2**顯示，115正好是平均數以上一個標準差的位置。由此即可推知，該兒童的智力在同年齡組中高於其他84.13%的人（50%+34.13%）。由於離差智商在使用上優於比率智商，因此，斯坦福—比西智力量表自一九六〇年第三次修訂時起，即改採離差智商方式迄今。

二、智力測驗的晚近發展

綜上所述可知，在智力測驗發展早期的二十世紀的前四十年期間裡（1905-1945），根據測驗結果已表示智力高低的方法，大致可分為三個階段：最早Binet編製比西量表時，創用心理年齡法；此後L. M. Terman將比西量表修訂為斯比量表時，改用比率智商法；再之後Wechsler又加以改進，創用離差智商法。

直到現在，雖然以智商高低代表智力的觀念未變，但智商的計算已不再採用原來的方式。

另外，從智力測驗本身的晚近發展來看，智力測驗在性質及功能上，也產生了如下的改變：(1)由於智力理論的影響，改變以往視智力為單一普通能力的看法，而咸認智力為包括多因素的綜合能力；(2)由只適用於個人的個別智力測驗，增編了也可同時測量多人的團體智力測驗；(3)由以文字為主的文字智力測驗，增編了非文字智力測驗；(4)由早期只以兒童為對象的智力測驗，增編了適用於成年人的智力測驗。

從四〇年代到八〇年代期間，智力測驗的發展，除斯比量表曾經多次修訂（自一九一六年以後，曾在一九三七、一九六〇、一九七二、一九八六年分別做過四次修訂），並擴大使用範圍（三至十八歲均可使用）外，韋克斯勒在智力測驗編製上的貢獻最大。在一九三九到一九八一的四十多年間，Wechsler編製了多種智力測驗，其中有三個測驗是應用最廣且最具權威：(1)**韋氏成人智力量表**（Wechsler Adult Intelligence Scale-Revised，簡稱WAIS-R）。該量表的初編是在一九三九年，並於一九八一年做第二次修訂。其中包括語文量表與作業量表兩部分。適用年齡為十六至七十四歲的成人；(2)**韋氏兒童智力量表**（Wechsler Intelligence Scale for Children-Revised，簡稱WISC-R）。該量表的初編是一九四九年，於一九七四年修訂。其中包括語文量表與作業量表兩部分，適用於六歲半至十六歲的受試者；(3)**韋氏學前智力量表**（Wechsler Preschool and Primary Scale of Intelligence，簡稱WPPSI）。該量表係於一九六七年出版，內容包括語文量表與作業量表兩部分，適用年齡為四至六歲半的兒童。以上各種智力測驗，目前國內均有修訂為中文版使用。

三、智力測驗發展的新趨勢

自二十世紀之初法國心理學家創用智力測驗以來，智力測驗已成為評定智力高低的重要工具。在團體中（如同年級學生）使用智力測驗為工具以比較個體間智力的高低，在教育上相當有價值。然而，從預測的功能來看，用智力測驗結果預測學術成就的效度係數，只有〇・五〇左右，而預測將來的職業成就的效度係數，只有〇・二〇左右（Matarazzo, 1972）。因此，傳統式文字（或

非文字）智力測驗的功能，不能不令人懷疑。構成智力測驗預測效度不理想的原因可能有社會階層因素、人格、社會化因素之外，智力測驗本身將智力的涵義一直窄化為語文量表的形式，自然也是重要原因。近年來，很多心理學家嘗試突破此種窄化的傳統，企圖將智力測驗題目擴大包括以下幾個層面（Eggen & Kauchak, 1992）：

1.除語文部分外，應擴大非語文量表，以減少語言背景的影響。
2.擴大智商的傳統觀念，應將社會適應能力也視之為智力。
3.因為身心兩面是不可分的，應將身體運作功能也視之為智力。
4.智力測驗應建立不同的常模，以便不同種族及社會背景者可在公平標準之下比較智力的高低。

根據上述理念所編製的智力測驗，介紹以下兩種測驗：

1.Mercer（1979）所編的不同文化多維智力評鑑（System of Multicultural Pluralistic Asseessment，簡稱SOMPA）：此一智力評鑑是按一九七四年韋氏兒童智力量表（WISC-R）的形式編製，適用於五至十一歲兒童，惟在內容上，增加了身體功能與社會適應等項量表，從而擴大了原來智商的概念。在身體功能方面，包括測量受試者的視力、聽力、肢體靈活度等題目；在社會適應方面，包括受試者對自己生活的安排、同儕關係、處事能力等題目。
2.Kaufman等人（Kaufman & Kaufman, 1983）所編的考夫曼兒童智力綜合測驗（Kaufman Assessment Battery for Children，簡稱K-ABC）：此一綜合兒童智力測驗，在性質上是性向測驗與成就測驗的組合，在年齡上適用於二至十二歲的兒童。在內容上以非文字量表為主，文字量表為副，其目的在測量受試者在文字以外其他對環境刺激反應的能力。

以上所介紹的兩種智力測驗，只能說是智力測驗學家的一種嘗試，到目前為止尚未受到普遍的重視。不過，從智力的定義來看，期望智力測驗能夠成為更有效的評定能力的工具，在編製上超越傳統是今後必然的趨勢（張春興，1996）。

第三節　智力的理論

智力理論最早在一九二七年由Charles Spearman以一個普通性的因素g（g-factor）加上許多個別性的因素s（s-factor）所組成，其稱為智力二元論（two-factor theory of intelligence）；Thorndike（1927）提出智力是由多個因素所組成，稱為多因素論（multiple factor theory）；十年後，Louis Thurstone所提出的基本心能論是由七個基本智能（primary mental abilities）所組成；Guilford在一九五九年提出智力結構論（structure of intellect theory）；Howard Gardner（1983）提出多元智能論（theory of multiple intelligences）；Sternberg（1985）的智力三元論（tribrachic theory），本節就這些理論的智力元素作一概要說明，分述如下：

一、Spearman的智力二元論

英國學者Charles Spearman（1904）提出智力二元論：一是**普通因素**（general factor，G因素），此種能力是天生的，表現於日常生活中，也就是人基本上即具備處理日常事務的能力；另一是**特殊因素**（special factor，S因素），指的是個體的能力因素，如推理、解決問題或記憶力等。

二、Thorndike的多因素論

多因素論是由美國學者Edward Lee Thorndike（1874-1949）於一九二七年所提出來的，他認為智力是由三個獨立卻又彼此關聯的特殊能力所組成。包括**社會智力**（social intelligence）、**機械智力**（mechanical intelligence）和**抽象智力**（abstract intelligence）。社會智力高的兒童，通常表現出較佳的人際關係，社會能力較好；機械智力高的兒童通常工具的操作能力較好；抽象智力好的兒童則在推理能力、理解能力方面較好。

三、Thurstone的基本心能論

基本心能論是由美國心理學家Louis L. Thurstone（1938）所提出來的，他將智力分為七種能力：

1.語文理解（verbal comprehension）能力：語文理解能力強的兒童，在閱讀課文書報或考試題目時有較好的領悟能力。
2.語句流暢（word fluency）能力：語句書寫能力好的兒童，表現在造詞、造句、作文、重組、閱讀等方面的成就，會優於一般兒童。
3.數字運算（number）能力：指在數學中的加、減、乘、除等計算能力，數字能力強的兒童，在學校中的數學成績通常較佳。
4.空間關係（space）能力：指兒童在三度空間（如長、寬、高）方面的領悟能力，此項能力好的兒童，在幾何圖形、心理地圖、認路會有較佳的表現。
5.記憶（memory）能力：指兒童在面對一些不規則的數字、符號、文字能快速記憶，在測量記憶能力的實務上，常以「記憶廣度」為之。
6.知覺速度（perceptual speed）能力：指兒童能迅速辨別事物異同的能力。
7.一般推理（general reasoning）能力：指兒童是否具備歸納推理的能力，在評量實務上，常以數列推理、語文推理或圖形推理，來測量兒童的推理能力。

四、Guilford的智力結構論

智力結構論是由J. P. Guilford（1959）所提出，他認為主要智力是思考的表現，思考的整個心理活動則包括思考的內容、運作及結果，涵蓋一百二十種不同的能力。Guilford於一九八二年又將智力細分為一百五十種能力，至一九八八年更將智力擴充為一百八十種不同的能力，這些能力係由上述三個層面組合而成，其中思考的運作層面包括評價、聚斂性思考（convergent thinking）、擴散性思考（divergent thinking）、短期記憶、長期記憶與認知共六個因素；思考內容層面則包括視覺、聽覺、符號的、語意的、行為的共五個因素；思考結果層面包括單位、類別、關係、系統、轉換、應用共六個因素（如**圖9-3**）。

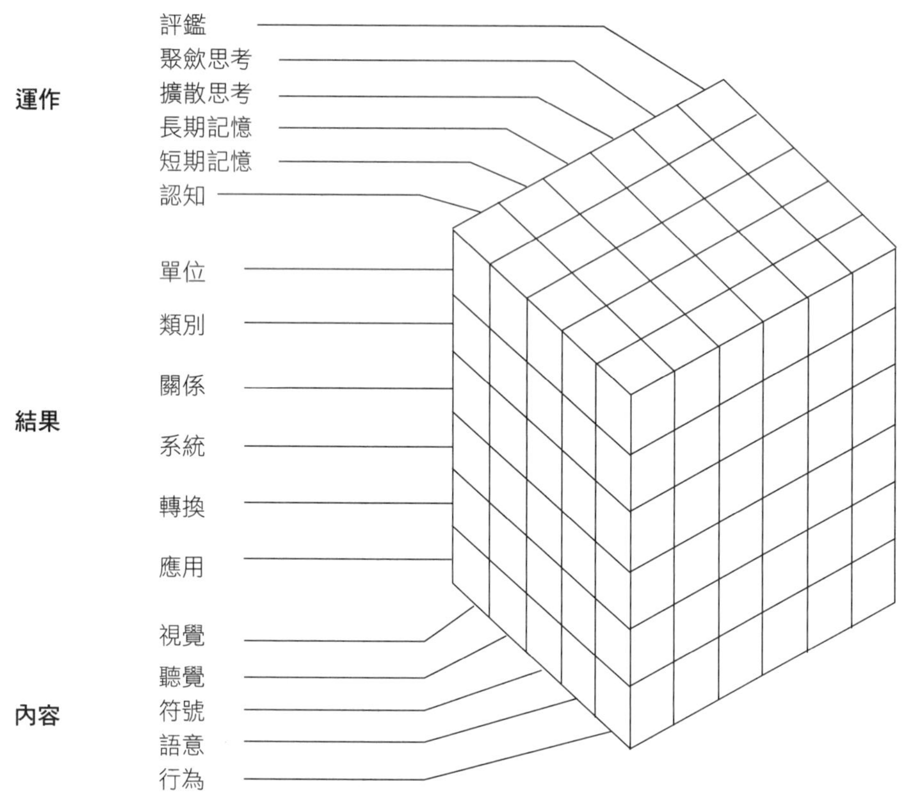

圖9-3　Guilford三向度智力結構模式

資料來源：Guilford (1959).

五、Gardner的多元智能論

多元智能論是由Howard Gardner（1983）所提出，認為人需要多元智力來因應社會需求，包含七個因素，後來又加了一個因素成為八個，說明如下：

1.邏輯－數學智能（logic-mathematical）：指兒童能有效的運用數字與推理能力，包括邏輯關係（因果關係）、抽象符號（如數字和幾何圖形）等認知能力。

2.語言智能（linguistic intelligence）：指兒童能有效地運用口語或書寫文字的能力。

3.音樂智能（musical intelligence）：指兒童能享受音樂節奏、演出作曲的

能力，包括對樂曲之韻律、音調、音色的敏銳感覺。

4.空間智能（station intelligence）：指兒童對視覺環境的體認能力，包括對色彩、線條、形狀和空間關係的敏感性，以及在一個空間矩陣中能很快找出方向的能力。

5.肢體－運作智能（bodily-kinesthetic intelligence）：指兒童在運動、表演、表演藝術施展的能力。

6.自知—自省能力（intrapersonal intelligence）：指兒童瞭解自己的內在感受、夢想與觀念，並能自省、自制的能力。

7.人際智能（interpersonal intelligence）：指兒童能覺察並區分他人的心情、感情、動機、意向的認知能力，及以此認知為根據而作適當反應的能力。

8.自然觀察智能（naturalist intelligence）：指兒童能辨識環境與事物間的差異、關懷及照顧動植物的能力，瞭解自然現象與生活中的關係的能力。

六、Sternberg的智力三元論

耶魯大學的Sternberg（1985）提出類似Gardner之多元智能的看法，他提出智力實應包括解決實用問題的能力。Sternberg稱為智力論理的三元論，亦即智力是包括情境（context）、經驗（experience）及分項（component）等智能：

1.**情境智能**：係指個體對周遭環境的適應，以及做出合乎情境要求的行為。當然，個體也可以改變情境來適應自己的行為；因此，個體是否能做出合乎情境的行為，乃是智力高低的表現，而智能的高低要合乎相對的文化或特殊環境才有實質意義（張欣戊，1995）。

2.**經驗智能**：是指個體對陌生作業的反應能力，以及熟習作業程序的改善能力。此種智能包括兩種成分：一是對新奇的反應（response to novelty）；另一是自動化（automatization）。前者指的是對陌生、不熟悉的事件反應，此種能力最能看出其綜合新訊息、推理及執行的能力；後者是對已經熟悉的作業，變得熟習且自動化，並成為一種習慣動作。

3.**分項智能**：包括表現、學習及監控的能力要素，也是最符合傳統智力測驗的能力。表現能力是指利用已有的知識或能力去執行一件事或解決問題；學習能力是指學習新知識、新技能及新反應的能力，也就是一般所

說的學習能力；監控的能力是指認知系統自我監控的能力，也是一種後設認知的能力。

Sternberg的智力三元論雖與Gardner的多元（八個因素）智力論，皆強調以廣泛的智力基礎作分析，但其強調智力應該反映一個人對實用問題的解決能力，他也認為智力應與個人對訊息的處理有關，此與Gardner的理論相較之下，Sternberg較沒有強調人際關係對智力的影響（張欣戊，1995）。

第四節　影響兒童認知與智力的相關因素

目前在瞭解人類行為上，雖然尚未有統一的分析方式，但是近年來，實務與理論工作者較倡導使用「生理心理社會觀點」（biopsychosocial approach），從此架構來看，的確有一些因素會影響兒童的認知與智力表現，分述如下：

1.遺傳基因：俗稱「龍生龍，鳳生鳳，老鼠的兒子會打洞」。兒童的認知能力的確受其父母所傳遞的遺傳基因所影響。早期的兒童發展研究利用同卵雙生子進行研究時亦發現：同卵生的兄弟姊妹的智力相關最高，其次為異卵雙生，再其次為兄弟姊妹，關係最弱的是透過收（領）養的兄弟姊妹。

2.成熟：Piaget的理論主張每位兒童的認知發展，是隨成長而依循漸序的發展，所以個體的成熟也是決定兒童智能的一個重要因素。

3.年齡：Piaget的理論提出兒童隨著年齡增長，其認知發展會呈現一類似螺旋型的階段發展，因此，兒童的認知的確受到年齡成長因素的影響。

4.學習經驗：兒童透過環境中與人之互動（如父母、教師、同儕）而學習到各種知識；同時，兒童也藉由親子互動遊戲，托育機構課程規則，學習到各種不同的知識與經驗，這些更有助於其日後的認知發展。

5.社會、文化因素：Vygotsky的社會脈絡理論及Bronfenbrenner的生態系統論，皆認為社會文化脈絡提供特定的認知內容與訊息，例如美國原住民（印地安人）對於直線、線條的分類及認知較為熟悉，而一般美國社會對於角色扮演的能力則較為熟悉，這就是文化差異。此外，Vygotsky的鷹架理論亦指出，兒童無法獨立學習，必須透過有經驗的同儕或有能力的

年長者之引導、啟發與教導，才能達到高層次的發展。所以一般家庭若能提供文化刺激較多，或較有時間陪伴孩子，皆較能啟發兒童智能。

基於上列的影響因素，在促進或輔導兒童智能發展的同時可依下列原則：

1.要恰如其分：瞭解兒童處於哪一個階段，輔導兒童必須要能適齡發展，也就是兒童可能因不同階段、不同年齡而有個別差異。因此，輔導兒童必須要能依其資質及思考模式，再依據教育及互動的參考，千萬不可揠苗助長。
2.適時促成孩子更上一層樓：作為孩子的玩伴，提供文化刺激，鼓勵孩子學習動機，掌握鷹架學習理論，促成孩子智力發展能更上一層樓。
3.注意兒童的身心成熟度：過多的壓力或期望，反而讓孩子對學習怯步。因此，成人平時宜透過觀察與互動，一方面瞭解孩子的學習興趣，另一方面也可作為提供文化刺激的依據。
4.提供文化刺激：兒童如同海綿般，大腦的吸收能力很強而且快，成人可多提供一些活動、遊戲或書本的閱讀，讓兒童動動腦，促進學習新知的機會，這些均會影響其日後的認知發展。
5.掌握各種文化學習經驗：兒童的認知發展要符合社會及文化的意義才有實質效果。所以，成人可利用唾手可得的資源，拓展兒童的生活經驗與思考空間，增進日後的認知經驗。

第五節　結語

智力為一種綜合性心理能力，其主要以遺傳為基礎，幫助對人們日後生活環境在適應時能運用經驗、學習與支配知識適應變局，並思索解決問題的行為能力總表現。因此，智力更是一種心理能力，對學習、思維及解決問題時所呈現的能力。

智力測驗是最早以科學方法發展的心理測驗之一，過去係以生理基礎為基礎；再來發展到以心理年齡、比率智商到離差智商；晚近的智力測驗發展則主要是以綜合能力測量、團體測量、非文化測量到成人智力測量為發展趨勢。

參考書目

一、中文部分

張欣戊（1995）。《發展心理學》。臺北：國立空中大學。

張春興（1989）。《張氏心理學辭典》。臺北：東華。

張春興（1991）。《現代心理學》。臺北：東華。

張春興（1996）。《教育心理學——三化取向的理論與實踐》。臺北：東華。

二、英文部分

Bayley, N. (1949). Consistency and variability in the growth of intelligence from birth to eighteen years. *The Journal of Genetic Psychology, 75*, 165-196.

Bayley, N. (1955). On the growth of intelligence. *American Psychologist, 10*, 805-818.

Burt, C. (1955). The evidence for the concept of intelligence. *British Journal of Educational Psychology, 25*, 135-214.

Crano, D. C., Kenny, D. A., & Campbell, D. T. (1972). Does intelligence cause achievement? : A cross-lagged panel analysis. *Journal of Educational Psychology, 63(3)*, 258-275.

Eggen, P. D. & Kauchak, D. (1992). *Educational Psychology: Classroom Connections*. New York: Macmillan.

Gardner, H. (1983). *Frames of Mind*. New York: Basic Books.

Guilford, J. P. (1959). Traits of creativity. In P. E. Vernon (Ed.). *Creativity* (pp. 167-188). England: Penguin.

Harrell, T. W. & Harrell, M. S. (1945). Army general classification test scores for civilian occupations. *Educational and Psychological Measurement, 5*, 229-239.

Kaufman. A. S. & Kaufman, N. L. (1983). *K-ABC Interpretive Manual*. Circle Pines: American Guidance Services.

Matarazzo, J. D. (1972). *Wechsler's Measurement and Appraisal of Adult Intelligence: David Wechsler*. UK: Oxford University Press.

Mercer, J. R. (1979). *SOMPA, System of Multicultural Pluralistic Assessment: Technical Manual*. New York: Psychological Corp.

Robinson, W. P. (1965). The achievement motive, academic success, and intelligence test scores. *The British Psychological Society, 4*, 98-103.

Sattler, J. M. (1988). *Assessment of Children*. San Diego: Sattler Publisher.

Spearman, C. (1904). General intelligence, objectively determined and measured. *American Journal of Psychology, 15*, 201-293.

Sternberg, R. (1985). *Beyond IQ: A Tribrachic Theory of Human Intelligence*. Cambridge, MA: Cambridge University Press.

Terman, L. (1954). The Discovery and Encouragement of Exceptional Talent. *American Psychologist, 9(6)*, 221-230.

Terman, L. M. (1921). A symposium: IQ and its measurement. *Journal of Educational Psychology, 12*, 127-133.

Thorndike, E. L. (1927). *The Measurement of Intelligence*. NY: Bureau of Publication, Teachers College, Columbia University.

Thurstone, L. L. (1938). *Primary Mental Abilities*. Chicago: University of Chicago Press.

Wechsler, D. (1944). *The Measurement of Adult Intelligence* (3rd Ed.). Baltimore, MD: Williams and Wilkins.

性格

- ■人格的概念
- ■影響人格發展的因素
- ■人格理論
- ■人格測驗
- ■結語

人格常被我們用來作為形容一個人行為的綜合名詞，如誠實、能幹、吝嗇、高尚、健全人格等。不僅每個人都是一位人格理論家，常對自己及他人的人格具有一套觀念和想法，並且常加入主觀的道德判斷，用以幫助個體解釋與預測別人的行為。人格是心理學家研究個體之差異時最喜歡探討的主題之一。心理學者常研究的主題除了人格之外，就是心理能力差異的討論。中國有句諺語：「人心不同，各如其面。」心指的就是「人格」。人格與能力常被用來形容個體的行為層面，但兩者仍有不同之處：(1)能力的差異較為具體，且可以比較，性格也有差異，卻難以比較優劣或高低；(2)人格的研究比能力的研究難，因為人格的可變性較能力大。人格在心理學上是一複雜、困難且重要的課題，雖然有些人常會用主觀來加以評估，但有限的觀察或直覺有時候可能有效，只是常缺乏信、效度，難免產生許多偏誤。本章以人格的定義、理論以及衡鑑人格的工具與方法的探討，幫助獲得對此一主題的瞭解。

第一節　人格的概念

人格常有三種涵義：一指人品，與品格同義，是社會上的一般解釋；二指權利義務主體之資格，是法律上的一般解釋；三指人的個性，與性格同義，是心理上的解釋。（張春興，1991）因此，在心理學雖一直沿用人格一詞，其實其涵義和性格之意較貼近。

一般心理學對人格的界定是人類行為的心理特徵，在遺傳與環境作用之下，展現個體對人、對己及一切環境中事物適應所呈現的獨特心理特徵。因此，人格是個體一種有組織和具獨特性的思想與行為型態，且表現於實際生活的適應方式。人格與個體觀念、動機、態度和情緒有關。

人格這個名詞該如何界定，目前並不一致，不同的研究者根據他們的研究取向有不同的定義。有些心理學家對人格的定義較具體，也有些較抽象；有些注重內在的心理歷程，有些注重外顯的行為或人際間的關係；有些認為可直接觀察而來，有些則是靠推論而得。雖然如此，我們仍可綜合各家意見，將**人格**（personality）界定為：個體在其生活歷程中對人、對己、對事物適應時所顯示出來的獨特個性；此一獨特個性，係由個體在其遺傳、環境、成熟、學習等因素交互作用下，表現於身心各方面的特質所組成，有相當的統整性與持久性。

這個界說也代表著人格具有獨特性、複雜性、統整性與持久性等特徵。茲分述於後：

一、人格的獨特性

人格的同義詞即為**個性**（individuality），個性是完全屬於某一個人，因此具有獨特性。世界上絕對沒有兩個人的個性完全相同，同卵孿生子間雖最為接近，但也只有遺傳一個因素完全相等，其餘的環境、成熟與學習等因素仍有所不同。俗語說：「一樣米養百種人」、「人心不同，各如其面」，為人格的獨特性下了最佳的註解。因個人人格的獨特性，係為其對人、對己、對事物等適應時的表現；因此，心理學家們在從事人格研究時，必須設計情境，藉以引起受試者對人、對己、對事物的反應，始能觀察到他人的人格特質。

二、人格的複雜性

人格係指個人身心各方面的特質所綜合而成，而非僅只單一特質。此類特質廣義言之，其範圍包含心理學所有的研究主題；狹義言之，則只包含動機、情緒、態度、價值觀、自我觀念等主題。心理學家們稱這些特質為**人格特質**（personality trait）。這些人格特質彼此會互相影響，使人格益顯複雜。

三、人格的統整性與持久性

構成個人人格的特質不是分工的，而是綜合成為一個有機的組織。此一有機組織在不同時空下的表現應有其穩定一致性，也就是說，個體的行為被描述為某種人格特質是具有信度的。例如一個外向的學生，他不僅在參與同學的活動時碰碰跳跳，就連在教師面前也活潑好動；而且，不僅在一年級如此，到了三年級也大致是如此。固然個人的人格有可能會因年齡或情境的改變而有不同，但改變也是漸進的、輕微的。若是一個人在人格上有著急遽的改變或突然不一致時，則可能喻示著其心理異常。有關心理異常的問題，留待第十三章予以討論。

雖然人格常被冠上道德判斷的含義，以致人格也有了品格之意。然而事實上，人格與品格（character）不可混為一談，人格本身純以一種非道德性的角度來呈現其意義，而品格則表示了人的道德修養程度，含有道德判斷的意味。縱然有所謂人格高尚之說，但此說並非心理學上的意義，而是將人格視同品格。正因人格沒有道德判斷的色彩，所以人格只有差異之別，絕無高低之分。

第二節　影響人格發展的因素

按前文人格的定義指出，構成人格的特質，是在遺傳、環境、成熟、學習等因素交互作用下逐漸發展而來的。由此可見，人格的形成，離不開生物與環境的影響。

一、生物的影響

由生物學的觀點來看，個體的人格特質除了與遺傳有關之外，體型與生理功能亦扮演舉足輕重的角色。

(一)遺傳

雖然不能確知遺傳因素究竟影響人格到何種程度，但由很多研究結果來看，個體的人格特質，確實與其遺傳因素具有密切的關係。除了智力（詳請見第九章）與精神分裂症（詳請見第十三章）業經證實會受到遺傳的影響之外，一些狹義的人格特質亦與遺傳有關。

Bussn及Plomin（1975）從四歲半的兒童中，選取一百三十九對出生後共同生活的同性別孿生子（包括同卵及異卵孿生）為受試者，單就社會（活潑或羞怯）、活動（好動或好靜）及情緒（穩定或激動）三方面人格特質為範圍，測量孿生子在同樣情境下，表現相同或相異的反應。最後經統計分析，按計算所得相關係數的大小，分析比較遺傳與環境對人格特質所產生的影響作用。**表10-1**的資料即顯示該項研究的結果。此一結果發現，無論男女，同卵孿生者比異卵孿生者的相關程度為高。因為是孿生子，且出生後又生活在同一家庭，故

表10-1　孿生子間人格特質的相似度

人格特質	男生		女生	
	同卵	異卵	同卵	異卵
社會	.63	.20	.58	.06
活動	.73	.18	.50	.00
情緒	.68	.00	.60	.05

資料來源：改編自Buss與 Plomin（1975），引自繆敏志（2002）。

其環境因素的影響應大致相同，其間的差異應是遺傳所致。

上述研究結果的解釋有著部分爭議。一般認為父母對同卵孿生子的教養方式應比異卵者更為相似。也就是說，上述的研究結果亦有可能係因同卵孿生子的生長環境相似性高所造成的。只是此種說法並未獲得實證研究的支持。Willerman（1979）以出生後分離或共同生活的同卵孿生子為對象，作同樣的觀察研究，結果發現，分離生活者人格特質的相關程度反而比共同生活者還要高。此研究顯示了一般同卵孿生子不想有個複製品，所以父母在教養上也會採取捨同就異的方式；如其中之一對舞蹈有興趣，父母可能有意無意的引導另一個學習音樂。至於分離生活的同卵孿生子則無此顧慮，反而能照著先天稟賦來發展（引自張春興，1991，頁452）。

(二)體型

美國心理學家W. Sheldon在五〇年代經由對多數人的身體特徵及性格氣質觀察分析結果，提出薛氏體質論（Sheldon's constitutional theory）。該理論按體型分類為三，每類各具有不同的人格特質：

1.肥胖型（endomorphy）：屬內臟強健型（viscerotonia）人格，好舒適，性情隨和，易於相處。

2.健壯型（mesomorphy）：屬筋骨型（somatotonia，即身體緊張型）人格，好冒險，精力充沛，活潑好動。

3.瘦長型（ectomorphy）：屬頭腦型（ectomorphy）人格，善思考，情緒緊張，多愁善感。

其實體型與人格特質的相關性甚低，而且每個人的體型會隨年齡、飲食及運動狀況而改變，所以大部分心理學家並不認為體型分類具有任何意義。但無可否認的體型會影響其能力表現及他人的看法，例如健壯者可能很早就學會肯定與獨斷很容易達到想要之目的，因而益發有此傾向。

(三)生理

生理因素的影響，係指生理功能對人格發展的影響。在生理功能中，尤以內分泌腺、自主神經系統及神經傳導物質的功能對人格的影響最為顯著。若內分泌失調，個體的外貌、體型、性情，甚至智力等都會發生影響。例如甲狀腺（thyroid gland）分泌過盛時，會導致身體消瘦，且顯現突眼之症狀，此外尚有神經緊張、情緒敏感而急躁等現象。甲狀腺機能不足時，成年人會導致身體肥胖、性情消極、反應遲鈍、性慾衰減及心智能力減退等。若在兒童期甲狀腺機能異常低落，則將造成矮呆症（cretinism）。

自主神經系統（autonomic nervous system，簡稱ANS）包括交感神經（sympathetic system）與副交感神經系統（parasympathetic system）兩大部分，兩者之間，在功能上存有拮抗作用。若交感神經系統過度被激起時，則個體心情緊張，情緒亢奮。反之，若副交感神經系統過度發揮功能時，則個體精神渙散，昏昏欲睡。

神經傳導物質（neurotransmitter）是一種神經元末梢所分泌的化學物質，因神經元之間並不連接，其間隙傳導即賴此來傳達。若神經傳導物質之間不平衡，則會影響人格特質。例如單胺氧化酯（monoamine oxidase，簡稱MAO）可以將單胺類（monoamine）神經傳導物質氧化分解，若抑制MAO的活動時，可能導致攻擊、不安、興奮與幻覺等行為。同時還有研究證實，MAO與感覺取向（sensation-seeking）有關，感覺取向得分高者傾向於較低的MAO量，正好可以解釋他們何以會尋求冒險及新經驗。（Zuckerman, 1979）。

上述證據顯示，雖然生理功能與人格關係重大，而有關生理功能與行為之間關係最有力的證據卻是來自動物實驗，是否直接適用於人類身上尚值得懷疑，因為人類的行為是相當受環境與學習的控制。此外，即使能建立生理功能與人格的關聯，多半見於嚴重行為異常的個案。但就常人而言，生理功能與人格的關係則是相當曲折的。例如，Schachter及Singer（1962）將腎上腺素（edilephrine）注入受試體內，以引起受試的生理激動，有些受試者被告知腎上

腺素的功能，有些則否。隨後，受試者被置於兩種不同情境下，一組與興高采烈、自我陶醉的實驗助手在一起；另一組與懊惱不悅、惡意批評的實驗助手在一起。結果顯示，未告知組的激昂狀態因未能歸因於藥物，只好歸因於情境因素，即情境若能產生快樂或憤怒，則其行動也顯得較快樂或較憤怒。而被告知組的激昂狀態則能很清楚的歸因於藥物作用，不會經驗到這些情緒。因此，一個人的情緒反應除牽涉到生理功能之外，心理因素亦扮演著重要的角色。有關個體壓力對生理和情緒的影響則是健康心理學的研究領域，此部分在第十二章予以討論。

二、環境的影響

究竟個體天賦的潛能會發揮到什麼程度可視個人成長時的環境而定。雖然每個人的成長過程均不一樣，但是，我們可以將之分為兩類：一為共同環境，即相同的文化或次文化下的環境；一為獨特環境，即無法從文化特質中看出的環境。

(一)共同環境

在文化的薰陶下，每個人都具有相似的觀念、思想、行為及生活方式。Hofstede（1980）從事四十個國家比較文化的研究，結果發現國家文化對於員工的行為與態度頗具影響力，甚至比年齡、性別、專業領域或職位的差異，更具有這方面的影響力。臺灣的特徵為高權力差距、高規避不確定性、低個人主義及中等男性化，與香港、泰國及新加坡等國家近似，屬遠東文化集群（Ronen & Shenkar, 1985）。不過，這並不表示在同一文化下，所有的人都是相同類型而無個別差異，而是僅就一般傾向而言，為不同文化間的差異大於同文化內個別之間的差異而已。

在一個地大物博的國家裡面，文化頗為複雜，包括許多的次文化（subculture）。每個次文化各自有其不同的價值觀及行為慣例，對人格的發展頗具影響力。例如中國的北方人喜麵食，民風強悍；而南方人吃米飯，性情較柔和。

文化限制我們在某一特定場合中，應該有何種行為表現，因而形成不同的角色期待（role expectation），若角色期待趨於一致時，就容易有角色的刻板印象（stereotype）。例如性別角色刻板印象、職業角色刻板印象等均是。根據研究發現，我國大學生對性別角色仍保留著傳統的刻板印象，賦加於男性的人格特質多和成就、能力有關，賦加於女性者多和情感、人際關係有關（洪健棣、李美枝，1981）。這種性別角色刻板印象對男女的人格特質產生重大的影響，為了符合角色期待，男生得精明幹練，而女生則需要溫柔多情。

雖然在文化及次文化的衝擊之下，會使個人產生相似的個性，但因文化的傳遞必須透過人，如父母、同儕及學校等，這些人的價值觀及行為或許不見得完全一樣，同時個人所面對的情境亦具有特殊性，所以，在同一個團體下長大的人，人格不一定完全相同。

(二)獨特環境

文化的傳遞主要係透過家庭、學校及同儕團體等來執行，而每個人所擁有的家庭、學校及同儕團體等均有所不同，使個人的人格亦隨之不同。

一般咸認為個體自出生到六歲的這一段時間，是構成個人人格最主要的一個階段，故有所謂「六歲定終身」的說法。而這個階段內的嬰幼兒，絕大部分的時間留在家庭中，所以家庭對人格的影響甚大。家庭主要採用獎懲與模倣來教導孩子，俗諺「棒頭出孝子」指的就是家庭裡的獎懲，而「有其父，必有其子」的說法，則指的是家庭裡的模倣。學校及同儕團體亦是靠獎懲與模倣來教導成員，所謂「重賞之下必有勇夫」、「近朱者赤，近墨者黑」，指的就是這些過程。

除了上述的生長環境之外，個體當前所面臨的情境亦可能會影響其人格特質。甚至有些學者認為，人們根本就不具有持續性的特質，行為大部分係由外在情境所塑造（Mischel, 1986）。此一說法與前述人格的穩定性特徵背道而馳。究竟個人或情境的哪一項對個體的行為表現有決定權？持平而論，人格特質與特殊的情境特徵共同決定個人在某情境中的行為表現。一般來說，當情境刺激不明顯或模糊時，人格特質對個人行為便有相當的影響。若是當刺激特別強烈或個體的反應係處於過度學習的情境中，人格就不是主要的決定因素。例如闖紅燈被交通警察攔下來時，大部分的開車者舉止會溫文有禮，這是因為情境壓力過於強大，以致無法表現個人的好惡。但在鄰近的酒吧中被觸怒，這類

壓力不復存在，反映於內在特質的行為便有了巨大的差異。例如「紅燈停，綠燈行」是我們在過度學習下的反應，而當燈號標誌故障時，是行是停則每個人的反應不一。

綜合上述，任何一項人格特質均是受生物與環境因素所影響。至於何者較有決定權呢？則需視人格特質的類別而定。大體言之，凡是基本而又與身體或生理有關的人格特質，受生物的影響較大。自我觀念中有關自己的身體意象（body image）（即個人對自己身體所給予的主觀評價），因受體型所限，自然與生物因素較有關。而動機與情緒兩項人格特質均與生理功能有關，自然受到生物因素較大的影響。至於興趣、態度、價值觀等較複雜的人格特質，其形成則受環境影響較大。

第三節　人格理論

所謂**人格理論**（theory of personality），係指心理學家對人格此一概念所作的理論性與系統性的解釋，企圖解釋人類行為之差異。人格理論至為紛雜，在心理學上已有之人格理論，多達數十種。第三節係依據人性善惡的標準，選擇精神分析論與人本論進行探討；第四節則依人性可變與否的標準，選擇類型論與特質論、學習論來探討；並依人性善惡及人性可變與否的標準，取其要者歸屬為四派，每派推舉數位代表人物並簡述其理論要義。

精神分析論與人本論在性質上是完全相對的，精神分析論主張，人有性慾及攻擊等本能，惟囿於現實環境及道德教化，只好壓抑此一衝動。荀子云：「人之性惡，其善者偽也。」正好可以用來支持精神分析論的見解。人本論主張，人有某些超越生理需要的心理需求，這些需求使人超越「獸性」而至「人性」。古云「人之初，性本善」，正可用來支持人本論的見解。

一、精神分析論

精神分析論（psychoanalysis），係指Freud的人格理論，或更廣義指其對人性論的解釋。雖然有些傳承Freud衣缽的學者仍然保持他對人格的基本架構，由於Freud的理論相當令人非議，因而另外有一些後繼學者各自提出修正意見。這些學者被稱之為新精神分析學派（neo-psychoanalytic school）或新佛洛伊德主義（Neo-Freudianism）。惟現在提到精神分析論時，在含義上實際包括新舊兩派理論在內。

(一) Freud的精神分析論

Sigmund Freud（1856-1939）是奧地利的精神醫學家，於一九八六年創立精神分析論。他的人格理論最主要包括人格結構、人格動力及人格發展。以下分述這三種理念的要義：

■人格結構

按Freud的理論，人格是一個整體，這個整體係由本我、自我及超我三個部分構成。每個部分各自有其功能，但彼此會交互影響，在不同時間內，對個體行為產生不同的內部支配作用。（Freud, 1948）

1.本我：本我是人格結構中最原始的部分，自出生之日起即已存在。其構成成分包括：生之本能（life instinct）與死亡本能（death instinct）二者。生之本能係人類的基本需求，如飢、渴、性三者均屬之，古云「食色性也」正是此說法的寫照。由於生之本能是推動個體一切行為的原始內動力，故又稱之為**慾力**（libido）。死之本能則包括攻擊與破壞兩種原始性的衝動。本我的需求產生時，要求立即得到滿足，不管外在的顧慮如何，只是想著趨樂避苦。因此，從支配人性的原則看，支配本我的是**唯樂原則**（pleasure principle）。

2.自我：自我是個體出生之後，在現實環境中由本我分化而來的，因「人生不如意事十之八、九」，本我的需求常無法獲得立即滿足，個體必須遷就現實的限制，並學習到如何在現實中滿足本我的需求。所以，從支配人性的原則而言，支配自我的是**現實原則**（reality principle）。此外，自我位於本我與超我之間，對本我的衝突即超我的管制具有調節緩衝的功能。

3.超我：超我是人格結構中的道德部分，對自我與本我負有監督功能；超我的形成是幼兒發展期中父母管教與社會化的結果。其構成成分包括：一為自我理想（ego-ideal），是要求自己的行為符合自己理想的標準；另一為良心（conscience），是規定自己的行為不可觸犯規範。若個體所作所為合於自我理想時，就會以己為榮；反之，若個體所作所為違背良心時，就會深感愧疚。所以，從支配人性的原則切入，支配超我的是**完美原則**（perfection principle）。

本我、自我及超我三者，如能彼此交互調節，和諧運作，就能適應良好；反之，如失去平衡，或有長期衝突，就會適應困難，甚至造成心理異常。

■人格動力

人格動力係指本我、自我與超我彼此交互激盪所產生的內在動力，而此內在動力會繼而形成外顯行為。此等行為，Freud稱之為防衛方式（defense mechanism）；意謂個體表現該等行為之目的，是為了防衛自己，以減少因超我與本我衝突而產生焦慮的痛苦。惟防衛方式係出自潛意識境界，當事人的所作所為並非出於理性，不能明確道出真正原因。防衛方式有很多種，最主要的有下列幾項：

1.壓抑作用（repression）：指個體將可能不容於超我的慾念，從意識境界壓入潛意識境界，以免形成焦慮。例如對父親懷有恨意的兒子，又怕背上不孝的罪名，只能將此恨意壓抑至潛意識中。

2.反向作用（reaction formation）：指在行為上的表現恰好與其內心隱藏的慾念相反，藉以減輕因慾念存在而產生的焦慮。例如對父親懷有恨意的兒子，可能相反地對父親特別好。

3.投射作用（projection）：指將自己的過失或不為社會認可的慾念加諸他人，藉以減輕自己因此缺點而產生的焦慮。例如吝嗇者指責他人小氣。

4.轉移作用（displacement）：指個體需求無法直接獲得滿足時，轉移對象以間接方式滿足之。「沒魚蝦也好」即是此例。

5.退化作用（regression）：指個人將自己的行為改以較幼稚的方式表現，藉以惹人注意或博人同情來消除焦慮。例如本來會自己上廁所的小孩，在添了弟弟（或妹妹）之後，卻需要包尿布了。

6.合理化作用（rationalization）：指以社會認可的好理由，取代真理由，藉以掩飾自己真正的動機。所謂酸葡萄作用（對求之不得的東西辯稱不喜歡）、甜檸檬作用（敝帚自珍）等，均屬此種防衛方式。

7.昇華作用（sublimation）：指將不為社會認可的動機慾念加以改變，以符合社會標準的行為表現之。例如有攻擊慾望者去擔任拳擊手。

儘管防衛方式具有降低焦慮的功能，但並不能因此而改變客觀的環境。所以，防衛方式多少含有自欺的成分，如過度使用時，可能因脫離現實而使個人陷入更大的困境。

■人格發展

依照Freud的理論，人格發展依次分為五個時期，且以六歲之前的三個時期為基礎，故有兒童是成人之父（the child is the father of the man）的說法。且在此三個時期中，基本需求慾力的滿足是日後發展順利與否的重要關鍵。正因為Freud的人格發展理論總離不開性的觀念，所以一般稱其理論為泛性論（pansexualism），稱其發展分期為**性心理發展期**（psychosexual stage）。按Freud的說法，在六歲之前如果個體在某一時期的行為受到過分限制或過分放縱，致使其需求未能獲得適當的滿足，就可能產生發展遲滯的現象，此現象即稱為**固著作用**（fixation），而固著作用將會影響日後的人格。茲簡述性心理發展期如下：

1.口腔期（oral stage，零至一歲）：原始慾力集中在口部，靠吸吮、咀嚼、吞嚥等口腔活動獲得快感與滿足。此時期的口腔活動如受到限制，長大後將會有不良影響，造成口腔性格（oral character）。諸如行為上表現貪吃、酗酒、煙癮、咬指甲等，甚至在性格上依賴、退縮、猜忌、苛求等，均是口腔性格的特徵。

2.肛門期（anal stage，一至三歲）：原始慾力的需求，主要靠大小便排洩時所產生的刺激快感獲得滿足。此時期衛生習慣的訓練是幼兒發展的重要關鍵，如訓練過嚴可能留下長期的不良影響，形成**肛門性格**（anal character），諸如剛愎、吝嗇、迂腐、冷酷、寡情、尖酸，甚至生活呆板等，都是肛門性格的特徵。

3.性器期（phallic stage，三至六歲）：此時期的幼兒對自己的性器官特別有興趣，會出現類似手淫的活動，並從該活動中獲得滿足。幼兒在此時期已能辨識男女性別，並對父母中之異性者產生性慾需求。就男童而言，出現了以父親為競爭對手而愛母親的**戀母情結**（Oedipus complex）現象。惟因男童懷疑女童的性器官是被父親割掉，所以心生恐懼，此現象稱為**閹割恐懼**（fear of castration）。由於這種既愛戀母親又畏懼父親的心理衝突，致使男童將原來的敵對轉變為以父親為楷模，而向父親學習、看齊，此現象稱為認同（identification）。就女童而言，出現了以母親為競爭對手而愛父親的戀父情結（electra complex）現象，因女童懷疑自己原有的性器官被人割掉了，於是既愛戀父親，但也對男性心懷嫉妒，是為**陽具妒羨**（penis envy），而此陽具妒羨的情結，須至結婚生子之後，才會真正得到化解。

4.潛伏期（latent stage，七歲至青春期）：此期兒童的慾力被壓抑在潛意識中，因而呈現潛伏狀態。男女兒童不但感情較為疏遠，就是活動時亦呈現男女分離趨勢。兒童的興趣亦不再侷限於自己的身體與父母的感情，而擴大到周遭事物上。

5.兩性期（genital stage，青春期以後）：約在十二歲左右，個體性器官開始成熟，兩性身心上的差異日趨明顯。自此以後，性的需求轉向年齡相似的異性，並開始準備成家立業。至此，性心理的發展已臻於成熟。

(二)新佛洛伊德主義

有鑑於Freud的精神分析論有下列諸項缺失：

1.過分重視本我、自我與超我間的衝突。
2.過分強調本能的消極性與破壞性。
3.過分著重心理的發展。
4.過分重視潛意識對人格的支配性。
5.過分強調人格決定於兒童期的經驗。

原來承襲Freud衣缽的學者，雖然皆受Freud學說中某些基本理念的影響，但都各自提出修正意見。史稱此類心理學家為新佛洛伊德主義。新佛洛伊德主義的學者包括：Alfred Adler（1870-1937）、Carl Gustav Jung（1875-1961）、Karen Horney（1885-1952）、Harry Stack Sullivan（1892-1949）、Erick Fromm

（1900-1980）及Erik Homburger Erikson（1902-1994）。在心理學史上，有將Adler與Jung二人視為新的派別，有的則否。

新佛洛伊德主義的重要特徵是，對人格的解釋不再像Freud那樣強調性的重要，改而重視社會文化因素；人格發展亦不再局限於兒童期，改而延伸至整個生命歷程。以下分別闡述三大重要人物的論點：

■Adler的個別心理學

Alfred Adler是從醫學轉業的奧地利心理學家，Adler於Jung與Freud在概念分裂後，自立門戶創立了個別心理學（individual psychology）。Adler不滿意Freud對人性的解釋主要有兩點：(1)以性衝動為主的慾力解釋；(2)以潛意識主導一切行為的觀點。

Adler對人性的主張有四點重要論述，分別為：

1.人性為主：Adler認為人性不是盲目的，並非如Freud所述受制於本我與潛意識內盲目的慾力衝突。相對地，人性具有相當的自主傾性，人是理性的動物，在自主意識支配之下，能決定自己的未來，創造自己的生活。

2.追求卓越：Adler認為，個人在目標導向的生活活動中，有一種與生俱來的求權意志（will to power）的內在動力，後來改為追求卓越（striving for superiority）。此種內在動力係指個人在生活目標下的求全求美的心態，而不是在社會情境中的戰勝別人。此種內在動力和McClelland的成就動機（motivation for achievement）相似。

3.自卑情結：個人在追求卓越的同時也可能產生自卑情結（inferiority complex）。此概念與追求卓越為一相對性概念，是個人面對困難情境時，由無力感與無助感交織成一種個體無法達到目標的挫折與失望心態。個體如有自卑情結，繼而形成退縮反應或過度補償的不健康心理表現。

4.生活格調：個人在實際生活過程中由於每個人所使用的追求方式及後果不同，因而逐漸形成每個人的生活格調（style of life）。個人隨著社會化的結果與對生活的人、地、事物的處理及覺知，養成行為的方式及態度，進而形成生活格調。依Adler對生活格調的形成的解釋為，個人追求卓越與如何處理自卑感的生活經驗。

■Jung的心理分析

Carl Jung是從醫學轉業的瑞士心理學家。Jung的心理分析學雖然在觀點上與Freud不同，但在基本架構上仍有相似之處。Jung的心理分析論有以下五大論點：

1.自我的功能：Jung的自我概念性質上類似Freud的自我（ego），但其功能卻是不同的。Jung認為，自我有獨立性、連續性與統合性，此三種特性是個體自幼在生活經驗上逐漸發展形成的。雖然自我也有意識與潛意識之分，但兩者並不是衝突的，而是調和的。
2.自我潛意識：依Jung的說法，個人潛意識與Freud理論所指相同；有的是從意識境界中被壓抑下去而不復記憶者，有的是出自自我強度不夠，不為個體所覺知者。無論處於何種情形，潛意識的不愉快經驗一旦積壓多了就會形成情結（complex）。
3.集體潛意識：集體潛意識（collective unconscious）不屬於個人所有，是人類在種族演化中長期留傳下來的一種普遍存在的原始心像與觀念，又稱為原型（archetype）。原型是由種族長期流傳的生活經驗所形成。
4.人格「內動力」：Jung將人格結構視為由很多兩兩相對的內動力所形成，例如意識vs.潛意識、昇華vs.壓抑、理性vs.非理性、內外vs.外外等。既然有相對，自然就產生緊張、不安、不平衡的情形。Jung在此兩兩相對的性格傾向中最為重視內在vs.外在，內在（introversion）是指個體的慾力所促動的生命力，使他的性格上表現內隱、含蓄、較多關心自己的內在修持；外向（extroversion）是指個體的慾力所促動的生命力，使他在性格上表現活潑，好表現、關心周圍的人，喜好參與社會活動。
5.人格的發展：Jung認為，人格發展是連續化、統合化、個別化的成長歷程，最重要是將兩極相對的內在動力，逐漸趨於調和，並偏向較成熟的一方，在個體三十歲左右，始臻於成熟的年齡。

■Erikson的心理社會發展

Erikson是精神分析的後繼者，他摒除了S. Freud對成人的精神病狀行為的心理分析，從個人的健康發展的觀點出發，結合了心理、社會因素，將個人的人生發展分為八個階段，分述如下：

1.個人信任vs.對人不信任：出生至一歲。

2.活潑自主vs.羞愧懷疑：一至三歲。

3.積極主動vs.退縮內疚：三至六歲。

4.勤奮進取vs.自貶自卑：六歲至青春期。

5.自我認同vs.自我混淆：青春期。

6.友愛親密vs.孤獨疏離：成年早期。

7.精力充沛vs.頹廢遲滯：成年中期。

8.自我統合vs.悲觀絕望：成年晚期。

Erikson的心理社會發展觀點除了將個體發展擴展至全人發展，並以社會互動的觀點擴展個人的人際關係，形成個人發展的結果，並以每個階段之發展焦點，形成個人發展任務，最後的發展結果分為順利及阻礙。如果個體達到順利發展的結果，便形成健康的人格；如果是一障礙發展的結果，那麼個人會形成發展危機，進而產生病態的核心症狀。（新佛洛伊德學派的主要觀點，列如**表10-2**）。

二、人本論

人本論（humanistic theory）也稱**人本心理學**（humanistic psychology），興起於五〇年代，是對當時盛行的精神分析論與行為主義的反動。精神分析論

表10-2　新佛洛伊德主義主要觀點摘要

理論家	主要觀點
Alfred Alder	孩提早期的經驗雖然重要，但是社會經驗、人性自主或追求卓越比慾力更重要。
Carl G. Jung	現實性的自我才是人格結構的中心，而自我的發展係源於個人潛意識與集體潛意識二者，可提升慾力為文化創造的動因。
Karen D. Horney	人類主要的需求是安全，而不是性與攻擊。女人的超我亦不比男人弱。
Harry S. Sullivan	人格只有在人際關係中顯現，也只能在以人際關係為主的社會化歷程中發展。
Erick Fromm	個人的成長深受其社會環境的影響。而自我不僅是本我與超我之間的調節者，亦能主動尋求統整、愛與自由。
Erik H. Erikson	人生發展分為八個階段，每一階段均有不同的危機，而危機是否能順利解決，與人格的關係甚巨。

從觀察病患所得的原則，用以普遍推論解釋正常人。行為主義則根據對動物研究的結果，用以普遍推論解釋人的行為。這兩派理論對人性的解釋雖有不同，但在理念上均非「以人為本」。人本論主張以正常人為研究對象，研究人的價值、慾念、情感、經驗及生命意義等重要問題，目的在協助個人健康發展，自我實現以至造福社會。由於其理論發展在時間上，居於行為主義與精神分析論之後，故而號稱第三勢力。人本論的主要代表人物為Maslow與Rogers二人，以下介紹這兩位代表人物的理論要義：

(一) Abraham Harold Maslow

Maslow（1908-1970）是美國心理學家，為人本心理學的創始人之一。由於他的理論係以自我實現為中心，故而一般稱之為自我實現理論（self-actualization theory）。需求層次與自我實現兩點是Maslow人格理論的要義：

■需求層次論

需求層次論（need hierarchy theory）是Maslow所倡議的動機理論。按Maslow之意，動機是人類生存成長的內在動力；此等內在動力是由多種不同性質的需求所組成，而各種需求之間有高低層次之分，依序由下而上，只有低層次的需求獲得相當滿足之後，人類才會採取行動以滿足高一層的需求（見**圖**10-1）。職是之故，人類動機是由低而高逐漸發展的；屬於基層者具有普遍性，屬於高層者則有差異性。

Maslow的需求層次計分下列五層（見**圖**10-1）：

1.生理需求（physiological need）：包括維持生存的需求，諸如求食、求飲、性慾、蔽體及睡眠等均是。
2.安全需求（safety need）：包括保護的需求與免於威脅從而獲得安全感的需求。
3.愛與隸屬的需求（love and belongingness need）：包括感情、歸屬、鼓勵、支持、友誼，以及被人接納等需求。
4.尊重需求（esteem need）：包括受人尊重與自我尊重兩方面；前者諸如地位、認同、讚譽等均是；後者諸如自尊、自主權與成就感等均是。
5.自我實現需求（self-actualization）：包括精神層面臻於真善美至高人生

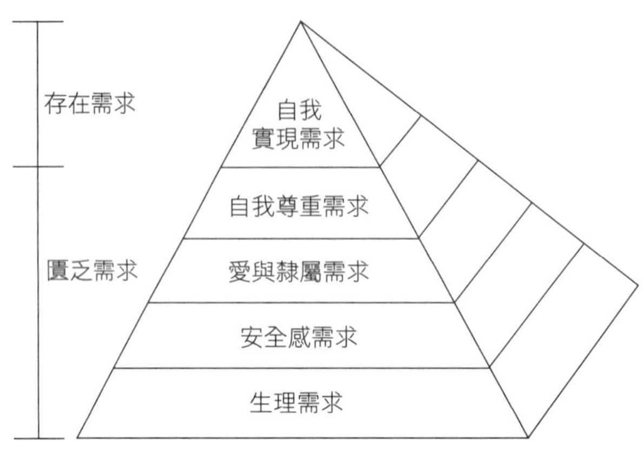

圖10-1　馬斯洛的需求層次

資料來源：改編自Maslow（1968）。

境界獲得的需求，諸如個人成長、發揮潛能及實現理想等均是。

由於前面四個需求均獲得滿足是最高層需求產生的基礎。因此就自我實現需求而言，前面四層需求為基本需求（basic need），而自我實現需求則是前四者的衍生需求（metaneed）。又因為基本需求係由匱乏而形成，故又稱**匱乏需求**（deficiency need，簡稱D-need）；衍生需求係由個體追求人生存在價值而產生，故而又稱**存在需求**（being need，簡稱B-need）（Maslow, 1968）。

■ 自我實現論

自我實現論是Maslow人格理論的中心。Maslow原本是一位動物心理學家，惟其在觀察各類動物行為時發現，不僅猴子在飽食之餘仍努力不懈探索環境，就連較為笨拙的豬羊，也會選擇較佳的食物與住處。而人為萬物之靈，自應具備更多求知向善的內在潛力。對於應如何善加引導使其潛能充分發展，Maslow思索再三，終於提出自我實現是人性本質的理念。

所謂**自我實現**（self-actualization）是指個體成長中對未來境界追尋的動機或願望，而此動機或願望會引導個體在成長歷程中充分發揮其身心潛能。就此而言，自我實現可視為個體人格發展的歷程，在此歷程中促使個體發展與導向個體發展者，就是自我實現。但自我實現有異於有我無人的自我中心（egocentrism），而是「己欲立而立人，己欲達而達人」的高尚情操。

依據Maslow的說法，雖然自我實現需求人皆有之，惟真正能自我實現者卻

微乎其微，在成人的人口中充其量還不及1%的人會自我實現，且達成的人通常已年逾六十歲。至於已自我實現者有哪些特徵呢？Maslow對此亦有精闢的見解。有關此一方面的詳細說明，可參閱**專欄10-1**。

在自我追尋中臻於自我實現的地步時，就會體驗到一種臻於頂峯而又超越時空與自我的心理完美境界。Maslow稱此為高峯經驗（peak experience）。此種高峯經驗是自我實現的伴隨產物，只能意會不能言傳。如將其落實在現實生活中，舉凡「十年寒窗無人問，一舉題名天下知」、有情人終成眷屬、登山者攀至頂峯、宗教信徒獲得見證等，均與高峯經驗近似。

(二) Carl Ransom Rogers的自我論

Rogers（1902-1987）是美國心理學家，與Maslow同為人本心理學的創始人。由於他的人格理論是以個體自我為中心理念的，故而一般稱之為**自我論**（self-theory）。Rogers除在人格理論上有創見之外，亦是非指導式諮商的創始人，不過在此僅就其人格理論加以介紹，至於心理治療方面，則留待第十四章再予以討論。在他的人格理論中有自我觀念及自我和諧等兩點要義：

■ 自我觀念

自我觀念（self-concept）是指個人對自己多方面知覺的總合；亦即包括對「我是什麼樣的人？」及「我能做什麼？」等問題的一切可能的答案。惟因自我觀念是個人主觀的看法，未必符合客觀的事實，只是他自己認為就是如此。也正因自我觀念係屬主觀的概念，Rogers才對此有濃厚的研究興趣，並以自我觀念的發展形成與自我觀念中自我的和諧與衝突為其人格理論的中心。

自我觀念的形成，乃是個人的自我評價，與環境中重要他人對自己的評價，產生交互作用下的產物。例如有一幼兒用彩筆在牆上畫圖，此一舉動能滿足其創作慾望，故其感到自鳴得意。可是母親看到後卻大發雷霆之怒，斥罵這種行動是壞的或頑皮的。由於自我評價與重要他人對自己的評價並不一致，該名幼兒為了博得母親的歡心或正面注意，可能會否定從繪畫中獲得滿足的經驗。隨著否定的次數增多，自我與實現間的鴻溝加深，個人的焦慮將倍增。若是該名幼兒是在不用的紙上作畫的話，母親發現後就可能大加讚美。在此情境下，幼兒的自我評價與重要他人的評價合而為一，可形成積極、正面的自我觀

專欄10-1

自我實現者的人格特徵

古云「舜何人？予何人？有為者，亦若是」，就是勉勵我們只要有心向上，人人皆可為堯舜。而自我實現亦是如此，每個人均有自我實現需求，只要有心向上，人人皆可自我實現。人本心理學家Maslow曾以其自我實現的理念，對當代歷史名人的生平事蹟做分析研究，結果發現自我實現者的人格特徵確實異乎常人，這些特徵總計有十六點，並可視這些特徵為自我實現者的主觀條件（Maslow, 1973）：

1.有效地知覺現實，並持有較為實際的人生觀。
2.悅納自己、別人及所處的環境。
3.言行舉止發自內心，而不矯揉造作。
4.行其所當行，而不考慮一己私利。
5.風度良好並保持隱私的需求。
6.獨立自主，而不隨俗。
7.不斷以新奇眼光來欣賞與體驗人生。
8.在生命中曾有過引起心靈振動的高峯經驗。
9.民吾同胞，並具有為人服務的使命感。
10.有至深的知交，有親密的家人。
11.具民主風範，尊重他人。
12.有道德觀念，行善去惡，絕不會為達目的而不擇手段。
13.具有哲理而非敵意的幽默感。
14.富於創造力。
15.不受傳統文化及環境的束縛。
16.對生活環境有時時改進的意願與能力。

念。（Rogers, 1961; Rogers, 1980）

個體的自我觀念是在重要他人限制性的條件下形成的。Rogers稱此等限制性條件為**價值條件**（conditions of worth）；而所謂的「價值」，即表示是重要他人對自己評價時所根據的價值標準。顯然地，一定需要某些價值標準來約束個體的行為，否則上述的幼兒可能養成隨手塗鴉的習慣，而絲毫不考慮環境美

觀。Rogers認為，處理上述行為的最佳方案是父母承認孩子的知覺是正當的，但解釋父母的感受與需要加以約束的理由，並提出合理的解決方法。

■ 自我和諧

所謂**自我和諧**（self-congruence）係指，一個人自我觀念中沒有自我衝突的心理現象。按Rogers的理論，自我不和諧有下列兩種情況：

1.當理想我與真實我不一致時：所謂**理想我**（ideal self）係指，當事人心中所嚮往的自己；而所謂**真實我**（real self）係指，當事人心中所知覺的自己。當理想我與真實我愈接近時，個人將感到滿足與幸福。若是二者相距甚遠時，則個人會不快樂與不滿足，甚至還會導致犯罪行為。譬如童話故事中白雪公主的後母雖然青春不再了（是她真實我的條件之一），卻一心想當世界第一美人（她的理想我），自然就會感受到自我衝突，進而有謀害白雪公主的舉動。

2.在重要他人的評價是處於有條件積極關注下，且與自我評價不一致時：所謂**積極關注**（positive regard）係指，希望他人以積極的態度支持自己，簡而言之就是「好評」。而積極關注又可分為無條件積極關注（unconditional positive regard）與有條件積極關注（conditional positive regard）二者。前者是指關心愛護，而不苛求壓力；後者雖是觀心愛護，但予以苛求壓力。雖然當重要他人的評價與自我評價不一致時，會引起心中的焦慮，可是處於有條件積極關注的情況下，卻有情緒壓力，因而焦慮倍增。例如某高中生在校成績平平，進入著名大學的希望不大，但父母認為榮登金榜方能光宗耀祖，強迫其參加補習班，每晚隨旁伴讀（即有條件積極關注），又唯恐該生受朋友性喜嬉戲的不良影響，故禁止他週末外出交友娛樂（即重要他人的評價）。然而與友人外出悠遊嬉戲卻是該生的愛好（即自我評價），因而該生頓感自我不和諧。

由上所述，或因自我期許過高，或因他人所限，要達成自我和諧的理想實為不易。為了突破心理衝突的障礙，按Rogers的看法，每個人都具有自我實現的自然趨向，有能力將自己知覺到的經驗，正確地概念化，惟其需要他人無條件的積極關注，當這些需要得以充分滿足時，就能形成自我和諧的自我觀念，從而奠立其自我實現的人格基礎。

三、類型論、特質論與學習論

從人性可變與否的觀點來看，類型論與特質論是和學習論完全對立的。類型論與特質論主張，人格是持久穩定的，不因情境不同而有所改變。此誠如諺語所云「江山易改，本性難移」的道理。所謂**類型論**（type theory）係指，按心理或身體特質作為分類根據的理論；而所謂**特質論**（trait theory）係指，以個體人格特質為研究主題的心理學。二者的區別在於數量的多寡，類型論僅分為少數幾種類型，而特質論卻區分出相當龐大的特質。而**學習論**則主張，人的所有性格都是受環境影響學習獲得。

(一)類型論

以類型來區分人格的歷史淵源甚久，最早的類型論是在西元前五世紀由古希臘醫學家Hippocrate所提出的，他認為人的身體有血液、黏液、黑膽汁及黃膽汁等四種液體，哪一種液體占優勢就呈現哪一種性格，人格依次可分為樂天型、自信型、憂鬱型及暴躁型等四種類型。雖然此說早已不被採信，惟因類型論簡明易懂，常為非心理學家所採用，諸如孔子所謂「君子和而不同，小人同而不和」的說法，便是一種類型論。在此僅針對心理類型論加以探討。

心理類型論（psychological type theory）是由瑞士精神醫學家Jung首創，他將人格分為內向型（introvert type）與外向型（extravert type）兩大類。人格內向者，在性格上愛沉靜、易羞怯，處事能力勝於與人相處的能力；人格外向者，在性格上好活動，喜社交，與人相處的能力勝於處事能力。按Jung的理論，任何人都同時具有這兩種傾向，只是其中之一占優勢，故存於意識中，控制整個人格行為；而另一則壓抑於潛意識中，較難顯現。惟隨著年齡的增長，個體的人格類型將由外向型漸趨於內向型，而臻於成熟的境界。

英國心理學家Hans J. Eysenck（1916-1997）由於受到Jung的影響，使他的人格理論亦偏向於區分類型。Eysenck藉因素分析（factor analysis）的技巧，發現兩個基本的人格向度：內—外向（introversion-extroversion）與穩定—不穩定（stability-instability）。內—外向的分類大致與Jung相同，而穩定—不穩定的分類則著重情緒興奮的程度。依據這兩個向度可劃分出下列四種人格類型：內向—穩定、外向—穩定、外向—不穩定、內向—不穩定；並將此四種類型依

Hippocrate的說法，命名為自信型、樂天型、憂鬱型及暴躁型。此外，還用若干的形容詞來定義每一個人格類型的特性（見**圖10-2**）。

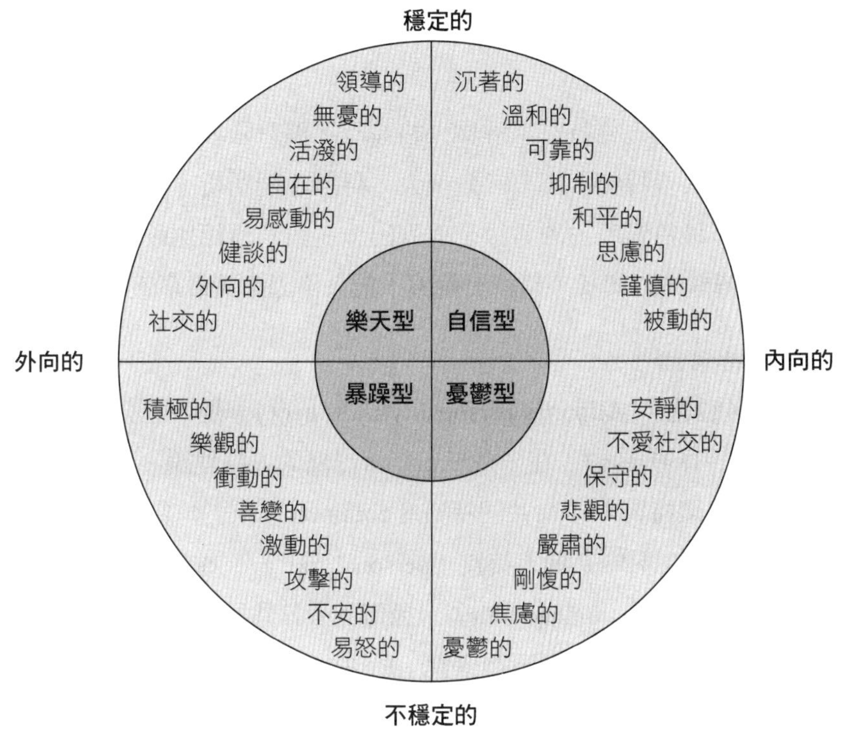

圖10-2　Eysenck的心理類型論

資料來源：改編自Eysenck (1970).

雖然Eysenck指出人格有上述四種基本類型，惟僅有少數極端者符合此簡潔明確的劃分。大部分人們的人格特質是落在四個象限的中間點，較難分辨出係屬何種類型。至於四種基本類型者的適應狀況如何？Eysenck表示，不論是內向或外向，只要其屬於穩定的，則適應較佳。而外向—不穩定者有較多行為問題，諸如偷竊、逃學、離家、說謊及打鬥等犯罪行為；內向—不穩定者則有較多人格問題，諸如抑鬱、神經質及自卑感等個人問題。

不論是智力或是人格，Eysenck始終強調遺傳的重要性。他認為人格的根源植基於神經生理，是遺傳的力量讓它成形。Eysenck的說法雖獲得部分研究的支持，例如近年多項神經生理的研究顯示，人格外向者，其腦中多巴胺

（dopamine）——一種神經傳導物質，與情緒調節有關——的含量比人格內向者為多。只是，到底是多巴胺含量高引起外向行為？還是外向行為引起多巴胺含量增加？截至目前為止，尚無定論。

(二)特質論

類型論雖然也用人格特質來解釋人格類型，但只限於少數特質。而特質論則是先列舉很多人格特質，用來評量個人，再以心理圖析（psychogram）的方式，將個人在多種特質所占的等級全部列出，並與常模相比較，以評定個人的人格傾向。特質論中以奧氏人格特質論與卡氏人格因素論最享盛名。

■奧氏人格特質論

奧氏人格特質論（Allport's personality-trait theory）是美國心理學家Gordon Willard Allport（1897-1967）在一九三七年所提倡的人格理論。Allport認為，人格結構中包括兩類特質：一為共同特質（common trait），為同文同種者所共有的一般性格傾向；另一為個人特質（personal trait），為個人所獨有的性格傾向，故而又稱獨有特質（unique trait）。因每個人其共同特質含有的成分相似，如僅以共同特質來對人描述則不夠確實，所以Allport強調，只有個人特質才是真正的特質。（Allport, 1937）

依Allport的理論，每個人的個人特質，均為其所獨具之數種人格特質所構成的帶有組織性與持久性的整體。而個人特質又可依其重要性分為下列三個層次：

1.首要特質（cardinal trait）：首要特質是指足以代表個人最獨特個性的特質。平常從性格的觀點對某人作論定時所用的單一評語，即以其首要特質為根據。而許多歷史人物小說的主角所以留給人深刻的印象，往往只是由於他獨具的某一項個人特質。例如諸葛亮的「忠」、關公的「義」均是大家耳熟能詳的首要特質。惟對一般人而言，具有首要特質的人並不多。

2.中心特質（central trait）：中心特質是指構成個體獨特個性的幾個彼此有統整性特質。此類特質是構成人格組織的核心部分，故名之為中心特質。每個人中心特質的數目大約在五至七個之間。平常為某人寫推薦信或為學生寫操行評語的時候，所考慮到代表某人人格的哪些特質，即屬

於中心特質。

3.次要特質（secondary trait）：次要特質是指代表個人在某些情境下表現的暫時性的性格。例如有些人雖然喜歡高談闊論，但在不喜歡人的面前則「話不投機半句多」。所以，次要特質不足以代表個人的整個人格。

上述三種特質雖然以首要特質為最重要，惟其並非人人皆有。所以，中心特質才是最常被用來說明個體性格者。Allport還認為，個人的三類人格特質均係由生活經驗中學習模倣而得，只不過一旦習得此種傾向，則會持之以恆，不易改變。

■卡氏人格因素論

卡氏人格因素論（Cattell's factor theory of personality）是美國心理學家Raymond B. Cattell（1955-1998）在四〇年代所創立的人格理論。此理論係根據人格測驗的結果並實施因素分析，從受測者對問題的反應歸納成兩類特質而建立，茲將這兩類特質分述如下：

1.表面特質（surface trait）：是按人格測驗結果求得的，亦即是可以直接觀察到的行為特質，諸如誠實的、情感的及聰慧的等，均屬表面特質。惟這些表面特質常隨環境的改變而改變。

2.潛源特質（source trait）：潛源特質係根據因素分析的結果歸納推論，亦即不能直接觀察，只能根據行為去推測的特質。如克制的、強迫的、嚴謹的等表面特質群聚在一起，即可用自律的一詞概括作為潛源特質。（此類潛源特質總計有十六種，列如**表10-3**）

表10-3　Cattell的16種潛源特質

冷漠的——溫暖的	信賴的——多疑的
愚笨的——聰明的	實際的——想像的
情緒不穩的——情緒穩定的	坦率的——機靈的
服從的——支配的	自信的——多慮的
嚴肅的——快活的	保守的——嘗試的
權宜的——謹慎的	合群的——自負的
膽小的——冒險的	無紀律的——自律的
粗心的——細心的	輕鬆的——緊張的

按Cattell的理論，雖然表面特質符合一般人所指的人格特質，但僅為潛源特質的表徵，且較不穩定。惟有潛源特質才是形成個人心理結構的真正特質。

(三)學習論

學習論者係以學習心理學上的原理原則來解釋人格的問題。提到學習心理學，可在第五章所討論的古典制約學習、操作制約學習、認知學習及社會學習等四大類別中見到學習心理學的原理原則，只是學習論者在討論人格時，僅採用後面三種學習原理來解釋人格的問題，其中最享盛名的首推Skinner的人格操作制約論與Bandura的人格社會學習論。雖然學習論者強調，個體的人格是受環境因素影響而逐漸形成的，惟Skinner與Bandura的理論卻有程度上的差別。Skinner是屬於較極端的學習論者，採用操作制約學習的原理來解釋人格，視人格完全是環境的產物。Bandura則顯得較為溫和，兼採認知學習及社會學習的原理來解釋人格，視人格為環境與個人之間交互作用的結果。

■Burrhus Frederick Skinner的人格操作制約論

Skinner（1904-1990）是美國心理學家，也是操作制約學習論的創始人。Skinner不僅用操作制約來解釋動物與人的學習，亦用此來解釋人格的發展與形成。因此，有人稱他的理論為**人格操作制約論**（operant conditioning theory of personality）。Skinner的人格理論可歸納為人格結構、人格動力及人格發展三項重點：

◎人格結構

Skinner雖否定人格是一個虛幻的架構，但曾採用個案研究法來深入分析個人的增強歷程，而視人格為一些反應組合而成的行為組型。此一行為組型正如同其他行為一般，是由相關連鎖性反應組合而成的，自然也是經由操作學習歷程建立的。

在人格塑造的歷程中，個體在情境中的自發性的反應，以及由該反應所導致的後果二者，是關聯性因素。因一般生活中誘發性的反應甚少，故須靠自發性的反應方得以學習。而反應後果對個體所帶來的滿足與否將決定個體將來在同樣情境是否再度反應。凡是反應後帶來的滿意結果，稱之為**增強物**，而增強物對個體的反應，產生了加強作用，故稱此作用為**增強作用**。個體在某情境中的固定反應既然經由增強作用而建立，便可藉由行為塑造的原理，透過增強作用形成複雜的行為及行為組型。如個體在某種情境下經常表現同樣的行為組型，則該行為組型即可視為其人格特質。

◎人格動力

雖然Skinner也談人格動力，但不像一般心理學家將驅力視為有機體的原始慾求，動機、情緒則用結構概念加以詮釋。Skinner表示，動機、驅力及情緒等因素的決定關鍵為行為原因、環境變化與反應結果三者。

Skinner雖然承認，基於動機之不同，一個人在相同的環境下，可能會有不同的行為反應，但在Skinner的觀念裡，動機不是內在行為的原因，而是具有特殊性，是屬於環境的變項。例如飢餓是一種動機，吃東西不僅要靠食物的有無，也要看飢餓的程度而變化，而飢餓本身又是基於環境所造成的（導因於沒東西可吃）。所以，可視飢餓為一種環境變項。

至於驅力與情緒，Skinner將其視為操作制約中的反應，與環境變項具有因果關係。例如渴是一種驅力，而不同的操作方式適可增加個體渴的需求；又如引起口吃（依變項）的原因是先天發音器官缺陷（自變項）所致，可是人們卻常以個人的外顯行為（如口吃）來臆測或詮釋個人的情緒作用（如忿怒、害怕或驚惶）。

◎人格發展

Skinner並未提及人格發展，但發展不外乎行為的改變，操作制約的原理也同樣適用。舉凡行為塑造、類化與辨別、增強物的安排方式、增強物與相對增強作用的類型，均是促成人格發展的重要因素。

Skinner採用行為塑造的概念來說明複雜動作是由一系列較小的分開動作所構成，經由逐步漸進地增強想要的行為，個體得以學到複雜的技巧。每一種科學的發展皆經由簡單階段到複雜成熟，人格亦是如此，人格只不過是各種行為組型的聚合，也是透過行為塑造而建立的。Skinner相信，目前行為科技只在起步階段，俟將來成熟之後必能預測、控制人格的發展。

類化與辨別亦是人格發展的重要因素之一。雖然現實生活中沒有兩種情境完全相同，但個體仍可將已習得的行為反應，轉移到新情境中。相反的，個體也會對不同刺激予以不同反應。正因為有此種類化與辨別的現象，是以個體才能調整他的行為以適應不同的情境。

增強物的安排方式也受到Skinner的重視，他認為部分增強比連續增強更能保留種種的人類行為。許多迷信行為就是受到偶然制約的影響，其結果擴及整個生命史。例如原始部落以祭舞儀式祈雨，有時在祈雨的當下真的下起雨來，所以祈雨的祭舞受到間歇性增強而持續。至於在增強物與相對增強作用的類型中，Skinner表示，次增強物比原增強物更顯得重要。諸如金錢、名譽、酬償等次增強物，在控制人類行為上占有相當重要的地位。而正增強物則與負增強物等量齊觀，雖然有人會因受獎勵而發奮圖強，但亦有人會因受懲罰而改過自新。但不論發奮圖強或改過自新，均可視為當事者性格的改變，由此當可證明人格發展實乃因環境所造成。

■Albert Bandura的人格社會學習論

Albert Bandura是美國心理學家，於一九六八年創導社會學習論。近年來，社會學習論倍受重視。舉凡個體之人格、動機、性別角色等，均可採用社會學習論來解釋。如將此理論用以解釋人格的發展與形成，即稱**人格社會學習論**（social learning theory of personality）。人格社會學習論不僅採用操作制約的原理，解釋人格結構中較為簡單的特徵，還兼採認知論的原理，解釋個體經由對他人行為的模仿、認同而後內化，終而形成個人獨特的人格特徵。在人格社會學習論中有觀察學習及相互決定論兩點要義。

◎觀察學習

Bandura以為個體的人格，係由其表現於行為上的心理特徵所認定。由於行為上能代表人格的心理特徵是複雜的，無法只在設計的獎懲環境下學習而塑成，而須透過觀察學習形成，同時觀察學習還可以避免不必要的錯誤與傷害。所以，個體的任何人格特質，絕大多數是經由耳濡目染、模倣學習而來的。（Bandura et al., 1963）

控制學得行為表現的增強有直接增強、替代性增強與自我增強三者，三者在觀察學習中均扮演著重要角色。當個體向他所喜歡的楷模人物去模倣，模倣後將獲得有形的酬償、社會讚賞或責難、減輕嫌惡狀況等直接增強，將產生增強或抑制作用。如個體模倣該行為後所獲得的是獎勵，則以後在類似情境中，即使楷模不在現場，他所模倣學得的行為仍有可能再出現。反之，如個體模倣該行為後所獲得的是獎勵，則以後在類似情境中，較不可能出現該行為。增強的概念還可以擴大到替代性增強，當事人眼見別人因某種行為表現而獲得增強

時，他自己也感同身受。所謂「見賢思齊焉，見不賢而內自省也」，當事人只需眼見「賢者」與「不肖者」的行為後果，即可學習到某些人格品質。除了替代性增強之外，個體也會對自己適當的行為給予酬償，是為自我增強。當個體模倣楷模的行為後，會評價自我的表現，如讚賞自己的話，可增強該等行為重複出現；又如譴責自己的話，則會抑制該等行為的出現頻率。事實上，經由觀察學習來培養人格的觀念，在中國古代早已有之。所謂「以言教者訟，以身教者從」、「上樑不正下樑歪」、「有其父，必有其子」等觀念，這些顯然與人格社會學習論的原理是不謀而合的。

◎相互決定論

Bandura反對人是受到內在力量所驅策的看法，也反對人是受到環境刺激所左右的觀念。他認為，行為、個人與環境三個變項彼此會互相影響，為**相互決定論**（reciprocal determinism），以有別於行為主義的環境決定論。例如在分析某人為何在酒吧打架時，應作綜合考量，不致偏頗。和人打架會刺激攻擊需求（行為影響個人），促使此人日後再度造訪Pub（個人影響環境），而Pub又可提供滿足攻擊需求的機會（環境影響行為），如此不斷持續，形成循環。

近年來，Bandura所強調的自我效能與自我規範，均可說是植基於相互決定論之上。所謂**自我效能**（self-efficacy）係指，個人對自己從事某種工作所具有的能力，以及對該工作可能做到的地步的一種主觀評價。自我效能的高低取決於以往個體對某一特定事務的成敗經驗。而一個人的能力感會以許多方式影響他的知覺、動機與行為表現；同時個體要表現某一行為，則勢必要親近或遠離特定環境（Bandura, 1982）。例如以往馳騁網球場獲獎無數，使當事人對球技深感自豪，而以打網球為樂，終日與網球為伍。不僅自我效能是這樣，自我規範亦是如此。所謂**自我規範**係指，個體在自我增強時係依據某些內在標準，根據這些標準，將約束個體何者當為，何者不當為。此一內在標準的建立，係來自早期生活中重要他人所給予的獎勵與懲罰；一旦建立起來後，則對個體的思想、行為及情緒影響極大（當表現超過預期時，會以此為榮；當未能達成所設定之目標時，則會驅策努力）；而個體所表現的行為，又會導致重要他人的獎勵與懲罰有異。

第四節　人格測驗

人格測驗（personality test）係為求瞭解個體兼性格上的差異，從測量個體的人格特質以至歸屬其人格類型，其間所採用的一切測量工具。心理學上對人格差異的研究，原則上不同於對能力差異的研究。對能力差異的研究，其目的不僅在鑑別能力的差異，甚至還可以評定能力的高低。對人格差異的研究，則僅能衡鑑其差異，而無法評定其高低。

人格測驗的發展與人格理論有密切的關係，不過由於對人格構成的問題，各家觀點迄未一致；有的重視一般特質，有的重視特殊特質。因此，人格測驗的內容究竟應包含哪些類別的題目，另應測量何等人格特質，迄未獲得一致結論。而在人格測驗中，最常使用的有自陳量表及投射測驗兩大類。

一、自陳量表

自陳量表（self-report）屬於問卷式的一種量表，量表中會列有很多陳述性的題目，受試者可按題目中所述的適合自己的情形者選答。自陳量表中的題目，所陳述的均為假設性的行為或心理狀態，陳述方式多採第一人稱。自陳量表的答題方式，多半採用下列兩種方式：

1.逐題評定式：由受試者在每題之後所列的兩個（或多個）選擇方式中，依其真實情境擇一回答。以下就是此類題目及填答方式的例子：

A.我時常感到胃不舒服。　是□　否□　不一定□

B.我每天早晨總會有沉悶的感覺。　是□　否□　不一定□

2.選擇式：每題並列兩種（或多種）陳述，由受試者按照自己的意見圈選其中之一。以下就是此類題目及填答方式的例子：

A.在人多熱鬧的場所我會感到不自在。　□

B.我喜歡參加有很多人在場的活動。　□

自陳量表的編製有數種不同設計，如依其效度建立方法之不同，可分為實證效度（empirical validity）與構念效度（construct validity）兩大類型。**實證效度**係指，與另一外在標準（效標）比較，從而求取相關程度而定的效度。在修訂國外測驗時，多以在國內行之有年的著名測驗為標準，或與教師或父母評定的結果為標準，從而建立起實證效度。例如高登人格測驗甲種及乙種，係分別修訂自L. V. Gordon所編的高登個人側面圖（Gordon personal profile）及高登個人量表（Gordon personal invernory），高登人格測驗乙種是以教師評定結果為效標，而高登人格測驗甲種則以高登人格測驗乙種為效標。**構念效度**係指，以心理學的理論為依據而定的效度。許多國外著名的自陳量表即是採取構念效度。例如卡氏十六種人格因素測驗（sixteen personality factor questionnaire，簡稱16PF）即是Cattell採用因素分析方法，找出了十六個潛源特質而編製此一測驗；再如明尼蘇塔多相人格測驗（Minnesota multiphasic personality inventory，簡稱MMPI），係依據正常組與效標組（精神分裂者）反應達顯著水準者始列入各量表。

自陳量表式的人格測驗之優點為題數固定，題意明確，故施測簡單，計分方便。其缺點為：因編製時缺乏客觀效標，效度不易建立；因帶有社會價值的人格特質，受測者可能有意做假；因測驗內容多屬情緒、態度等方面的問題，個人對此類問題的選擇，常會因時空的轉變而有所改變。因而無論在效度或是信度上，人格測驗均較智力測驗為差。

二、投射測驗

投射測驗（projective test）係依據投射作用的原理設計而成，故名。投射測驗有很多種，因其基本特徵均由若干曖昧不明的刺激所組成，在此等曖昧不明的情境下，個體可自由反應，藉以投射出其隱而不顯的人格特質。最常用的投射測驗有下列兩種：

(一)羅夏墨漬測驗

羅夏墨漬測驗（Rorschach inkblot test）係由瑞士精神病學家Hermann Rorschach（1884-1922）於一九二一年所設計，故名。該測驗係由不同形狀的十張墨漬圖所構成，其中三張為黑色，兩張加了紅色，三張為彩色（見**圖10-3**）。該測驗的製作方式是，將墨汁滴於紙片中央，然後將紙對折猛壓使墨汁四溢，形成不規則但對稱的各種圖形。

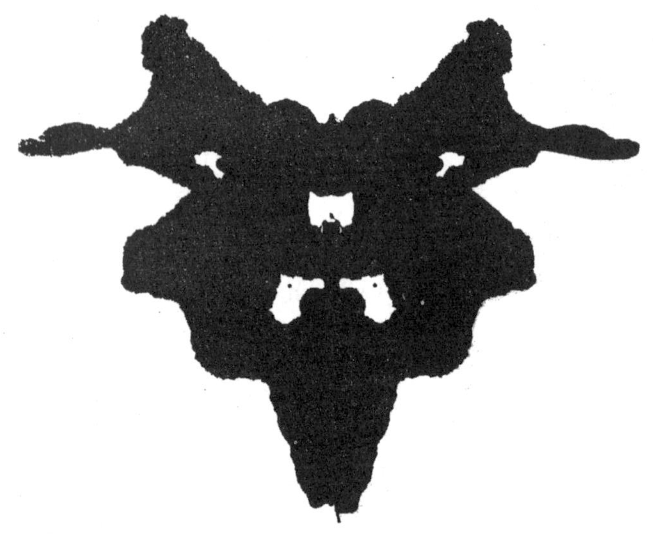

圖10-3　羅夏墨漬測驗題目示例

羅夏墨漬測驗的十張圖片，編有一定順序，使用時每次出示一張，同時問受試者：「你看到的是什麼？」，或問「這使你想到什麼？」，並允許受試者自行轉動圖片，從不同角度去觀看該圖形。此種測驗屬個別測驗性質，每次只能施測一人，記分方法根據預訂標準，以觀察受試者對各圖形的部位、形狀、顏色等各方面所表現的反應。

(二)主題統覺測驗

主題統覺測驗（thematic apperception test，簡稱TAT），是由美國心理學家H. A. Murray與C. D. Morgan二人於一九三五年所編製。全套測驗包括三十張圖形具體但題意曖昧的圖片（見**圖10-4**），另有一張為空白卡片。使用時，按受試者年齡與性別選取其中二十張圖片（包括空白的一張在內），每次出示一張，讓受試者憑主觀意識陳述圖片中代表的故事。故事內容雖不限制，但須包括下列四項要點：

1.圖中顯示什麼情境。

2.該情境因何產生。

3.未來有何種演變。

圖10-4　主題統覺測驗題目示例

4.個人感覺如何。

主題統覺測驗的主要假定，乃是認為個人面對情境所編造的故事與其生活經驗有密切關係。是以受試者在編造故事時，不知不覺地將個人隱藏在內心中的問題，投射在故事之中，進而流露出自己的欲望。

投射測驗的優點是，不限制受試者的反應，可對個人人格獲得較完整的印象；且因測驗本身不顯示任何目的，受試者不至於主動防範而做出假的反應。不過，投射測驗尚有不少缺點，以下幾點是其中最主要者：

1.評分缺乏客觀標準。

2.測驗的效度不易建立。

3.測驗的結果不易解釋。

4.測驗的原理頗為複雜，未受過專門訓練者不易使用。

第五節　結語

人格與能力的心理特徵，皆有其個別差異現象，在能力方面除了差異之外，還可比較其能力之高低，但人格之研究，只重差異，並不比較高低。個體的性格係在遺傳與環境的交互作用之下，逐漸發展的心理特徵，具有統合性、特殊性及持久性。

對人格的概念是心理學家們所作的嘗試性的系統化解釋，本章提供S. Freud的傳統心理分析理論，以及後繼形成的新心理分析理論、人本論、行為理論、特質論等等，作為不同學者從不同觀點對人類行為進行概念化的解釋，用來作為人類性格發展與形成的解釋。最後，介紹心理學界用來鑑別個體人格差異的工具——人格測驗，也對最常用的限定答案的客觀式自陳量表，以及不限定答案的主觀式的投射測驗進行介紹。

參考書目

一、中文部分

洪健棣、李美枝（1981）。〈大學生的性別角色刻板印象〉，《新潮》。第10期，頁75-81。

張春興（1991）。《現代心理學》。臺北：東華。

郭靜晃、吳幸玲譯（1993）。《發展心理學》。臺北：揚智。

繆敏志（2002）。〈人格〉（第九章）輯於郭靜晃等著，《心理學》（初版十一刷）。臺北：揚智。

二、英文部分

Allport, G. W. (1937). *Social Psychology*. New York: Holt, Rineheart and Winston.

Bandura, A. (1982). Self-efficacy mechanism in human agency. *American Psychologist, 37,* 122-147.

Bandura, A., Ross, D., & Ross, S. A. (1963). Imitation of film-mediated aggressive models. *Journal of Abormal and Social Psychology, 66,* 3-11.

Buss, A. H. & Plomin, R. (1975). *A Temperament Theory of Personality Development*. New York: John Wiley & Sons.

Eysenck, H. J. (1970). *The Structure of Human Personality*. Methuen: Ltd.

Freud, S. (1948). *Three Contributions to Theory of Sex* (4th ed.). New York: Nervous and Mental Disease Monograph.

Hofstede, G. (1980). *Culture's Consequences: International Differences in Work-related Values*. Beverly Hills, CA: Sage.

Maslow, A. H. (1973). Self-actualizing people. In R. L. Lowry (Ed.). *Dominance Self-esteem, Self-actualization*. CA: Brooks/Cole.

Maslow, A. H. (1968). *Toward A Psychology of Being* (2nd ed.). New York: Van Nostrand.

Mischel, W. (1986). *Introduction to Personality* (4th ed.). New York: Holt, Rinehart & Winston.

Rogers, C. (1980). *A Way of Being*. Boston: Haughton Mifflin.

Rogers, C. (1961). *On Becoming A Person*. Boston: Haughton Mifflin.

Ronen, S. & Shenkar, O. (1985). Clustering countries on attitudinal dimensions: A review and synthesis. *Academy of Management Review*, 435-454.

Schachter, S. & Singer, J. E. (1962). Cognitive, social and physiology determinants of emotional stage. *Psychological Review, 69*, 379-399.

Willerman, L. (1979). *The Psychology of Individual and Group Differences*. San
H. Freeman.

Zuckerman, M. (1979). *Sensation-Seeking: Beyond the Optimal Level of Arousal*.
Erlbaum.

社會心理學

- 社會認知
- 社會知覺與人際關係
- 社會影響
- 利社會行為與暴力行為
- 結語

臺灣的捷運隨機殺人事件是一偶然事件嗎？還是事先有徵兆？此種暴力事件是我們社會最麻煩與最需要解決的社會問題，也是全球化的事件。不僅臺灣如此，美國維吉尼亞理工大學韓裔學生的持槍殺人事件、日本持刀殺害學生的校園事件等，也都造成社會恐慌，此種暴力行為便是全球化（globalization）的問題。謀殺、襲擊、強暴、社會運動等事件每天皆會出現在報紙電視上。因此，瞭解社會行為的原因並找出解決之道，是一件很重要的事情。

對人類社會行為的研究，也是當代心理學的重要主題。社會心理學與個人心理學最不同之處是個人心理學以個體為研究對象，探討主題如生理基礎、感（知）覺、學習心理、動機與情緒、個別差異之學習與人格和異常行為，其目的在於瞭解及預測個體行為與發展。而社會心理學則是涉及研究個體與個體之間或個體在團體之內的社會行為，也就是說，人與人之間的互動所表現的外在行為與內在情感與思想（張春興，1991）。

社會心理學在現代心理學是一門最年輕的學問，在一九三三年德國心理學家Kurt Lewin（1890-1947）以完形心理學之概念為基礎，創立了場地理論（field theory），其解釋人類行為乃是個人與其環境相互作用的結果，如B＝f（P＋E），B等於行為，P等於個人，E等於環境，f為函數即交乘之意。P+E則代表個人與環境所形成的生活空間（物理加上心理的空間）。依Lewin的解釋，人類行為無一不受別人之影響，同樣地，個人之行為也會影響別人。社會心理學研究很廣，從社會知覺與認知來瞭解自己所處的社會世界，社會對別人所產生的影響，如從眾行為、態度、團體歷程、社會互動，如人際之吸引力、助人行為、攻擊、偏見等及應用，如健康、法律、環境與商業之行為等。本章限於導論及篇幅，根據社會心理學所從事的研究與發現，選擇了社會認知、社會知覺、從眾行為、團體歷程、人際吸引、利社會行為及攻擊暴力行為等主題來一窺人類社會行為的研究領域。

第一節　社會認知

社會認知（social cognition）涉及人們如何選擇、解析以及利用資訊，來對社會世界做判斷與下決定，也就是探討人們如何做日常生活的決定。社會世界充滿太多資訊，以致個體不可能充分加以解釋認知與反應。所以個體會縮減訊息，以一認知吝嗇鬼（cognitive misers）來反應訊息超載的訊息（Fiske & Taylor, 1991）。**認知吝嗇鬼**係指個體通常會依循最少阻力的方法及最不費力的原則，擷取少部分我們所需的資訊以完成決策及選擇反應。

一、基模架構

個體對社會世界的認識稱為**基模**（schemas），基模對於我們所注意的、所思考的及所記憶的資訊均有很大影響。**基模架構**存在於我們大腦的認知結構，負責彙整各種主題的資訊，包括我們對事情的基本知識及印象，例如我們對遊民的基本架構是懶惰、閑散的人。一旦人們發展出一種基模架構，對新來的刺激及新資訊的處理會產生有趣的影響，個體可能會被原有的基模架構所忽視或產生同化（assimilation），造成基模架構的改變。因此，基模架構如同濾片（filter），會排除一些與先前的知覺不一致或互相矛盾的資訊（李茂興、余伯泉譯，1995），但是在大部分的情況下，我們可能會更加去注意符合他們偏見（基模）的行為，當人們遇到一些新鮮的事物時，基模架構會提供這個問題的答案，協助我們將它分類，把所遇到的新經驗與我們所知道的連接起來，幫助個體瞭解這個世界，特別當新經驗難以瞭解或模糊不清時。例如當學生選擇一門新課，對老師不瞭解，學生會以老師的名字或其背景自傳來產生對他的印象，結果事實與其印象不符合，人們對自己看到的事物不完全確定時，多半還是會以基模架構去填補這些印象空缺的部分；換言之，個人的基模架構要符合「劇本」的行為。只要人們有理由相信他們的基模架構是正確的，他們就有理由使用這些基模架構去解決不明確的事物。

二、可近性與導火線

可近性（accessibility）係指個人想法與信念浮上心頭的可近性，也就是那些想法與信念浮現在腦海中的最先部分。當我們遇到一件事之前，所做過或想過的可以引導出個體的基模架構，此種聯想現象就是導火線，例如當臺北捷運事件剛發生之後不久，坐上捷運時個體對於動作言語怪異的年輕人，產生可能會使用「隨機殺人」的基模架構。所以，一個基模架構必須要有關連性及浮現速度（可近性）才能用來對社會世界產生印象。個體最近的想法或經驗能讓一種基模架構在我們記憶中容易出現，而這個最近的事件因而引導出一個特定的基模架構。

有些人不容易改變想法。人們會利用基模架構去解釋模糊不清的行為是一回事，可是當人們的基模架構能指揮我們所看到的事，那就另當別論了。如果個體扭曲證據或所見的事實未符合他們的基模架構時，又任何真實情況未與個體基模一致，資訊就很難收錄到我們記憶之中。個體在未取得所有證據之前就形成看法，便會誤判情勢，造成扭曲事實或鑄成大錯。

由於我們的基模架構會扭曲我們所看到的事實，所以我們會用非黑即白的方式來看世界，同意我們是英雄，另一邊就會變成惡徒。例如運動比賽中，我方這隊做出有問題的動作，在籃球是合法阻擋，在別隊球員就是帶球撞人。

三、初始效應

人們會把事實解釋得與其基模架構及期望一致，即使他們對事實所知有限或一無所知，這就是**初始效應**（primacy effect），也就是個體的第一印象很重要的，因為這個印象會影響日後對訊息的詮釋。人們常傾向於認定第一印象，而後來的訊息即使被扭曲了，也會被加以忽略。

Jones等人（1968）以一個簡單的實驗來證明初始效應。該實驗要參與者觀察一位男學生試著去解答三十題具有難度的選擇題，學生總是答對一半。有些學生在一開始時答得很好，大部分都答對，之後逐漸變差，最後皆答錯；另一種情形剛好相反，前面皆答錯，然後部分答對，最後全答對。客觀觀察後，參與者被要求對該學生的智商下判斷，並回想學生答對多少題。結果參與者大多扭曲資訊來符合他們的第一印象，看到學生前面答對的，認為他比較聰明，並認為他答對很多題目；看到前面大多數答錯的人，會認為他們較不聰明，而且也答錯較多題目。雖然他們都答對一半的題目，而且所有難度皆相同，參與者仍存在著強烈的第一印象，並引導他們後面看到的事實。此種情形的最佳解釋是一旦人們的基模架構形成後，就有了自己的想法，而此種印象會影響人們所看到的新資訊。

四、固著效應

即使在原始證據受到質疑，個體仍會保持著原先的基模架構，這種結果稱為**固著效應**（perseverance effect）。為何會如此，固體已形成的基模架構塑造著他們對事實的認知。人們被告知在社會敏感度測驗中的分數非常好（成功回饋）或非常差（失敗回饋），之後又告知他們前面所告知的訊息是假的，跟他們真正的能力無關。雖然受試者相信這個訊息但那些得到「成功」回饋的人，仍然認為他們答對較多的題目，相對於那些收到「失敗」回饋的人。當他們被詢問在另一個考試時，他們的成績會如何？成功回饋的受試者認為，他們較失敗回饋的受試者在下一個考試會更好。此種現象乃是因為人們對自己在這方面的能力已形成印象，並且固著反應，所以即使他們知道之前的訊息回饋是假的，他們仍會堅持初始印象。（Ross, Lepper, & Hubbard, 1975）。

五、自我實現預言

自我實現預言又稱自驗預言或預言自驗，具體的意義是：在目的情境中（如考試），個人對自己（或別人對自己）所知覺或預期者，常在自己之後的行為結果中應驗。自我實現預言，又可稱為畢馬龍效應（Pygmalion effect）。畢馬龍效應是英國著名劇作家George Bernard Shaw（1856-1950）根據希臘神話故事，以《畢馬龍》（*Pygmalion*）為名寫的一齣喜劇，大意為藝術家畢馬龍愛上自己手刻的美女雕像，朝思暮想地一直觀賞，結果雕像變成了活美人，美夢成真，有情人終成眷屬。此劇的涵意是：你預期了什麼，你就得到什麼。

從社會心理學的研究顯示，當人們遇到新的證據或舊證據不可採信時，通常不會如我們所期望的一樣去改變他們的基模架構；有時，人們會不經意地塑造某些證據來支持他們的基模架構，此為自我實現預言。

Rosenthal及Jacobson（1968）在學校教室中先給小學生做智力測驗，並告訴老師，某些學生智商的得分很高，他們未來可能很有成就。結果發現各個班級中那些少部分被標定為未來有成就的學生，其IQ確實較高。

此研究值得注意的是，老師並不是將他們有限的時間與資源直接花在那些標示有成就的人身上而忽略其他的學生；事實上，老師們反而花較多時間在那些較不被看好的學生身上。另一方面，那些較被看好的學生則給予更多的挑戰，並假定他們有較強的學習能力。於是給他們較多的學習材料、較難的教材，並提供較多的回饋，以及讓他們在班上有較多回答問題的機會。如此一來，老師製造機會給這些被認為有成就的學生更努力地學習，其自信及自尊也就增加了，最後促成其在表現上更有成就。

自證預言現象不僅止於老師對學生，也廣泛存在於性別刻板印象與族群身上，以及老闆對生產線人員的表現期望上。

第二節　社會知覺與人際關係

瞭解一個人的知覺，絕對不是一件容易的事，個人如何從第一印象的形成擴展至人與人之間的互動關係是本節的探討重點。

一、社會知覺

社會知覺（social perception）是指人對人的知覺，故也稱為**個人知覺**（person perception）。與個人知覺相對的是**物體知覺**（object perception）。而我們一般所用知覺之名詞是屬於物體知覺，也就是對人、對事物的知覺，更進一步的說是個體周遭環境物體的性質、顏色、大小、遠近等之辨識判斷（張春興，1991）。對物的知覺，特徵為靜態較多，而人的特徵是變動的。

(一)第一印象的形成

第一印象（first impression）係指觀察者在第一次與對方接觸時，根據對方的身體、相貌及外顯行為所得的綜合性及評鑑性的判斷。在我們日常生活中，隨時隨地對人產生第一印象。對人的第一印象，其形成主要根據的是人的表面特徵，雖然諺語說，不能「以貌取人」或「不能從書的封面來判斷書的內容」，尤其在這個重包裝及行銷的工商社會中。但不幸的是，個人知覺中第一印象的形成，的確是有重外表而忽略內涵的傾向，而影響人的第一印象有兩種因素：外表及人格。

■形體特徵

「以貌取人」是影響觀察者第一印象的重要原因之一，尤其是吸引力（attraction）。Clifford及Walster（1973）的研究發現，教師們會不約而同的評定相貌較好的學生智力會較高；Adams及Huston（1975）甚至發現，一般人認為相貌較好的人，智商高而且心地也較善良，生活也較愉快。Efran（1974）則發現，一般人認為相貌較好的大學生，較不會有偷竊行為。由此可見，生就一副漂亮面龐，在現今競爭社會中，有很多機會占到便宜（McArthur, 1990）。

■非語文行為

吸引別人注意除了外表、形體特徵之外，語言及非語言特徵也是吸引別人注意的特徵。語言溝通包含龐大的訊息，著實影響人類生活，除此之外，非語言溝通（nonverbal communication）更形成一門學問，可讓語言溝通訊息更為出色，以及傳遞更豐富的訊息。**非語言溝通**最常使用的管道如面部表情、音調、手勢、肢體位置及動作、身體的接觸及目光的注視。非語言的線索（cues）有下列幾項主要功能，(1)表達情緒；(2)表達態度；(3)表達個人特質；(4)協助語言的溝通（Argyle, 1975）。

非語言溝通被用來表達情緒、遺傳態度、溝通人格特質，並且促進與協調口語的表達。研究顯示，人們是細微非語言線索的正確解碼者，例如世界各地的人皆可以正確知覺不同的主要面部表情；其他的表情因文化之差異而有其特定的意義（Rosenthal et al., 1979）；標記、非語言手勢也因文化差異而有其特定意義。一般而言，女性在解讀及傳達非語言情緒方面的能力較強，但有一個例外，在觀察他人虛偽的非語言行為時，女性的解讀能力較不正確。依據Eagly（1987）的社會角色理論的解釋是，這可能是女性在許多社會中要學習不同的技能，其中一項就是在社會互動中要謙和有禮，因而在他人欺騙時，她們會故意忽略，只去注意對方的臉部線索。

■內隱人格理論

初次與人接觸的第一印象，除了對方形象外表的特徵之外，一定也會注意對方在言行舉止上表現出的性格特徵。此等現象的解釋就是我們會利用自己的基模架構去形成對別人的印象。此種現象又稱為**內隱人格理論**（implicit personality theory）。

內隱人格理論使人們認定某些人格是有相關性的（Anderson & Sedikides, 1991）。如果某個人表現很親切，我們的內隱人格理論會認為對方可能也很大方；如果某個人表現很小氣，我們的內隱人格也會認為他可能很暴躁。

和其他基模架構一樣，這種內隱人格理論也有相同的功能，正如認知吝嗇鬼般，我們可以從小處推論到更多資訊。在一般情形之下，我們可以利用對別人的少許觀察作為起點，再運用我們的基模架構，來形成人對人的瞭解。內隱人格理論通常含有強力的文化要素；換言之，在一個社會裡，很多人都會有相同的內隱人格理論，而且此種信念也會在該社會中傳承。

Rosenberg及其同僚（1968）要求大學生們去思考他們所認識的一些人，然後再叫他們用三十種人格特質來評估這些人的人格，結果發現這些人被指述有其類似性，是有相同的內隱人格理論（見**圖11-1**）。

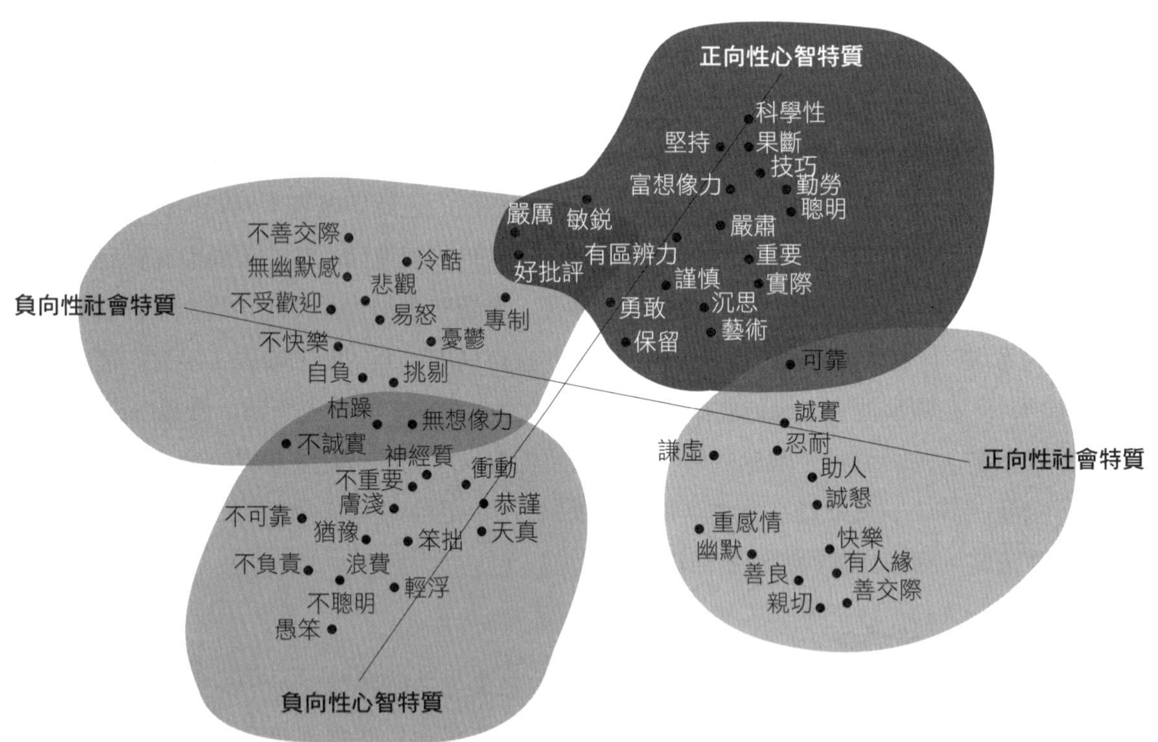

圖11-1　內隱人格理論

資料來源：摘自Rosenberg, Nelson, & Vivekananthan (1968).

圖11-1顯示了一種參與者的反應，愈接近的人格特質，表示學生認為它們會在同一個人身上顯現出來，這也是Rosenberg等人歸納人們的內隱人格理論的一種方式。

Hoffman等人（1986）發現，內隱人格理論有其文化差異，不同文化對於人格型態有其不同的看法，各種文化皆有其簡單及大家一致同意的語言標籤。例如西方人認為「藝術型」人格就是具有創造力、緊張、易怒及生活型態不落俗套，中國人對於「藝術型」人格就沒有此種基模架構或內隱人格理論。中國人也有某些人格標籤，如「世故」為懂得處世之道，忠於家庭，很社會化，但卻有一點保守；相對於西方，並沒有此種相對應的人格標籤。

(二)行為結果的歸因解釋

■歸因論

社會心理學家 Fritz Heider（1896-1988）在五〇年代倡議的歸因論（attribution theory）（參見第七章）。Fritz Heider的歸因論最先用來解釋個人的知覺，如第一印象，也就是最基本的個人知覺現象。歸因論的基本要義是人對別人或自己所表現的行為，就其主觀的感受與經驗對該行為發生原因予以解釋的心理歷程，是謂**歸因**。Hieder的歸因論最主要是解釋別人的行為原因，但Weiner主要是說明個人如何解釋自己的行為後果的成敗，兩者有所不同。

對別人的行為予以歸因解釋時，一般不超過兩大原則：其一是**情境歸因**（situational attribution），認為別人行為的發生是由於情境因素使然，而情境又屬於個人以外的因素，又稱為外向歸因（external attribution）；其二是**性格歸因**（dispositional attribution），認為別人行為發生的原因歸之於其個人性格或其所具有的條件所使然，而性格是個人的自身因素，故又稱為內向歸因（internal attribution）（張春興，1991）。一般人解釋別人的行為表現時，比較傾向於內向歸因而較少使用外向歸因。

此種偏重「對人」而忽略「對事」的歸因心理取向，很可能造成歸因誤差，而造成對別人行為原因給予錯誤的解釋，此種誤差，心理學家稱之為**基本歸因誤差**（fundamental attributional error）。在我們日常生活中，一般人在解釋別人行為表現時，很容易產生基本歸因誤差。商品廣告設計者，經常利用觀眾基本歸因誤差的心理歸因誤差，以不實的廣告技術推銷商品，例如利用模特兒美女使用某種品牌化妝品，並偏重展現其美麗肌膚的鏡頭，此時個人如何解釋？如果觀眾會被廣告說服而去購買該品牌化妝品，那麼其所採用的就是性格歸因原則。但如果觀察認為這只是廣告手法，就有可能採用情境歸因。當然，並不是所有廣告皆如此，廣告的目的乃是期望觀眾使用性格歸因來解釋，而人有相當大的可能會犯了基本歸因誤差，例如在發生災難時，政府官員請專家上電視告訴大家要如何注意及防範安全，就可能算是置入性行銷，民眾便不致將他的行為給予情境歸因。

歸因只是對別人行為原因的推理解釋，而推理未必符合事實。歸因是否符合事實，關係到許多因素，其中人際關係就是一個重要原因。例如一位丈夫在情人節忘了送花給太太，試想太太可能對丈夫的行為如何歸因？一是太太可能懷疑先生對她冷淡，二是太太猜想丈夫可能工作太忙，前者為性格歸因，後者則為情境歸因。

心理學家發現，人普遍的心理現象，在解釋別人的行為傾向用性格歸因，而在解釋個人的行為時，卻傾向用情境歸因，而這兩種歸因傾向，都有可能導致歸因誤差。Monson及Snyder（1977）解釋此種現象可能是：(1)個人對自己知道較多，對別人知道較少；個人對別人缺乏觀點取向能力（perspective taking ability），也就是說，不能設身處地站在別人的立場看別人的行為，故而只能模糊地解釋其行為原因乃是基於對方本身；(2)由於注意焦點不同所致，當觀察別人行為時，注意焦點會落在對方本人身上；在個人自己表現行為時，自己的注意焦點會落在周遭情境氛圍上。

■相對推理論

根據相對推理學說來做推論，有點像是偵探，也就是個人從相對應的行為或行動，推論個人性格或內在人格特質。**相對推理學說**（correspondent inference theory）是由Edward Jones和Keith Davis所發展出來的，其推論的主要做法是，將個人選擇的行為所可能實現的目的，和採取替代性的行動所能實現之目的來進行比較（Jones & Davis, 1965），也就是比較不同選擇的非共同效應（noncommon effects）。例如一位接受醫學院訓練的醫生，理論上應說到醫院工作，但他可能放棄醫生工作而去當歌星嗎？從內向歸因的觀點，假如一位準醫生放棄醫院的工作，可以得到接受其它工作所無法實現的結果。

依相對推論理論，個體行動涉及少許的非共同效應，當人們表現出我們所預想不到的行為時，我們只能從非期望的舉動中才能對他們的瞭解會更多一點。人們對他人一般有二種不同類型的期望：類別基礎的期望（category-based expectancy）和目標基礎的期望（target-based expectancy）；前者是依據人們所屬的團體而產生的期望，後者是根據某一特定對象的過去行為而產生的期望。

■ **共變模式**

Kelley（1971）對行為解釋採用不同時間、不同情境的多項行為所提出的一種補充，稱之為**共變模式**（covariance model）。Kelley（1971）假設個體在做歸因的歷程中，會蒐集資料幫助我們做判斷，而個人所使用的資料，會隨不同時間、地點、角色及目標而共變。例如以某個女生是否接受男生的邀約為例，Kelley提出了三個標準，分述如下：

1.特殊性（distinctiveness）：接受邀約的行為只會在特殊情境下發生，如只有某特定男生的邀約才會發生，或是任何男生的邀約都會接受。
2.共同性（consensus）：該情境是否引起大家皆有同樣的行為，如只要男生邀約，女生都會接受嗎？
3.一致性（consistency）：這名女生是否經常被邀約？或該男生是否常邀約女生？或是這名女生對別人的邀約皆會赴約？

依歸因的三種標準及取向之關係可列如**表11-1**：

表11-1　歸因標準與歸因取向之關係

歸因標準／歸因取向	歸因標準					
	特殊性		共同性		一致性	
	高	低	高	低	高	低
性格（內向）歸因		√		√	√	
情境（外向）歸因	√		√		√	

二、人際關係的形成與發展

人際關係（interpersonal relation）是指人與人互動時存在於人與人之間的關

係（張春興，1991），也就是說人與人之間的心理性連結（psychological bonding）。基本上，個人之人際關係可分為三類：(1)以感情為基礎的人際關係，其特徵是人與人情感之間的心理性連結，例如親情與友情關係；(2)以利害為基礎的人際關係，其特徵是以認知為基礎的心理上的連結，不僅為經濟上的利益，而是可擴展到社會的、權力的、政治的各方面的利害得失；(3)缺乏任何基礎的陌路關係，存在於陌生路人之間的關係，也不存有任何心理連結。人與人的人際關係建立情感的第一步為人際吸引，再來才有發展喜歡的情愫及愛情與婚姻的可能性。

(一)人際吸引

人際吸引（interpersonal attraction）係指人與人之間的彼此注意、欣賞、傾慕等心理上的好感，進而吸引彼此接近以建立感情關係的歷程。人際吸引也是喜歡的影響要素，如具有身體外貌的魅力、時近性、相似性及互補性。

■生理吸引

生理吸引（physical attraction）是決定人際吸引的第一個且很重要的因素，尤其是青春期的異性交往期。但是此種生理吸引大約維持在三十個月，經過長期交往之後，對異性各方面的瞭解愈多，外表的吸引力就逐漸降低。性別之吸引有些差異，女性的外貌比男性更具吸引力，而男性則是社會地位、財富等，這也就是如俗諺所云：「情人眼中出西施」，各取所需及各有所好。

■時近性

時近性（proximity）係指因人與人之間的活動空間彼此接近，因而有助於人際關係的建立，這是一種自然接近相處的現象，如鄰居、同學、同事、同車上下班等。早在一九五〇年代美國心理學家Festinger等人（1950）曾以麻省理工學院已婚學生眷屬宿舍為對象，研究他們的鄰居友誼與空間關係，結果發現，他們結交的新朋友，幾乎具有四個特徵：(1)近鄰；(2)同層樓的人；(3)靠近他們信箱；(4)走同一個樓梯的人。所以，時空接近、經常見面，再形成友誼。

雖然，今日社會的流動性很大，但許多人結婚的對象，仍以生活周遭的異性居多。所以時近性可以說是人際吸引的必要條件，如「近水樓台先得月」，在時空接近之下，建立良好人際關係是一個重要因素。

■ **相似性**

「惺惺相惜」、「物以類聚」，個人才智相似彼此相憐，這也說明性質相似的人相互吸引。人與人之間的相似處很多，例如年齡、性別、宗教信仰、智力、教育程度、人格特質、社會地位。Caspi及Harbener（1990）的研究指出，配偶人格愈相似者，其婚姻愈幸福美感。由此反推，排除異己的心態也存在於人際互動之中，例如部屬與上司唱反調，學生向老師抗辯，也都不容易獲得長官或老師的喜愛。

■ **互補性**

互補性（complementarity）係指人格互補，個人為彌補自己的不足或缺陷，因而對自身所缺而對方所長的人，產生示好的心理傾向，例如「剛柔相濟」。因為人在追尋成長時，不可能掌握到所有的機會，因此顧此失彼，遺憾難免。所以藉他人的優點來彌補自己的短處，也是構成人際吸引的條件之一。

(二)愛情與妒忌

成年期的重要心理社會發展課題是建立親密感，依Erikson的心理社會理論，成年期處於**親密vs.孤立**（intimacy vs. isolation）的階段。然而親密關係的建立並不一定都循著合乎邏輯或性別刻板化（如男性重權勢、輕溝通；女性重人際關係與溝通）的方向走，故助人專業者在服務成年案主時，須具備多元文化觀點，尤其要瞭解不同案主的溝通方式及對親密需求的期待。成年期是建立個人親密關係的開始，此種關係是指個體能與他人分享真實且深刻的自我，換言之，也就是一種**自我揭露**（self-disclosure）。Carol Gilligan（1982）的研究即發現，對男性而言，認同先於親密；而對女性而言，兩者可同時產生、互存；也就是說，女性可從與他人發展親密關係中形成自我認同。Gilligan（1982）相信，男性較在乎公平與正義，而女性則較注重關係與關懷，所以從公平與關懷來瞭解兩性，將有助於我們瞭解成人的工作與家庭生活，孤立是與親密相對的情境，即欠缺與他人建立關係的能力，同時他人也無從瞭解他。以下探討如何透過認同來建立親密感。

■ **喜歡與愛**

愛情與喜歡不僅只在程度不同，其關心的焦點也不同，喜歡（like）的要素在生理吸引、時近性、相似性（similarity）及互補性；而愛（love）的要素則是關心（care）、依附（attachment）、親密（intimacy）及承諾（commitment）。成年時最常存在的情緒是愛情，除了建立彼此有意義的關係，也可能延續到結婚，組成家庭。

Robert Solomon（1988）認為，浪漫式的愛情有三個特質：(1)在動機上是有意涵的；(2)是自然發生且出於自願，並非個體所能控制的；(3)在同儕之間才會產生的反應。而Hatfield及Walster（1985）也提出**愛的迷思**：(1)個體知道自己在戀愛；(2)當愛情來的時候，個體無法控制它；(3)愛情是完全正向的經驗；(4)真愛會永遠存在；(5)愛情可以克服一切。

Sternberg（1988）的**愛情三角理論**（triangular theory of love）指出，愛情包含三種元素：親密、熱情和承諾。該理論所指的親密是互動關係中所分享的溫馨與親近；熱情是在愛情關係中所存在的一種強烈情緒（涵蓋正、負面情緒），包括性的慾望；而承諾則是指不論遇到任何困難仍保存兩人關係的決定與意圖。這三者組合可以形成八種模式，分述如下：

1.沒有愛情（non love）：指三種要素皆不存在，只有一般的互動關係。
2.喜歡（liking）：只有親密成分。
3.迷戀（infatuation）：只有熱情成分。
4.空洞的愛（empty love）：只有承諾的成分。
5.虛幻的愛（fatuous love）：熱情與承諾的組合，例如一對戀人很快墜入愛河並決定結合。
6.浪漫的愛（romantic love）：是親密與熱情的組合，沉醉於浪漫愛情的戀人對彼此擁有許多熱情，但沒有承諾；浪漫的愛可能始於迷戀，一般平均為三十個月。
7.伴侶的愛（companionate love）：是親密與承諾的結合，這是最傳統且持久的婚姻關係，大多數熱情已不存在，只有生活與以孩子為目標。
8.無上的愛（consummate love）：是親密、承諾與熱情的結合，是一種圓滿、完美的愛，但這種關係很難存在。

喜歡是個人表達對他人情感的連續，尤其對青春期的青少年，喜歡是兩人之間相互吸引的形式，主要是受友誼之間的和諧溝通（persisting compatible

communication）所影響。兒童隨著自我的認識與認同之後，逐漸對同伴透過生理吸引、時空的接近、相似性及需求互補之社會互動，而萌生對他人有著親切的感覺（feeling of tender），這也是個人瞭解他人內在生活之覺察（awareness）（又稱為同理心）。如此一來，彼此之間便成為膩友、死黨（chum），尤其對同性別青少年來說是非常普遍的，而且對他們而言，此一情感需求是很重要的，它可以使青少年信任他人感受，對別人親近並接受別人善意的干涉與批評。

隨著個人成長，兒童從自戀（narcissist）到關心他人，尤其是對同性別的幫團（crowds or cliques），他們聚集在一起，從共享活動、注重相似的外表及共享內心的價值與態度。之後，個人由自我中心（ego centric）逐漸學習與別人分享內在的感覺、概念與心情，而進展為多層利他性（altruistic），此時個人不再個人化而是具有人性化。

當兩人關係透過接觸、溝通、相互致意，從陌生到熟識，從相知到相惜，從意見不合到和諧圓融，從肉體的情慾而產生心靈之契合，如此一來，兩人即產生共同的愛慕之情，甚至可以結婚、組成家庭。這個過程可由社會交換理論、浪漫與成熟之情、愛情色彩理論、愛情三角理論、愛情依附理論等做分類。歸納愛情具有一些共同因素，如對對方之關懷、激情、依戀及承諾等，正如Farber在1980年指出，夫妻之愛（conjugal love）應具有三項因素：(1)內在思考及情感的分享：即建立彼此之親密感；(2)建立自我認同：一種融合於人格，成就彼此之間的信任、相互影響及改變行為；(3)彼此之間的承諾。

Abraham Maslow（1962）將愛分為缺陷的愛（deficiency love）及完整的愛（being love）。缺陷的愛是自私的，可以滿足個人的需求，通常缺乏自我認同的人常將愛看成是獲得，而不是給予，並將愛的人當成物品（object）。例如男人愛女人只為了性或為了滿足其男性的自尊，此種男人希望女人為他煮飯、洗衣、滿足其性慾，而女人則為了金錢、需求或依賴而去愛男人。這種愛不會幫助個人成長及發展更深固的自我認同。而通常這類的男人會稱女人是他的好太太，而女人會說男人很顧家，他們彼此之間很少有交集，而以角色、物質或功能來維繫彼此的關係。完整的愛則不同，是一種不求回饋的愛，彼此雙方不是建立於盲目的吸引或愛，而是相互瞭解、信任；完整的愛可以使個人成長與成熟。父母對子女的愛便是完整的愛的代表，它也包含了個人的情緒，例如憤怒、厭煩、害怕、驚奇的感覺以及感情和知識。

愛與被愛總是令人興奮的，尤其愛是透過社會化經由學習過程而來。然而，愛也有其障礙，茲分述如下：

1.視人為物品：當將人視為物品或他人的附屬品時，人我之間的關係將變成我與它之間的關係，尤其是資本社會講求功利、現實，將愛人視為物品，也隱含著不尊重，人與人之間的關係也變成非人性化。
2.隱藏的禁忌：不能控制自己的情緒、衝動，將使我愛你變成我恨你；而不瞭解自己，未能獲得自我認同又如何愛人；不能尊敬別人又如何能愛別人。
3.傳統的兩性角色：傳統的兩性角色教導男人要勇敢，隱藏情感，不能輕易示愛；而女性要情緒化、溫柔並依賴男人而成「男主外，女主內」。此種障礙會影響兩性在情感或性交流時產生困難，並造成兩人之間的疏離，唯有透過自我肯定，坦誠溝通並達成自我揭露，兩人的關係才能獲得改善。

■妒忌

妒忌（jealous）也和愛一樣，不是與生俱有的行為，而是個人透過社會化過程而來。雖然大多數的人可能認為妒忌是一件不好的事，非理性，甚至不應擁有；但妒忌其實只是一種不愉快的感情，夾雜著怨恨、生氣、害怕、沒有安全感、不信任或痛苦等感覺。就因為妒忌有著惱人的影響，人們無不想要避免或去除妒忌。然而，無論我們傾向妒忌與否，都可能常使用它，甚至在不知不覺中表達此種情感。

心理學家Barbara Harris在一九七六年指出，妒忌也有其價值，她認為妒忌是負反應的信號或症狀。正如痛苦提醒吾人身體上出現問題，並要我們注意或做某些行為來避免痛苦（如驅力與驅力降低理論）；而妒忌也是一樣，代表吾人心中有了壓力，或許是來自潛意識，抑或來自意識中你所不想面對的事。因此，當個人面臨此種情況，最重要的不是吾人是否知道我們正在妒忌，而是我們能否發現為何我們在妒忌，以及要如何以對。以往我們會將社會化的經驗（如所接受的傳統規範）用來處理妒忌的情形，而且通常是負面大於正面，例如對外遇的處理。當個人面臨外遇時，妒忌將令人感受即將面臨失去你所愛的人。不管男女雙方是否皆害怕伴侶和別人在一起，一旦如此，除了懷疑性關係的不滿足之外，通常女性比男性更易受威脅，因為女性常懷疑自己是否較對手來得不具吸引力（attractiveness）。

妒忌的反應有時合乎理性，有時不合乎理性。合理的反應主要是因個人的主權（控制）受到威脅而引起妒忌的反應。此種反應是被遺棄、被迫的。此外，妒忌有時也在不合乎理性之下運作，例如當某人的伴侶和一位異性朋友共進午餐，某人因害怕伴侶會離他而去，雖然意識上知道他們僅只是朋友關係，但某人因已受到威脅而產生妒忌，這種不合乎理性的態度值得我們探討與深思。你不妨回答下列幾個問題：

1.你是否相信你的另一半？
2.你相信你的伴侶所告訴你的話或情節嗎？
3.你是否將你的感受投射給你的伴侶？
4.你是否因感受到沒有安全感而責怪他？

如果你的回答是多數情形皆會，那麼你大約已陷入不合理的妒忌情感中。為何我們如此害怕妒忌呢？原因是我們依賴所愛的人，而且人類是分工的，人的生活愈來愈不獨立，因為害怕失去依賴，增加了你對失去伴侶的恐懼。

在我們瞭解妒忌之後，接下來應如何面對我們妒忌的情感呢？首先，我們應瞭解自己為何會妒忌，並清楚哪些方式或行為會令自己感到妒忌，才能真正面對妒忌的感受。妒忌基本上是一「三人行」的人際問題，絕對不是單方面個人的問題，同時你也不能指責你的另一半說：「那是你的問題。」最理想的方式是三人一起處理，共同負責，降低負面的影響。以下是減緩妒忌的方法：

1.在認知上，個人必須瞭解你為何妒忌，以及導致你妒忌的想法或知覺。在瞭解你的妒忌是理性或非理性之後，你才能預知這種結果是否會帶給你威脅、害怕或沒有安全感。
2.要誠實、自我揭露，面對自己真實的感受，而且要確信你與被妒忌的人的關係是不具威脅性及安全的。
3.要有自信，因為妒忌反映的是自己缺乏自信及沒有安全感。

(三)孤獨與寂寞

不是所有人皆能獲得滿意的情感、友誼或浪漫關係，多數人都會有面臨孤寂的經驗。Rubenstein及Shaver（1982）的研究指出，青少年與成年人是最容易感受到寂寞的兩個群體，隨著年齡增長，這種感受會遞減。寂寞（loneliness）也是一種主觀的感受，它與社會孤立感有關，有時還會伴隨著無助感及無望感。寂寞的定義是少於期望（desired）中所能擁有的人際關係，或指沒有從期望的人際互動中獲得滿意的關係，因此寂寞並不等於獨處。協助因應寂寞的方案很多，大都採取理情治療法的認知重建，或改變負面的自我對話，以及教導個案降低焦慮感。Young（1982）提出了各種導致寂寞感的認知和負面自我對話的因素，以及所衍生的六種後續行為（見**表11-2**）。

表11-2　導致寂寞的認知與行為

各種導致寂寞感的認知	可能產生的行為
■我不受歡迎。 ■我是很笨、很無趣的人。	逃避友誼關係。
■我無法與人溝通。 ■我的思想及感覺都很空洞貧乏。	自我揭露意願低落。
■我不是個好的戀人。 ■我無法放鬆並享受性關係。	逃避性關係。
■我似乎無法從這個關係中得到我想要的。	在關係中缺乏獨斷性。
■我不想再冒被傷害的危險。 ■我對每個關係都處理不好。	規避可能的親密關係。
■我不知道在這種情況下該如何表現。 ■我會出洋相的。	躲避其他人。

資料來源：Young (1982).

第三節　社會影響

社會心理學感興趣的主題在人群及團體，而態度也是社會心理學最感興趣的主題，所以社會知覺、認知及情感是研究的主題之一，態度亦是。人類更多的社會行為是社會個人或團體之間所產生的，所以人類行為脫離不了社會關係的影響，這種影響稱為**社會影響**（social influence）。本節分別敘述角色與規範、態度、從眾與心理反感。

一、角色與規範

每個人在團體裡皆有其身分、位置及分擔的任務。個人在團體內的身分與任務，一經團體成員認可之後就可成為他的角色（role）。角色如果只在社會團體中顯現，例如老闆與員工，故而又稱為**社會角色**（social role）。

社會角色所表現的行為是為**角色行為**（role behavior），而角色行為是在社會影響下經學習而建立的，也因其性質及功能而定。每個社會對其成員的各種角色，都有其成文或不成文的行為標準，諸如政府官員的條件、兼負何種責任等，係此種社會公認的角色行為標準，稱為**社會規範**（social norm）。個人根據其所在社會中認定的社會規範去適當表現角色行為時，即稱為**角色扮演**（role-playing）。在某人取得某種社會角色後，團體中的其他成員按社會規範希望或要求他如何扮演角色的心理傾向，稱為**角色期待**（role expectation）。

在角色行為常見到兩種困境，一是角色衝突，另一是角色混淆。**角色衝突**（role conflict）是個人在生活中角色扮演時所遭遇到的心理困境。角色衝突因情境的不同又分為兩種：(1)角色間衝突（inter-role conflict），係指個人身兼數個角色而形成的無法兩全的情境，如同身陷魚與熊掌不可兼得的兩趨衝突或進退維谷的兩避衝突。在此情況下，個體可能為求面面俱到而疲於奔命，或因分身乏術而感到愧疚。(2)角色內衝突（intra-role conflict），係指個體擔任同一角色而無法同時滿足兩個或兩個以上的需求時所引起的心理困境。

角色混淆（rloe confusion），係指個人對自己的角色缺乏明確認識，無法在自己的行為上有效扮演符合社會對他所寄予的角色期待。在此種情況之下，不但當事人自己的角色會有迷失的困擾，別人對他的角色行為表現也會不滿意。此種現象最常出現在正在成長蛻變的青少年，因其兒童角色不復適用，而成人的角色尚未建立所致。

二、態度

(一)態度的組成

態度是指個人對人、事、物的思想與判斷，例如對死亡、性或同性戀的意見與看法。態度包含三種成分、認知、情感與行動傾向，分述如下：

1.認知成分（cognitive component）：指個人對人、事、物所擁有的看法、意見、觀念或信念，例如我認為抽菸有害健康。

2.情感成分（affective component）：指個人對人、事、物的好惡與感情，例如我討厭菸味。

3.行為成分（behavior component）：指個人對人、事、物所採取的行動，例如我遠離抽菸的人群。所以說來，態度是指個體對一特定人、事、物，憑其認知及情感所表現的相當持久不易改變的行為傾向（見**圖11-2**）

(二)態度與行為

態度與行為之間有其關聯，但並不一定一致。社會心理學家發現，個人的態度不一定能預測其行為，可能的原因有：(1)態度的強度；(2)情境因素；(3)個人的期望；(4)他人的影響（葉重新，1998）。任何一種態度，都是因對象所引起的，都是有組織且都表現於行動的。行為主義觀點是個人的態度始於認知，先從觀念上接受信念，再參與活動，從中獲得增強，因而形成情感，例如成年人對運動或宗教的態度。

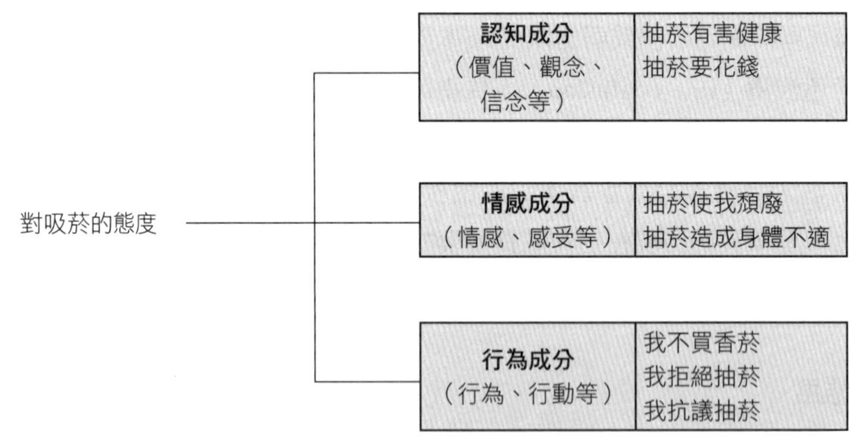

圖11-2　吸菸態度的可能成分

(三)態度改變的心理歷程

■說服過程

如何改變一個人的態度，例如置入性行銷、廣告、政治宣導、教育輔導等，在大眾傳播媒體或他人，每個人每天所接收的信息，無形中都在說服我們改變態度。說服的過程所包含的四個要素如下：（見**圖11-3**）

1.資訊來源：傳播資訊來源的可信度高，比較容易說服人。

2.訊息內容：訊息內容若採正面的論點，稱為單向論點（one-side argument），或稱單向傳播；若採正反兩面的論點，稱為雙向論點（two-side argument），又可稱為雙向傳播。

3.傳播工具：一般常見的傳播工具有報紙、電視、電腦等，也可分為視聽媒體或平面媒體。

4.接收者：傳播的訊息容易受接受者之特質，如教育程度、性別、年齡、智力程度所影響。

■F. Heider 的平衡論

Heider的**態度平衡理論**（balance theory）假設當事人（perceiver, P）、他人（others, O）以及態度（attitude object，以X表示），這三者任何兩個有正或負的關係，其相乘結果為正（＋），則態度平衡；若為負（－），就表示態度不平衡。例如有一對夫妻對觀看世足的態度，先生喜歡看，先生喜歡太太，太太喜歡看世足；反之，先生喜歡看世足，先生喜歡太太，太太不喜歡看世足。（見**圖11-4**）

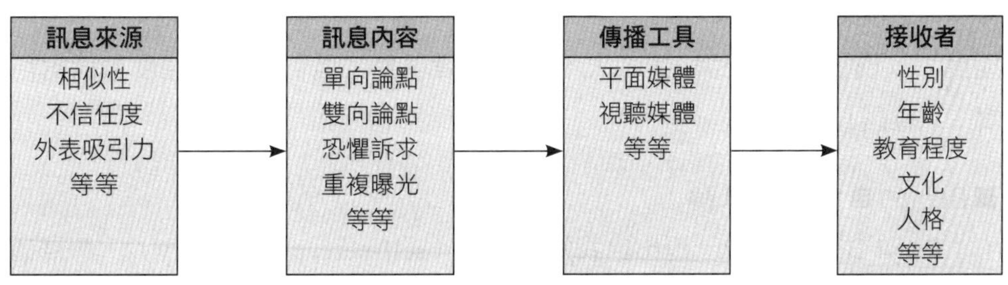

圖11-3　說服的歷程

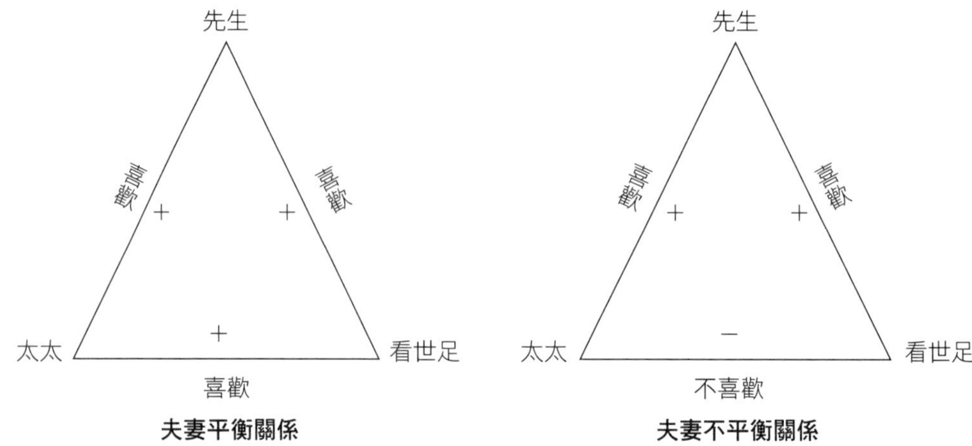

圖11-4　F. Heider 的平衡理論圖示

■學習制約

態度的形成頗受學習經驗的影響，尤其是古典制約學習理論。有人贊成你的意見會增強你的態度；反之，若別人不贊成你的看法，則會削弱你的態度。例如有人贊成你對某候選人的政見，會使人更堅持自己的政黨理念或政見態度是對的，反之亦然。

■L. Festinger的認知失調論

解釋個人態度改不改變的理論，一般採調和論（consistency theory）的觀點來解釋，當個人的態度與行為兩者調和一致時，態度就不會改變；一旦二者失去調和一致時，那態度可能會改變。Leon Festinger（1957）提出**認知失調論**，他認為兩個相關的認知彼此不協調時，個體會產生緊張不安的驅力，迫使自己改變態度，方能使認知達到和諧的狀態。Festinger的認知失調論，不但可以用來解釋態度改變的原因，而且也可以用來幫助他人由消極的態度轉變為積極的態度，以恢復心理調和一致。人不可能改變現實，但可以改變態度來面對現實，以維護心理的健康。

■Bem的自我知覺理論

Daryl Bem（1967）提出**自我知覺理論**（self-perception theory），解釋個人是由自己的行為來推論自己的態度，例如我上班遲到，因為我不喜歡這間公司。自我知覺理論與傳統態度決定行為論的觀點完全相反。

三、從眾與心理反感

團體中眾所認可的行為標準是為社會規範，尤其是立法所建立的社會規範，更具有權威性、合法性及強迫性。社會規範建立之後，對團體中的成員即具有約束作用。而行為表現符合眾所認可之標準，即為**從眾行為**（conformity behavior）。從眾更是個人在社會壓力下，棄守己見而與團體成員表現出相同的行為。規範是代表眾意的客觀行為標準，從眾則代表個人的心理傾向。一般人在不確定的情境之下，比較容易表現從眾行為，同時也容易跟從地位高的人，以及更容易與自己熟識的團體一起表現盲目的從眾行為（葉重新，1998）。

另外一種口服而心不服的順從（compliance）是指個人在社會壓力之下，為了自身利益而避免受到懲罰，屈從於他人的行為，例如「指鹿為馬」或「集會時穿制服」，大多數人沒有提出異議，這就是順從。服從（obedience）是指有權力者以權威命令他人完全順從，如有不從必加以處罰，是謂服從。服從是順從的特例，例如軍人以服從為天職。

Millgram（1974）的著名心理學實驗，徵求一名實驗者充當老師，另一名充當學生。他向老師說明，老師必須對學生答對題項加以處罰，而學生則帶領至另一間實踐室，手腕戴上電擊儀器，實驗者告訴學生實際上並沒有電流，但必須假裝痛苦的電擊模樣。當實驗進行者眼看電流刻度逐漸增加，而隔壁的學生（演員）尖叫聲此起彼落，實驗操作者雖然很想停止修正（增加刻度），但實驗者要求其服從實驗理論（契約之服從），結果發現有62%的受試者眼見實驗的痛苦，仍然會服從實驗者的命令。

心理反感（psychological reactance）說明個人在遭受團體壓力或受到別人的影響，而感覺自由受到威脅時，在心理上不期而然產生的反感。反感的產生乃是因團體壓力或他人的影響而使得自由受到威脅，因而產生一種維持自由的內在動機，並促成表現於外的反感行為（Brehm & Brehm, 1981）。心理上的反感未必出現在行動上，也可能會出現在對別人的一種消極性的冷感反應上。

第四節　利社會行為與暴力行為

一、利社會行為

利社會行為（prosocial behavior）又稱為助人行為，是一種幫助別人不求回報，諸如諾貝爾和平獎的德蕾莎修女、聖嚴法師、志工等。一般說來，影響助人行為有五種要素：(1)遺傳基因；(2)社會學習；(3)大眾傳播；(4)過去的生活經驗；(5)宗教信仰等。從過去同卵雙生子的研究發現，利社會行為與遺傳有關，遺傳影響個人的氣質，進而影響其表現利他行為（Bates, 1987）；同時Eisenberg（1992）發現，父母管教及父母的行為可以增加子女的利他行為。大眾傳播內容可以透過社會學習理論來幫助兒童學習利他行為。因此，個人行為種因於家庭，顯現於家庭，彰顯於社會，同時也受到個人遺傳及其所處環境的影響。同時，助人行為也受到文化因素的影響，美國人會幫助受到生命威脅的熟人，而對陌生人較存有戒懼之心，而印度人則會對急難的陌生人給予主動的協助。

助人行為也會受到情境的影響，當災難現場同時出現很多人時，個人會容易有袖手旁觀的心態，認為他人不肯伸出援手，為何我要多事或是認為另外有人會伸出援手，這可能導因於責任分散（diffusion of responsibility）所導致的**旁觀者效應**（bystander effect）（葉重新，1998）。

二、攻擊與暴力行為

攻擊與暴力行為遍及各地社會，其可能發生的原因有：

1.生理因素：攻擊及暴力與個人的基因、荷爾蒙以及大腦的損傷有連帶關係。

2.挫折：個人在生活遭受挫折時會產生不耐煩、暴躁或憤怒，甚至表現攻擊行為。依挫折攻擊假說假設，挫折是產生攻擊行為的導火線。有時因挫折所產生的攻擊行為，可能波及第三者，也就是找代罪羔羊。

3.社會學習：個人觀察他人的攻擊行為會助長自己的攻擊行為。所以現代

社會的傳播媒體曝露過多的暴力情節，很容易造成兒童少年從中模仿與學習，而助長攻擊行為。

從社會心理學的觀點來看有人身陷危險情境時，個人是否會伸出援手救人。Latané及Darley（1970）曾以圖解的方式，分析影響助人行為的五個心理歷程（見**圖11-5**）：

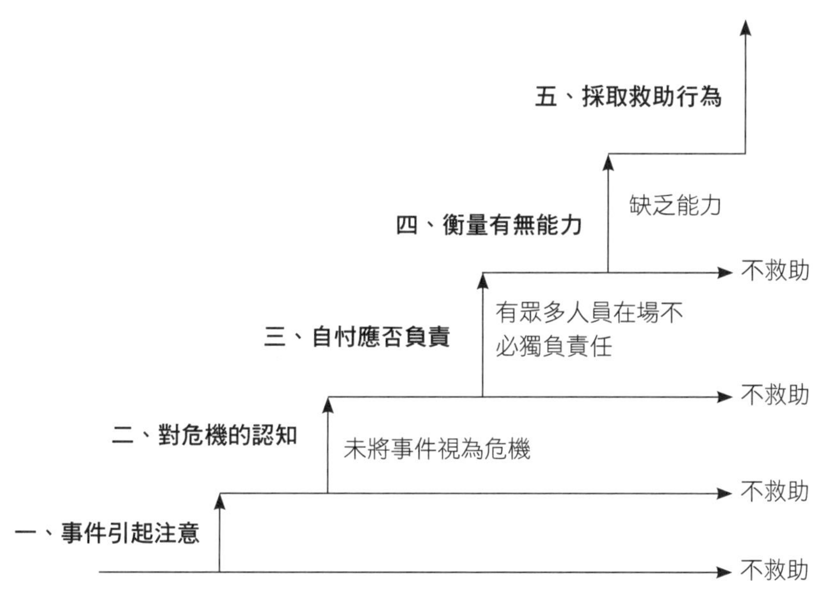

圖11-5　影響助人行為的五種心理歷程

資料來源：摘自Latané & Darley (1970).

由**圖11-5**的五個步驟來看，其中，第一、四及五各步驟，似乎合理，不需解釋。其中第二及第三隱含著社會心理學的意義。第二步驟，個人注意到危機事件，要靠個人的社會知覺來判斷危機事件的性質。如果個人對危機情境的社會知覺不同，所引起的同情心或反應也會有所不同。

第三步驟是決定是否能產生救助行動的重要關鍵，惟決定的要素是考慮個體是否伸出援手。如果這場危機有很多人在場，個人與事件的關係常會變成旁觀者，所以危機中現場人愈多，救助行為反而出現愈少，此種旁觀者效應，有可能是導因於很多人在場，造成每個在場者的責任感降低，這是為責任分散。

第五節　結語

人類行為涉及團體之間與之內的社會互動，也就是個體在與人之間的相互互動下所表現的情感、信念及行動傾向。個人對人的第一印象形成個人的社會認知，至於解釋別人及自己的行為則為歸因。基本上，個體對他人的行為的解釋用性格歸因，對自己用情境歸因，而此兩種歸因均會呈現基本歸因誤差。

一般人用既有認知結構來形成對人知覺的心理傾向，這是謂社會認知，而個體常會利用自我預期的畢馬龍效應，來應驗自己日後的行為結果。

人際吸引是個人與人主動產生喜好之重要因素，受接近、相似及性格與能力、外加個人魅力所影響。喜歡與日後愛情婚姻之形成及影響因素不同。社會角色與社會規範形成個體的角色扮演和角色期待。個體在團體壓力之下，個人會形成從眾行為，順服或服從，甚至心理反感的行為反應。

一般在危機現場中，在場人數愈多時，助人行為可能會因旁觀者效應或責任分散，而減少個體之助人行為。

參考書目

一、中文部分

李茂興、余伯泉譯（1995）。《社會心理學》（Aronson、Wilson及Akert著）。臺北：弘智。

張春興（1991）。《現代心理學——現代人研究自身問題的科學》。臺北：東華。

葉重新（1998）。《心理學》。臺北：心理。

二、英文部分

Adams, G. & Huston, T. (1975). Social perception of middle-aged persons varying in physical attractiveness. *Developmental Psychology, 11,* 657-658.

Anderson, C. A. & Sedikides, C. (1991). Thinking about people: Contribution of a typological alternative to associationistic and dimensional models of person perception. *Journal of Personality and Social Psychology, 60*, 203-217.

Argyle, M. (1975). *Bodily Communication*. NY: International University Press.

Bates, J. E. (1987). Temperament in infancy. In J. D. Osfsky (Ed.). *Handbook of Infant Development* (2nd ed.). NY: Wiley.

Bem, D. J. (1967). Self-perception: An alternative interpretation of cognitive dissonance phenomena. *Psychological Review, 74*, 183-200.

Brehm, S. S. & Brehm, J. W. (1981). *Psychological Reactance: A Theory of Freedom and Control*. NY: Academic Press.

Caspi, A. & Harbener, E. S. (1990). Continuity and change: Assortative marriage and the consistency of personality in adulthood. *Journal of Personality and Social Psychology, 58(2)*, 250-258.

Cliford, M. & Walster, E. (1973). The effect of physical attractiveness on teacher expectation. *Sociology of Education, 46,* 248.

Eagly, A. H. (1987). *Sex Differences in Social Behavior: A Social Role Interpretation*. Hillsdale, NJ: Erlbaum.

Efran, M. G. (1974). The effect of physical appearance on the judgment of guilt, interpersonal attraction and severity of recommended punishment in a simulated jury task. *Journal of Research in Personality, 8*, 45-54.

Eisenberg, N. (1992). *The Caring Child*. Cambridge, MA: Harvard University Press.

Festinger, L. (1957). *A Theory of Cognitive Dissonance*. Stanford, CA: Stanford University Press.

Festinger, L., Schachter, S., & Beck, K. (1950). *Social Pressures in Informal Groups: A Study of Human Factors in Housing*. NY: Harper.

Fiske. S. T. & Taylor, S. E. (1991). Increasing consensus in trait judgments through outcome dependency. *Journal of Experimental Social Psychology, 27*, 453-467.

Gilligan, C. (1982). *In A Different Voice: Psychological Theory and Women's Development*. Cambridge, MA: Harvard University Press.

Hatfield, E. & Walster, G. W. (1985). *A New Look at Love*. New York: University Press of America.

Hoffman, C., Lau, I., & Johnson, D. (1986). The linguistic relativity of person cognition: An English-Chinese comparison. *Journal of Personality and Psychology, 51*, 1097-1105.

Jones. E. E. & Davis, K. E. (1965). From acts to dispositions: The attribution process in social psychology. In L. Berkowitz (Ed.). *Advances in Experimental Social Psychology* (Vo1. 2, 219-260). New York: Academic Press.

Jones, E. E., Rock, L., Shaver, K. G., Goethals, G. R., & Ward, L. M. (1968). Pattern of performance and ability attribution: An unexpected primacy effect. *Journal of Personality and Social Psychology, 10*, 317-340.

Kelley, H. H. (1971). *Attribution in Social Interaction*. Morristown, NJ: General Learning Press.

Latané, B. & Darley, J. M. (1970). *The Unresponsive Bystander: Why Doesn't He Help?* New York: Appleton-Century Crofts.

Maslow. A. H. (1962). *Toward A Psychology of Being*. Princeton, NJ: Van Nostrand.

McArthur, L. Z. (1990). *Social Perception*. Pacific Grove, CA: Brooks/Cole.

Millgram, S. (1974). *Obedience to Authority*. NY: Harper & Row.

Monson, T. & Snyder, M. (1977). Actors, observers, and the attribution process. *Journal of Experimental Social Psychology, 13*, 89-111.

Rosenberg, S., Nelson, S., & Vivekananthan, P. S. (1968). A multidimensional approach to the structure of personality impressions. *Journal of Personality and Social Psychology, 9*, 283-294.

Rosenthal, R. & Jacobson, L. (1968). *Pygmalion in the Classroom: Teacher Expectation and Student Intellectual Development*. New York: Holt, Rinehart, & Winston.

Rosenthal, R., Hall, J. A., DiMatteo, M. R., Rogers, P. L., & Archer, D. (1979). *Sensitivity to Nonverbal Communication: The PONS Test*. Baltimore, MD: John Hopkins University Press.

Ross, L., Lepper, M. R., & Hubbard, M. (1975). Perseverance in self perception and social perception: Biased attributional processes in the debriefing paradigm. *Journal of Personality and Social Psychology, 32*, 880-892.

Rubenstein, C. M. & Shaver, P. (1982). The experience of loneliness. In L. A. Peplau & D. Perlman (Eds.). *Loneliness: A Sourcebook of Current Theory, Research and Therapy*. NY:

Wiley.

Solomon, R. C. (1988). *About Love: Reinventing Romance for Our Times*. NY: Simon & Schaster.

Sternberg, R. J. (1988). Triangulating love. In R. J. Sternberg & M. L. Barnes (Eds.). *The Psychology of Love* (pp. 119-138). New Haven, CT: Yale University Press.

Young, J. E. (1982). Loneliness, depression and cognitive therapy: Theory and application. In L. A. Peplau & D. Perlman (Eds.). *Loneliness: A Sourcebook of Current Theory, Research and Therapy* (pp. 379-406). NY: Wiley.

Chapter 12

壓力與因應技巧

■壓力的定義

■壓力的來源

■壓力的反應

■壓力的因應

■結語

壓力（stress）似乎成為現代人心情不好、身心不舒服的代名詞，也是現代人生活的特色。講到壓力，就聯想到心跳加速、呼吸急促、心情鬱悶、身體動彈不得。這種伴隨著生理焦躁不安、易怒、沮喪、喘不過氣、憂愁、煩悶、無力及壓迫感的感受，如不能及時解決，長期下來會為身心帶來不良的影響，嚴重者甚至影響個體的健康。壓力的研究是一九八〇年代以來重要變項，甚至成為心理學門的一支學派——**健康心理學**。

現代人充滿了不同的壓力狀況，例如時間的壓力、課業的壓力、學業的壓力、工作的壓力、人際的壓力、經濟的壓力、家庭的壓力……，當過多壓力累積，會造成加速的影響。壓力會帶來個體身心之影響，壓力的後果一定是負向的、可怕的嗎？果真如此嗎！實則誠如孟子所言：「天將降大任於斯人也，必先苦其心志，勞其筋骨，餓其體膚，空乏其身，行拂亂其所為，所以動心忍性增益其所不能。」只是，壓力猶如泰山壓頂般，建議能迅速解決，以免最後變成無法翻身，動彈不得。自古以來的明訓「船到橋頭自然直」、「山窮水盡疑無路，柳暗花明又一村」等，建議正面、健康的面對壓力。

壓力是人生無可避免的事件，與個體的日常生活及所處的環境有關，此外壓力又會影響個體身心健康及發揮個體正常功能的運作，實不宜輕忽。有壓力並不可怕，可怕的是個體對壓力沒有正確的認識，也沒有因應壓力的能力，最終造成個體身心的傷害與產生影響。

第一節　壓力的定義

對於壓力的定義目前尚沒有一致的結論，不同的學者根據他們的研究取向而有不同的定義。張春興（1995）認為，壓力是個人在面對威脅性刺激情境中，一時無法消除威脅、脫離困境時的一種被壓迫的感受。Selye（1974）認為，壓力就是當一個事件（或是刺激）使一個人產生不同於平常的行為反應。當個體面對這種事件（刺激）必須帶來反應，例如攻擊或逃跑（fight or flight），因此這種事件（刺激）便帶給個體壓力。Rice（1972）則認為，壓力指的是因環境、情緒或個人壓力（pressure）與要求造成的一種生理、心理或情緒上的緊張狀態或負擔。綜合上述學者的看法，壓力可以從下列三種取向觀之：

一、刺激取向

刺激取向將壓力視為一種**壓力元**（stressor），強調個體內在事件（如飢餓、冷熱）以及外在事件（如經濟、親友死亡、離婚、吵架等）等變化對個體所產生之影響。所以環境中客觀存在的生活事件就是壓力元，生活事件的變動是壓力的指標（Holmes & Rahe, 1967）。

雖然壓力指的是具有危險的生心理情境，但惟有壓力的情境被個體解釋為「危險的」之後，個體才會產生焦慮反應。Lazarus及Folkman（1984）就解釋刺激取向把焦點放在環境中的事件，僅以事件代表壓力，卻忽略了個體對事件的不同看法。

二、反應取向

採取反應取向的學者視壓力為反應變項，也就是依變項。壓力被認為是個體在環境刺激下所引發的反應。當個體在環境中面對刺激而產生適應性的反應時，便被解釋為個體處於壓力狀態。此觀點的代表人物是Selye，其將壓力定義為「個體對於任何加諸於上的非特定反應」（Selye, 1974）。此種觀點較常被應用到醫學及生物界，比較偏重整體性的反應，較不考慮壓力的來源及個人認知層面。Selye（1974）將健康及愉快的反應稱為優壓力（eustress），將不健康或不愉快的反應稱為苦惱（distress）。

三、交互作用取向

刺激取向認為壓力是自變項，反應取向視壓力為依變項，而交互作用取向則視壓力為中介變項。此派觀點視壓力係來自個人與環境之間動態交流系統的一部分，此派的代表人物為Lazarus及Folkman。Lazarus及Folkman（1984）認為，壓力乃是個人與環境之間的一種特殊關係，個人評估此一關係是對個體造成負荷或超出他的資源所能應付的，而且又危及個人的福祉與身心健康。所以，壓力是個人知覺環境的要求與個人的能力無法平衡而有被威脅的感受時所產生的。因此，此觀點強調個體「認知評估」的重要性，也比刺激說或反應說的解釋來得周延。

就互動取向的定義，壓力是由事件引起，經過個體的認知評估，再引起特定的生理、心理或行為的改變（見**圖12-1**）。

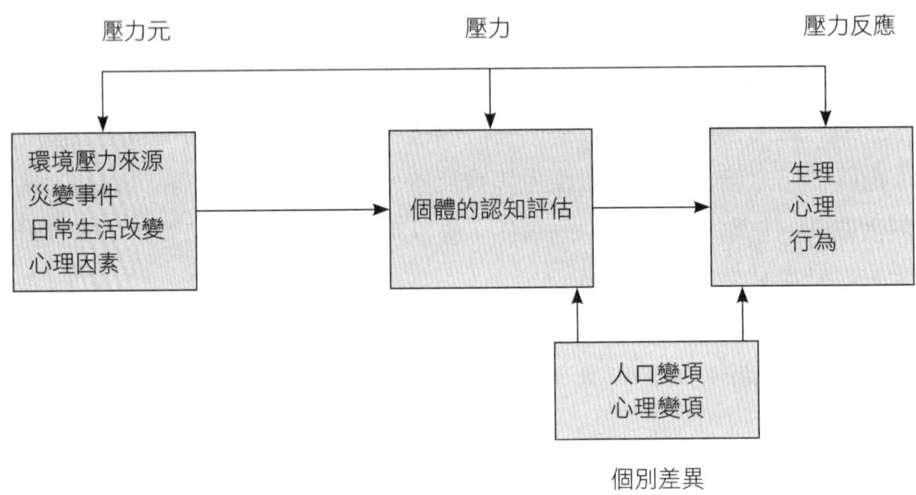

圖12-1　壓力的互動取向模式

第二節　壓力的來源

人們每天要面臨各種不同的壓力元，例如考試、經濟、工作或人際衝突，一旦角色負荷過重時，都會讓人倍感身心負荷過重。Daniels及Moos（1990）將青年常見的壓力來源分為九類：

1.身體／健康的壓力源：壓力事件引起身體的不適症狀，例如貧血、偏頭痛、身體疼痛、胃潰瘍等。

2.家庭／金錢的壓力源：指居家環境或鄰居的條件、經濟壓力、沒有錢買必需品或自己想要的東西。

3.父母的壓力源：如親子關係、父母的婚姻關係、父母的服藥、情緒或行為問題等。

4.手足的壓力源：指與兄弟姊妹的關係或者兄弟姊妹的服藥、情緒或行為問題等。

5.其他親友的壓力源：指與其他親戚的關係。

6.學校壓力源：如師生關係、與學校行政人員、其他學生等的人際關係。

7.朋友壓力源：朋友或同儕之間的壓力。

8.男女朋友壓力源：男女朋友間的關係。

9.負向生活事件：尤其是過去一年來的壓力事件，如親友過世、父母分開或離婚、家人生病、駭人聽聞的社會事件等。

此外，外在環境如高溫、噪音、擁擠，或者生活的變遷，如搬家、就業、結婚、失親、失業，或者不明確、未知等也是壓力來源之一，畢業時對未來的未知常會引發自我懷疑，也會造成莫名的壓力；另外，擔心被評價或者表現不好，所以怕考試、上台報告等等。總之，讓個體內在或外在感受到威脅的狀況都可以是壓力來源，而且在壓力狀況下，也常常會造成「一根羽毛壓死駱駝」的情形，例如人在高度壓力下，可能車子被輕輕刮一下就會暴跳如雷，或者別人看一眼就打起架來。

壓力的來源除了外在生活事件的改變，也來自於個人的內在因素或內在感受，因此可以將壓力源歸為生活變遷、災難事件、日常瑣事、長期事件及心理因素（如衝突、壓迫感）的壓力等五類。此五類壓力來源，含括由全球化（普遍性）到個人特殊性（內、外在因素）的層面。

一、生活變遷

生活中充滿了各種變化，個人成長的身心變化、換學校、搬家、換工作等外在環境的改變，與同學、朋友及家人等關係的改變，或者財務、健康等的改變，都會帶來一些壓力。根據研究發現，壓力指數較高的生活改變事件為配偶亡故、離婚、分居、親人亡故、個人生病受傷、新婚、失業、退休、家中有人生病、懷孕等。除了個人生活之外，整個大環境也在急速改變之中，例如求職、經濟不景氣、電腦資訊日新月異等等，對某些人而言，無法跟上潮流或因應時代的變遷也會成為壓力之一。美國精神醫師Holmes及Rahe（1967）是測量生活改變量化的先趨，其所編的量表就是使用測量生活改變最頻繁的量表工具，臺灣張苙雲等人（1988）也用此測量工作來評定臺灣大學生生活改變的壓力測量及排序（見**表12-1**）。

表12-1　中美生活改變壓力的平均值與排序

生活改變	我國		美國		生活改變	我國		美國	
	平均值	排序	平均值	排序		平均值	排序	平均值	排序
配偶死亡	80	1	100	1	與上司不睦	39	22	23	34
親近的家人死亡	69	2	63	4	打官司	39	22	29	26
離婚	67	3	73	2	改變行業	38	26	36	19
被監禁或限制自我	67	3	63	4	退休	37	27	45	9
夫妻分居	63	5	65	3	家庭成員團聚	36	28	15	42
本人受傷或重病	63	5	53	6	負債未還，抵押被沒收	35	29	36	22
工作被開革	63	5	47	8	初入學或畢業	35	29	26	31
事業上的轉變	63	5	39	13	妻子新就業	34	31	27	29
多量貸款	62	9	31	21	改變社會活動	32	32	18	39
少量貸款	56	10	17	40	財務狀況變好	31	33	38	16
家人的健康或行為有重大的改變	52	11	44	11	改變上班時間或環境	31	33	31	22
財務狀況變壞	52	11	38	16	搬家	30	35	20	35
好友死亡	51	13	37	18	居住情形的重大改變	29	36	20	35
結婚	50	14	50	7	轉學	29	36	20	35
懷孕	47	15	40	12	妻子剛去職	29	36	27	29
性行為不協調	45	16	39	13	輕微觸犯法律	28	39	11	46
工作職責上的降級	45	16	29	26	改變個人習慣	28	39	24	33
子女成家離家	45	16	29	26	春節	28	39	12	45
夫妻爭吵加劇	41	19	35	20	改變休閒方式	25	42	19	37
分居夫妻恢復同居	40	20	45	9	改變宗教活動	24	43	19	37
個人有傑出成就	40	20	28	28	改變飲食習慣	24	43	15	42
家中增加新成員	39	22	39	13	改變睡眠習慣	23	45	16	41
工作職責上的升遷	39	22	29	26	長假	20	46	13	44

資料來源：改編自張苙雲等（1988）、Holmes及Rahe（1967）。

二、社會長期事件

壓力自一九八〇年代所引用之概念後，這個名詞就被朗朗上口，也宣稱二十世紀就是壓力的世紀。二十世紀後期因社會事件大幅增加，例如戰爭、石油危機、經濟變動、噪音、污染、氣候變化等均是常見的壓力來源。加上大眾傳播媒介的無遠弗屆，諸多爭議性的話題或遠在天邊的訊息也如影歷歷，例如

恐怖分子、戰爭、天候、政治危機、天災等事件和政治衝突，以及意識形態等話題也讓人覺得無所適從，甚至造成壓力反應。

社會長期事件不僅範圍廣泛，且很難予以控制，甚至躲也躲不掉，是否此種事件皆會對個體造成影響？不幸的是，此種事件是依個體對此事件的評估而定。

三、災難事件

災難事件即是俗諺的「天有不測風雲，人有旦夕禍福」，災難事件為天災或人禍，例如九二一地震、八八水災、戰爭、恐怖分子破壞社會秩序等均是。一般人遇到此種災難事件會帶來壓力反應，而且會歷經連鎖反應，又稱「創傷後壓力症候群」（post-traumatic stress disorder, PTSD），會帶來如生理緊張、呼吸急促、心跳加快、情緒脈弱、易怒、情緒化、意識恍惚、失去專注力；精神絕望，無望感增加。**創傷後壓力症候群**是一種因為受到天災人禍等災難所造成的創傷，在緊急創傷後的一段時間後，若是沒有機會得到療癒或停止，便會繼而演變成長期或慢性的創傷症候，常包含有生理、心理及精神的症候，並且失去了家庭、社會的正常功能及運作。一般人歷經PTSD的反應，通常會有下列幾個階段：

1.震驚階段：遭遇到災變事件的第一個反應是麻木與震驚，產生這種反應的人，可能會發呆一陣子，而不能做緊急應變處理。
2.行動階段：人們嘗試對災情反應，但對自己做什麼不太清楚。
3.合作階段：有感於個人能力有限，人們開始覺得要度過難關，惟有團結合作一途。
4.情緒化階段：此時對災情愈來愈瞭解，有感於團結合作亦不見得有效，所以開始有情緒化的反應。
5.復原階段：只有放棄不現實的希望，才能有新的開始。漸漸地，人們已能重新適應災變所帶來的改變。

雖然一般人經歷災變的反應有上列五個階段，可是上述各階段並非每一階段都會必然發生，其發生的次序也可能有所不同。

PTSD也常見個體面對親人死亡或面對死亡之時所發生的壓力症狀，對所愛的人死亡所伴隨的情緒痛苦稱為喪失或傷慟（bereavement），通常這是個體重大的生活壓力事件，伴隨身心症狀、角色喪失及強烈的情緒，如憤怒、悲哀、焦慮和抑鬱，有時生離死別的壓力增加生存者的疾病，甚至死亡的機率。情緒的強度也因人而異，通常至少持續六個月，如超過六個月，那需要尋求心理治療。抑鬱、困頓及失落常會引起悲傷（grief），例如失去親友、體驗喪失、失去控制和能力、失去身體及執行計畫的能力、夢想的失去等等（Kalish, 1985），此時對身心皆有影響，身體如頭痛、腳軟、窒息感、空虛感等，而心理的情緒如憂鬱、傷心、悲痛、憤怒、罪惡感等。

面對死亡的過程與方式因人而異，Kübler-Ross（1969）一共訪視了二百位瀕臨死亡的病人，最後歸納出面對死亡的五個階段：

1. 否認與孤獨（denial and isolation）：「不是我」，這是瀕臨死亡初期最常見的反應，當事者覺得震撼、不信。這是一種防衛機能，提供一些時間與機會讓當事者能夠面對死亡之事實。
2. 憤怒（anger）：「為什麼是我？」提供個體抒發生氣憤怒的機會，瀕死的人常會將怒氣發洩在愛他或照顧他的人。此種反應不是針對個人，而是痛苦求助的徵兆（symptom），對周遭的人、事、物表示抗議及嫉妒的表現。
3. 討價還價（bargaining）：「如果我……那我是否會活更久？」、「早知道，我就……」這些反應是個體企圖延續生命的表現，臨終之人相信好行為必有好報，協商、妥協可以延命。
4. 憂鬱（depression）：「我覺得傷心、失落、悲傷」，個體夾雜著失落、罪惡感和羞愧。如果沒有充分與人溝通、對質，其可能會錯失解決人際關係的機會並產生困難。但如果個體已能坦然面對死亡，則成為一種有備而來的憂鬱，個體會考量自己的生命與可能即將面臨的失落（失去自我、親友、自控能力）。
5. 接受（acceptance）：「我已準備好了」，個體不再退縮，開始嚴肅思考面對死亡的局面，處在這個階段的個體，可能是軟弱、退縮、無法與別人溝通。

Clay（1997）根據一些專家的考量，建議由下列四個方面來幫助臨終病人：

1.減輕他們的擔憂，幫助他們回顧生命及處理未完成的事務。
2.再三強調他們已完成人生歷程，可以坦然放手。
3.可用圖像、或想像、或鬆弛技巧來紓解個體的憂慮。
4.可用藥物來舒緩個體的生理痛苦。

儘管個體因失落或面對死亡常會引起一些情緒和感受，助人專業之處遇應著重辨認案主的感受，給予同理的回應，協助案主辨認自己的情緒，尋找支援或幫助案主找出能表達情緒的適當方式。雖然這種哀傷情懷可能造成個人情緒崩潰，甚至導致精神失常。但是若能適當協助傷慟者的話，則可恢復面對死亡一種正常的悲傷，並可解決此一危機。

四、生活煩事

生活煩事（daily hassle）指的是日常生活中經常遇到且無處逃避的事。**表12-2**可以幫助個體體驗近來被日常生活煩事所帶來的壓力指數。此等煩惱、瑣碎事件，雖單一事件並不足以造成個體傷害，但「最後一根草終會壓垮駱駝的背」或「積勞成疾」。Kanner等人（1981）曾發展生活煩事量表，歸類為下列六類（Lazarus et al., 1985）：

1.家用支出方面：家庭生活中的一切費用支出，如開門七件事，柴、米、

表12-2　日常生活煩事所引起的壓力測試

以下檢核表能幫助您檢視壓力是否超過負荷？
□ 我經常感到疲憊
□ 我很容易感到不耐煩或暴躁易怒
□ 我經常失眠
□ 我很健忘或容易心不在焉
□ 我會暴飲暴食或食慾很差
□ 我經常腰酸背痛或頭痛
□ 有時候，我會莫名其妙地感到悲傷或痛哭
□ 我常有許多不幸或可怕的念頭
□ 每件事情必須都在我的安排或計畫之中
□ 我最近面臨許多重大的生活變動，如換工作、搬家、失戀……。

油、鹽、醬、醋、茶等。

2.工作職業方面：工作是家庭的經濟來源，一個成人平均花近二分之一的時間在工作；同時，工作也是個人抱負施展的媒介，工作不順遂，必然會造成個體煩惱。

3.身心健康方面：人的發展隨著機體成熟加上外面環境的影響。人一生小病不斷，大病難免；此外，人際的互動也不一定永遠平順和諧，所以衝突是難免的。因此疾病與人際衝突必然會帶給個體身心影響以致形成壓力。

4.時間分配方面：在現代的生活裡時間永遠是不夠的，而且隨著成長，必然增加形形色色的角色，角色之營造端賴個體有效的時間分配，如果時間分配不充足，必然會形成角色的衝突與壓力。

5.生活環境方面：環境為了迎合現代人各種不同的需求，個體因改變環境來增加個體的適應，但因現代人過度破壞而形成環境的污染，如空氣、噪音等。對於終日處於污染終而無法逃避的現代人，自然會形成各種心理壓力。

6.生活保障方面：「人無遠慮，必有近憂」。現代人除了現實生活之外，每個人都必須為未來的安全保障作打算，舉凡學業進修、工作保障、養兒防老、退休安排等，個體皆是為生活保障而不眠不休的工作，加上時間不足，社會的變遷也必然帶給個體心理壓力。

由上所述，生活改變所形成的壓力一部分是由日常生活煩事所產生的。

五、心理因素

上述四種壓力元在性質上屬於人與事件或人與人互動關係之外在因素，但個體除了外在因素外，內在的心理因素也是生活壓力的重要成因，其中挫折、衝突及個人的心理變項是重要的三項。

(一)挫折

挫折即是個體朝向一個目標，在達成目標的過程中遇到阻礙，對個體產生的心理反應。換言之，當事件沒有照個體的意思去做的時候，或者無法滿足我

們的需求或慾望時都會讓我們感受到壓力，例如考試不及格、球賽輸了、股票被套牢、約會遲到、被心儀的對象拒絕等等。

(二)衝突

當個體有兩個目標（動機）卻無法兼顧時，心中自然就會有衝突產生。衝突又可分為：

1.雙趨衝突：指的是個體同時有兩個以上的有利自己的目標，而必須擇其一，因不知如何取捨而產生的反應，稱為雙趨衝突。此種反應如同魚與熊掌不能兼得。
2.雙避衝突：指的是個體在兩個都不喜歡的選擇中，一定得從中選擇其一，此時個體常會陷入兩難之困境，稱為雙避衝突，例如進退維谷。
3.趨避衝突：是一種事件引起個體進退兩難的困境，對於同一件事情有喜歡的部分，但同時又有令人想逃避的部分，例如職業婦女又想上班追求個體自我實現，但同時又拋不下當媽媽的角色。

(三)心理變項

影響個體的壓力反應之所以不同，乃是受個體認知鑑別及個別差異干擾所致，通常這個變項會被當作引起壓力反應的中介變項。

■認知鑑別

根據**認知鑑別論**（cognitive-appraisal theory）的論點，個體情緒的產生或情緒狀態的變化，並非起源於外在的刺激，而是決定個體對情緒的認識及所作的認知解釋，也就是S→O→R。若是個體對情境的判定是有害的、可怕的，那麼個體就會產生恐懼情緒；反之，若個體認為情境是美好的、無害的，就會產生愉悅的情緒。Lazarus及Folkman（1984）認為，**認知鑑別**是評量一個事件對個體身心健康有何意義的過程，個體認知鑑別有三個階段：

1.初級鑑別：即區辨壓力元是否有危險的結果。
2.次級鑑別：即對可能因應行為的知覺狀態。
3.再鑑別：即採取因應行為後，個體改變原先的壓力知覺而產生另一種的解釋及看法。

■個別差異

造成個體差異的變因很多，大部分可以概分為人口變項及心理變項：

1.人口變項：人口變項造成壓力的差異，最常被討論的有下列三項：

(1)性別：由於性別刻板化或因社會期待，例如男生較會因失業打擊產生較大的壓力程度；論及婚嫁則因社會期待因素造成女性比男性感受的壓力大。此外，在壓力反應層面，女性有較多的情緒症狀，如抑鬱、心理疾病；在因應層面，男性則偏好利用攻擊、物質濫用作為因應，女性則偏好以社會支持、合理化等方式來因應（Matteson & Ivancevich, 1988）。

(2)年齡：年齡壓力的影響可以解釋個體因在不同生命週期，所經歷的生活壓力亦有差異，例如青少年的學業升學的壓力，在成年期則以失業、經濟壓力為大宗。此外，不同的年齡層，因應壓力的方式亦有所不同，例如成年人的閱歷較多，較少用直接攻擊或幻想的方式來因應。

(3)經驗：對壓力的影響可分正反面觀之。從正面經驗來看，個體過去對壓力源及壓力情境的經驗可減輕壓力的影響；就負面經驗來看，個體因缺乏增強作用或習得無助感，不但不能從生活經驗獲得正面回饋，更無從建立自信心及自尊心，而且也無法學習到應付困境的能力。

2.心理變項：會造成個體感受壓力的差異，其主要是來自個體的人格特質，如：

(1)堅韌力：美國認知心理學家Kabasa、Maddi及Kahn（1982）認為，具有堅韌（hardiness）性格的人，能積極抗拒生活改變的壓力；堅韌性格具有承諾、控制及挑戰的特徵。

(2)A型性格：Friedman及Rosenman（1974）的研究發現，人的日常生活中的行為可分為A型性格及B型性格，此兩種性格與成人罹患心臟病的機率有顯著的差別。**A型性格**（type A personality）係指個體個性急躁，求成功心切、有野心、好冒險的性格。A型性格有下列四種特徵：時間急迫性、競爭與敵意、害怕浪費時間，以及缺乏計畫，**專欄12-1**即是A型性格的測量指標。所謂**B型性格**（type B personality）是

專欄12-1

我是A型性格的人嗎?

美國心臟學會在一九八一年，將A型性格列為是罹患心臟病的危險因素之一。以下的十四個問題是用以診斷A型性格的一份問卷，讀者可就各題所問事項在「是」或「否」處填答：

問題	是	否
1.我在別人尚未完成他的工作之前，就急著開始作應由我負責的後續工作。	□	□
2.我不喜歡在任何隊伍中排隊。	□	□
3.別人曾告訴我，我很容易生氣。	□	□
4.可能的話，我儘量使工作變得具有競爭性。	□	□
5.在我還沒有完全瞭解如何完成一件工作之前，我就想立即完成這項工作。	□	□
6.即使我在渡假，我也會把工作帶過去做。	□	□
7.我經常犯下還沒有計畫好就開始做事的錯誤。	□	□
8.在工作中偷閒會令我有罪惡感。	□	□
9.別人認為我在競爭狀況下脾氣不太好。	□	□
10.當我在工作時覺得沒有壓力，我會覺得生氣。	□	□
11.可能的話，我會同時做兩、三件事情。	□	□
12.我一向與時間競爭。	□	□
13.別人遲到，我一向沒有耐心等候。	□	□
14.即使沒有需要，我也會匆匆忙忙。	□	□

總分：______

以上十四題，凡答是者就得一分，答否者則得零分。其中與時間急迫性有關的問題為1、2、8、12、13和14；與競爭及敵意有關的問題為3、4、9和10；與害怕浪費時間有關的問題為6和11；與缺乏計畫有關的問題為5和7。假如總分大於5分，就具有A型性格的基本成分，那麼你最好改變習慣，放慢一點生活節奏。

資料來源：繆敏志（2002）。

指個性隨和，生活悠閒，對工作要求較為放鬆，對成敗得失的看法較為淡薄。

(3)制握信念：美國心理學家Rotter（1966）指出，個人日常生活中對自己與周圍世界關係的看法，是為**制握信念**（locus of control）。

所謂**內控**（internal control）是指相信凡事操之在己，將成功歸因於自己努力，將失敗歸因於自己疏忽；所謂**外控**（external control）是指相信凡事操之在人，將成功歸因於幸運，將失敗歸因於別人的影響。

第三節　壓力的反應

壓力是無可避免的，本節分述壓力對個體的影響，這些影響可反應在生理、心理（情緒與認知）及行為上。

一、對生理的影響

壓力的生理反應可以分為緊急反應及一般適應症候群兩類。前者是在短期或偶然壓力下的反應；後者則是指在長期性壓力的反應。

(一)緊急反應

凡是動物在遇到突來的威脅性情境時，身體上皆會產生緊急性的反應，例如貓會提高後肢、瞳孔放大，準備隨時反擊或逃離現場，此種是個體行為遇到壓力情境而形於外的抵抗或逃離反應（fight or flight reaction）。生理上的緊急反應，係由自主神經支配，其中主要包括：肝臟釋出多餘的葡萄糖，以增強全身肌肉活動所需之能量；由下視丘（hypothalamus）控制，迅速分泌荷爾蒙；將身體儲存的脂肪或蛋白質轉化為糖分；身體新陳代謝加速，準備體力消耗所需；心跳加快、血壓增高、呼吸加速，以吸入更多的氧氣；分泌腦內啡（endorphin）以抑制痛覺的傳導；脾臟釋出更多紅血球，以利各部輸送更多氧氣等等。

上述的身體緊急反應均由下視丘控制自主神經系統所調節，故下視丘又稱

為「壓力中心」。

(二)一般適應症候群

加拿大生理心理學家Hans Seyle利用多項對老鼠壓力的實驗歸納出壓力的生理反應可分為三個階段：警覺反應階段、抵抗階段及衰竭階段，整個適應歷程稱為**一般適應症候群**（general adaptation syndrome，簡稱GAS）其三個階段分述如下：

1.警覺階段：警覺反應階段（alarm reaction stage）為個體對壓力元初期的反應，依生理反應之不同又可分為兩個時期，一為震撼期（shock phase），此期因刺激突然出現，個體產生情緒震撼，個體體溫及血壓下降、心跳加速、肌肉反應遲鈍，顯示缺乏適應能力。緊跟著這些反應之後，隨即出現第二期反應，是為反擊期（counter shock phase），此時期腎上腺分泌加速，繼而全身生理功能增強，並激起防衛的本能並進入緊急反應。

2.抗拒階段：在抗拒階段（resistance stage）個體生理嘗試抵抗，不斷調適自己，保持高度的生理反應。如果在此階段，個體生理功能正常，那表示個體能適應此壓力環境，但如壓力持續存在，個體長期的適應力就會下降，進而進入第三階段。

3.衰竭階段：長期面對壓力，個體對壓力的抵抗消耗殆盡。因為長期持續暴露於壓力下，個體耗盡免疫系統與能量，導致崩潰，終至死亡。

壓力與身體健康息息相關，這也是八〇年代心理學門漸漸有人注意到此議題，並成為一門健康心理學學門。長期壓力可解釋個體的行為反應，也就是說，當個體面臨太大壓力或長期壓力下，會造成一些身心症，例如高血壓、偏頭痛、肌肉酸痛、心臟血管、腸胃疾病及免疫系統降低。

二、對心理的影響

個體面對壓力下的心理反應，在性質上大多屬於負面的情緒反應，進而影響行為。常見的行為反應有工作倦怠、攻擊、冷漠、懷有敵意、逃學等。

壓力會衝擊個人的生理健康，即使不產生生理症狀，平常的壓力也會帶來心理的情緒反應及症狀，如憂鬱、焦慮、恐懼、不安、無望感、無助感、擔心、心情困擾等情緒反應，進而使個體產生易怒、攻擊性、浮躁不安、恐慌失措等行為。常見的情緒反應有：

(一)恐懼與焦慮

恐懼與焦慮是壓力反應的型式之一，唯二者有其差別性。**恐懼**是處於意識型態，有明確的對象，如昆蟲、老鼠、蛇、人際關係等等。**焦慮**則不然，其處於潛意識層面且是持久的。Freud的心理分析論較早注意到此一概念，其依焦慮來源之不同，分為兩種焦慮：(1)**事實性焦慮**：係指來自真實世界的威脅反應，與恐懼（fear）同義，如兒童的懼學症、害怕蛇等；(2)**神經性焦慮**（neurotic anxiety），係指對威脅性的原始衝動突然進入意識而產生的反應。神經性焦慮係導因於潛意識心理衝突未能解決，被壓抑在潛意識狀態中，長期累積而形成問題。依心理分析觀點，個體為了減輕焦慮，會採取扭曲觀點的防衛機轉（defensive mechanism）方式因應之，例如反向作用、否認、合理化作用等。行為論觀點則採取刺激反應的學習作用，個體會產生焦慮乃是此種自發性反應（焦慮）與某種情境（刺激）連結在一起的作用而來。制握理論則認為，當個體對事件的後果自覺並非可由自己控制時，會產生一種無助感（helplessness），進而產生焦慮。

(二)倦怠

倦怠（burnout）是一種情緒耗竭的症狀，此種症狀最常出現在缺乏高度報償的工作情境，例如教師、護理人員、律師、會計人員、社工人員及照顧服務人員身上，更可稱為職業倦怠。職業倦怠常伴隨離職傾向或轉業行為，在工作中，壓力元似乎無可避免而且日積月累，如缺乏滿足的替代來源或無從紓解壓力，必然會帶來身體、情緒及行為的疲憊。Hellriegel、Slocum及Woodman（1989）鑑別倦怠的人通常會有下列三種特徵：

1.經常在工作中感受到壓力。

2.懷有理想主義，並具有自我激勵的成就動機。

3.經常追求一個達不到的目標。

(三)冷漠與抑鬱

冷漠（apathy）係指對人對事的不關心，缺心興趣的冷淡反應，此種反應常見於現代人的婚姻之中；**抑鬱**（depression）係指憂鬱、悲傷、沮喪、消沉等多種不愉快情緒綜合而成的情緒反應。冷漠通常是因個體受到挫折，動機無法滿足所造成，較屬於由內至外的情緒行為反應；而抑鬱通常是由外在情境（如家庭變故、失業、親人死亡）造成個體的內在情緒反應。此種情緒反應的成因與個人的因應能力有關，而且較屬於與學習經驗有關，例如當個體面對壓力元，採用的因應方式無法奏效，而又沒有其它資源來幫助其解決壓力，當個體再度面對壓力情境時，抑鬱便是其所產生的反應方式。

此種反應不僅在動物實驗業已證實，同時也可運用到人身上，例如戰俘在被囚禁時常會感到冷漠與退縮，甚至放棄求生希望。除了上述因壓力所產生的情緒反應外，壓力也會帶來個體認知及行為上的反應。如在行為上會有藥物濫用、攻擊、逃避、改變飲食習慣和睡眠等情形，甚至影響到工作績效或產生自殺行為。

第四節　壓力的因應

壓力無所不在，它就在每個人的生活之中，可能是個人外在環境的改變，或者自己的承受力及功能降低，致個體與環境的平衡被破壞而產生了壓力。壓力對人的影響程度主要取決於壓力本身、個人特性、社會資源及因應方式。簡而言之，壓力的減低要從壓力事件本身，以及個人本身著手。

蔡秀玲、楊智馨（1999）指出一些降低壓力的方法，如減少不必要的壓力，提高自我效能、學習有效的因應方式、紓解身心緊張、改變認知方式、建立正向觀點、做好時間管理、培養幽默感，以及建立社會支持網路等。

因應（coping）可被定義為：「盡全力處理已評估可能造成傷害或壓力的情況。」Lazarus及Folkman（1984）認為，因應壓力有三個特徵及兩個策略，三個特徵為：(1)因應意味著牽涉到某種程度上的努力與計畫；(2)它並不預設因應的結果永遠是正面的；(3)它強調因應是隨著時間改變的一個過程。至於Lazarus及Folkman（1984）所界定出的兩種基本的因應策略為：

1.問題中心：其策略可分為內部導向和外部導向；內部導向策略包括重新思考自己的態度、需求以及發展新的技巧及回應所做的努力；外部導向策略則趨向於改變他人的行為和情況。

2.情緒中心：趨向於處理情緒上的苦惱，此策略包含了肢體運動、沉思冥想、情感的表達和尋求支援（曾華源、郭靜晃譯，1998）。

個體覺得可以應付問題或挑戰時，比較可能會採取問題中心策略因應之；而當問題或挑戰似乎已超出個體控制時，則比較可能依賴情緒中心因應策略。但大部分的情況是個體會使用兩種策略共同因應之，而且效果顯現會較好。

嘗試一下，想像你最近幾個月曾發生在你身心感受到威脅的壓力事件，並因應下列的反應：

	從未做過	有時	時常
1.試著往好的方面想……………………………	□	□	□
2.按部就班將事情解決…………………………	□	□	□
3.退一步海闊天空………………………………	□	□	□
4.採取積極的行動………………………………	□	□	□
5.多運動…………………………………………	□	□	□
6.找朋友傾訴……………………………………	□	□	□
7.埋藏在心中……………………………………	□	□	□
8.暴飲暴食、抽菸或吃藥………………………	□	□	□
9.拒絕正視問題…………………………………	□	□	□

你或許已發覺到1、5、7、9題是屬於情緒中心，而2、4、6題屬於問題中心；另一種區分是1、2、3題為主動認知模式，4、5、6為主動行為模式，而7、8、9為逃避模式。一般來說，使用主動認知或主動行為模式者較隨和、焦慮較少也較有自信；使用逃避模式者通常較憂鬱、較焦慮，並且承受著較大的生理壓力（曾華源、郭靜晃譯，1998）。上述的問題曾被應用在社區調查研究中，結果發現，有計畫的解決問題是最有效的因應方式，因為它配合了最正面效果的情緒反應，而與問題正面衝突或迴避問題是無效的因應方式。

Lazarus及Folkman（1984）依個體面對壓力的因應策略茲分為三種：生理策略、認知策略及行為策略。

一、生理策略

生理策略是以生理心理學為理論基礎的適應性行為，其技巧有生活型式管理、放鬆治療、醫藥治療等。

(一)生活型式管理

生活型式管理（life style management）是促使個體採取均衡飲食、適度運動、合宜休息及良好休閒，並避免不好的生活習慣，如抽菸、酗酒等。

(二)放鬆治療

放鬆治療（relaxation therapy）是基於「自主神經系統過分運作會誘發焦慮反應，而終將罹病」的概念而來。所以，適度採用放鬆治療，如催眠、泡湯、運動、靜坐等，會讓自主神經系統獲得鬆弛的機會。放鬆療法被用於疾病治療在七〇年代漸漸被發揚光大，以下介紹幾種心理學常用的方法：

1.漸進放鬆訓練（progressive relaxation training, PRT）：是Edmund Jacobson在一九二九年所創，此種方法是用於系統化地專注於十五種不同的肌肉群，教練與當事人專注某一肌肉群上，試著用各種方法來放鬆肌肉群，而忽略其它肌肉群，待每一種肌肉群均練習過，再予以從頭複習，並整合串聯在一起。

2.限制環境刺激療法（restricted environmental stimulate therapy, REST）：是由John Lilly於一九七一年所寫的*The Deep Self*一書中所使用的感覺剝奪法，此種方法運用到臨床的漂浮中心（盡量減少視、聽覺刺激，但可放點輕音樂），由於水是鹽水，可保證治療者即使睡著也不會沉下去，此種方法對降低焦慮壓力特別有效。

3.自生訓練（autogenic training, AT）：原係由德國精神病理學家所創，盛行於歐洲，再傳至北美。自生訓練利用自生增強原則，使行為反應強化。行為變化是由內在因素使然，而非外在環境施予的增強物，個體透過集中注意力來促使自我正常化，再轉向自生的狀態。實施自生訓練時需要一舒適的位置，利用自我語言，再重複一些動作，最後導致自生的生理反應。

(三)醫藥治療

醫藥治療（medical therapy）源自於「有機體的精神疾病係導因於腦神經系統及神經傳導物質失調所致」的概念而來，所以從病理學的觀點，治療者為當事人治療腦神經系統並調整其神經傳導物質，目前所用的技術是使用電擊痙攣治療法（electroshock therapy, EST），又稱電擊療法，方式是為心理異常患者施以微弱電流刺激，來刺激下視丘及邊緣系統（limbic system），以產生緊急反應。另外一種技術是藥物治療以達到生化平衡。

二、認知策略

認知策略乃是運用認知心理學的理論基礎，來減低或避免壓力。認知心理學假定「情緒的產生或情緒狀態的變化並非起源於客觀的刺激，而是決定於個人對刺激情境的認識所作的認知解釋」的概念而來。所以只要經由再教育的方式，糾正個體既有對人、對己、對事物的錯誤想法或觀念，以重組認知結構，達到自我治療的功效。認知策略又可分為預防取向及治療取向（Matteson & Ivancevich, 1988）。

預防取向是一般人即可採取的控制方法，主要是透過三項步驟而來：評估、重建及練習（Matteson & Ivancevich, 1988）。正面評估的策略是因應壓力的最佳方式（曾華源、郭靜晃譯，1998），由個人正面主動因應、尋找社會資源、重新解讀，再應用練習來達到解決問題。認知治療技術是需要由心理諮商師輔助指導，其常用方法有Ellis的理情治療法（rational-emotive therapy, RET）和Beck的認知治療法。Ellis的RET主張，情緒困擾源自於非理性的信念；人天生有理性與非理性的思考傾向，亦即人能自我實現與成長，也會自我傷害。非理性信念則是一些專斷、絕對式的思考，易形成挫折情緒。Beck則主張，患者的問題所在是不良思考內容（maladaptive thought），這些不良思考是自動而快速的，又稱為自動化思考（automatic thought），而治療的目的便在於建立新的、正確的規則。

三、行為策略

行為策略即是運用行為主義的理論基礎來避免或減低壓力，此假定建基於「個人過去的正面經驗可以減輕壓力的影響，但失敗經驗的本身就會產生壓力」的概念而形成的。所以，讓個體在同樣刺激環境下重新學習，以適當反應代替過去不適當的反應。行為策略中常見的方法有自理增強、自信心訓練、時間管理，或行為修正法（如系統減敏法、厭惡制約、代幣法等）。

(一)自理增強

自理增強（self-managed reinforcement）係指個人依據增強原理安排自己的生活，使自己表現一點成就，然後再給自己一點報酬，藉以保持生活效率的一種自律方法，其程序有五個步驟：

1.行為分析：行為的產生必須有產生的先決條件。
2.協調處理目標：個體要依行為分析，訂出合理的處理目標。
3.執行處理：目標訂定後，則須加以執行。
4.控制與評估：為擔心改變方向錯誤，故自我會自行監督，並隨時檢討。
5.處理類化：將行為改變的過程運用到日常生活中。

(二)自信心訓練

自信心訓練（assertive training, AT）係根據增強原理，安排當事者在現實環境中學習克服困難，改變觀念、建立信心、敢於表露自己的感情或意見。此種方法之目的在於增強個體的自信心及社交能力，又稱為個人效能訓練（Personal effective training），也可稱為社交技能訓練（social skill training），此種訓練最常被應用在青少年身上，作為增強個體以肯定的態度來接受自己的行為，同時也可增加當事者控制情境的潛能。

(三)時間管理

時間管理（time management）乃依據增強原理安排當事者的時間，使個體能有效運用時間，應付工作上的要求。時間管理的技巧包括下列十個步驟（Cotton, 1990）：

1.排列優先順序：將重要性高的工作優先安排。

2.工作分析：將複雜的工作劃分成簡單易成功的小單元工作。

3.逐日規劃：安排每天的工作量。

4.時間重建：試著每天擠出一些空餘空間。

5.找出浪費的時間：確認浪費時間的工作或行為。

6.授權：有些事要充分授權，找人代勞。

7.勇於說不：利用自信心訓練，協助個體推掉不必要的事情。

8.避免完美主義：凡是只求尚可，避免吹毛求疵。

9.時間分析：每隔一段時間加以檢討是否有充分運用時間，以力求改進。

10.有效的安排行程：找到一天最有效率、最具生產力的時間，在此時間做最重要的工作。

(四)行為修正

行為修正乃是運用行為主義的刺激反應的連結概念而來，如增強、處罰、消弱、負增強的策略，此節已在前面學習專章中有所論述。

第五節　結語

壓力是人生不可避免的事件，壓力會造成個體情緒、認知及行為的影響，進而影響個體的健康與幸福。傳統上，臨床心理學多聚焦於心理缺陷和弱點，但自九〇年代之後，社會工作處遇則轉向個案的復原力、資源及能力的重建。在個體面臨壓力時，在潛意識中會運作防衛（defensive mechanism），也就是知覺到「壓力的要求」和「可用資源」之間有所差異時，個體會「有意識地」處理情況。此種因應的歷程是個體與環境交互作用而來。Holahan、Moos及Schaefer（1996）提出**壓力因應歷程模式**（見**圖12-2**），指出因應是壓力事件與壓力反應最核心的角色。**圖12-2**指出在壓力與因應歷程的任何階段皆有相互回饋的可能性。

壓力因應有問題焦點、情緒焦點及逃避因應策略，這些策略也被臨床心理學家應用到日常生活以幫助個體有效因應壓力，並創造健康與幸福。壓力的因應策略有生理策略、認知策略及行為策略。

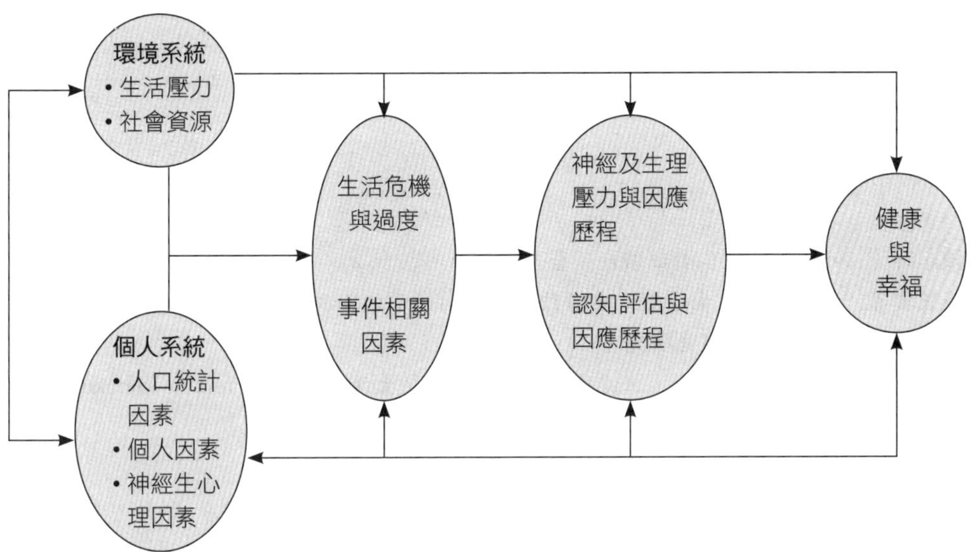

圖12-2　壓力因應歷程模式

資料來源：摘自Holahan, Moos, & Schaefer (1996).

參考書目

一、中文部分

張春興（1995）。《現代心理學》。臺北：東華。

張苙雲等（1988）。「生活壓力與精神疾病之間關係的研究：一個長期的觀察（第三年報告）」。國科會委託研究。

曾華源、郭靜晃譯（1998）。《健康心理管理：跨越生活危機》（Chris L. Kleinke著）。臺北：揚智。

蔡秀玲、楊智馨（1999）。《情緒管理》。臺北：揚智。

繆敏志（2002）。〈壓力〉，輯於郭靜晃等著，《心理學》（初版十一刷）。臺北：揚智。

二、英文部分

Clay, R. A. (1997). Helping dying patients let go of life in peace. APA Monitor, 42.

Cotton, O. H. G. (1990). *Stress Management: Integrated Approach to Therapy*. New York: Brunner/Mazel.

Daniels, D. & Moos, R. H. (1990). Assessing life stressors and social resources among adolescents. *Journal of Adolescent Research, 5(3)*, 268-289.

Friedman, M. & Rosenman, R. H. (1974). *Type A Behavior and Your Heart*. NY: Knopf.

Hellriegel, D., Slocum, J. W. & Woodman, R. W. (1989). *Organizational Behavior* (5th ed.). New York: West.

Holahan, C., Moos, R., & Schaefer, J. (1996). Coping, stress resistance and growth: Conceptualizing adaptive functioning. In M. Zeidner & N. Endler (Eds.). *Handbook of Coping, Therapy, Research Application* (p. 27). New York: Willey.

Holmes, T. H. & Rahe, R. H. (1967). The development and implications of a personal problem-solving inventory. *Journal of Psychosomatic Research, 11*, 213-218.

Kabasa, S. C., Maddi, S. R., & Kahn, S. (1982). Hardiness and health: A prospective study. *Journal of Personality and Social Psychology, 42*, 168-177.

Kalish, R. A. (1985). *Death, Grief and Caring relationships* (2nd ed.). Pacific Grove, CA: Brooks/Cole.

Kanner, A. D., Coyne, J. C., Schaefer, C., & Lazarus, R. S. (1981). Comparison of two modes of stress measurement: Daily hassles and uplifts versus major life events. *Journal of Behavior Medicine, 4*, 1-39.

Kübler-Ross, E. (1969). *On Death and Dying*. NY: MeMillian.

Lazarus, R. S. & Folkman, S. (1984). *Stress Appraisal and Coping*. NY: Springer.

Lazarus, R. S., DeLongis, A., Folkman, S., & Gruen, R. (1985). Stress and adaptational outcomes: The problem of confounded measures. *American Psychologist, 40,* 770-779.

Matteson, M. T. & Ivancevich, J. M. (1988). *Controlling Work Stress* (2nd ed.). San Francissco: Jossey-Bass.

Rice. F. P. (1992). *The Adolescent: Development, Relationships and Culture*. NY: Allyn & Bacon: A Division of Simon & Schuster, Inc.

Rotter, J. B. (1966). Generalized expectancies for internal versus external control of reinforcement. *Psychological Monographs, 80* (Whole No. 609).

Selye, H. (1974). *Stress Without Distress*. New York: Lippincatt.

Chapter 13

心理異常

■神經症

■精神分裂症

■人格異常

■結語

現代心理學的學門，除普通心理學涉及正常人行為研究的科學之外，另有變態心理學門。就普通心理學與變態心理學兩者的性質與關係來看，正如同生理學與病理學之間的關係，前者在探討有關身體（心理）方面正常變化的原理原則，後者旨在探討身體（心理）方面異常變化的原理原則。

變態心理學的知識除心理學外，在內容上更涉及一般醫學及精神醫學等方面的專門研究，心理學的內容重研究，而醫學的內容重治療。簡單言之，變態心理學包括兩大部分：一部分研究心理異常行為之現象、類別及形成原因；另一部分研究心理異常行為的診斷、治療及預防等問題。本章則著重變態心理學的異常行為之現象、類別及形成原因，至於相關行為的診斷、治療及預防則於下一章再行論述。

心理異常（psychological disorder or mental disorder）過去被冠以鬼魅附身或瘋子之名，並因而被加以隔離或施以不人道之待遇。心理學發展之後，開啟了人們對異常行為的瞭解，進而加以應用科學的研究及治療。心理疾病患者常無病識感，抗拒接受治療，而且難用客觀的方法來檢驗症狀，須依據治療者的觀察來診斷症狀，而人類行為的成因則受個體的生物、心理及社會因素（bio-psychosocial）交互作用所影響。

現代人在社會變遷中，由於交通便捷、資訊發達、人口結構改變、都市化、少子化、老年化的社會結構改變了人的適應功能。在教育功能不彰，社會福利制度未能彌補社會快速變遷的情境之下，一旦成人感到壓力大、心靈空虛、焦慮、恐懼、憂鬱、沮喪、身體不適、人際疏離，無形中造成個體使用暴力、濫用藥物來因應心理的空虛與壓力時，這些問題便已成為心理異常研究之焦點。

何謂正常vs.異常行為？每個人皆有情緒、出軌行為、焦慮、恐懼、消極的觀念，到底何種層次是屬於變態行為？張春興（1989）將**心理異常**界定為：「泛指由於心理的、社會的、生理的或藥物的原因所造成個體無法有效適應生活的失常現象。」

Zimbardo（1985）將心理異常行為定義為違反社會規範，不過社會規範的標準隨社會、文化及時代而異，例如過去將同性戀定義為異常行為，但之後又解除此種規範。單指行為是否為正常或異常之間其實並沒有確定的界限，而且也難以區分，尤其是應用統計學之離均差，在臨界線之內與之外，絕然為兩種

不同分類。所以心理健康並不是一個固定型態，而心理衛生的工作也不是讓所有的人都變成同一個樣子，而是要每個人依照自己的情況，獲得充分發展（黃堅厚，1979）。黃堅厚（1979）認為，心理健康的人多符合下列四個條件：

1.心理健康的人是有工作的。
2.心理健康的人是有朋友的。
3.心理健康的人對本身有適當的瞭解，並能接納自己。
4.心理健康的人能和現實環境保持良好的接觸，對環境能作正確客觀的觀察及有效的適應。

柯永河（1993）則以良好習慣是好健康的心態，而個人擁有良好習慣的條件為：

1.幸福的感覺。
2.個人內心的和諧。
3.個人與環境的和諧。
4.自尊感。
5.成熟。
6.人格統整。
7.獨立。
8.有效率。

事實上，正常與異常之間往往很難去明確劃分，葉重新（1998）便指出，大多數心理學家判斷正常人應具有：

1.對現實有適當的知覺。
2.有自知之明。
3.有控制自己行為的能力。
4.自尊和自我接受。
5.和諧及和睦的人際關係。
6.具工作能力。

相對地，大多數心理學家認為心理異常的人具有：

1.行為偏離社會常規。

2.行為適應不良。

3.長期自覺苦惱。

4.有違法行為。

心理學或變態心理學在心理違常者的使用概念大同小異，諸如變態行為、行為異常、心理異常或心理疾病等，名稱雖不同，但涵義大致相同。心理異常（mental disorder）之概念，係以美國精神學會（American Psychiatric Association）二〇〇〇年已出版的《精神疾病診斷準則手冊》（*DSM-IV-TR*）為依據，這其中也修訂過去在一九八九年所出版的《心理異常診斷統計手冊》第三次修訂版（*Diagnostic and Statistical Manual of Mental Disorder*, Third Edition, Revised，簡稱 *DSM-III-R*）及一九九四年第四次修訂版 （*OSM-IV-R*）。惟該手冊內列有心理異常之名稱者之多，本書基於概述，只列出其中七種常見的心理異常行為中的三類：神經症、精神分裂症及人格異常進行敘述。

第一節　神經症

神經症（neurosis），或稱**神經官能症**，如焦慮性神經官能症或憂鬱性神經官能症，在一九八〇年代所用之名稱為神經症，但一九八〇年之後，就漸漸使用較特定之名稱。

一、焦慮症

(一)焦慮症的特徵

焦慮症（anxiety disorder）是由緊張、不安、焦急、憂慮、恐懼等感受交織成的情緒狀態。焦慮症在現代生活中幾乎是人人都有過的經驗，只是程度深淺不同，以及因應方式也有所差異。生活中每個人皆有其不同際遇，如面臨新挑戰、考驗或生活中的難題時，有時候個人處於難以招架的情境，而面帶有情緒的不安緊張。焦慮症則是指害怕、緊張、不安、恐懼長期存在，而且感覺強烈

到成為生活的障礙。以下介紹數種現代人常見的焦慮症狀。

■泛慮症

泛慮症是指個體在任何時間與任何事情上都會引起患者的焦慮反應，患者並無特定的焦慮對象或情境，只是時時覺得害怕、緊張、煩躁、不安、多疑及猶豫不定。泛慮症患者對生活中的細節小事特別敏感，生活有失控感，常擔心隨時會有災難發生，對過去的事，翻來覆去地回憶，總覺得有不幸事故隨時都會發生，而且只注意過去失敗的經驗。因為泛慮症患者所焦慮的事物並不固定，故而又稱為**游離性焦慮**（free-floating anxiety）。

■恐慌症

恐慌症患者過的是一種無事不怕與無時不怕的生活，有時患者會突然無緣無故地大為驚慌，好像覺得大禍臨頭，也就是處於高度焦慮之中，伴隨呼吸急促、胸悶、盜冷汗、心跳不規則、喘不過氣來、頭暈、四肢顫抖、昏厥的感覺，此種突發現象稱為**恐慌症**（panic disorder）。恐慌症會重複發生，由於這種經驗令患者極端害怕，加上並無特定前兆，患者無從預防，因此患者往往因為時時提心吊膽而有預期焦慮（anticipatory anxiety）的併發症。

■恐懼症

恐懼症（phobia）是指對某種不具任何傷害性事物的不合理的恐懼反應。即使當事人明知不會受到傷害，但仍然無法控制自己的恐懼反應，此種反應會造成生活功能的失調。恐懼症與害怕（fear）不同，前者是病態的反應，而後者是對可怕事物的恐懼反應。換言之，害怕是在意識下運作，而恐懼症是在潛意識下運作。當事人對不該恐懼的事物產生恐懼反應，自然會造成日常生活上的困擾；對不該恐懼之事物過分恐懼者，則為心理異常。常見的恐懼症有：

1.懼曠症（agoraphobia）：對空曠的地方（如大街）與人多的地方（如市場）產生不合理的恐懼感，因而害怕或逃避外出，更不敢也不願參與旅遊或搭乘公共交通工具，通常懼曠症均伴隨有恐懼症。

2.社交恐懼症（social phobia）：指害怕或擔心在公共場合中被審視、被批評，害怕在大眾面前出醜，或被恥笑。因為害怕在眾人面前講話，不敢與人接近，因而逃避社交活動。舞台焦慮（stage phobia）是最常見的社交恐懼症。

3.單一型恐懼症（simple phobia）：指對某種特定的事物或情境非常害怕，當個體面對令他害怕的刺激時，會有高度的焦慮反應。單純恐懼症所害怕的種類很多，如蟑螂、蛇、蜘蛛、昆蟲、狗、貓等動物，或害怕情境，如高空、黑暗、緊密空間等。

4.懼幽閉症（claustrophobia）：懼幽閉症如同單一型恐懼般，患者不敢搭電梯或身處緊密空間時（如照電腦斷層），他們就會有心跳急促、頭暈等極感不適症狀。

5.懼擁擠症（demophobia）：如同懼幽閉症般，患者害怕處在一擁擠的空間，例如不管搭電梯、地鐵等，對患者的生活產生極度困擾。

■強迫症

強迫症（obsessive-compulsive disorder, OCD）是指患者的行為不受自主意志所支配，即使其行為違反自己的意志，卻仍然一再身不由己重複出現該種行為。強迫症包含兩種含義：一是強迫思想（obsessive thought）或強迫觀念（obsessive idea）；另一是強迫行為（compulsive behavior）。強迫症患者是既有強迫思想，也有強迫行為。

強迫症之所以為列為焦慮症之一，原因是患者對自己不能控制的思想或行為感到恐懼，因而產生了類似焦慮症的身心反應。兩者之差別則是焦慮症是由外在原因引起，而強迫症的原因則是當事人的思想或行為。強迫症常在成年期之前出現，盛行率大約為2%至4%（Karno & Golding, 1991）。

(二)焦慮症的成因

焦慮症是一種知覺的反常現象，是當事人將本來不具威脅性的事物，誤解為可怕的對象。基本上，人的行為是受生物、心理及社會（bio-psycho-social）各因素互動而形成的，其原因可能是：

■生物因素

人類大腦內部的化學傳導物質的不平衡，可能是造成焦慮的重要原因，研究指出，多愁善感的人若對於身體內在疾病過分敏感，會導致焦慮（Fowles, 1993）；此外，人與生俱來的氣質與個性，也可能會導致焦慮。

■學習因素

依行為主義的解釋，焦慮症乃是經由學習歷程所形成的不適當習慣反應。所以，人類行為或習慣皆是由刺激與反應之連結的制約過程而習得。學習過程可包括三種方式：(1)古典制約學習；(2)操作制約學習；(3)觀察學習。以恐懼症為例，行為主義認為恐懼症是由古典制約過程而習得。例如一位婦女本來對穿紅衣服及戴安全帽的人毫無恐懼感，後有一殺人事件，一位年輕人穿紅衣服及戴安全帽當場殺人，紅衣服、安全帽與殺人事件同時出現，產生制約連結，日後，這位婦女看到戴安全帽及穿紅衣服的年輕人，就產生恐懼。

至於強迫症則是經由操作制約過程所養成的習慣。操作制約依過程歷經三個要項：(1)個體先出現一個自發性活動；(2)個體從此活動中帶來的後果，使需求獲得滿足，滿足之後，個體對該活動產生增強作用；(3)以後有類似情境，個體傾向出現該一活動。強迫症剛開始在情緒上產生焦慮，形成一種驅力，驅使做些活動來降低焦慮。如果洗手的動作剛好是降低其焦慮的活動之一，就會養成日後有焦慮即洗手的習慣。

■認知因素

依認知論的解釋，個體之所以對某些事過分憂慮，乃是基於他對某事的認知與判斷。泛焦慮症者無時無地都認為會有災禍發生，出門怕車禍、在家怕盜賊、氣候變化怕生病，所以隨時皆處在警戒之中。

從訊息處理理論的觀點看來，大多數人會將災難事件訊息只做短暫處理，而大都放在感覺記憶系統運作，頂多擷取一些重要事件，放在短期記憶系統，時間一過，自然不再放在心上去繼續思考。強迫症患者，就是把不必由自己負責的問題當作自己心理上的負擔。結果是愈想愈恐懼，愈恐懼就愈想，惡性循環造成了強迫思想，繼而因強迫思想引起了焦慮。

■人格因素

依心理分析論的解釋，焦慮症是一種內在的潛意識過程，壓抑的原始性衝動，卻受到意識中超我的拒絕，因而不自覺地就產生焦慮。心理分析論對強迫症的解釋為一種防衛機轉。個體藉由一種象徵性的重複思想，或藉由一種象徵性的重複行為，從而避免潛意識內的衝動浮出時因遭受超我壓抑所產生的痛苦。

■壓力因素

一個人知覺長期處於壓力之下，而此種壓力大於其所能承擔的範圍，就容易形成焦慮症。Blazer等人（1987）的研究發現，心理壓力大的人，得到焦慮症的比例是一般人的八・五倍。這些人生理的問題並非生理機能上的毛病，而是心理壓力。

二、身體症

身體症又稱**體化症**（somatoform disorder），是指由心理上的問題轉化為身體上的症狀，但在生理上卻又找不出病因的一種心理疾病。身體症的患者常常覺得身體的器官，如呼吸系統、循環系統、神經系統、消化系統、四肢、頭頸等痠痛或有病，而在醫院的各科轉診，但經醫師及各種醫療儀器的檢查，卻找不到器質上的問題，亦找不到可以解釋身體症狀的生理原因，只是，患者的不舒服或病痛是事實，身體症狀並不是裝的，而是與心理因素，如長期壓力或衝突有關，尤其在現代社會充滿壓力、緊張與人際關係的衝突，抱怨身體不適之聲時有所聞，發燒、拉肚子、肚子痛，尤其碰到考試、面試時尤其甚是，一旦壓力袪除後，症狀就又消失。

(一)身體症的特徵

體化症主要有慮病症、心因性痛症及轉化症三種，其特徵分述如下。

■慮病症

慮病症（hypochondriasis）是指患者身體上並無任何疾病，只因過分擔心自己身體狀況，忽略生活中的正常活動，結果造成心理異常，影響正常生活。

■心因性痛症

心因性痛症（psychogenic pain disorder）的患者常常自訴身體上疼痛，但找不出生理症狀的心理異常。

■轉化症

轉化症（conversion disorder）之前稱為歇斯底里症（hysteria），是指患者由心理上的問題轉化為生理疾病的現象。在戰場上，士兵受到創傷，產生極大壓力（如PTSD），而直接影響到身體上的功能喪失。例如一宗教信仰虔誠的信徒，在戰場上面臨殺人情境，在極大心理壓力因素影響之下，當事人由心理轉化為雙手癱瘓、半身不遂、眼睛失明、耳朵失聰等等生理上的症狀。

Worchel及Shebilske（1989）認為，轉化症具有下列五項特徵：

1.患者身體上局部功能喪失，但無生理上的病因。
2.轉化症的發生常導因於生活上重大壓力事件之後，而且常是突然之間發生的。
3.轉化症無法從生理學知識獲得答案。
4.轉化症可由催眠之下消除症狀。
5.轉化症患者對自身的症狀並不太在意，在情境上似乎也不會因身體局部功能突然喪失而感到任何痛苦。

(二)身體症的成因

體化症之成因雖可從生物心理社會模式來解釋，但此症狀為人格及行為的心理成因較具說服力。從精神分析觀點，轉化症是患者內在衝突的結果。本來，個體的潛意識壓抑著一些原始性衝動，此等衝動不為意識中的超我所接受，但因其隨時有衝出潛意識境界的可能，故而對個體的意識形成威脅。

按行為主義的解釋，轉化症是當事人經由操作制約學習歷程習得的不良習慣。患者在開始之初，當事人在偶然情形下，為逃避某種痛苦（例如逃避壓力情境），而表現出身體上的不適，結果因暫時逃避了痛苦，而使身體不適的行為表現獲得了增強，終而使該逃避行為因後效強化作用而保留下來。

三、解離症

解離症（dissociative disorder）是指當事人以解離的心理作用，將存在於個人記憶中的痛苦，或將可能出現在意識中的慾念與不為社會所認可的衝動，從意識中解離，藉以保衛自己，但卻因解離而喪失了自我統合（self-integration），終而形成心理異常現象（張春興，1991）。

(一)解離症的特徵

常見的解離症有心因性失憶症、心因性迷遊症及多重人格，茲分述如下。

■心因性失憶症

心因性失憶症（psychogenic amnesia）是一種選擇性的反常遺忘現象，簡稱失憶症（amnesia）。失憶症的症狀是：（張春興，1991）

1. 患者雖喪失對過去經驗的記憶，但並無生理上的症狀，失憶現象純係由心理原因所形成。
2. 患者所喪失的記憶，有時只限於對某段時間的事情不能記憶；有的只記得舊事而忘了近事，此種情形稱為近事失憶症（anterograde amnesia）；有的只記得近事而忘了舊事，此種情形稱為舊事失憶症（retrograde amnesia）。
3. 患者所喪失的記憶，有的只限於對重要的事情不復記憶，此種情形稱為要事失憶症（episodic amnesia）。有的患者可能忘記自己的住址和姓名，但卻仍然記得如何開車等活動。
4. 患者所喪失的記憶，在性質上多涉及與其自我統合的事項（如姓名、職業等），凡是不涉及自我統合的事項（如開車），則不容易忘記。
5. 心因性失憶症多在遭受痛苦打擊之後突然發生，也有可能在過一段時間之後，患者突然又恢復記憶。

■心因性迷遊症

心因性迷遊症（psychogenic fugue），簡稱迷遊症（fugue），是指患者既喪失記憶又兼帶迷遊的一種心理異常現象。fugue一字為拉丁文，是「出走」的意思，意指患者在離家出走之後，喪失對過去的一切記憶，連對自己的姓名、地址、職業等也一概忘記。患者迷遊至一新的地方，可能從頭學習適應，重新建立一種與過去本人全然不同的人格。

迷遊症的發生，往往是在遭遇人生痛苦的打擊之後。多數患者在迷遊一段時間之後，都會突然醒悟，恢復記憶，其另一項的特徵是患者在結束迷遊之後，對迷遊時期的一切經驗，會不復記憶。（張春興，1991）

■多重人格

所謂**多重人格**（multiple personality），有時也稱**雙重人格**（dual personality），是一種一人兼具數種性格或人格的心理異常現象。具有多重人格的人，他的每個人格都各自獨立，各有其不同的記憶、態度與行為。甚至是各個人格的特徵，表現出截然不同的人格特質；可能其中一個人格是內向的、拘謹的、保守的，而另一個人格，則改變為外向的、開放的、激進的。各個人格之間，彼此並無關涉，只是在不同的時間與不同的場合中，各個人格交替出現，以支配當事人的行為。著名的《24個比利》便是多重人格的典型，也是多重人格分裂症惡化的實例。

在各種心理異常中，多重人格是一種奇特而且神秘的異常現象。多重人格的患者多為女性，根據研究發現，一位具有多重人格的女患者，在不同的人格交替出現時，患者的生理狀況也隨之改變；不同人格各有其心跳速率、血壓變化、健康狀況以及月經週期（Jen & Evans, 1983）。多重人格另一著名的例子是名叫Chris Sizemore的女性患者，其藉著人格解離，達到象徵性逃離現實世界的目的，也是著名的「三面夏娃」（Three Faces of Eve）故事中的女主角。電影中的《黑天鵝》也是一個雙重人格的例子。

(二)解離症的成因

在變態心理學上，解離症雖早已被確認是一人格喪失統合性的病理現象，但因缺乏充分的研究證據，故而對其形成原因迄未明確瞭解。按精神分析論的解釋，解離症種因於童年，童年遭遇痛苦經驗，被壓抑在潛意識中，長大後再遇到類似的生活困境時，即以改頭換面的象徵性方式，以解離症的各種症狀表現之。按行為主義心理學家們的解釋，解離症的各方面心理異常，都是患者自幼在生活中遭遇困境時，為避免困難事件所導致心理壓力的痛苦，學習到一種以偽裝來應付現實困境的不當方式；久之，形成習慣，最後演變成了疾病。

四、性心理異常

所謂**性心理異常**（psychosexual disorder），是指個體在其性行為表現上，明顯異於常人的病態現象。惟性心理異常與否的標準不易確定，除時代不同而有所改變外，世俗禁忌與社會道德觀念也發生很大的影響。因此，近年來在精神醫學界，企圖擺脫社會道德觀念，重新以客觀的態度來鑑別人類的性行為中，究竟有哪些屬於病態行為，然後再確定其是否屬於心理異常。近年來由於精神醫學界鑑別性心理異常標準的改變，有些早期被視為性心理變態者，現已不再被列為性心理異常，其中最明確的例子就是同性戀。

(一)性心理異常的特徵

在八〇年代以前，同性戀者被視為變態，但八〇年代以後，則只對自感痛苦的同性戀者或因同性戀行為而加諸別人的痛苦者，才視為心理異常。因此，性心理異常已有不同的認定，現通常是指有關性行為變態的通稱。本文僅介紹性別認同障礙、性變態及心性機能失常三類。

■性別認同障礙

性別認同障礙是指個體對於自己的性別的認定與生理上的性別不同，而產生性行為與性功能障礙。性在生物上的意義受外在及內在器官、性腺、荷爾蒙及染色體所決定。性在心理學和社會學之含義，則是在幼兒階段的自我概念發展上瞭解自己的生理性別，並在心理上接納自己的性別，並願意接受其性別，那麼個體便發展出正常的性別認同。性別認同障礙者的情形卻相反，即使生理上性別之主性徵與次性徵均明顯肯定，但在其心理上卻一直不願意接納現實，甚至希望將自己變換成相反的性別。這種身體的性徵與心理的期待性徵無法平衡，造成心理困擾，在兩性之中的統計，男性有性別認同障礙較女性為多。

■性變態

所謂**性變態**（paraphilia），是指個人不經由正常的性行為來尋求性滿足，患者以某些事物、情境或儀式來獲得性興奮。根據《美國心理疾病診斷統計手冊》第三修訂版（*DSM-III-R*）的分類，性變態可以分為以下九類：（葉重新，1998）

1.暴露症（exhibitionism）：暴露症俗稱暴露狂，患者喜歡在異性面前暴露自己的性器官，其目的不在誘惑異性，而在使異性產生驚嚇，從而獲得性滿足。患者以成年男性居多，其原因可能來自幼年時代，父親曾恐嚇男孩，如不聽話就要割掉其性器官，因此造成被閹割的恐懼感。當他長大之後，向異性展示自己的性器官，藉以表示自己的性器官沒有被父親閹割掉。另外，也有一些人處於極大壓力之下，或是婚姻不美滿，因而表現為暴露症。

2.戀物癖（fetishism）：此類患者會去蒐集異性有關性方面的物品，利用吻、嗅、接觸或玩弄等方式，從而獲得性滿足。患者以男性居多，其戀物的物品包括女性胸罩、內衣褲、裝飾用品等。當患者玩弄這些物品時，常同時手淫，有時將這些物品想像成情人。

3.異裝症（transvestic festishism）：此類患者喜歡穿著異性服裝來獲得性興奮與滿足。患者通常是男性，常一面穿衣一面手淫，幻想自己正在與想像中的情人發生性關係。

4.偷窺症（voyeurism）：此類患者會藉著窺視異性脫衣、洗澡或性交來獲得性興奮與滿足。患者通常為未婚男性，如為已婚男性，則可能是性生活不滿足；也有一些患者，藉著窺視的緊張過程，來得到性的興奮。

5.性虐待症（sexual sadism）：此類患者會藉由施加身心痛苦於他人或伴侶，並以此來獲得性興奮與滿足。虐待的方式包括鞭打、口咬、針刺或辱罵等，嚴重者以殺死性伴侶來得到快樂。個人性興奮和高潮的經驗曾與痛苦聯結在一起，或對性有負向的態度者，都有可能產生性虐待症。有少數性虐待症患者，會伴隨患有精神分裂症或其他嚴重的心理疾病。

6.性被虐待症（sexual masochism）：此類患者從身心被異性虐待的過程中，獲得性興奮與滿足；患者也有可能利用想像被虐待來得到性滿足。被虐待症患者可能在童年時代，曾有性快感與痛苦聯結在一起的經驗，有些心理學者認為，性被虐待者先天具有某些病態的人格特質。

7.戀童症（pedophillia）：戀童者專以強暴或誘姦孩童的方式，從中得到性滿足。有時患者要求孩童玩弄其性器官，或撫弄兒童的性器官。這一類男性懷疑自己性無能，只敢以女童作為性滿足的對象，受害者大多為戀童症者生活環境中熟悉的兒童。此類患者具有反社會性人格、酗酒及吸毒等惡習，且往往在性侵後，因擔心被告發犯法，而將對方殺害。

8.戀獸症（zoophilia）：患者以禽獸作為愛撫或發洩性慾的對象，其產生原因尚無稽可考。可能因患者與禽獸相處的機會較多，生活孤獨寂寞，喜歡禽獸的陪伴；或是在童年時代與異性相處產生不愉快的經驗，轉而尋求與禽獸產生性接觸。

9.摸擦症：患者常在擁擠的人群中，觸摸或摩擦異性胸部，藉以得到性滿足，通常以男性居多。

■心性機能失常

心性機能失常（psychosexual dysfunctions）是指沒有器質上的病因，而由於心理因素使得個體在進行性行為時，在機能上失常，無法完成一般性行為的程序和性反應。性行為受到生理和心理的交互影響，心理因素影響人類的性行為尤甚，其所造成的性機能異常病症有：性慾過抑（inhibited sexual desire）、高潮過抑（inhibited orgasm）、早洩症（premature ejaculation）等。

(二)性心理異常的成因

解釋性別認同障礙的心理成因，從發展心理學的觀點來看，是以幼兒期的性別恆定性的觀念來探討。兒童性別恆定性觀念的建立分三個階段：(1)性別認定（gender identity）：個體開始瞭解自己的性別，並且也開始知道別人的性別；(2)性別穩定性（gender stability）：個體瞭解到自己的身體所決定的性別是固定的，即使變裝也不會改變；(3)性別一致性（gender consistency）：個體不僅瞭解自己的性別，而且在心理上也接納自己的性別，是男生則願意學習扮演男性的角色，是女生則願意學習女性角色。一旦個體的性心理發展未達性別恆定狀態，從Freud的精神分析論之解釋，幼兒從父母楷模仿效而後認同（identification）形成，性別認同障礙者為幼兒期不能達到認同者。至於按行為主義的解釋則可能是患者自幼學習的不適當習慣所致，也可能是環境（例如父母）的不當教養，未能適時給予性別分化的引導與鼓勵（增強），致使兒童在性別心理發展上，未能學習到適合其性別的角色行為。

五、情感症

情感症（affective disorder）是個體的情緒（喜怒哀樂）不是處於常態，而是經常處於某一種極端的狀態，如不是極度消沉，就是極度興奮；或是常只是在兩個極端之間變換。

(一)情感症的特徵

情感症的性質可分為三種：憂鬱症、躁鬱症及狂躁症，以下分述之。

■ 憂鬱症

憂鬱症（depression）是指個體的情緒狀態長期陷於低落之極端者，又稱為**抑鬱症**。在精神醫學的診斷上，則依據下列四個方面的症狀為準則：

1.情緒方面：患者長期陷入情緒低落，在痛苦絕望中時常存有以自殺來解脫痛苦的念頭。
2.認知方面：患者對人、對己、對事物以至對整個世界，均持有負面的想法或看法。自我陷入極度的自卑，對世事悲觀及充滿無望感。
3.動機方面：患者對任何事情都喪失主動的興趣和意願。
4.生理方面：患者體重驟降、睡眠失常、四肢無力、易疲勞、胃口喪失、健康不佳。

憂鬱症是各種心理失常中最常見的一種疾病，大約有四分之一的女性、十分之一的男性在生活經驗中，曾經歷過憂鬱症的痛苦。多數患者，在一至三個月內會不醫而癒，但癒後有再度發作的可能。

■ 狂躁症

情緒狀態陷於極度興奮之另一端者，稱為**狂躁症**（mania），至於單純的狂躁症者則相當罕見。

■ 躁鬱症

個體的情緒狀態呈現極不穩定狀，有時極度興奮，有時極度低落，則稱為**躁鬱症**（manic-depression）。躁鬱症是兩極性的情感症，在症狀上兼具憂鬱症與狂躁症兩者的特徵。躁鬱症患者的情緒興奮狀態，只能維持一段時間，可能在突然之間即轉入另一極端，陷入極度憂鬱狀態。

(二)情感症的成因

情感症在病因的解釋上，常以憂鬱症為主。從精神分析論的解釋，憂鬱症是一種失落反應（reaction to loss）。當事人在日常生活的失落經驗，引發了隱藏在潛意識中童年生活的失落經驗的痛苦，兩者交互作用，致使當事人在情緒上陷入痛苦絕望的困境。Barnes及Prosen（1985）的研究發現，自幼父母雙亡的患者，成年後罹患憂鬱症比例比一般人高；此外，童年被虐待，在家庭無地位、在同儕中被霸凌等，皆較會形成童年失落的痛苦經驗，也較容易造成成年的憂鬱。童年生活中的憂鬱，被壓抑在潛意識中，始終存在一種「彌補」的需求。所以，依精神分析論的解釋，憂鬱症患者在現實中的失落，是為象徵性的失落（symbolic loss），真正的失落在於潛意識隱藏已久的童年失落的痛苦。患者為了減輕因現實情境中挫折所引起的痛苦，在現實意識中產生了防衛作用，尤其是患者將造成失落的外在原因加以內化（internalization），歸咎於自己，造成心理憂鬱。

從行為主義的制約學習的觀點來看，個體在學習行為時，是由增強物所產生的增強作用習得，憂鬱症患者的憂鬱情結是患者在生活中學習到的一種消極性的退縮反應，為長期缺乏正增強作用所導致，所以憂鬱症患者常見自信與自尊的喪失，而且缺乏應付生活困境及缺乏待人處事的社交技巧。

從認知的觀點來看，憂鬱症患者對人對事的消極絕望心態是一種**習得無助感**（learned helplessness）的概念。例如有人失戀，誇大其失敗經驗，最後自責、自卑、自暴、自棄、自覺一無事處，如此一來，就可能帶有憂鬱之傾向，終究造成自殺（Beck, 1976）；但也有人歸因於皆是別人陷害的，而萌發殺人的反社會性人格（如鄭捷事件）。

從動機理論的自我歸因概念來看，憂鬱症患者習得無助感是當事人不當歸因所致。憂鬱症患者傾向採取穩定與內在兩種向度作為自己失敗的歸因解釋，此種「以偏概全」的歸因取向，造成其自我觀念是消極及悲觀的。

第二節　精神分裂症

一、精神分裂症的特徵

精神分裂症（schizophrenia）是一種患者已達到喪失自主生活功能，惡化時非住院治療不可的疾症，通常被列為一種精神病（psychosis）。依美國精神醫

學會（APA）在二〇〇〇年所出版的《心理異常診斷與統計手冊》，精神分裂症計有五種：

1.錯亂型精神分裂症（disorganized schizophrenia）：主要症狀為精神錯亂。
2.僵直型精神分裂症（catatonic schizophrenia）：主要症狀為行動障礙。
3.妄想型精神分裂症（paranoid schizophrenia）：主要症狀為妄想。
4.留遺型精神分裂症（residual schizophrenia）：指有患病的經歷，但暫時痊癒者。
5.未分類精神分裂症（undifferented schizophrenia）：不屬於前四種類型者，為其他類。

精神病的診斷無法像其他科別一般，可以利用精密的儀器檢驗或加以化驗，更何況有些精神疾病甚至沒有明顯的症狀（除了體化症之外）。一般精神科醫師常以患者自訴及經驗來判斷病情，難免在信、效度上令人質疑。

依APA在二〇〇〇年出版的《心理異常診斷與統計手冊》，精神分裂症的診斷依據為：

1.發病時有下列三大類症狀之一，且持續至少一星期：
  (1)至少出現下列症狀：
    ①妄想（delusions）。
    ②明顯的幻覺（hallucination）。
    ③思考不連貫，支離破碎，不著邊際。
    ④僵直的行為（catatonic behavior）。
    ⑤單調平淡或不適當的情感表現。
  (2)奇異的妄想。
  (3)明顯的幻聽。
2.在工作、社會關係及自我照顧上有明顯的降低功能。
3.困擾現象持續至少六個月。
4.沒有器質上的病理。

精神分裂症的初期症狀可能與精神官能症類似，如失眠、焦慮、緊張、僵直、頭暈、記憶力減退、不能集中注意力等；有時會有憂鬱症的現象，如罪惡感、想自殺，也會呈現過度激昂的精神狀態，熱心參與義工或宗教活動；有時也會有歇斯底里症或強迫症的現象。不過患有精神分裂症者，並不一定會先有精神官能症，而精神官能症患者也不一定會變成精神分裂症。

精神分裂症患者與外在現實世界已失去聯繫，退縮至自己的幻想世界中。精神分裂之意是**分裂的心理**（split mind）之意，而不是分裂的人格或多重人格（Carlson, 1993）。其主要症狀為思考障礙、幻覺與妄想、情感障礙、自我障礙、僵直性症候群，茲說明如下：

(一)思考障礙

患者無法統整或組織思考內容，思考不聯貫（內容跳躍、主題不串連、內容支離破碎）、創新詞彙（只有患者自己懂其意義）、答非所問、思考停頓等。在語文式智力測驗上，患者分數明減的降低。

(二)妄想與幻覺

妄想指患者的思考內容奇異、誇大，有時自認為是超凡入聖者，是救世主，是拯救地球的使者等；也常呈現有人要迫害他的現象。精神分裂症患者最常有的幻覺、幻聽是常聽到有人不斷地批評他、嘲笑他、或命令他的聲音，也常聽到好幾個聲音在交談。有些患者會有幻視的現象，會看到一些事實上並不存在的人或事物。也有患者會感覺渾身好像有千萬蟻蟲在爬行般。患者知覺上的特性是缺乏選擇與過濾外界訊息的能力，也無法對訊息賦予意義，同時分散注意到太多無關的刺激上，導致幻覺的產生——對不存在事物的知覺。

(三)情感障礙

患者的內在感覺與外在情感的表現失去一致與關聯性，或情感表現與情境不符，如親人亡故，卻哈哈大笑。有的患者表情平淡或沒有情感反應，有的患者則對某一對象出現兩極化的情感反應。

(四)自我障礙

患者喪失自我界限（ego-boundary），無自我感，沒有明確的自己與外界的關係。常有被別人操縱的想法，覺得自己的思想被竊、被介入。精神分裂症患者與現實世界脫離，以自我專注（self-absorption）的方式，退縮到屬於自己的內在世界之內。

(五)僵直性症候群

患者在行為動作方面會有下列障礙，如癡呆、緘默不語，反覆同一動作（例如反覆做「舉手放下」的動作）或保持同一姿勢（如坐、臥、站、蹲等）連續數小時，有的患者則有比較激動的動作或揮舞等；有的則呈現蠟人症（waxy flexibility），可隨意由他人擺佈成任何姿勢，而後保持不動。

由於精神分裂症症狀複雜，所以在臨床上依其呈現的主要症狀型態，分為僵直型（catatonic schizophrenia）、妄想型（paranoid schizophrenia）、錯亂型（disorganized schizophrenia）和未分化型（undifferentiated schizophrenia）。僵直型者的特徵是呈現動作方面的障礙，如僵直姿勢、 蠟人症等；妄想型者以誇大妄想、迫害妄想、嫉妒妄想、幻覺等為主要症狀；錯亂型則以情感反應異常、思考及言語的障礙為主；未分化型者則有上述各種症狀，但又未達上述歸類標準，而且症狀變化難以歸類。

精神分裂症的治療首重藥物治療，適當使用抗精神病藥物，可以改善思考障礙、幻覺、妄想、激動等症狀。與其他精神疾病一樣，除了藥物之外，家庭、學校、社會的配合及心理治療，對患者的復健非常重要。

二、精神分裂症的成因

精神分裂症是所有心理異常疾病中最重要的一種，也是精神醫學研究最多的一種心理疾病，其原因主要歸納有生理的遺傳及心理社會因素。

(一)生理的遺傳

目前有愈來愈多的證據顯示，精神分裂症與遺傳有關，尤其從同卵雙生子的研究，以及養父子與養子女的關係（Gottesman & Shields, 1982; Kety, et al., 1975）中，得知為何與遺傳有關，研究分析可能是大腦功能與血液中存有某種化學物質造成精神分裂罹患的機率。

(二)社會心理的解釋

精神分析論對精神分裂的主張乃是由於性心理發展障礙所致，可能種因於本我與自我之間的衝突結果所造成。精神分裂者不能明確區分現實與幻覺，不能分辨自己與周遭現實世界，而退化到本我的狀態。

行為主義者認為，精神分裂症患者在生活適應中的學習，是個體在現實生活中遇到壓力，導致使他焦慮而學習到退縮逃避。退縮逃避可免於現實的焦慮，又可受到別人的關注，因而增強此種壞習慣。此外，在社會學習中，兒童自父母互動中學習到退縮逃避。

從認知論的觀點，精神分裂症患者常有知覺扭曲、幻覺以及思想紊亂，所以患者只察覺知覺刺激，忽略其重點與整體，因而形成不完整的概念及不合理的思想。

第三節　人格異常

每個人都有其特殊的行為型態、思考方式、知覺型態、人際互動，以及與環境對應的特殊型式，亦即個體有其獨特的人格。當人格特質太過極端，或有不良適應現象，導致喪失正常的社交、工作與生活能力時，便稱之為**人格異常**（personality disorder）。在*DSM-III-R*中列有十二種人格異常病症，如妄想型人格異常、分裂型人格異常、分裂症型（schizotypal）、劇化型人格異常（histrionic personality disorder）、自戀型人格異常、反社會型人格異常、邊緣型、迴避型（avoidant）、依賴型（dependent）、強迫型（compulsive）、被動攻擊型（passive-aggressive）、混合型等。以下僅針對社會影響較大的反社會型人格異常進行說明。人格異常最為複雜、且最難以描述，他們都不具有相同的症狀模式。

一、人格異常的行為特徵

反社會型人格異常者的日常行為的典型特質為：呈現違反社會規範的行為（如犯罪、說謊、酗酒、賣淫等）、缺乏對人忠誠的能力、自私、無情、不

負責、衝動、不知悔悟、低挫折容忍力。由於這些人格特質，患者無法正常的工作，沒有辦法維持良好的人際關係，其行為也會對社會帶來危害。雖然犯罪者不一定符合人格異常的診斷標準，但是的確有不少犯罪者乃人格異常患者，且人格異常患者呈現犯罪行為的比例並不少。常見的人格異常類型有：反社會型、妄想型、分裂型、自戀型和邊緣型，茲分述如下：

(一)反社會型人格異常

反社會型人格異常（antisocial personality disorder）又稱為心理病態人格、或社會病態人格，二〇一四年六月新北市板南線鄭捷殺人事件就是一反社會型人格違常。鄭姓少年面對殺人事件沒有愧疚與同情，而且責怪他人，如父母、社會或學校體系，認為是他們迫使他走向病態行動。

(二)妄想型人格異常

妄想型人格異常（paranoid personality disorder）患者會如精神分裂症患者般，有誇大妄想和迫害妄想的特點，他們多疑、不信任及對任何批評或威脅過於敏感，喜歡自誇、自大和多辯。

(三)分裂型人格異常

分裂型人格異常（schizoid personality disorder）之患者缺乏與他人形成或維持關係，以及難以與他人發展溫暖的關係。這種人常見淡漠與疏離人群，並可能隨時會發狂和常處於孤僻狀態之中。

(四)自戀型人格異常

自戀型人格異常（narcissistic personality disorder）之患者具有自我集中、自我看重、強迫性的成功幻覺，並要求別人注意和愛護的特點。他們此種行為的目的只是為了讓自己心安理得。

(五)邊緣型人格異常

邊緣型人格異常（borderline personality disorder）患者具有不穩定的自我意象（self-image），對自己的社會關係和工作不確定，具有衝動性及自我破壞的性格特點。邊緣型人格異常患者常有行為混亂、濫用藥物及嘗試自殺的行為。

二、人格異常的成因

大部分的心理學家均認為反社會型人格異常的病因乃是不當的學習所致（Darley, Glucksberg, & Kinchla, 1991）。雖然有部分學者主張生物病理因素，但並未有具體的研究結果來確認何種生物因素導致反社會行為。依精神分析觀點的解釋，反社會型人格異常者是因為未發展出適當的超我以約制其行為，所以其行為便以滿足本我的需求為前導，罔顧社會道德規範。

Sarason及Sarason（1987）指出，反社會型人格異常患者通常有著父母死亡、父母離婚、或被父母遺棄的成長背景。學習論的觀點主張，患者的行為是從父母、同儕或各種環境刺激（如媒體等）中模仿學習而來的，且患者通常來自父母對孩子施以家庭暴力的家庭。另外，有許多研究者主張，患者沒有學會如何以正常的行為來避免處罰，也缺乏建立人際關係的能力，以及情緒上的冷漠，這些都是導致其反社會行為的原因。

正常人知道如何行為以逃避處罰（如被責備、被批評、被法律制裁、被排斥等），正常人能和別人有良好關係，和別人有情感上的交流。但是反社會型人格異常者則缺乏親密關係及人際間情感上的互動，也不害怕處罰，所以不會擔心其行為是否會令別人傷心或痛苦。目前心理學家對此類型的患者的瞭解仍然有限，有關的論點仍無法對反社會型人格異常的成因有足夠的解釋。不過如果家庭、社會、學校能提供個體良好的成長環境，以利其人格的正常發展，應能夠預防人格異常的形成。

第四節　結語

在心理學上用於區分常態與變態，一般採用四種標準：(1)常態分配；(2)社會規範；(3)生活適應；(4)心理成熟。本章參考一般心理學引用美國精神醫學協會（APA）的分類標準，介紹較常見的神經症狀，如焦慮症、體化症、解離症、性心理異常、情感症，精神症狀（如精神分裂症及人格異常）。除了介紹各類行為之概念定義、行為特徵外，尚對其成因提供可能的解釋。

參考書目

一、中文部分

柯永河（1993）。《心理治療與衛生》。臺北：張老師。

張春興（1989）。《張氏心理學辭典》。臺北：東華。

張春興（1991）。《現代心理學》。臺北：東華。

黃堅厚（1979）。《青年的心理健康》。臺北：中華書局。

葉重新（1998）。《心理學》。臺北：心理。

二、英文部分

Barnes, G. E. & Prosen, H. (1985). Parental death and depression. *Journal of Abnormal Psychology, 94*, 64-69.

Beck, A. T. (1976). *Cognitive Therapy and the Emotional Disorder*. NY: International University Press.

Blazer, D. G., Hughes, D., & George, L. K. (1987). Stressful life events and the onset of generalized anxiety syndrome. *American Journal of Psychiatry, 144,* 1178-1183.

Carlson, N. R. (1993). *Psychology: The Science of Behavior* (4th ed.). Bostor, MA: Allyn & Bacon.

Darley, J. M., Glucksberg, S., & Kinchla, R. A. (1991). *Psychology* (5th ed.). Englewood Cliffs, NJ: Prentice-Hall Inc.

Fowles, D. C. (1993). A. motivational theory of psychopathology. In W. Spaulding (Ed.). *Nebraska Symposium on Motivation: Integrated Views of Motivation, Cognition, and Emotion* (Vol. 41). Lincoln, NB: University of Nebraska Press.

Gottesman, I. I. & Shields, J. (1982). *Schizophrenia: The Epigenetic Puzzle*. NY: Cambridge University Press.

Jen, K. & Evans, H. (1983). *The Diagnosis and Treatment of Multiple Personality Clients*. Snowbird, UT: Rocky Mountain Psychological Association.

Karno, M. & Golding, J. M. (1991). Obsessive-Compulsive disorder. In L. N. Robins & D. A. Regier (Ed.). *Psychiatric Disorders in America: The Epidemiologic Catchment Area Study*. NY: Free Press.

Kety, S. S., Rosenthal, D., Wender, P. H., Schulsinger, F., & Jacobsen, B. (1975). Mental illness in the biological and adoptive families of adopted individuals who have become schizophrenic. In *Genetic Research in Psychiatry*. Baltimore, MD: John Hopkins University Press.

Sarason, I. & Sarason, B. (1987). *Abnormal Psychology* (5th ed.). Englewood Cliffs, NJ: Prentice-Hall Inc.

Worchel, S. & Shebilske, W. (1989). *Psychology: Principles and Applications* (3rd ed.). Englewood Cliffs, NJ: Prentice Hall.

Zimbardo, P. G. (1985). *Psychology and Life* (11th ed.). NY: Scott, Foresman and Company.

心理治療方法

心理治療（psychotherapy）是由專業訓練的人員（現在傾向用臨床治療人員），以心理異常為對象，在不使用藥物的原則下，針對異常者之「病象」、「病情」與「病因」給予診斷與治療的過程。相似之概念則有輔導（guidance）與諮商（counseling）二者。輔導也是由受過專業訓練的人員，以一般人為對象，所從事的一種教育性的助人活動，尤其在教育、職業及人際關係等方面的改變，從而達到最佳的生活適應；後者的諮商在功能上則兼具輔導與心理治療兩種涵義，所以心理治療與諮商名稱雖異，而實質相同。

第一節　心理治療專業及其歷史沿革

一、心理治療專業的發展

從過去歷史的脈絡，心理學家和精神醫生是唯一能為心理異常患者提供治療的人，而這些人在西方稱為精神科醫生（shrinks）或助人專業（helping profession）。歷史的演進也使得他們的專業及臨床背景有所不同，從官方機構到公立診所，再到私人開業。

(一)助人專業

在心理學廣泛的職業中，諮商心理學家和臨床心理學家可以被看作是治療應用者。諮商心理學家試圖解決正常調節範圍內的，而不是異常機能的問題，包括壓力管理、關係衝突和行為矯正。臨床心理學家的工作是針對所謂的臨診的人群或個體，他們由於有較為嚴重的失調需要進行住院治療或門診。這些失調包括情感失調、吸毒成癮和精神分裂性失調。

在醫學職業中，受過精神病學專業培訓的醫生可以作為實踐治療者。精神科醫生也許會使用大量為心理學家所採用的心理治療方法以及醫學療法（如藥品）作為治療方式。其他在助人職業中的從業者也許會被訓練為諮商員（教育學位）或心理治療的社會工作者（社會工作學位）；在美國，這些人被通稱為shrinks（精神醫學治療人員）。

(二)臨床背景

■醫療機構

以住院治療作為「治療的選擇」在美國已延續了一百五十年。心理專科醫院每年幾乎要接納二百萬人。但仍然有大多數的心理疾病患者進入了無精神科專科的一般醫院接受治療，而需要進行住院治療的「需求」常超過了這些場所所能提供的房間。

■社區心理保健

「一九六三年社區心理保健法案」（The 1963 Community Mental Health Act）的立法，大量地減少了住院醫療情況，把心理疾病患者釋放到他們的社區中。在社區心理保健中心的普遍設立下，以門診的形式或透過收容中心（如中途收容站）的形式，為患者提供了治療。社區保健中心的主要使命是進行公眾教育和預防，根據合理化的原則對預防工作進行投資，最終目的在使急診治療和住院治療的需要減少。

許多鄰居對收容這種病人和曾有此等病狀者仍然有矛盾的情緒。個人和公家在保險和治療方面付出的高昂代價也是引起爭論的問題，結果是這種治療的質量和有效性也就變化不一。

■私人開業

對那些失調程度不嚴重和家庭能支付得起的患者來說，私人開業——由私人選擇治療安排——是一種更能接受的治療途徑。這種安排所具有的優點是，允許患者在開業者之間做出自己的選擇。然而，由於沒有任何機構或代理處對這種安排進行管理，因此它們具有風險性的缺點。並非所有的治療者都具有相當的訓練和領有證書，而患者卻是治療諮詢和治療服務的主要消費者。

(三)個體治療vs.團體治療

無論是在私人開業還是在官方機構的治療環境中，團體治療比個體治療有著更多的難題。團體治療特別適用於家庭和婚姻的諮商，也較個人治療的花費為低。有些治療團體有可能完全由患者組成，這些患者與一個輔助者舉行會議，這些機構會包括其他助人專業人員，如醫院職員，這些助人專業者可以使用**角色扮演**和**心理劇**之類的技術，這些技術通常使用對話的方式進行，也多為團體治療所採用。

對團體療法的一種非專業性擴展就是建立支持團體和自助團體。研究發現，團體治療的問題本身具有社會性意義，像戒酒匿名團體、減重團體以及犯罪受害者家庭或癌症患者的支持團體等諸如此類的組織，都對患者提供了重要的幫助，如同情、理解和實際的建議。

二、心理治療方式的演進

人類對於異常行為醫治之紀錄取決於社會用何種模式來理解異常行為，在歷史上，有四種確認的治療方式：

1.懲罰方式：在中古世紀的西方世界社會認為，異常行為之個體是被邪惡精神或惡魔所占據或影響的，他們應受懲罰，例如被拷打致死或關入監獄。具有異常行為之人需要被懲戒或滅絕，以保護社區中的其他人。這些懲罰方法使人們採取懷疑或恐懼的態度來對待異常行為，並使具有異常行為之家庭感到羞恥和愧疚。

2.道德療法：

(1)十六世紀後期，英王亨利三世宣稱倫敦的Bethlehem醫院應該專門收容心理疾病患者。原來社會懲罰的態度屈服於社會隔離下，失調之個體不是被囚在監獄裡，而是收容在機構（瘋人院）中。

(2)十八世紀，法國醫生Philippe Pinel（1745-1826）認為，人們應對有心理疾病之治療有尊重和憐憫之心。

(3)十九世紀社會活動家Porothea Dix（1802-1877）對心理疾病的人道治療發起運動：失調行為應可以被友善對待、同情以及在愉悅的環境中獲得益處。此種運動導致社會大眾對心理疾病之立法。但因為有愈來愈多的人要求治療而超出了社會對個人護理所能承受之壓力，結果導致私立的療養院變成州立醫院，演變成又將收容之異常行為患者隔離在社區之外。

3.醫學療法：十九世紀後期，隨著Sigmund Freud理論以及精神學研究的發展，異常行為的醫學模式獲得社會的重視及有長足的進展。

4.心理療法：從心理分析療法創建之後，醫學療法之外的方法也得以建立，大多數心理療法的共同之處是建立患者與治療師之間的聯繫，例如對話和行為療法，尤其是心理分析、人本主義和行為治療被運用來作為改變人類異常行為。

心理異常患者需要專業醫生的服務，精神醫生轉向臨床環境，如醫院、州立機構來行使他們的職責。發展迄今，心理異常終於被視為一種疾病，可以確定其症狀、原因和治療過程；也由於心理異常被視為疾病，醫學治療因此受到肯定，包括外科治療法以及電痙攣（即電擊療法，Electroconvulsive therapy, ECT）等等，下一節將細述心理異常的治療方法的演進與其方式差異。

第二節　心理異常的治療方法

二十世紀伊始，不同心理療法之間有相當大程度的變化和重複性，除了因醫學模式的流行，產生許多強調醫學技術的治療方法外，大多數的治療者都是折衷主義者，通常會採行與心理療法一同使用。

一、醫學療法

二十世紀早期醫學模式流行，發展了以醫學技術為基準的療法，它們包括精神藥理學、電擊療法和精神外科。

(一)精神藥理學

透過使用藥品來達到心理的改變被稱作**精神藥理學**。用來減輕嚴重心理失調症狀的心理活性藥品的發現，是醫療實踐中的一場革命。藥品只產生情感、認知過程或行為等方面的暫時改變，且副作用比外科技術更容易預測：

1.鎮靜劑：包括酒精、巴比妥酸鹽（如Seconal）、安眠酮（如Quaalude）和安定劑〔如安定（Vallium）和利眠寧（Librium）〕等多種多樣的物質。鎮靜劑是抑制中樞神經系統的活動，大劑量的鎮靜劑會導致睡眠，較小劑量則能緩解焦慮和減輕抑制。安定是治療焦慮的常用藥品，雖能減輕焦慮症狀却不能「醫治」其根源，但安定劑仍然成為最廣為濫用的處方藥品。

2.抗精神病藥：二十世紀，安定劑被用於鎮定心理疾病患者，但作為治療試劑則不太有用，因為它會導致睡眠。到了二十世紀中期發明了主要的安定劑蛇根鹼（reserpine）、酚噻嗪（phenothiazines）等來減輕精神病（如精神分裂症）症狀，並用來緩解焦慮和攻擊性。Tharazine和Haldol通常可用於對精神分裂症症狀，如幻覺和妄想的治療。抗精神病藥不能根治精神分裂症，而且它還含有大量的副作用，如模糊視覺和運動障礙。

3.抗抑鬱藥：抗抑鬱藥品可以增強大腦中某些神經介質的層次。它們對減輕抑鬱症狀有強烈的效果，但並非在所有病例中都有相同的療效，例如情感失調的恢復除了需要藥物治療外，更應和心理治療聯合使用。

(二)電擊療法

在對許多嚴重抑鬱病例的治療中，證明有效的一種飽受爭議的治療方法就是所謂的「電擊療法」，更確切地說，應稱作**電痙攣療法**（ECT）。在ECT中，一個鎮靜的、鬆弛的（如肌肉鬆弛）病人經歷到一種由電流引起的強烈痙攣。在甦醒之後的幾分鐘裡，病人可能會有一些記憶的喪失和模糊，而隨著時間的推移（幾次療程），抑鬱的癥狀就會減輕。批評者指出，沒有人知道ECT是如何起作用的，而且它使認知功能承擔著無保證的風險。支持者爭辯說，作為一種迫不得已的治療方法，它被證明有很高的療效，而且其他的方法都沒有它的療效。

(三)精神外科

精神外科或神經外科比抗精神病藥的出現更早，它能產生行為的改變。有時這種技術被用來減少患者對自己和他人的暴力行為。在一個前額腦葉切斷手術中，大腦的額葉與大腦深部的聯結被切斷。這種手術的效果因個體的不同而有很大的變化，現今這類技術已少有使用。

二、心理療法

儘管所有療法的目的都是要改變行為，但心理療法的心理學技術與醫學療法的生物學技術有著顯著的不同。大多數心理療法的共同之處是建立患者與治療師之間的聯繫，並運用一些行動（如談話、行為塑造）來提供新的觀念、行為和關係模式。

不同心理療法之間有相當大程度的變化和重複性。大多數實際治療者都是折衷主義者，也就是說，他們會從不同的治療模型中選出多種的技術。心理治療大致有兩種方法來改變行為：自我內在療法和行為療法。

(一)自我內在療法

自我內在療法的假設是，個體行為的失調是導因於他或她所不能理解的衝突，治療所要做的工作是幫助他或她獲得對這種衝突實質的和根源的自我內在力。一旦實現了自知（insight），個體的失調將會減少，行為將會改變。

有三種心理治療方法是自我內在療法中可以考慮的形式：心理分析療法、人文主義療法和完形治療法。

■心理分析療法

精神分析療法（psychoanalysis）首先由Freud在他對「歇斯底里症」（轉換性失調的早期術語）個體的研究中提出。心理分析是一種治療體系，它強調對個體潛意識衝突的確定。心理分析療法跟隨醫學模型而使用醫學上的術語：患者稱為病人；主訴便是他或她的症狀。

起初，Freud使用催眠作為放鬆病人和引導他們揭示其衝突根源的一種手段。後來，他放棄了催眠程序，轉而以自由聯想的方法——在這種過程中，病人開放地、不加省察地談著，而分析者則聽取有關潛意識動機和主題的線索。

分析者與病人之間的關係對治療工作來說是重要的。在可能要進行幾年的心理分析治療過程中，病人也許會把有關個人或過去關聯的情感投射到分析者身上，這一過程稱為「移情」（transference）。此外，病人也可能會透過「抵抗」（resistance）、拒絕交談、忘記赴約或不付帳單等方式來保護和防禦自己免受分析。

當病人實現了對那些被失調行為所抵禦的、潛意識動機和衝突的自知時，心理分析被認為是有效的，治療目的在幫助人從領悟中解決心理上的問題。

■人文主義療法

正如人文主義的人格理論在人格和衝突的本質方面不同意心理分析理論一樣，**人文主義治療法**（humanistic therapy）也不同於心理分析療法。

人文主義治療者不像心理分析家那樣，在揭示病人問題的實質時，充當專家的角色。他們假定患者——不是當作「病人」——是他或她本人的需要和目的最佳判斷者。因此Carl Rogers所提出的人文主義體系被稱作案主中心治療法。目的在幫助人排除潛力發展的障礙，以期達到自我實現的境界。

在案主中心療法中，治療者的目的是幫助案主成為一個功能完備的人。案主中心治療的治療家無條件地、積極地對待案主，無論他們說甚麼或做甚麼都加以接受。他們還強調不對案主做指示的重要性，拒絕告訴案主要做什麼，或指導他們的行動。相應地，案主中心治療的治療師採用像積極傾聽這樣的技術，把那些似乎是案主想要的和相信的內容再回饋給患者，所提供的這些內容便作為保證行為改變的基礎。

■完形治療法

完形治療（gestalt therapy）強調幫助個體瞭解其「完整」自我的重要性。根據創始人Fritz Perls（1984-1970）的觀點，完形療法力圖使個體意識到他或她是誰，以及他或她正在做什麼。其重點不是關於精神分析中對「為什麼」的自知，而是有關「如何」生存和繼續生活。完形治療法的一種技術是心理劇（psychodrama），利用扮演各種場景（如父母與兒童談話）來揭示他們的動機意義。

(二)行為療法

如果一位婦女患有對電梯的恐懼症，她可以有機會運用自我內在療法，如心理分析，來發現她懼怕使用電梯的原因。然而，治療可能需要幾年的時間和花費，並且不能保證她對恐懼症的自知將會減輕其迴避電梯的失調。因此如果她住在很多高層建築物的大城市裡，她就需要儘快地改變其恐懼症行為，而這常是完形能辦到的。

行為治療家指出，至少對一部分失調者來說，用自我內在療法來減輕症狀和改變行為是不必要的。相反地，行為治療家也許會考慮如何「訓練」這個患有恐懼症者，使這名婦女對電梯感到放鬆，以使她的不相容焦慮不再阻礙她的日常生活甚至旅行。

許多行為療法（behavior therapy）都與其他行為療法以及其他種類的心理治療技術聯合使用。**行為療法**目的在幫助人改變生活習慣，藉以獲得良好適應，在此僅針對操作制約法、嫌惡治療法、減敏法、模仿法，以及認知行為療法等五種行為治療的技術和方法加以說明。

■操作制約法

操作制約法（operant conditioning）應用於行為治療的原理，是指提供多變的增強來造成行為的改變。例如一名想要吃得少些的患者可以確定一些非食物獎勵，如果他堅持行為改變的契約，就可以獲得獎勵。只有在他每天進食少於一千卡熱量時，他才允許自己買一本書或打一個長途電話。操作制約法的一種普遍的策略是「代幣制」（token system），即對所要求的行為進行代幣獎勵。這些代幣隨後可以兌換為有價值的項目或服務。例如一個懶惰的兒童如果刷了牙就給予代幣，當他贏得了足夠的代幣時，就可以兌換玩具或大餐。

■嫌惡治療法

嫌惡治療法（aversive conditioning）應用了古典制約的理論。藉著把厭惡刺激（如病痛的電擊或藥物導致的噁心）與某一想要戒除的行為配對，從而達到治療的目的。例如一名酗酒者如果喝了酒，就服用藥品戒酒硫，使他覺得噁心或想嘔吐，這種與飲酒的聯結，最終將泛化到不使用藥品的情景中。

■減敏法

減敏法（desensitization）是一種用於恐懼症治療的行為療法。減敏法要求建立一種「焦慮層次」——按嚴重程度，對患者所想像的恐怖情景進行有次序的排列。然後，治療者透過呼吸訓練、指導想像、肌肉控制和生理回饋（有關生理喚醒的信息）等，教會患者如何放鬆。最後，患者從懼怕最小的情境中開始依次想像焦慮系列中的每個項目，同時保持有效的放鬆。逐漸地，患者就能夠想像並活動於最懼怕的情境，同時保持著控制的放鬆狀態。透過這種方式，恐懼症患者的焦慮行為就會被非焦慮行為「取代」。在這種治療過程中，每種焦慮的表象就會變得愈來愈不敏感，或者說是「減敏化」了。

■模仿法

模仿法（modeling）是透過讓患者觀察其他人的行為或學會新的行為。例如一個對蛇有恐懼的人也許可以透過減敏法無焦慮地學會想像各種蛇，故減敏法有時會因模仿法而受到爭議。然而透過觀察一個榜樣人物能摸並握住一條蛇，他既可得益於清晰的想像，又可得益於自己學會應付蛇的行為模式。

■認知行為療法

近些年來，行為療法已擴展到包括思維、情感和推理等的「行為」方式中。**認知行為治療**（cognitive behavior therapy）的目標是改變患者思考方式及其思考內容。因為這些技術通常也涉及到行為技術如操作制約和模仿，所以，它們被稱作認知行為療法，目的在於幫助人改變對人、對己、對事物的錯誤思想與觀念，從而改善個人與生活環境的關係。

認知行為療法的三種主要技術是：認知與歸因療法（cognitive and attributional therapy）、壓力接種療法（stress-inoculation therapy）以及理情療法（rational-emotive therapy）。

◎認知與歸因療法

美國精神病醫生Aaron Beck（認知治療的創始者）指出，抑鬱導因於消極的思維方式。比如一位等待情人的婦女可能會對自己說，如果她對情人有吸引力並且配得上的話，她就不必如此。結果，她得出結論，認為自己對情人缺乏吸引力並且不相配。在認知療法（cognitive therapy）中，治療師著重於患者的不現實的期望以及荒謬的假設。治療者可能會指出，那種關係不是由某一個人控制的，而且患者「認為一切失望都是理所當然」的這種想法是不切實際的。治療者也鼓勵患者記下「心情日記」，以發現抑鬱思想的模式以及引發抑鬱的可能事件。

認知行為療法（cognitive behavioral therapy，簡稱CBT）的一種更具體的理論基礎，就是瞭解歸因。**歸因**是指我們對自己和他人的行為的解釋。研究發現，某些抑鬱種類可以歸於「錯誤的歸因模式」，或是「消極的歸因模式」。消極的歸因模式具有三個面向解釋的特點：內部的與外部的；總體的與特定的；穩定的與不穩定的。內部歸因責怪個人的人格或技能，而外部歸因歸咎於

環境。總體歸因使結果泛化而貫穿於一個人的經歷，特定歸因則狹窄地集中於個別事件。穩定歸因期望沒有任何變化，而不穩定歸因預期變化是可能的。

例如如果一個學生的文章得到一個低的分數，那麼一種內在的、總體的和穩定的歸因可能是：「我做得不好是因為我是一個壞學生，我在每一件事情上都得了低分，而且我絕不會做得更好。」自然的，這種消極的方法將會導致抑鬱。**歸因治療**對於這些消極歸因提出疑問，並建議用更積極且實際的解釋。例如同樣的學生對得到低分可以做出以下外在的、特定的和不穩定的歸因：「我得了差的分數是因為那是一篇很難寫的文章，但它僅僅只是一篇文章，我相信下一次我能做得更好。」

◎壓力接種療法

認知行為治療的一種類似的形式是幫助患者減少其在某種情景中感受到的壓力。這可以在三個階段中做到：首先分析自我陳述（「我憎恨交通阻塞」）；其次，練習新的自我陳述（「當我被車輛阻塞時，我可以聽收音機，欣賞音樂」）；第三，在行為情景中堅持這種新的策略。

◎理情療法

心理學家Albert Ellis於一九五〇年代提出了**理情療法**（rational-emotive therapy, RET），該理論是透過認知技術、情緒技術和行為技術來使當事人的不合理信念得到改變，從而消除其情緒和行為的問題，並達到無條件地接納自己（unconditional self-acceptance，簡稱USA）這一治療目標。由於這個方法綜合了認知治療和行為治療技術，並著眼於解決當事人的情緒和行為問題，因此將其稱為「理性情緒行為療法」（簡稱理情療法）。在RET中，每一失調行為都是一種三階段序列的接續事件，這三個階段是：(1)激發性的事件誘因；(2)一種信念（理性或非理性），它導致了(3)行為的結果。

例如一個年輕人接到他女朋友的電話，取消他們第二天傍晚的約會。這種激發性事件促使他考慮一種理性信念（「這真令人失望，現在我不得不改變我明晚的計劃」）；或者考慮一種非理性的信念（「這太可怕了！她絕對不會想再見到我；我將找不到真正的情人」）。這種情緒和行為所產生的後果，是理性的（即使那不是特殊情況，我也將打電話給一個朋友，約他一起看電影）；或是非理性的（「我將坐在家中，獨自度過我的餘生」）。

在RET中，要對構成個人行為和感情基礎的信念進行分析，並且對非理性信念進行質疑和拋棄，從而支持理性的信念。RET對那些以自我挫折的方式行動但希望改變為常態的個體是有效的。

■暗示治療法

暗示治療法的「暗示」指的是在被暗示者自願的條件下，透過一定的措施影響人的心理和行為，使他按一定的方法行動或接受一種意見。暗示療法就是一種利用積極的暗示，消除某些患者症狀的治療方法。治療者用語言或結合其他方式來影響病人，使患者在不自覺中接受一種觀念、信念或態度，以消除某種症狀，或加強治療效果。像一般醫生對病人的鼓勵、解釋、安慰和保證等都含有暗示的成分。

但是單靠語言暗示對許多患者來說是不夠的，如果能在語言暗示的同時結合藥物治療，效果就更明顯了，所謂「安慰劑治療」就是這種結合的典範。例如給患者服用一種普通的藥物，但同時告訴患者這是治療該病的特效藥，在這種暗示的作用下，這種藥物多能收到很好的療效。在各種精神疾病特別是精神官能症的治療中，暗示療法通常能發揮相當的作用。

第三節　結語

失調行為的治療方法與失調原因模式密切相應。歷史上，失調行為會受到懲罰或被隔離。道德療法的產生，提倡對心理疾病的人道主義治療。在二十世紀，醫學和心理學療法的興起，擴大了治療的可能性。

許多專業人員接受訓練，以便為失調行為提供治療。這些專業人員包括心理學家、精神病學家和諮商者。治療可以在各種不同的臨床背景中進行，如醫院和官方機構、社區心理保健中心以及收容中心和私人診所。大多數療法涉及到個人治療，但許多團體療法也是可以利用的，並適合於某些要求。

醫學療法運用生物學技術來產生行為改變，這包括精神藥理學、電擊治療以及精神外科。在失調行為的醫學治療中，比較有用的心理活性藥物包括鎮靜劑、抗精神病藥和抗抑鬱藥。

心理療法可以分為提倡自我內在治療和提倡行為改變這兩種類型。行為療法應用學習理論的原理來改變行為。其幾種代表性療法分別是操作制約法、嫌

惡治療法、減敏法、模仿法和認知行為療法、暗示治療法。認知行為療法包括認知和歸因療法、壓力接種療法以及理情療法。

現在心理治療的取向是採取折衷治療法，乃是針對案主需求，兼採取各治療法的綜合性治療取向。心理治療究竟效果如何？迄今仍缺肯定的答案，原因是目前尚不能克服治療效果評鑑上的困難；此外，自然痊癒現象及安慰劑效應也皆可以產生治療效用。

國家圖書館出版品預行編目(CIP)資料

心理學概論／郭靜晃著. -- 二版. -- 新北市：揚智文化, 2017. 01
面； 公分. -- (心理學叢書)

ISBN 978-986-298-246-4 (平裝)

1.心理學

170　　105024110

心理學叢書

心理學概論

著　　者／郭靜晃
出 版 者／揚智文化事業股份有限公司
發 行 人／葉忠賢
總 編 輯／馬琦涵
特約主編／范湘渝
地　　址／新北市深坑區北深路三段 260 號 8 樓
電　　話／(02)8662-6826・(02)8662-6810
傳　　真／(02)2664-7633
網　　址／http://www.ycrc.com.tw
E-mail ／service@ycrc.com.tw
ISBN ／978-986-298-246-4
二版一刷／2017 年 1 月
定　　價／新臺幣 500 元